Bianca Bosker

Das große Weinmalei

BIANCA BOSKER

# DAS GROSSE WEIN MALEINS

Wie ich von besessenen Sommeliers
alles über Wein lernte

Aus dem Amerikanischen von Viola Krauß

PIPER

*Mehr über unsere Autoren und Bücher:*
*www.piper.de*

*Für Matt*

MIX
Papier aus verantwortungsvollen Quellen
FSC® C083411

ISBN 978-3-492-06125-4

Titel der amerikanischen Originalausgabe: »Cork Dork«
bei Penguin Books, New York 2017

Satz: Kösel Media GmbH, Krugzell
Gesetzt aus der Dante MT
Illustrationen: Designed by macrovector/Freepik
Litho: Lorenz & Zeller, Inning am Ammersee
Druck und Bindung: CPI books GmbH
Printed in the EU

# INHALT

## Einleitung

# DIE BLINDVERKOSTUNG

Von Parfüm musste ich mich als Erstes verabschieden, aber das hatte ich nicht anders erwartet. Dann folgten parfümierte Waschmittel und schließlich Trocknertücher. Die Finger von rohen Zwiebeln oder scharfen Soßen zu lassen machte mir nichts aus. Kein Salz ins Essen zu tun war zunächst hart, dann eine Zeit lang erträglich und danach zum Heulen. Wenn ich auswärts aß, schmeckte alles so, als ob es in Salzlauge getaucht worden war. Den Mund nicht mehr mit Listerine zu spülen war nicht so tragisch; stattdessen Zitronensäurelösung und mit Wasser verdünnten Whiskey zu verwenden hingegen schon. Schlimm wurde es, als ich Kaffee verbannte. Doch zu diesem Zeitpunkt war ich es bereits gewohnt, morgens etwas schwerer in die Gänge zu kommen. Nüchternheit am helllichten Tag gehörte der grauen Vorzeit an, genau wie sämtliche Heißgetränke, Zahnschmelz auf meinen Zähnen und ein Vorrat an Kopfschmerztabletten.

Das alles war Teil meines Entzugsprogramms, das ich mir auf Anraten von über zwei Dutzend Sommeliers zusammengeschustert hatte, die im Verlauf von anderthalb Jahren zu meinen Mentoren, Peinigern, Ausbildungsoffizieren, Chefs und Freundinnen und Freunden wurden.

Sie fragen sich vielleicht, wieso ich mich achtzehn Monate lang von einem Haufen Flaschenschubsern in feinem Zwirn habe coachen lassen. Sommeliers sind schließlich nichts anderes als bessere Kellner mit schickem Namen *(somm-el-jee)*, die speisende Gäste unter Druck setzen, ihr Geld für Wein zu verprassen, oder etwa nicht?

So ungefähr stellte ich mir das jedenfalls vor, bis ich mich in die Hände eines elitären Sommelier-Klans begab, für den das Servieren von Wein nicht nur ein Beruf, sondern eine Lebensart darstellte, ein Leben für den Geschmack vor allen Dingen. Sie nehmen an hochkarätigen Wettbewerben und Meisterschaften teil (teilweise während sie im neunten Monat schwanger sind), hantieren mit millionenschwerem flüssigem Gold und möchten gerne die Welt davon überzeugen, dass die Schönheit des Geschmacks auf die gleiche Ebene wie die Schönheit der Kunst und der Musik gehört. Sie beobachten den Wetterbericht, um zu wissen, ob es nasebetäubenden Regen geben wird, und sie lecken an Steinen, um ihre Geschmacksknospen zu trainieren. Zahnpasta ist eine Bürde. Sie beschweren sich über diesen elenden Geschmack nach »neuem Glas« und opfern für den Zungenzirkus sogar ihre Ehe. Mir sagte einmal ein Sommelier, dessen Frau sich wegen seines obsessiven Lernverhaltens von ihm scheiden ließ: »Wenn ich mich zwischen der bestandenen Prüfung und meiner letzten Beziehung entscheiden müsste, würde ich mich für die bestandene Prüfung entscheiden, ganz klar.« Ihre Aufgabe besteht im Wahrnehmen, Analysieren, Beschreiben und Erklären der Geschmacksvariationen einer Flüssigkeit, die von Bestandteil zu Bestandteil das komplizierteste Getränk der Erde ist. »Aberhunderte flüchtige Stoffe gibt es darin. Polysaccharide. Proteine. Aminosäuren. Biogene Amine. Organische Säuren. Vitamine. Carotinoide«, erklärte mir ein Önologie-Professor. »Beim Wein handelt es sich um die komplexeste Matrix, die es gibt. Komplexer ist nur das Blut.«

Was bedeutet dieser Fokus auf solch minutiöse Geschmacksunterschiede? Das war mir selbst nicht wirklich klar. Zumindest nicht, als ich mit der ganzen Sache anfing. Ich bin zu diesen Sommeliers gestoßen, weil ich wissen wollte, was das für ein

Leben in der Extremzone des Geschmacks war und wie sie dorthin gelangt waren. Das Ganze wandelte sich irgendwann zur Frage, ob ich selbst wohl auch dorthin gelangen könnte – ob jede x-beliebige Person das könnte – und was sich beim Erreichen meines Ziels wohl ändern würde.

Doch seien Sie gewarnt:

Ein Glas Wein mag für Sie einen Wohlfühlmoment darstellen. Den Moment, in dem Sie es sich nach einem langen Tag gut gehen lassen, in dem Sie einen Teil Ihres Gehirns abschalten. Wenn das so bleiben soll, dann machen Sie einen großen, großen Bogen um die Personen in diesem Buch.

Wenn Sie sich jedoch irgendwann einmal gefragt haben, was dieses ganze Brimborium beim Thema Wein eigentlich soll, ob es wirklich einen erkennbaren Unterschied zwischen einer 20-Euro- und einer 200-Euro-Flasche gibt, oder was wohl passieren würde, wenn Sie selbst es wären, die Ihren Sinnen alles abverlangten – nun, in diesem Fall würde ich Sie gerne mit ein paar Leuten bekannt machen.

Hat man genügend Zeit in der Welt des Weins verbracht, wird klar, dass alle Weinkenner eine Geschichte über die *eine* Flasche parat haben, die ihre Besessenheit ins Leben rief. Für gewöhnlich passiert dieser Saulus-zum-Paulus-Moment mittels eines, sagen wir, 1961er Giacomo Conterno Barolo in einem kleinen Restaurant im Piemont, mit Blick auf die Hügel von Langhe, wo sich die Buchen im vom Tal emporkringelnden zarten Nebel wiegen. Es ist eine Art Strickmuster: Südeuropa + herrliche Natur + seltener Wein = Moment der Erleuchtung.

Mit meiner persönlichen Wein-Offenbarung verhielt es sich ein wenig anders: Sie passierte am Computerbildschirm. Und ich war nicht einmal am Trinken – ich sah lediglich anderen dabei zu.

Damals arbeitete ich als IT-Journalistin und schrieb für eine netzbasierte Nachrichtenseite über die Googles und Snapchats dieser Welt, und das allermeiste verrichtete ich am Bildschirm. Ein halbes Jahrzehnt war ich auf IT-Streife gewesen, hatte virtuelle Artikel über virtuelle Dinge in virtuellen Universen geschrieben, die man nicht schmecken, fühlen, anfassen oder riechen konnte. »Eindringlich« waren für mich nur Webseiten mit richtig großen digitalen Fotos, und »riechen« konnte ich lediglich Ärger – Körpergeruch, Mittagessen mit einer Kollegin, ausgelaufene Milch im Bürokühlschrank. Einmal ließ ich jemanden einen Artikel schreiben mit dem Titel: »Wie man auf Google Street View Urlaub machen kann«, als ob das Scrollen durch unscharfe Fotos vom Waikoloa-Strand auf Hawaii ein ernst zu nehmender Ersatz für das Herumlümmeln in der späten Nachmittagssonne mit Mai Tai in der Hand wäre.

Eines Sonntagabends schleppte mich mein damaliger Freund und heutiger Ehemann in ein Restaurant am südlichen Rand des Central Park. Es war die Art Restaurant, die sich damit rühmte, mit Essen so zu verfahren, wie es J. P. Morgan angeblich mit Jachten tat: Wer nach dem Preis fragt, kann es sich nicht leisten. Normalerweise würde ich mich aus Angst vor dem – finanziellen und vielleicht auch seelischen – Bankrott von solch einem Ort fernhalten, aber wir sollten seinen Kunden Dave treffen. Und Dave war Weinliebhaber.

Ich persönlich mochte Wein ungefähr so, wie ich tibetische Puppenspiele oder die Theorie der Teilchenphysik mochte, was so viel heißen soll wie: Ich hatte keine Ahnung, was da eigentlich passierte, war aber bereit zu lächeln und zu nicken. Die Ergründung dieser Fachgebiete schien mir die Anstrengung kaum Wert zu sein. Dave sammelte Weine aus dem Bordelais. Meine Einschätzung ging damals so weit, dass ich Weine im Allgemeinen aus der Flasche bevorzugte, aber bei Wein im Karton hätte ich sicherlich auch nicht die Nase gerümpft.

Kaum hatten wir uns gesetzt, erschien auch schon der Sommelier. Ein alter Bekannter von Dave natürlich. Nachdem er ein paar Plattitüden von wegen »guter Jahrgang« und »elegante Nase« von sich gegeben hatte, verschwand er, um uns eine Flasche zu holen, und goss Dave bei seiner Rückkehr einen Schluck zum Probieren ein. »Absolut trinkig«, murmelte der Sommelier. Was für ein Unsinnswort. Soviel *ich* weiß, ist der Wein einfach nur »süffig«.

Während die beiden mit großem Ohhh und Ahhh die vortrefflichen Grafit- und Teeraromen bewunderten, schaltete ich innerlich ab. Doch dann erwähnte der Sommelier, dass er sich gerade auf den Wettbewerb zum World's Best Sommelier vorbereitete.

Wie bitte?

Der Gedanke erschien mir zunächst komplett lächerlich. Das Servieren von Wein, ein Wettkampfsport? Öffnen, einschenken, fertig. Oder?

Der Sommelier ging kurz die wichtigsten Bestandteile des Wettbewerbs durch. Am schwierigsten und nervenaufreibendsten war wohl die Blindverkostung, wo es die vollständige Herkunft von zwei Dutzend Weinen zu erkennen galt: in welchem Jahr der jeweilige Wein gemacht wurde, mit welcher Rebsorte, in welchem Fleckchen dieser Erde (Anbaugebiet wohlgemerkt, nicht Land) und wie lange man ihn lagern kann, was man am besten dazu isst und warum.

Ehrlich gesagt, klang das alles nach dem geringstmöglichen Spaß, den man mit Alkohol nur haben kann. Wobei ich für Wettbewerbe ja ziemlich ich viel übrighabe, je weniger sportlich und je schlemmerhafter, desto besser. Als ich nach jenem Abend also nach Hause kam, schaute ich mich im Netz ein wenig um, was es mit diesem Sommelier-Gefecht wohl auf sich haben mochte.

Es entwickelte sich zu einer Obsession. Ganze Nachmittage vergeudete ich an den Laptop gefesselt mit Videos darüber, wie die Rivalen entkorken, dekantieren, schnüffeln und spucken bei ihrer Jagd nach dem Titel des World's Best Sommelier. Es war wie bei der Hundeausstellung Westminster Dog Show in New York, nur eben mit Alk: Von einer Disziplin zur nächsten fochten wohlgepflegte Typen mit zurückgegeltem Haar und polierten Fingernägeln untereinander einen Wettstreit aus, bei dem es auf rätselhafte Details, eine finster dreinblickende Jury sowie die Grazie, mit der die Kandidaten im Kreis herumliefen, ankam. (Die Sommeliers haben *im Uhrzeigersinn* um einen Tisch herumzugehen.) Die Anwärter wählten ihre Worte so, als ob jede Silbe auf die Goldwaage gelegt würde, und versuchten, bei ihren Gästen (nicht Kunden – *Gäste)* wertvolle Hinweise auf Laune, Budget und Geschmack zu erkennen. Wie ich in dem schwachen Zittern einer seltsam schräg einschenkenden Hand das verzweifelte Bemühen nach Beherrschung so sah, spürte ich: Ihr Handwerk war strengen Regeln unterworfen, die ich kaum erahnen, geschweige denn honorieren konnte. Klar war nur, dass sie auf keinen Fall gebrochen werden durften: Véronique Rivest, die erste Frau, die es jemals in die letzte Wettbewerbsrunde geschafft hat, war außer sich, als sie vergaß, ihren Gästen Kaffee oder Zigarren anzubieten. »Merde, merde, MERDE!«, klagte sie lauthals. Nicht die geringste Spur von Ironie war dabei erkennbar. Absolut faszinierend.

Später fand ich heraus, dass einer der Anwärter Tanzunterricht genommen hatte, um seinen eleganten Gang auf dem Parkett zu perfektionieren. Ein anderer engagierte einen Stimmcoach, um seine Stimme in einen samtigen Bariton zu verwandeln, sowie einen Gedächtnistrainer, damit er sich die Namen der Weingüter besser merken konnte. Wieder andere zogen Sportpsychologen zurate, um unter dem Druck die Nerven zu bewahren.

Wenn das Bedienen schon eine Kunst sein soll, so handelt es sich bei der Blindverkostung augenscheinlich um pure Magie. In einem der Videos glitt Véronique ins Rampenlicht, während im Hintergrund die Kameras klickten, und näherte sich einem von vier Gläsern gesäumten Tisch, von dem jedes um die hundert Milliliter Wein enthielt. Sie griff nach einem weißen und steckte ihre Nase tief ins Glas. Ich hielt den Atem an und lehnte mich Richtung Bildschirm. Sie hatte gerade mal 180 Sekunden Zeit, um sich auf die korrekten Aromen und Bukette einzuschießen und daraus korrekt abzuleiten, was sie gerade trank. Es gibt über fünfzig Weinanbauländer; nahezu zweihundert trinkbare Jahrgänge; mehr als 340 unterschiedliche Appellationen allein in Frankreich sowie mehr als fünftausend Rebsorten, die in beinahe endloser Zahl verschnitten werden können. Wenn wir nachrechnen – die drei also multiplizieren, subtrahieren, übertragen –, erhalten wir zig verschiedene Kombinationsmöglichkeiten. Unerschrocken leierte sie das Aromaprofil eines Chenin Blanc aus dem indischen Maharashtra von 2011 mit einer Leichtigkeit herunter, als würde sie jemandem den Weg zu ihrer Wohnung erklären.

Ich war völlig gefesselt von diesen Leuten, die hier eine Art von Sinnesschärfe entwickelt hatten, wie ich sie bislang nur bei Bombenspürhunden vermutet hatte. Diese Sommeliers und ich, wir führten meiner Meinung nach diametral entgegengesetzte Leben: eines der sensorischen Kultiviertheit und eines der sensorischen Deprivation. Ich fragte mich, was ich wohl versäumte. Und während ich so vor meinem Computer saß und mir im Wiederholungsmodus Videos von weinschnüffelnden Menschen ansah, beschloss ich, genau das herauszufinden.

Ich bin gelernte Journalistin und von Haus aus Persönlichkeitstyp-A-Neurotikerin, also begann ich meine Recherchen auf die einzig für mich vorstellbare Weise: Ich las alles, was ich in die Finger bekam, bombardierte die Sommeliers mit E-Mails und tauchte an den unterschiedlichsten Orten uneingeladen auf, nur um zu sehen, ob ich wohl jemanden kennenlernen würde.

Mein erster Abend mit einer Horde Sommeliers aus New York City nahm kein gutes Ende. Den Anfang machte ich mit dem ungebetenen Erscheinen bei dem Blindverkostungs-Wettbewerb eines Weinhändlers, wo ich gemeinsam mit der Jury ein paar Gläser süffelte, etwa ein Dutzend Weine zu Ehren des Gewinners probierte, dann allen in eine Hotelbar für die nächste Runde folgte und das Abendessen gegen eine Flasche Champagner tauschte, die ein durstiger Sommelier unbedingt mit mir teilen wollte. Anschließend stolperte ich nach Hause, wo ich mich augenblicklich übergab.

Früh am nächsten Morgen, als ich gerade mit einem Auge »Kater Heilmittel« googelte, bekam ich eine SMS von dem Typen, der vergangene Nacht den Schampus geordert hatte. Er schickte mir ein Foto von sechs vor ihm aufgereihten Weinen. Er war am Verkosten. *Schon wieder.*

Lektion Nummer eins: Diese Leute sind unerbittlich.

Ihr Vierundzwanzig-Stunden-Eifer war weit entfernt von dem, was ich in Büchern und Zeitschriften ausgegraben hatte, um in die Fußstapfen von jemandem wie Véronique treten zu können. Ein Leben im Dienste des Weins wird in der Literatur als etwas zutiefst Genusssüchtiges dargestellt: eine Menge schicker Männer (traditionell sind es die Männer gewesen), die schicke Flaschen an schicken Orten trinken. Ein harter Arbeitstag bedeutete in diesem Fall das Hinunterwürgen einer Flasche Bordeaux, die weniger als ein Jahrzehnt alt war. »Wenn ich zurückblicke auf meine erste Reise an die Loire, so sehe ich einen jüngeren Mann, der Unannehmlichkeiten aushielt, die einem heutzutage qualvoll erscheinen«, schreibt der Weinimporteur Kermit Lynch in seinen Erinnerungen *Adventures on the Wine Route*. Um was genau handelte es ich bei diesen qualvollen Unannehmlichkeiten, die er erdulden musste? Er »flog von San Francisco nach New York, stieg um, landete in Paris, mietete einen Wagen und fuhr an die Loire«. *Quelle horreur!*

Als ich mehr und mehr Zeit mit Sommeliers verbrachte – endlich, inklusive spätabendlichen Trinkens bei ihnen daheim und Unterweisungen in der Kunst des Spuckens –, zog mich diese Subkultur, die ich nirgends widergespiegelt fand, zunehmend in ihren Bann. Für ein Fachgebiet, in dem sich scheinbar alles ums Vergnügen dreht, nimmt die heutige Generation Sommeliers – oder »Somms«, wie sie sich im Englischen gerne nennen – beachtliche Mühen auf sich. Sie sind bis tief in die Nacht hinein auf den Beinen, stehen früh auf, um Wissen aus Weinenzyklopädien zu büffeln, üben am Nachmittag das Dekantieren, verbringen ihre freien Tage mit Wettkämpfen und widmen die paar übrig gebliebenen Minuten dem Schlaf oder, was wahrscheinlicher ist, träumen von einer Flasche seltenen Rieslings. Ein Sommelier umschrieb das Ganze einmal als »eine Art Blutsport mit Korkenzieher«. Ein anderer nannte das, was Sommeliers für Wein empfinden, eine »Krankheit«. Das waren die hedonistischsten Masochisten, die ich jemals kennengelernt hatte.

Nichts von dem, was ich sah oder las, fing die gesamten Eigenarten diesen Berufs ein. Viele Jahrzehnte zuvor handelte es sich bei Sommeliers oftmals um gescheiterte Köche. Sie waren aus den Küchen geworfen worden und hatten sich dann für einen Job verpflichtet, den sie mit dem ganzen Charme des Lasttiers, nach dem sie benannt sind, ausübten. (Das Wort »Sommelier« kommt vom mittelfranzösischen »somme«, was »Packesel« bedeutet.) Sie waren dafür bekannt, in spießigen französischen Restaurants mit steifer Miene und im dunklen Anzug herumzustolzieren und wie finstere Bestatter auszusehen. Die aufstrebenden Sommeliers von heute sind von noblen Hochschulen abgegangen, um dem nachzugehen, was sie für ihre Berufung halten. Genau wie ich befinden sie sich in ihren späten Zwanzigern, sind kinderlos, besorgt ums Geld und trotz allem darum bemüht, ihre Eltern davon zu überzeugen, dass sie ihr Leben nicht ruiniert haben, nur weil sie nicht Jurist geworden sind.

Mit Masterabschlüssen in Philosophie und Ingenieurdiplomen von Stanford verfechten diese selbst ernannten »Büroflüchtlinge« hochtrabende Theorien über den Service und ehrgeizige Vorstellungen vom Potenzial des Weins, die Herzen der Menschen zu berühren. Und einer Branche, die lange einer althergebrachten Burschenschaft geähnelt hat, haben sie sowohl Jugend als auch XX-Chromosomen beschert.

Anfangs war mein Interesse hauptsächlich journalistischer Natur gewesen. Mein ganzes Leben war ich besessen von der Besessenheit anderer Leute gewesen. Nie hatte ich stundenlang Schlange gestanden, um mir für einen Teenieschwarm die Seele aus dem Leib zu schreien, nie hatte ich eine Figur in einem Videospiel »daten« wollen, allerdings hatte ich jahrelang über die Leute geschrieben und sinniert, die genau das tun. Die Leidenschaft der Somms hatte mich daher selbstverständlich sofort infiziert. Ich wollte unbedingt herausfinden, was sie antrieb. Wieso brannten sie so für den Wein? Und inwiefern hat diese »Krankheit« ihr Leben auf den Kopf gestellt?

Doch als ich tiefer in ihre Welt vordrang, passierte etwas Unerwartetes: Ich begann, ein gewisses Unbehagen zu verspüren. Nicht wegen der Sommeliers – die abgesehen von der Neigung, mir zu viel einzuschenken, wunderbar charmant waren –, sondern wegen meiner eigenen Einstellung und Voreingenommenheit. Um ehrlich zu sein, war meine stärkste Emotion in puncto Wein so etwas wie schambehaftetes Schuldgefühl gewesen. Wein wird als integraler Bestandteil eines kultivierten Lebens angesehen, mehr als jedes andere Nahrungsmittel auf dieser Welt. Robert Louis Stevenson nannte Wein »Poesie in Flaschen«, und Benjamin Franklin bezeichnete ihn als den »Beweis, dass Gott uns liebt« – nie hat irgendjemand derart über, sagen wir, Lammkotelett oder Lasagne gesprochen, so köstlich sie auch sein mögen. Die Somms redeten von Wein, der ihren Geist in luftige Höhen hob wie eine Symphonie von Rachmaninow. »Dagegen fühlt man sich klein und unbedeutend«, ergoss sich einer von ihnen. Ich hatte keine Ahnung, was sie da redeten, und offen gesagt klang das alles ziemlich weit hergeholt.

Laberten die einfach nur Müll, oder mangelte es mir an der Fähigkeit, eine der ultimativen Freuden des Lebens anständig würdigen zu können? Ich wollte wissen, was diese Weinliebhaber meinten und wieso grundsätzlich vernünftige Menschen schwindelerregend viel Zeit und Geld für ein paar flüchtige Sekunden Wohlgeschmack aufbringen. Ganz direkt ausgedrückt, wollte ich wissen: Was war so besonders am Wein?

Wenn ich ein Glas Wein trank, war das so, als ob meine Geschmacksknospen verschlüsselte Nachrichten abfeuerten. Mein Hirn konnte lediglich ein paar wenige Worte entziffern: »Blablabla Wein! Du trinkst Wein!«

Für den Weinkenner jedoch kann diese verstümmelte Nachricht eine Geschichte vom Rebellen in der Toskana erzählen, der »Vaffanculo!« zu Italiens Weinreglements sagte und einfach französische Cabernet-Sauvignon-Reben pflanzte, oder vom irren Winzer, der Granatfeuer und Panzern auswich und Weinlese um Weinlese machte, den ganzen fünfzehnjährigen Bürgerkrieg im Libanon hindurch. Derselbe Schluck kann von den wandelnden Gesetzen eines Landes erzählen oder vom faulen Kellergesellen, der seine Aufgabe, die Weinfässer zu reinigen, vermasselt hat. Mittels ihrer Sinne haben diese Trinker Zugang zu einer reichhaltigeren Welt, in der Geschmäcker und Gerüche Geschichten, Sehnsüchte und Ökosysteme entstehen lassen.

Meine Unwissenheit in Anbetracht solcher Nuancen trieb mich langsam in den Wahnsinn. Während ich nun meinen Freunden zuhörte, wie sie Starbucks zugunsten von vier Euro teurem Cold Brew Coffee abschworen oder von sortenreiner Schokolade schwärmten, fiel mir ein Paradox in unserer Feinschmeckerkultur auf: Wir sind ständig auf der Suche nach noch besser schmeckendem Essen und Trinken – planen die Reiseroute dementsprechend, verprassen unser Geld für Degustationsmenüs, kaufen exotische Zutaten, sind scharf auf die frischestmögliche Ware. Und doch tun wir nichts, um unseren eigenen Geschmackssinn zu verbessern. »Unsere Nation ist geschmacksblind«, schrieb M. F. K. Fisher einst, und diese Kritik gilt – soweit ich das beurteilen kann – heute noch genauso wie 1937.

Meine journalistische Neugier wurde schnell von einem persönlichen und tiefer gehenden Anliegen überschattet. Neuerdings befiel mich der Frust wegen meiner IT-zentrierten Existenz, in der die glatte Eintönigkeit des Bildschirms sämtliche Geschichten und das Leben selbst abflacht. Je mehr ich erfuhr, desto eingeschränkter und unvollständiger erschien mir meine eigene kleine Erfahrungswelt. Auf einmal kam es mir völlig unzureichend vor, über die Sommeliers lediglich zu schreiben. Was ich stattdessen wollte: so sein wie sie.

Ich begann mich zu fragen, was ich wohl tun müsste, um im Wein das erkennen zu können, was sie darin erkannten. Haben diese Profis das allein durch Üben hingekriegt? Oder waren das genetisch gesegnete Mutanten mit ultrascharfem Geruchssinn?

Ich bin stets davon ausgegangen, dass man als Supersensoriker geboren, so wie Novak Djokovic genetisch mit der nötigen Spannweite ausgestattet wurde, um alle Gegner zu zermalmen. Wie sich herausstellen sollte, war das keine Entschuldigung. Als ich begann, meine YouTube-Exzesse mit einer gesunden Kost aus wissenschaftlichen Studien zu ergänzen, wurde mir klar, dass die Schulung von Nase und Zunge in erster Linie eine Schulung des Gehirns darstellen muss.

Nur, dass die meisten von uns sich wenig darum scheren. Von Denkern wie Platon beeinflusst, die Schmecken und Riechen als »niedrige Sinne« abgetan haben, kennen die meisten von uns nicht einmal die einfachsten Wahrheiten über diese beiden Sinne (und verwechseln sie noch dazu gerne mal). Wenn wir verschiedene Geschmäcker wahrnehmen (kleiner Tipp: nicht nur mit dem Mund), bringen wir sie durcheinander. Wir wissen nicht einmal, wie viele Geschmacksrichtungen es überhaupt gibt (mit großer Wahrscheinlichkeit mehr als die fünf, von denen Sie bislang gehört haben). Und wir sind davon überzeugt, dass der Mensch sich zum schlechtesten Riecher des Tierreichs entwickelt hat (wohingegen die neuesten Forschungsergebnisse zeigen, dass dies ein Mythos ist). Im Wesentlichen ignorieren wir praktisch zwei der fünf Sinne, die uns gegeben sind, um die Welt zu erfassen und zu interpretieren.

Ich konnte es kaum erwarten, das zu ändern und herauszufinden, was ich die ganze Zeit vernachlässigt hatte, beim Thema Wein wie im Leben allgemein. Die Somms, die ich kennenlernte, erzählten, wie ihnen ihre Ausbildung bei allem Möglichen geholfen hat: Sie entdeckten neue Alltagsfreuden, vertrauten auf die eigenen Sinneswahrnehmungen und ließen sich nicht mehr von Etikett und Preis berauschen. Ein umfangreicheres Erleben genießen zu können schien für jeden von uns möglich, wenn wir uns auf die sensorische Information einstellten, die wir normalerweise übergehen. Und es dürstete mir danach, es auszuprobieren.

Dieses Buch handelt von dem Jahr, das ich unter Aromaanbetern, Sinnesforschern, Jägern DER EINEN Flasche, Geruchsgenies, beschwipsten Hedonisten, rebellischen Winzern und den ehrgeizigsten Sommeliers der Welt verbrachte. Dieses Buch ist kein Weinführer oder ein gutgläubiges Hochhalten sämtlicher Traditionen des Weintrinkens. Genau genommen, geht es dem Phänomen auf den Grund, dass die Weinindustrie – wie ein Weinökonom es beschrieben hat – »an sich anfällig für dummes Gelaber ist«. Wenn wir dieses Gelaber jedoch aus dem Weg räumen, bleiben Erkenntnisse übrig, die fernab von Speis und Trank noch Relevanz besitzen.

Dieses Buch ist weniger der Weg von Weintraube zu Weinglas (auch wenn es kurze Einblicke in die Weinherstellung geben wird), sondern ein Abenteuer von Weinglas zu Gurgel – in die wilde Welt der Weinbesessenheit und Weinwertschätzung in all ihren Farben und Fehlern. Es erforscht unsere Beziehung zu einem siebentausend Jahre alten Saft, der ägyptische Herrscher, mittellose Bauern, russische Zaren, Börsenmogule, Vorstadteltern und chinesische Studenten bezaubert hat. Stellen Sie sich ein auf einen Blick hinter die Kulissen von Sternerestaurants, auf orgienhafte Zechgelage für die oberen Zehntausend, auf eine Reise in die Vergangenheit zu den allerersten Restaurants, auf fMRT-Geräte und Forschungslabore. Nebenbei werden Sie den Irren, der mich schikanierte, kennenlernen, den Korkenknallkopf, der mich coachte, den Burgundersammler, der mich verführen wollte, und den Wissenschaftler, dessen Forschungsobjekt ich war.

Der Zusammenhang zwischen dem Geschmack und dem Genießen des Lebens findet sich in unserer Sprache wieder. Unserem Leben verleihen wir gern »Würze«. Das spanische Verb »gustar« – etwas gern mögen, jemandem gefallen – stammt vom lateinischen »gustare« ab, nämlich »schmecken«. So, wie wir im Deutschen im negativen Sinne sagen, dass uns ein bestimmter Umstand »nicht schmeckt«, verwendet man im Spanischen das »Schmecken« auch im positiven Sinne in Bezug auf Kleidung, Demokratie, Kunst, Dosenöffner. Einer Person, der die richtigen Dinge gefallen, wird nachgesagt, sie habe »Geschmack« – auch wenn diese Dinge, wie beispielsweise Musik, überhaupt nicht essbar sind.

»Geschmack« und »schmecken« sind nicht nur unsere Standardmetaphern, wenn es um das Auskosten des Lebens geht. Sie sind derart feste Bestandteile unseres Denkens, dass sie gar keine Metaphern mehr sind. Nach Meinung der Sommeliers, Sinnesgelehrten, Winzer, Weinexperten und -sammler, die ich kennengelernt habe, folgt aus dem besseren Geschmackssinn ein besseres Leben sowie ein tieferes Verständnis von uns selbst. Und ich habe erkannt, dass man für eine Verfeinerung des Geschmackssinns beim komplexesten Nahrungsmittel der Welt anfangen muss: dem Wein.

# 1 DIE RATTE

Wenn Sie Freunde und Familie davon in Kenntnis setzen, dass Sie einen festen Journalistenjob an den Nagel gehängt haben, um daheimzubleiben und Weine zu probieren, werden sich besorgte Menschen bei Ihnen melden. Sie sagen: Ich werde meine Sinne verfeinern und herausfinden, was den Wein zu etwas so Besonderem macht. Die Leute hören: Ich habe meinen Job gekündigt, um den ganzen Tag zu saufen und meine Chancen auf Obdachlosigkeit signifikant zu erhöhen.

Ich versicherte den Leuten, sie müssten sich keine Sorgen machen. Es handele sich um einen ordentlichen Beruf. Ich würde später einen Job in der Weinindustrie ergattern können. Ich würde weiter meine Miete zahlen können. Das Problem war nur, dass mittlerweile zwei Monate ins Land gezogen waren und es nicht einmal die Aussicht auf eine Lohnarbeit gab. Und ich trank tatsächlich mehr. Ich ging auf Weinveranstaltungen, traf mich mit jedem, der mir etwas erzählen konnte und wollte, und ich entkorkte auf einen Schlag zwei oder drei Flaschen Pinot Noir. Die Handtücher in meinem Badezimmer hatten violette Flecken vom Rotwein, der stets an meinen Lippen hing. Wenn mein Mann ohne mich ausging, fragten unsere Freunde: »Wo ist Bianca?«, gefolgt von einem gedämpften: *»Ist sie wieder am Trinken?«*

Weinleute lieben es, über Wein zu reden, versicherte ich mir. Zeig dich, zeig dein großes Interesse, und ab geht die Grand-

Cru-Post. Nicht, dass ich überhaupt keinen Plan hatte, als ich meinen Job verließ. Mit all dem hochnotpeinlichen Selbstbewusstsein einer penetranten Reporterin hatte ich ein vorläufiges Dreistufenprogramm entworfen: Zuallererst brauchte ich einen neuen Job. Das Dasein eines Sommeliers würde ich nur verstehen, wenn ich mich ihnen anschlösse, räsonierte ich. Ganz bescheiden nahm ich mir eine Anstellung als Sommelierassistentin in einem Zweisternerestaurant vor (zu den drei Sternen würde ich mich später hocharbeiten können). Als Zweites würde ich mir einen Mentor suchen, einen weisen Obi-Wan Kenobi, der erkennt, dass die Macht in mir stark ist, und mich in die Geheimnisse von Gaumen und Nase einweiht. Als Drittes würde ich die Prüfung zum Certified Sommelier des Court of Master Sommeliers ablegen und damit in die höheren Ränge der Branche aufsteigen.

Das war, bevor ich wusste, dass es einen Namen für Leute wie mich gab: Ich war eine »Zivilistin« – eine Außenseiterin, eine Kundin und Amateurin, die keine Ahnung hatte, wie es sich anfühlt, in einem kalten Keller den Großteil des Tages Tausende Weinflaschen zu zählen oder den pingeligen Freund des Restaurantbesitzers zu beschwichtigen, der einen 1700 Euro teuren Guigal »La Landonne« von 1988 hat zurückgehen lassen, weil er »zu schwach« sei (was in etwa der Behauptung gleichkommt, ein Raketenwerfer hätte »nicht genügend Explosionskraft«). Zivilisten, oder sogar Weinsammler und -kenner, wissen nicht wirklich, was es bedeutet, sein ganzes Leben nach ein paar flüchtigen chemischen Reaktionen auf der Zunge und im Nasengang auszurichten. Zivilisten genießen den Wein; Sommeliers liefern sich ihm bedingungslos aus, geblendet von der Art brennender Leidenschaft, die irrationale und sogar selbstzerstörerische Entscheidungen fürs Leben nach sich zieht. Den Zivilisten wird nach dem Mund geredet, weil die Sommeliers sie rein theoretisch ja bedienen und weil am Ende der Mahlzeit jemand die Rechnung bezahlen muss. Doch man wahrt eine deutliche Distanz zu ihnen, und es gibt eine Grenze, die sie niemals überschreiten dürfen. Diese fachfremden Amateure, zu denen ich unbestreitbar gehörte, sind nicht würdig, in die allerheiligsten Keller, Verkostungsgruppen und Servicebereiche der Sommeliers vordringen zu dürfen.

Kurz, meine anfängliche Zuversicht war komplett unangebracht. Auch wenn ich in diesen ersten Monaten tatsächlich mit vielen Leuten aus der Weinwelt sprach, so wusste ich in Wahrheit nur eines: welcher Wein am besten zu einer großen Portion kleiner Brötchen passt (Antwort: jeder Wein).

So ungefähr standen die Dinge, als ich Joe Campanale kennenlernte.

Die Restaurantszene ist berüchtigt für ihren Geiz mit Komplimenten, aber von Joe sprachen alle so, als ob er ein Superstar wäre. Kaum dreißig Jahre alt, hatte er schon vier erfolgreiche Restaurants in Downtown Manhattan als Teilhaber und Getränkemanager eröffnet. Seine Erfolgsgeschichte war umso bemerkenswerter, als es sich mit New York und dem Scheitern von Restaurants in etwa so verhält wie mit Saudi-Arabien und der Ölproduktion. Wieder und wieder bekam ich von Gastronomen den gleichen Witz erzählt: Wie kann man im Restaurantbetrieb ein kleines Vermögen machen? Indem man mit einem großen Vermögen beginnt.

Für jeden Job, in den ich mich hineinschummeln wollte, brauchte es genau das, was ich nicht hatte: Erfahrung. Und die wiederum bekam ich nur durch einen Job. Um mir ein Treffen zu verschaffen, das mich in die Nähe einer Anstellung würde bringen können, tat ich etwas, das ich gerade noch so mit meiner journalistischen Integrität in Einklang bringen konnte: Ich deutete an, ich würde gerne einen begeisterten Bericht über die Geschehnisse im (Name des Restaurants) schreiben. Ganz beiläufig würde ich dann meine Absicht, Sommelière zu werden, erwähnen. Das ist nicht besonders gut gelaufen.

Ich kam mir vor wie eine glücklose Fischerin, die ein letztes

Mal müde ihre Schnur auswarf, bevor sie wieder einmal mit leeren Händen an Land ging. Doch mit Joe geschah etwas Lustiges.

Ein Biss.

»Unsere Kellergehilfin – die hat sich tatsächlich gerade verletzt und kann nicht …« Joes Blick wanderte zu meinem Bizeps. »Na ja, das ist ziemlich körperliche Arbeit«, erklärte er. »Kannst du Kisten heben?«

Nein, nicht wirklich, aber das habe ich natürlich nicht gesagt. Ich wollte mehr über diese Arbeit im Weinkeller erfahren. Sie klang irgendwie unzeitgemäß, wie Schornsteinfeger oder Stadtschreier. Ich habe schnell gelernt, dass Kellergehilfin die höfliche Bezeichnung war. Die Leute im Restaurant sagten Keller*ratte*. Das klang zwar ein klein wenig anders als meine vorherige Jobbezeichnung, »IT-Chefredakteurin«, aber was soll's. Ich war verzweifelt. Verzweifelt versuchte ich, in der Branche Fuß zu fassen, verzweifelt versuchte ich, meinen Lieben zu beweisen, dass ich nicht auf dem besten Weg in die Entzugsklinik war, und verzweifelt versuchte ich definitiv auch, sämtliche Warnzeichen zu ignorieren.

Ich sagte auf der Stelle zu. Ich sollte im *L'Apicio* arbeiten, dem neuesten und größten Restaurant in Joes wachsendem Imperium. Das Vorstellungsgespräch war verdächtig schnell über die Bühne gegangen, und ich hatte kaum eine Ahnung davon, was der Job beinhaltete. Ich verdiente zehn Dollar die Stunde, doch der wahre Wert lag im Zugang zu Joes Expertise und seinen Weinen.

In den vorangegangenen Monaten der Arbeitslosigkeit hatte ich mir Karrieretipps von Sommeliers und Veteranen der Weinbranche geholt. Ihr Bild eines traditionellen Systems von Lehrjahren und Gönnerschaft schien eher dem Florenz der Renaissance als dem New York des 21. Jahrhunderts entstiegen. Eine Sommelière ist keine Rechtsanwältin. Es gibt keinen offiziellen Studiengang dafür, und staatliche Prüfungen muss sie ebenso wenig bestehen (auch wenn es mittlerweile durchaus einige zertifizierte Ausbildungen gibt). Rein theoretisch kann jede in ein Restaurant spazieren und sich Sommelière *nennen*. Rein praktisch aber bringt das gar nichts. Das wäre ungefähr so, als ob ich in Baggy Pants und Streifenshirt schlüpfen und ins Trainingslager der Yankees reinzukommen versuchen würde – insbesondere in einer Stadt mit Weltklasserestaurants wie New York. Der Werdegang eines Anwalts ist ein vergleichsweise kurzer, läppischer Spaziergang gegen den Werdegang einer Sommelière in einem der Toprestaurants dieser Erde.

Im inoffiziellen Ausbildungssystem fängt eine Einsteigerin beispielsweise mit dem Einlagern von Weinflaschen als Kellerratte an, steigt zur Servicehilfskraft oder Weinladenverkäuferin auf, rückt irgendwann zur Kellnerin auf, dann zur Sommelière und schließlich eines Tages zur leitenden Sommelière oder Getränkemanagerin, also derjenigen, die für sämtliche Flüssigkeiten eines Restaurants zuständig ist, von Espresso bis Zinfandel. Diese Position wiederum könnte zum Chef de Vin oder zur Weindirektorin einer Restaurantkette führen. Eine frühere Generation Sommeliers konnte sich durch Mundpropaganda einen Ruf erarbeiten und aus dem guten Namen ihres Mentors Kapital schlagen bzw. einen Bombenjob an Land ziehen. Doch die Konkurrenz hat zugenommen, und mittlerweile kombinieren die angehenden Weinprofis diese altmodische Vorgehensweise mit der Autorität von Auszeichnungen, Anstecknadeln und Diplomen von so illuster klingenden Verbänden wie dem Wine & Spirit Education Trust, dem Court of Master Sommeliers oder der Deutschen Weinschule. Es kann Jahre dauern, bis man eine Stelle in einem der Toprestaurants ergattert, und selbst dann braucht es die perfekte Mischung aus fachlichen Fähigkeiten, Charisma und dem gewissen Etwas, das sich nicht erlernen lässt.

Sexy war der Job als Kellerratte nicht, aber er passte wunderbar in meinen (leicht überarbeiteten) Plan. Joe versprach mir, dass ich mir dadurch einen ausgezeichneten Einblick ins Weinprogramm verschaffen würde – was verkauft sich, wann, an wen, wie, für wie viel Geld – und dass ich mich allein durchs Hantieren mit seinen Weinflaschen mit den Weinregionen vertraut machen würde. Außerdem sah die Weinbranche als Gegenleistung für meine Arbeit reichlich Gelegenheit zum Verkosten vor. Jeden Donnerstag würde ich nach Belieben Wein mit Joe probieren dürfen, der reihum eine Anzahl Weinhändler empfing, die alle darauf brannten, ihm Wein für sein Sortiment vorzustellen. *Zusätzlich* würde ich einen Freibrief für die beinahe täglich stattfindenden Verkostungen der lokalen Händler erhalten, All-you-can-drink-Weinbüfetts, bei denen die Sommeliers der Stadt die neuesten Bestände präsentiert bekamen.

In gewisser Weise wurde man bei den Einstiegsjobs der Weinwelt nicht mit Geld, sondern mit Geschmäckern bezahlt. Speziell bei den jungen Sommeliers waren die begehrtesten Stellen diejenigen, bei denen man Gelegenheit zur Verkostung einer großen Auswahl an Weinen bekam. Ich habe einen Sommelier kennengelernt, der seine Spitzenstelle als Chef de Vin in einem hippen Restaurant im Napa Valley – nebst Freundin, Haus, Auto und Hund – für einen weit weniger repräsentativen Job an den Nagel gehängt hat, nur um seinen Gaumen zu verfeinern. »An einem Abend in New York kann ich mehr Weine verkosten als in einem ganzen Jahr in Kalifornien«, erklärte er.

Mit dem Kellerrattendasein würde ich mich von der Verkostung von drei bis vier (billigen) Weinen die Woche zur Verkostung von Dutzenden, wenn nicht gar Hunderten Weinen die Woche aus jeder nur vorstellbaren Region und jeder erdenklichen Preisklasse steigern. Es ist nämlich quasi unmöglich, Meisterverkosterin zu werden, ohne entweder in der Weinbranche zu arbeiten oder sehr, sehr reich zu sein. In manchen Wochen würde ich Wein im Wert von Tausenden, wenn nicht Zehntausenden Dollar trinken, ohne einen einzigen Cent dafür zu zahlen. Für eine Anfängerin wie mich, die ihre mentale Geschmacksbibliothek aus dem Nichts aufbauen wollte, war das ein wahr gewordener Traum.

Was Joe der Einfachheit halber verschwieg, war die Tatsache, dass mein Traumjob für gewöhnlich im Desaster endete.

An einem Mittwoch um dreizehn Uhr stellte ich mich im *L'Apicio* der Assistentin des Getränkemanagers, Lara Lowenhar, vor. Sie war Mitte dreißig, hatte hauchdünne Augenbrauen, runde Wangen und perfekte Nägel, die in einem dunklen Bordeauxrot erstrahlten. Schritt für Schritt ging sie mit mir die wechselvolle Geschichte der bisherigen Kellerratten durch.

Die erste war unvergessen, weil sie so schnaufte und keuchte, während sie die Weinkisten die Treppe hinaufhievte, und weil ihr Gesicht dabei so »krass rot« werden konnte. Sie hielt sich nicht besonders lang. Ihre Nachfolgerin verbrachte ihre Zeit im Keller gerne mit Weinen. »Es war zu viel für sie«, sagte Lara mit heiserer Stimme, die schätzungsweise vom jahrzehntelangen Schreien in überfüllten Restaurants herrührte. »Wenn ich körperliche Arbeit sage, dann meine ich körperliche Arbeit. Das war einfach *zu viel* für sie.« Ihr Ersatz wurde letzten Endes während der Arbeit krank – irgendetwas mit niedrigem Blutdruck –, und der Ersatz für den Ersatz, diejenige, die sich verletzt hatte, war quasi von Anfang an ein Problem gewesen. »Sie war derart unscheinbar, dass ich sogar ihren Namen vergessen habe«, sagte Lara mit einem Seufzer. »Sie war im Grunde diejenige, die meine Geduld am meisten auf die Probe gestellt hat, weil ich einfach nicht verstand, was los war. Sie hat mir beigebracht, wie es ohne Schreien geht … Es war einfach nur frustrierend mit ihr.« Jetzt hatte sie mich.

»Ich bin äußerst geduldig«, teilte sie mir mit. Das klang eher wie eine Warnung, wie eine von diesen leeren Beteuerungen à la »delfinsicher«, deren pure Erwähnung Zweifel in einem hervorrufen.

Ihre Führung durch das *L'Apicio* begann Lara durch den Diensteingang, den ich von nun an ausschließlich benutzen sollte. Das Restaurant befand sich auf der Lower East Side, neben einem Reparaturservice für Heizkessel und zwei Shakes-&-Smoothies-Läden, und die Doppeltüren auf der East First Street führten direkt in den Bienenstock der Küche. Dort war es lebhaft und laut, und ich stand augenblicklich jemandem im Weg. Ich machte einen spastischen Hüpfer, um zwei Pfannen mit gegrilltem Gemüse auszuweichen, und stieß gegen eine Ablage mit Kerzenständern. Lara ließ daraufhin einen Vortrag über die Gastroetikette vom Stapel, da sie in mir völlig zu Recht eine Gefahr für mich selbst und andere sah. »Wenn du in eine Restaurantküche hineinspazierst und dich dabei hinter einer Person befindest, legst du dieser Person entweder im Vorbeigehen eine Hand auf den Rücken, oder du sagst ›hinten‹, damit sie sich nicht umdreht«, wies sie mich geduldig an. Wir wichen einem Mann in Crocs aus, der zusammengefaltete Kartons auf einen Müllcontainer schleuderte, und gingen dann an jemandem vorbei – HINTEEEEEEN! –, der Suppentöpfe zu einem Spülbecken trug. Es wurden Gläser auf Hochglanz poliert und akribisch Champignons geschnippelt, es wurde geriebener Parmesan abgewogen und zu Shakira gesummt. Die wahre Action fand direkt dahinter, auf einem weißen Gewirr aus Vorbereitungstischen, statt. Ein Schleier aus Körpern hantierte mit Kupfertöpfen und ließ Messer über bündelweise Grünzeug hüpfen. Lara unternahm nicht einmal den Versuch, mich dort hindurchzubugsieren.

Ich würde mit all dem nichts zu tun haben. Meine Aufgabe war es, mich ganz alleine in eine kleine, dunkle, eiskalte Kammer einzuschließen, die von Lara großzügig Weinkeller genannt wurde. Sie war so eng, dass wir beide nicht einmal Schulter an Schulter stehen konnten; so lang, dass vierzig Weinflaschen Hals an Hals nebeneinander gelagert werden konnten; und so hoch, dass ich nicht auf die oberen Regale schauen konnte, ohne eine Metallleiter hinaufzukraxeln, die dünn wie ein Stöckelschuh war.

»Das hier ist die Bibel«, sagte sie, während sie mir ein Klemmbrett mit zerknitterten Seiten in die Hände schob. »Das hier ist von nun an das Allerwichtigste in deinem Leben.«

Das Allerwichtigste in meinem Leben schien irgendwie verschlüsselt. Verständnislos glotzte ich auf eine der Zeilen: »DETTORI MOSCADEDDU 2010 L12 DE«.

»Das ist unser Kellerbuch. Es ist alphabetisch nach Erzeugern geordnet. Deren Name steht zuerst, dann der Fantasiename, Jahrgang, Lage«, sagte Lara.

»L12 DE« bezog sich auf die Flaschen im linken Regal, in Reihe 12, Spalten D bis E. »Dettori« war die Abkürzung für den Erzeuger Tenute Dettori. »Moscadeddu« der *nome di fantasia*, der Fantasiename, ein beliebiger Spitzname der Winzer für eine ihrer Weinlinien, um sie voneinander zu unterscheiden und, so kam es mir persönlich vor, um Kellerratten wie mich zu quälen. Lara wollte mir beim Zurechtfinden helfen. Im Allgemeinen, erklärte sie, befindet sich auf dem Flaschenetikett eine Kombination aus Erzeugernamen, Fantasienamen und Jahrgang (das Jahr der Weinlese). Auch die Rebsorte könnte dort aufgeführt sein (»Pinot Gris«, »Fiano«, »Aglianico«) oder das Anbaugebiet (»Sonoma Valley«, »Soave«, »Chianti«) – beides zusammen allerdings selten. Insbesondere bei den Weinen aus der Alten Welt gingen die Erzeuger davon aus, dass der Name des Anbaugebiets völlig ausreiche, um zu wissen, welche Traube für den Wein verwendet wurde. Nur ein schwachsinniger Banause hat keine Ahnung, dass ein Chianti per Gesetz aus mindestens siebzig Prozent Sangiovese-Trauben bestehen muss, wenn er das Gütesiegel DOCG (Denominazione di Origine Controllata e Garantita) tragen möchte. Gleiches gilt, sagen wir, für einen DOCG Barolo, der zu hundert Prozent aus Nebbiolo-Trauben gemacht sein muss.

Ich hob eine Flasche von L15 J auf und suchte auf dem Etikett nach dem Erzeuger, nur um zu sehen, ob ich den Code auch alleine knacken konnte. Ganz oben stand in großen Lettern »Coenobium«. Das musste der Erzeuger sein.

»Äh, koh-no-bi-jum?«, riet ich.

Es war der Fantasiename, und er wurde »*Sen*-no-bi-jum« ausgesprochen. Ich versuchte es noch mal. »Lazio?« Das war der Name der Stadt. Lara ließ ihren Finger einen langen Absatz in Italienisch entlangwandern, vorbei am Kleingedruckten mit Alkoholgehalt, Flaschennummer, Schwefelgehalt und irgendeiner amtlichen Prüfungsnummer. Neben einer mikroskopisch kleinen Textzeile am unteren Rand des Etiketts machte sie halt. »Monastero Suore Cistercensi« stand dort. Natürlich.

Ich war verantwortlich für das Einlagern sämtlicher neuer Weinkisten, sobald sie eintrafen. Wenn kein Platz war im Keller, sollte ich Platz schaffen. Ich musste die Flaschen auspacken, jede in einen Einschub stecken und diesen Einschub in der Bibel markieren.

»Mir ist egal, wo was liegt«, sagte Lara. Nach einer kleinen Pause korrigierte sie sich. »Aber, ja, die gefragteren Posten, wie die hier, sollten besser dort liegen.« Sie dachte über diese Aussage nach. »Und die hier« – sie zeigte auf eine Flasche Rotwein, die sich in keiner Weise von den anderen unterschied – »sollte nicht ganz da unten liegen.« Auch wie ich den Wein ins Regal stellte, war ihr *nicht* egal, da man den Keller vom Speisesaal aus sehen konnte. »Wenn du die vordere Flasche rausziehst, holst du die hintere nach vorn« – jeder Einschub war zweireihig – »weil der Keller dann voller aussieht.« Oh, und bring nichts durcheinander, sonst kann keiner die Flasche finden, die der Gast bestellt hat. »Und das ist der absolute Horror für uns.«

Ich versuchte, mir Notizen zu machen, während Lara in einer scheinbar fremden Sprache weiter voranpreschte. »Wenn irgendwo ›offen‹ steht, dann heißt es ›offen‹, es sei denn, wir haben sechsundachtzig. Dein P-Mix ist nun auf der Lagerplatztafel beheimatet.« Das sei extrem wichtig, da ich den P-Mix (den was, bitte?) auf der Lagerplatztafel (wo?) gewissenhaft überprüfen müsste, um etwas zu tun, das ich nicht kapierte. Auch die ARs (wie bitte?) würde ich brauchen, die Lara mir vor jeder Lieferung zu mailen versprach. Neue Weiße gehörten in den niedrigen Weinkühlschrank, und Lara brauchte davon jeweils … wie viele noch mal? Zwei? *Shit.* Sie führte mich aus dem Keller hinaus, in dem ich eine vampirsichere Dunkelheit bewahren musste, damit sich die schlafenden Flaschen nicht erwärmten, und dann hielten wir vor den Weinkühlschränken an – hüfthohe Dinger hinter der Bar. Ich nutzte eine kleine Pause zwischen den maschinengewehrartigen Befehlssalven, um das Wichtigste klarzustellen: Mit »offen« waren die offenen Weine gemeint, die per Glas ausgeschenkt werden. P-Mix bedeutete Produkt-Mix, und bei den großen Metallschüsseln mit Huhn, Chilisauce und Reis, die dort in der Ecke standen, handelte sich um das »Familienessen« für die Mitarbeiter.

»Wir nennen uns Familie«, sagte Lara, »weil wir einander öfter sehen als unsere eigentliche Familie.«

Sie führte mich zum Garderobenschrank, dann hob sie den Arm und zog eine Leiter herunter, die sich von einer Falltür in der Decke entfalten ließ. Das klapprige Gestell ähnelte den hohen Dingern, die Maler benutzen, nur war es steiler, frei schwebend und hatte seine besten Jahre bereits hinter sich. Es führte in den Dachboden hinauf, einem, wie es aussah, sehr dunklen, sehr beengten, sehr wenig einladenden Ort voller Kartons und Wäschehaufen – Arbeitskleidung, Servietten, Lappen. Das war das Lager für den überschüssigen Wein. In Anbetracht der New Yorker Mietpreise musste Lara suboptimale Lagerungsbedingungen riskieren und die überzähligen Flaschen ins Dach bugsieren.

Lara stupste mich an, damit ich die – in ihren Worten – »furchtbare Leiter« bis zu einem sogenannten Podest hinaufkraxelte, das aus einem fußbreiten Rahmen um die Falltür herum bestand. Dort sollten ich und eine Kiste Wein hinpassen. Und es sah viel zu klein für nur eins von beiden aus. Es wurde von mir erwartet, dass ich Kisten mit je zwölf Flaschen Wein – also um die achtzehn Kilo oder beinahe ein Drittel meines Körpergewichts – in den Speicher hinein- und von da hinaustrug, und zwar auf der »furchtbaren Leiter«.

»Ich hab Angst, und ich bin zwei Jahre lang dort hoch- und runtergeklettert«, meinte Lara. Ich wackelte zum Kriechboden hinauf und sah anschließend Lara dabei zu, wie sie die am wenigsten riskante Abstiegsmethode vorführte. Anscheinend war es das Beste, sich auf den Hintern zu setzen, sich selbst und die Weinkiste Zentimeter für Zentimeter näher an die Stufen zu schieben, sich auf die obersten Sprossen zu stellen und sich dann alle zwölf Flaschen an die Brust zu hieven, ohne vornüber auf den Betonboden zu stürzen. »Ich habe schon ein paar Leute runterfallen sehen, und es sah nicht lustig aus«, verriet Lara.

Ich bin niemand, der seinen eigenen Tod herbeifantasiert. Doch ich wusste, dass der Tod beim Befördern von Pinot Grigio im Auftrag dünkelhafter Yuppies a) nicht die Art und Weise war, wie ich dahinscheiden wollte, und b) nun ganz klar im Bereich des Möglichen lag.

Die Köche waren zu beneiden. Sie hatten Essen – buntes, eindeutiges, geläufiges, erkennbares Essen. Ich hingegen hatte 1800 kalte Flaschen, deren Namen ich nicht aussprechen konnte und die an Orten und mit Trauben hergestellt wurden, von denen ich noch nie in meinem Leben gehört hatte. Die Köche tanzten als Team zusammen in der Küche herum. Ich war auf mich selbst gestellt. Sie standen außerdem auf festem Boden. Und mir war alles viel zu hoch.

In meinem vorherigen Job als Journalistin hatte ich fünf Jahre lang mehr oder weniger das gleiche Programm: aufwachen, die U-Bahn zur Eighth Street nehmen und um neun Uhr dreißig pünktlich zur Redaktionssitzung im Büro ankommen. Als Joes

Kellerratte begann ich, an Gratisverkostungen der Weinhändler teilzunehmen – das sind die Zwischenhändler, die Läden und Restaurants eine Auswahl an Weinen verkaufen, die sie entweder selbst importiert oder von Importhändlern gekauft haben. Nun war ich offizielles Mitglieder des New Yorker Weinheeres, und im Rahmen meiner neuen Lebensweise pflegte ich mein erstes Glas Wein etwa zur selben Stunde zu mir zu nehmen, wie ich früher die Morgenschlagzeilen überflog. An den meisten Tagen war ich zur Mittagszeit betrunken, um zwei Uhr verkatert und gegen vier Uhr nachmittags am Bedauern, dass ich zum Mittagessen diesen Riesenburger verschlungen hatte.

New York war eine viel, viel trunkenere Stadt, als ich jemals geglaubt hätte. Zu jeder Stunde an jedem Tag der Woche konnte ich mich herumtorkelnden Männern in Anzügen anschließen, die mit bordeauxroten Zähnen die neuesten Weine der City probierten. Ich nahm mir den Ratschlag eines jungen Sommeliers zu Herzen, der mit ebenso wenig Geld wie ich das Schmecken erlernen wollte, und nutzte die Verkostungen, um die Vielfalt der »noblen Rebsorten« zu ergründen, also einige der weltweit am meisten angebauten Rebsorten. In der einen Woche trank ich also nichts als Sauvignon Blanc – aus dem französischen Sancerre, dem neuseeländischen Marlborough, dem US-amerikanischen Santa Ynez Valley und dem australischen Margaret River –, bis meine Nase und mein Mund all seine grasigen, limonenwassrigen Permutationen im Griff hatten. In der nächsten Woche waren es ausschließlich Gewürztraminer, dann Tempranillo und so weiter und so fort, durch sämtliche Rebsortenberühmtheiten hindurch. Indem ich die Rebsorte stets beibehielt, versuchte ich, den Charakter eines jeden Weins – das Pflaumenartige am Merlot zum Beispiel – zu erschmecken und wie sich die Rebsorte beim Queren von Ländern und Klimazonen verändert.

Jeden Donnerstag stolperte ich von den Alles-für-umme-Veranstaltungen der Weinhändler rüber zum *L'Apicio* für eine weitere Verkostungsrunde mit Joe. Drei Stunden am Stück kamen Vertriebler mit Flaschen vorbei. Und ich probierte sie alle. Da sie um Joes Vorliebe für Weine mit Geschichte wussten, bauschten die Händler den exzentrischen Ursprung ihrer Joker-Weingüter, die sie in ihren Bestand aufgenommen hatten, hübsch auf. »Es wurde vor fünf Generationen gegründet und nun von der Großenkelin wiederbelebt … Auf diesen Weinbergen findet man überall Ruinen aus der Römerzeit, und es gibt einen großen Hügel, der Julius Cäsars Feriendomizil war … Dieses Weingut hat einen Therapieesel … Dieser Erzeuger hat einige Zeit in einem Arbeitslager verbracht, darüber wurde sogar ein Fernsehfilm gedreht …«

Doch auch hier fand das Trinken noch kein Ende. Um eine bessere Weinverkosterin zu werden, waren Blindverkostungen von großer Wichtigkeit, bei denen Somms sich gegenseitig eine bessere Aromaerkennung einbläuten. Von Leuten, die die Kunst des »Blendens« beherrschten, konnte ich mir Feedback zu meiner Verkostungstechnik geben lassen und mir das Basiswissen aneignen und außerdem die Kosten für acht bis zwölf Probeweine mit ihnen teilen. Bislang hatte ich mich in zwei Gruppen einschleichen können. Freitags traf ich mich mit anderen Anfängern. Mittwochs kam ich mit fortgeschrittenen Sommeliers zusammen. Sie bevorzugten das Verkosten am Morgen, da sie davon ausgingen, dass ihre Sinne in diesen Stunden wacher waren als nach einem Tag voller Reize, zudem arbeiteten die meisten aus der Gruppe abends. Also fanden wir uns jeden Mittwoch um zehn Uhr morgens in der Wohnung von einer von uns in Queens ein und brachten in knittriger Alufolie oder in Kniestrümpfen versteckte Flaschen mit. Unsere Gastgeberin wohnte in einem Einzimmerapartment, das sie in einem Stil, der sich wohl am besten mit »Weinchic« beschreiben lässt, eingerichtet hatte. Eine hüfthohe, mit Korken gefüllte Flasche stand da in der Ecke, es gab einen Weinkühlschrank, der bis zur Decke reichte, statt Coffeetablebüchern lagen Weinenzyklopädien herum, und die syrahfarbenen Wände zierten gerahmte Weinetiketten. Unsere Sitzungen fingen für gewöhnlich damit an, dass irgendjemand darüber tratschte, mit welch mangelhaftem Stil der Typ vorigen Abend den Wein dekantierte. Sie endeten mit einer Debatte darüber, welche Weine am besten zu schalen Tortillachips passten, da keine von uns gefrühstückt hatte.

Nach meiner ersten Blindverkostung mit den Profis wurden mir Hausaufgaben aufgegeben. Ich war zu ihnen gekommen, um das Verkosten zu erlernen. Offensichtlich überstieg dies mein Können bei Weitem. »Erst mal musst du das Spucken lernen«, wurde ich von einer hartgesottenen Sommelière namens Meghan in Kenntnis gesetzt, nachdem sie gesehen hatte, wie ich mich durch ein ganzes Glas kämpfte. Das Ausspucken ist eine Kunst für sich, und mit meiner Taktik hatte sie definitiv nichts gemeinsam – ich positionierte meinen Mund direkt über den schaumigen Inhalt des Spuckeimers und schleuderte den Wein mit hängendem Kinn und einem »Blaa« hinaus. Sie führten mich an das »selbstbewusste Ausspucken« heran – mit geschürzten Lippen einen kräftigen, gleichbleibenden Strahl herausschießen – sowie an das »doppelte Spucken« – zweimal pro Schluck ausspucken, um wirklich sicherzugehen, dass ich keinen Alkohol herunterschluckte und lediglich eine minimale Menge über meine Schleimhaut aufnahm. Als ich diese raffinierte Art des Spuckens zum ersten Mal probierte, spritzten mir Tröpfchen aus dem Gemeinschaftseimer auf Wangen und Stirn. »Mir fiel das selbstbewusste Spucken am Anfang auch ganz schwer«, beruhigte mich Meghan. »Es braucht einfach nur Übung.«

Zwischen meinen Rebsaft-Trainingseinheiten schnüffelte ich an Quitten, mampfte verschiedene Apfelsorten und schaute, wie lange ich an den Kräutern in meinem Supermarkt riechen konnte, bis ich die Aufmerksamkeit des Sicherheitsbeamten erregte. Ich bemühte mich, die mir erteilten Ratschläge bezüglich meines sensorischen Gedächtnisses zu befolgen, und prägte mir die Eindrücke von Tieren, Gemüse und Mineralien ein, damit ich diese Düfte auch in einem Wein ausmachen konnte. Jahrelang hatte ich mich an die Vorstellung geklammert, dass mich Gefräßigkeit zu einem besseren Menschen macht, also war ich absolut begeistert, dass Essen und Trinken in rauen Mengen an oberster Stelle stand. »Eins nach dem anderen. Erst muss dein Gehirn mit jeder Menge Informationen gefüttert werden«, riet Ian Cauble, ein Meistersommelier aus Kalifornien. »Iss viel, probiere viel Obst. Du musst jede Sorte Zitrusfrüchte probieren. Du musst die Schale probieren, den Kern, den Saft von reifen Orangen, unreifen Orangen, überreifen Orangen, Navelorangen, Meyers Zitronen, unreifen grünen Zitronen, Limetten …« Austern und Kaviar also nicht. Aber wenn das Kauen einer Grapefruitschale mich zu einer besseren Verkosterin machen würde, war ich bereit.

Ein anderer Profi überredete mich dazu, ein bisschen Dreck in meinen Ernährungsplan aufzunehmen.

»Schlecke an Felsbrocken, wenn du draußen unterwegs bist«, legte dieser Sommelier mir nahe, der offensichtlich nicht in Manhattan lebte, wo einen ein derartiges Vergnügen entweder vergiftet oder in die Klapse bringt. »Ich schlecke andauernd an Felsbrocken.«

»Welche Art Felsbrocken?«, fragte ich, eher aus Neugier denn aus dem Wunsch, es ihm gleichzutun.

»Jede Art Felsbrocken, an dem ich vorher noch nicht geschleckt habe«, verriet er mir. »Es macht Spaß, den Unterschied zwischen rotem Schiefer und blauem Schiefer zu schmecken. Roter Schiefer enthält mehr Eisen – schmeckt also ein bisschen wie blutiges Fleisch. Blauer Schiefer hat etwas Nasses, Teichkiesiges.«

Im Laufe dieser Besprechungen brachten mich meine inoffiziellen Weinberater zu der Einsicht, dass wenigstens ein Teil meines dreistufigen Plans goldrichtig war: die Prüfung zum Certified Sommelier des Court of Master Sommeliers zu machen.

Seit 1977 ist der adlig klingende »Court« (dt. Hof) mit der ehrwürdigen Aufgabe betraut, dass sich keiner umsonst den Namen »Sommelier« ans Revers heftet. Als bedeutendster Prüfungsausschuss für professionelle Sommeliers legt der Court die Maßstäbe für jeden einzelnen Aspekt im Verhalten eines Sommeliers fest. (Siehe beispielsweise die Richtlinien bezüglich der Entgegennahme eines Kompliments vonseiten des Gastes.) Eine Qualifikation des Courts ist nicht obligatorisch. Doch genau wie ein Magister oder ein Grand-Cru-Etikett für Menschen dient ein Diplom des Courts als Gütesiegel, mit dem ein Sommelier meist mehr Geld verdienen, schneller aufsteigen und einen handfesten Beweis der eigenen Kompetenz vorlegen kann. (Es gibt vier Prüfungsstufen, vom »Introductory Sommelier« zum »Master Sommelier«.) Eine steigende Zahl Restaurants erwartet von ihren Sommeliers ein Abschlusszertifikat des Courts, und jedes Jahr sitzen Tausende von ihnen in den Prüfungen, obwohl es bei manchen Abschlüssen eine zwölfmonatige Warteliste gibt. Diejenigen, die durchhalten – und die Prüfung schaffen –, werden in eine Familie einflussreicher Weinprofis aufgenommen, die aufeinander aufpassen. Ein aufstrebender Master Sommelier verglich sein Bestehen der Prüfung sogar mit der Aufnahmezeremonie bei der Mafia. Ich jedenfalls war bereit, mir in den Finger zu stechen und den erforderlichen Schwur zu leisten. Seit ich mich auf diesen Weg begeben hatte, ahnte ich, dass ich das sensorische Dasein und den Weinfanatismus der Sommeliers nie ganz begreifen würde, wenn ich ihre Lebensweise nicht vollkommen adaptieren und so wie sie sein würde. Da ich nicht jahrelang Zeit hatte, um mich auf dem üblichen Weg hochzuarbeiten, war die Certified-Prüfung des Court of Sommeliers der realistischste Versuch, von der Kellerratte hoch ins Restaurant befördert zu werden.

Um sich des Certified-Titels würdig zu erweisen, müssen angehende Somms ihre Kompetenz auf dem Gebiet der Weintheorie unter Beweis stellen (Welche Rebe ist auf Madeira am weitesten verbreitet?), ihre Fähigkeiten beim Servieren des Weins (Haben Sie alle siebzehn Schritte ausgeführt, die beim richtigen Einschenken eines Roten erforderlich sind?) sowie ihr Können bei der Blindverkostung (Sind Sie in der Lage, Aromen, Säure, Alkoholgehalt, Gerbstoffe, Süße, Anbauregion, Rebsorte und Jahrgang herzuleiten?). Diese drei Bereiche spiegeln das benötigte Basiswissen eines Sommeliers wider, doch damit nicht genug. Die Kandidaten müssen auch unter Beweis stellen, dass sie sogar im Angesicht von Albtraumgästen und Restaurantkatastrophen stets Haltung und Eleganz bewahren. Die Prüfung stellt mentale Stärke, Selbstvertrauen und Grazie unter Druck auf die Probe. Und jeder, mit dem ich darüber sprach, hatte eine Horrorgeschichte auf Lager. »Zeig das kleinste bisschen Schwäche, und sie wird brutal vorgeführt werden«, verriet mir Meistersommelier Steven Poe, als ich ihn um Rat fragte. »Bevor ich meine Prüfung im Bereich Service antrat, blickte ich in den Rückspiegel meines Autos und sagte: ›DIESE MOTHERFUCKER! DIE WERDEN VERSUCHEN, DICH AUSEINANDERZUNEHMEN! DEN TEUFEL WERDEN SIE TUN! DU WIRST *GEWINNEN!* DU GEHST DA JETZT REIN UND MACHST SIE SO WAS VON *FERTIG*! *FIX UND ALLE* MACHST DU DIE!‹ Dann hab ich so viel Scotch getrunken« – er hielt ein unsichtbares Schnapsglas mit zwei Fingern hoch und kippte es runter – »und sie anschließend niedergewalzt.«

Kurse kann man keine nehmen, um die Prüfung zu bestehen. Der Court händigt einem stattdessen eine zweiseitige Literaturliste mit elf Büchern und drei Weinenzyklopädien aus. Alles, was ich wissen musste, würde ich mir also selbst beibringen müssen. Um überhaupt einen Versuch starten zu dürfen, musste ich erst einen Eignungstest bestehen, der mit dem Warnhinweis versehen war, dass eine dreijährige Erfahrung im Wein- und Dienstleistungsgewerbe »dringend empfohlen« werde. Und ich gab mir gerade mal ein Jahr. Für alles.

Wie Sie sich vorstellen können, waren die Reaktionen auf mein Vorhaben, es in dieser Zeitspanne von Kellerratte zu Certified zu Sommelière zu schaffen, wenig ermutigend.

»Die greifen gerade hart durch. Und bei dir werden sie besonders hart sein, weil du Journalistin bist«, warnte mich eine Sommelière meiner Mittwochsrunde. Die Doku *Somm,* die vor Kurzem gezeigt worden war, sowie die Fernsehserie *Uncorked* (dt. Entkorkt) hatten das Interesse an den Diplomen des Courts angekurbelt, und so kursierte das Gerücht, dass die Prüfung schwieriger geworden war, um die Schwachen auszusieben. Schwache Zivilisten vor allen Dingen.

Ein Meistersommelier, der selbst schon jede Menge Prüfungen beaufsichtigt hat, wollte mich ermutigen und erreichte genau das Gegenteil damit.

»Die wollen einfach nur sichergehen, dass du beim Bedienen klarkommst und nicht durchdrehst und anfängst zu weinen und abhaust«, meinte er.

Es bereitete mir einigermaßen Sorge, dass so etwas überhaupt im Bereich des Möglichen lag.

»Passiert das denn oft?«, fragte ich.

*»Stääääändig.«* Es könnte aber noch viel, viel schlimmer kommen, fügte er hinzu. Beim Versuch, über einer offenen Flamme zu dekantieren, hatte sich manch einer schon selbst angezündet.

Als ich das alles meinem Mann Matt erzählte, brachte er die beste Ansage von allen.

»Versuch doch lieber, deinen alten Job zurückzukriegen!«

Nicht ganz unverständlich, dass er so pessimistisch war.

Meine Leistung als Kellerratte hatte ein neues Tief erreicht, als ich mich auf ein Weindinner vorbereitete, das Joe für eine kleine Gruppe Kenner veranstaltete.

Ich wollte gerade meinen Arbeitstag beenden, da bat mich

Joe, die »Siebenhundertfünfziger« runterzubringen, die er und Lara auf einem der oberen Kellerregale beiseitegelegt hatten (der Inhalt einer Standardflasche beträgt 750 Milliliter). Lara hatte mir versichert, ich müsse den Wein nicht mit Samthandschuhen anfassen, wenn ich meiner Arbeit nachging, und weil ich Joe gerne zeigen wollte, was für eine erfahrene alte Ratte ich war, mutete ich dem Wein einiges zu. Die Flaschen lugten aus meiner Ellbogenbeuge hervor, kopfüber, sie ragten kreuz und quer vor meiner Brust hervor, als ich die Leiter hinabstieg.

Erst als ich sie auf einem Tisch aufprallen ließ, wurde mir klar, welch kostbare Fracht ich da getragen hatte. Das waren Juwelen von legendären italienischen Erzeugern, darunter ein »Tignanello« des Weinhauses Antinori, der erste des Siegeszuges der sogenannten Supertoskaner, für die Sangiovese mit französischen Rebsorten verschnitten wurde.

Ich würde etwa einen Monat lang im Keller schuften müssen, um mir die Teilnahme an solch einem Dinner leisten zu können. Joe kam vorbei und warf einen Blick auf das Raubgut.

»Die stehen seit gestern aufrecht im Regal, damit sich das Depot absetzen kann«, sagte er. »Es ist unglaublich wichtig, dass diese Weine nicht herumgeschubst werden.«

Darauf erwiderte ich nichts.

Joe nahm einen Korkenzieher aus seiner Tasche und begann, die Metallfolie um den Korken herum abzunehmen. Dazu setzte er die zweieinhalb Zentimeter lange Klinge am Korkenzieher unter der Kante an und umkreiste damit den Hals, wobei er zwei saubere Schnitte machte – den einen im Uhrzeigersinn, den anderen entgegen dem Uhrzeigersinn. Während er sich mit dem Daumen am Rand des Flaschenmundes abstützte, schnippte er mit dem Messer am Korkenzieher die metallene Kapsel von der Flasche weg. Sie löste sich so selbstverständlich ab, dass es aussah, als ob der Wein seinen Hut lüpfen würde. Die Korkenzieherspirale drehte Joe, ohne die Flasche auch nur im Geringsten zu bewegen. Eine schnelle Bewegung aus dem

Handgelenk, und schon hatte der Tignanello scheinbar freiwillig seinen Korken abgegeben.

Ich schaute zu, wie er das ganze Prozedere wiederholte, und fragte dann, ob ich es auch mal versuchen dürfte. Ich begann, am Flaschenhals herumzusägen. Das bereitete Joe sichtlich Schmerzen.

»So viel Kraft ist gar nicht nötig«, sagte er.

Ich sägte sanfter.

Er machte ein zerknautschtes Gesicht, so, als hätte er gerade einen Chianti mit Korkschmecker getrunken. »Ehrlich, probiere bitte, die Flasche ruhig zu halten.«

Ich hörte auf zu sägen, setzte das Messer am unteren Rand der Kapsel an, so, wie er es getan hatte, streifte es nach oben und hieb mir dabei tief in den Daumen. Kleine Nadelstiche Blut tauchten dort auf.

Joe machte sich mehr Sorgen um den Wein. »Du darfst die Flasche nicht bewegen«, versuchte er es noch einmal, als ob ich das die ersten Male überhört und Schütteln für die passende Maßnahme gehalten hätte. Er nahm mir das Kellnermesser aus der geschundenen Hand. Ich wollte nicht einmal versuchen, den Korkenzieher hineinzudrehen, und er bot es mir auch nicht an.

Nun sollte ich die Weine dekantieren, was ich noch nie in meinem Leben getan hatte.

»Weißt du, wie man Weine dekantiert?«, fragte mich Joe.

»Ja, klar«, log ich.

Um die zwölf Leute hatten sich für das Dinner angesagt, und wir konnten von manchen Weinen lediglich eine Flasche die Runde machen lassen, was nicht einmal hundert Milliliter pro Gast entsprach. Damit kein einziger Tropfen verschwendet wurde, »frischte« Joe – der offensichtlich wenig Vertrauen in meine Fähigkeiten hatte – mein Wissen in Sachen Dekantieren kurz auf. In der linken Hand hielt er den gläsernen Dekanter leicht geneigt und kippte mit der rechten Hand die offene Flasche so weit, dass ihr Hals parallel zum Tisch und über einer entzündeten Kerze hing und der Inhalt in den Dekanter floss. Durch die Flaschenschulter hindurch beobachtete er die Flamme. Jedes Mal, wenn sie von kleinen schwarzen Partikeln verdunkelt wurde, brach er das Umgießen ab, damit der Bodensatz – Ablagerungen von Tanninen und Weinkristallen – nicht in den Dekanter gelangte. Das Dekantieren diene dazu, den Bodensatz zu entfernen, der sich in der Flasche während des Reifeprozesses bilden kann, sowie den Wein atmen zu lassen, ihn also in Kontakt mit Sauerstoff zu bringen, damit sich die Aromen besser entfalten können, erklärte mir Joe. Er verschwand und ließ mich die übrigen Flaschen allein dekantieren.

Ich wiederholte die Schritte: Dekanter in der linken Hand, Flasche in der rechten, Wein in der – verdammt. Wein auf dem Tisch. Überall Tropfen. Ich stabilisierte die Flasche. Schön vorsichtig. Wenn ich den Flaschenhals beobachtete, um sicherzugehen, dass ich in den Dekanter goss, dann konnte ich nicht die Flaschenschulter im Auge behalten und sichergehen, dass keine dunklen Kleckse vorbeischwammen. Wenn ich aber die Flaschenschulter beobachtete, konnte ich nicht aufpassen, wohin ich den Wein goss, und er lief außen am Einfülltrichter hinab. Und natürlich wollte ich auch noch Joe in der Küche im Blick haben, damit er nicht sah, was hier los war. Ich ließ meinen Blick vor- und zurückhuschen und hatte Mühe, in den Gluck-Gluck-Gluck-Rhythmus zu kommen. Dann gab es eine Überschwemmung.

Der Wein schwappte auf den Tisch und durchnässte meine Hände und die flackernde Kerze. Es sah aus, als ob das weiße Wachs mit Blut verschmelzen würde. Da fiel mir auf – ich betrachtete meinen Daumen –, dass es wohl Blut sein musste. Ich packte einen Stapel weißer Cocktailservietten und versuchte, die Pfütze aufzuwischen, bevor Joe davon Wind bekam. Ich konnte sehen, wie er in der Küche gerade aufhörte, mit jemandem zu reden. Wein befand sich keiner mehr auf dem

Tisch. Nur ein kleiner Berg zerknüllter, rot getränkter Servietten. Ich stopfte sie in meine Taschen, griff mir eine weitere Flasche und begann, sie in den nächsten Dekanter zu gießen. Es folgte die nächste Überschwemmung.

Der Wein tröpfelte außen am Dekanter entlang und durchnässte die Kerze erneut.

Joe kam auf mich zu und war nur ein paar Meter entfernt. Ich betupfte die Kerze mit einer Serviette und verbrannt mich dabei nur leicht. Joe befand sich mittlerweile an meinem Ellenbogen. Er betrachtete die Kerze, von der Sangiovese triefte. Er schaute auf meine von Servietten ausgebeulte Tasche. Er sagte kein Wort. Das war auch nicht nötig.

»Ich bräuchte mal kurz deine Hilfe«, meinte er. »Kannst du bitte ein paar Klebeschilder kaufen gehen?«

Meinem Namen als Kellerratte machte ich tatsächlich alle Ehre. Ich war wie ein überdimensioniertes Nagetier, das ein ansonsten ehrenwertes Etablissement unterwandert hatte und komplettes Chaos anrichtete. Ich verlor Flaschen, ließ Flaschen fallen, versteckte Flaschen und sorgte dafür, dass sie kistenweise verschwanden.

Einen ganzen Monat lang versuchte ich, eine 169 Euro teure Weinflasche aus *L'Apicios* oberem Preissegment aufzuspüren, die ich irgendwo falsch eingelagert hatte. Lara ordnete an, ich solle jede einzelne der knapp zweitausend Weinflaschen überprüfen, und das tat sie dreimal, bevor sie sich geschlagen gab. Dann ging ein Ceritas verloren. Das hippe Bioweingut verkaufte nur an ausgewählte Restaurants, und diese Ehre musste sich Lara erst verdienen: Ihr wurden jedes Jahr nur eine Handvoll Ceritas-Weine zugeteilt – als Dankeschön des Weinhändlers dafür, dass sie regelmäßig eine Menge anderer Weine aus seinem Bestand orderte. Ein Jahr lang hatte Lara den Lioco-Chardonnay gepusht, einen guten, aber weniger eindrucksvollen kalifornischen Wein, damit ihr das Privileg, drei Flaschen Ceritas kaufen zu dürfen, zuteilwurde. Und ich hatte gerade einen davon verloren.

Die äußerst geduldige Lara hatte zunächst trotz all dieser Missgeschicke ihre Höflichkeit bewahrt. In der vierten Woche meiner Anstellung als Kellerratte schickte sie mir eine freundliche Erinnerung daran, alte Lagerplätze doch bitte von der Liste zu streichen, wenn ich den Keller auffüllte. Kurz darauf fasste sie nach, wieso sie meine Warenliste mit den zur Neige gehenden Weinbeständen nicht finden konnte. Ah, ja, klar. Das hatte ich total vergessen. Im Laufe der nächsten Wochen wurden ihre Mitteilungen barscher, und sie kamen häufiger. Wo der Arcuria von Graci sei? Zehn Kisten des La Ghiga Barbaresco seien geliefert worden, wieso stehe im Kellerbuch dann, dass nur eine eingelagert wurde?

An einem einzigen Freitag erhielt ich einmal fünf E-Mails von Lara, jede davon mit einer Liste von Beschwerden. Ein Weißwein sei angeliefert worden, und ich hätte ihn nicht in den niedrigen Kühlschrank gelegt. Noch *immer* fände sie Flaschen vorn im Keller, die nicht denen dahinter im Fach entsprächen. *Wieder* hätte ich einen Weißwein nicht in den niedrigen Kühlschrank gelegt. Ich müsse *unbedingt* endlich aufhören, auf die Ränder der Lagerplatztafel zu schreiben. Ob ich Rotwein nicht von Weißwein unterscheiden könne? Ich hätte die Weißen von Occhipinti zu den Roten gestellt. Der Gruet gehöre nicht uns und ebenso wenig der Primaterra. Sie seien für unser Schwesterrestaurant bestimmt – ob ich Laras E-Mail nicht gelesen hätte?

Während der Inventur in der darauffolgenden Woche wurde mir klar, was meine Arbeit ihr emotional alles abverlangte. Einmal im Monat mussten wir in Flaschenzehnteln verzeichnen, wie voll jedes Flüssigkeitsbehältnis im Lokal war, damit Lara Gewinn und Ausgaben kalkulieren konnte. Sie stand mit offenem Laptop an der Bar, während ich auf dem Boden hockte und Name und Füllmenge der Weine in den niedrigen Kühlschränken nannte.

Erst neulich war mir wieder eingefallen, dass ich eigentlich jeden Tag nachsehen sollte, ob sich darin zwei Flaschen – nicht mehr und nicht weniger – von jedem Wein befanden.

»Forlorn Hope Trousseau Gris – drei!«, schrie ich.

»Drei«, bestätigte sie.

»Graci Arcuria, drei!«

»Drei?«, fragte sie nach.

»Failla, drei!«

Das war ein Wein, von dem ich drei Wochen zuvor behauptet hatte, er sei ausverkauft.

Lara verstummte und schloss die Augen. Sie kniff ihren Nasensteg, als hätte sie Kopfschmerzen, und sprach. Extrem. Langsam.

»Dieses System existiert nicht ohne Grund«, sagte sie. »Dieses System soll befolgt werden. Es wird aber nicht befolgt. Es. Wird. Nicht. Befolgt.« Sie quetschte sich neben mich auf den Boden, mit dem Rücken zum Kühlschrank. Sie sah mich nicht an. Sie starrte geradeaus. »Deswegen bin ich in Therapie.«

Allmählich passte ich mich dem Rhythmus des Restaurants an und damit auch dem Takt der New Yorker Hedonisten. Die teuersten Weine verkauften wir dienstags, mittwochs und donnerstags, die Tage, an denen die Einheimischen vor die Tür gingen. Das seien die »echten Manhattaner Restaurantgänger«, meinte Lara mit offensichtlicher Bewunderung – Feinschmecker, die sich nicht mit dem gemeinen Wochenendvolk abgeben wollten. Freitags und samstags ging es nicht um Wein, sondern um Alk. Besucher aus New Jersey und den Außenbezirken waren die Erklärung dafür. Und bei diesen Verschwendern wurde nicht mit Spott gespart. Ich hörte nach, wer da so aufs Ganze ging mit dem kostspieligen Gaja, den ich eines Dienstags gemäß Laras Wunsch zur Seite legen sollte. »Oh, Geburtstagsparty für irgendeinen Reichen«, stichelte einer der Köche. Das Dinner an einem anderen Abend fand für »irgendjemanden mit zu viel Geld« statt.

Die geheime Sprache der Weinkarte erschloss sich mir so langsam auch. Mir war mittlerweile klar, dass die Restaurants im Allgemeinen so viel für ein Glas verlangten, wie sie im Großhandel für eine ganze Flasche zahlten, und viermal so viel *davon* für eine Flasche im Restaurant. (Vier Gläser pro Flasche ... rechnen Sie es sich aus.) Die Weine mit ungeraden Preisen verkauften sich im *L'Apicio* am besten, und kein Glas kostete weniger als neun Euro.

Die offenen Weine waren für alle Beteiligten die größten Geldbringer. Weinerzeuger und -händler lechzten nach einem solchen Platz auf der Karte, da er schnellen Umsatz und regelmäßige Aufträge bedeutete. In gehobeneren Restaurants galt bei der Preiskalkulation für den offenen Ausschank nur eins: »Schänden und Plündern«, wie ein Somm es formulierte. Ausgebuffte Getränkemanager erhoben eine »Her-damit-Steuer« auf Markenweintrauben wie Chardonnay und Malbec. Für diese Weine konnten sie mehr verlangen, weil die meisten auf Autopilot schalten, wenn sie eine vertraute Rebsorte auf der Karte sehen, und denken: »Her damit, koste es, was es wolle.« Jene Weine waren Statussymbole und eine sichere Bank. Von da an hielt ich mich im Privaten von den klassischen Publikumslieblingen fern, wenn ich essen ging. »Cabernet« hieß im Sommsprech »leicht verdientes Geld«, also hielt ich mich an alles, was fremd und irgendwie einschüchternd klang, wenn ich guten Wein zu einem guten Preis trinken wollte – einen Mondeuse Noire aus dem französischen Savoie etwa. Die goldene Regel – »Mit Zeug, das keiner kennt, macht man keinen Gewinn« – gestattete es manchen Sommeliers, bei ihren liebsten, undurchsichtigen Weinen einen geringeren Preis aufzuschlagen und die Differenz mit den »Her-damit-Weinen« auszugleichen. Die Liebe zum erlesenen Geschmack konnte die Profitgier übertrumpfen, hieß es.

Gleichzeitig begann ich, die Hierarchien des New Yorker Weinheers zu ergründen. Die Leute, die tagsüber mit mir tranken, befanden sich innerhalb des US-amerikanischen Dreistufensystems – bestehend aus Weinerzeugern, Großhändlern sowie Sommeliers (oder Einzelhändlern) –, durch das sämtliche alkoholischen Getränke geschleust werden, bevor sie auf unserem Tisch landen – anders als in Deutschland, wo Handel, Gastronomie und Endverbraucher jeden beliebigen Wein frei im Supermarkt oder beim Winzer erwerben können. Das US-Prozedere ist absichtlich so aufwendig. Nach der Aufhebung des Prohibitionsgesetzes führten die Gesetzgeber Mittelspersonen ein – die Großhändler –, in der Hoffnung, diese würden den Aufstieg einer riesigen Sufflobby verhindern, den Alkohol verteuern und den Kauf erschweren und somit Amerika davor bewahren, eine mit Leberzirrhose geplagte Nation von Komasäufern zu werden.

Die Weinerzeuger stellen den Wein, wie der Name sagt, her. In den ertragreichsten Verkaufsmonaten (September und Mai) werden sie gelegentlich herbeibemüht, um uns alle mit ihrem schmalzigen französischen Akzent zu bezirzen.

Die Zwischen- oder Großhändler verkaufen den Wein. Bei den Besten der Besten handelt es sich um branchenübergreifende Berühmtheiten, deren Ruf als Trüffelschweine ihnen derart vorauseilt, dass die Sommeliers nicht mehr als ihre Gutheißung benötigen, um eine Flasche dort zu kaufen. Viele von ihnen sind ehemalige Sommeliers, die die nächtliche Schinderei irgendwann satthatten, und quasi alle von ihnen sind sich im Klaren darüber, dass sie sich bei ihren früheren Kollegen einschmeicheln müssen. Sie führen Spesenkonten, um Somms und Getränkemanager mit Festessen zu verwöhnen oder sie um die halbe Welt zu fliegen und ihnen die Weingüter ihres Portfolios zu zeigen. Die Sommeliers, die ich auf Weinproben kennenlernte, befanden sich fast alle gerade bei den Vorbereitungen für eine vom Großhändler begleitete Reise auf Kosten eines Weinguts oder Vertriebsbüros – Korsika, Australien, Chile. Keiner außer mir schien darin einen Interessenskonflikt zu sehen. Würden die Sommeliers dann nicht vielleicht nur deshalb einen Wein verkaufen, weil sie eine schöne Reise hatten, und nicht, weil der Wein etwas taugte? »So läuft es nun mal«, meinte ein rundlicher Händler Mitte fünfzig zu mir. »Sie fahren dorthin, sie haben eine gute Zeit, sie zeigen sich erkenntlich, indem sie irgendetwas listen.« Im *L'Apicio* waren die Geschäfte eine sehr persönliche Angelegenheit, und Joe und Lara gaben ihren Freunden den Vorrang. »Wir haben eigentlich immer einen offenen Turley auf der Karte«, teilte mir Lara mit und bezog sich dabei auf den kalifornischen Weinerzeuger Larry Turley. »Wir sind zufällig sehr gut befreundet mit ihm und seiner Tochter, und das ist quasi eine Art Geschenk an die beiden.«

Im wörtlichsten Sinne handelt es sich bei den Sommeliers um diejenigen, die für die Restaurants den Wein kaufen und ihn anschließend den Restaurantgästen verkaufen und servieren. Sie gestalten die Weinkarte, die Einkaufsmengen, die Art des Beratungsgesprächs und wie sie die Vision des Weinerzeugers übermitteln, und letzten Endes liegt die Rentabilität des Restaurants in ihren Händen. Im *L'Apicio* machten Wein und Spirituosen ein Drittel der Gesamteinnahmen aus. Da bei den Flaschen ein höherer Preisaufschlag angesetzt wurde als bei Steak, sorgten die Flüssigkeiten dafür, dass das *L'Apicio* flüssig war. »Wenn ich meine Sache nicht gut mache, geht es dem Restaurant schlecht. *Wirklich* schlecht«, sagte Lara. Im Vergleich zu Köchen oder Barkeepern, die etwas servieren, das sie selbst hergestellt haben, mögen die Sommeliers einem wie reine Überbringer vorkommen. Die talentiertesten Somms sind allerdings selbst auch Schöpfer. Unter Einsatz von Wein, Sprache, Kulisse, Psychologie und den Sinnen kreieren sie mittels der Flüssigkeit in einem Glas ein einmaliges Erlebnis für den Konsumenten. »Der Wein«, so verkündete der im 19. Jahrhundert tätige Schriftsteller Alexandre Dumas, »ist der intellektuelle Teil eines Mahles.«

Beinahe seit Anbeginn der Weinherstellung – vor etwa siebentausend Jahren – verlangt es die Menschen nach einer engagierten Person, die ihnen den Wein serviert. Bei allen Veränderungen im Aufgabenbereich des Sommeliers ist ein Aspekt dieses Berufs doch gleich geblieben, und er könnte den Ruf als blasiert erklären: Die glücklichen Servierer des Weins hatten stets einen privilegierten Stand gegenüber den Schreiberlingen, Bediensteten und anderen Angestellten. Wein ist etwas Besonderes – die Menschen der Antike glaubten, er sei göttlichen Ursprungs – und damit auch die Menschen, die ihn handhaben.

Einer der frühesten Hinweise auf den Sommelierberuf (auch wenn das Wort noch nicht erfunden worden war) findet sich im Ersten Buch Mose. Die Mundschenke, die den Wein servierten und einschenkten, waren Vertraute und Berater der ägyptischen Könige, und in einer der biblischen Geschichten bittet der Pharao seinen Weinkellner, ihm bei der Deutung eines Traums zu helfen. Der Weinkellner wiederum hatte die wunderbare Idee, Josef zurate zu ziehen, und dabei stellte sich heraus, dass die Vision des Pharaos eine Dürre voraussagte. Dies gab dem Land genügend Zeit, die Kornspeicher zu füllen. (Welch ein verheißungsvoller Start: Im Grunde genommen war es der erste Sommelier der Geschichte, der bei der Abwendung einer siebenjährigen Hungersnot mitgeholfen hat.) Die Arbeit war aber nicht immer derart deprimierend. Ramses der Große, der im Laufe des 13. Jahrhunderts vor Christus die Weinbaugebiete vergrößern ließ, zählte auf seine eigene »Sommelier«-Mannschaft, um sich von ihnen durch die Weine, die »nfr« (gut) waren, und die Weine, die »nfr-nfr« (sehr gut) waren, navigieren zu lassen.

Einige Hundert Kilometer nordwärts veranstalteten die antiken Römer rauschende Gelage, wo spezielle, für den Ausschank von Wein verantwortliche Diener die Kehlen der Gäste befeuchteten. Jene Bediensteten waren im Gegensatz zu den gewöhnlichen Helfern hoheitsvoll in kunstreiche Tuniken gekleidet, die mit purpurnen und goldenen Stickereien verziert waren. Die römischen Partygänger nahmen die Männer, die den Wein ausschenkten, genauso gründlich unter die Lupe wie den Wein selbst, da die angesehensten Gäste mit den attraktivsten jungen Männern gepaart wurden. Wie der Philosoph Seneca aus dem 1. Jahrhundert berichtet hat, wurde von diesen Bediensteten erwartet, dass sie neben dem Durst nach Wein auch fleischlichere Gelüste der Bankettteilnehmer befriedigten: Obwohl der Weinkellner »sich bereits die Figur eines Soldaten angeeignet hat«, wird er zusätzlich »bartlos gehalten, indem seine Haare geglättet oder an der Wurzel ausgerissen werden, und die Nacht hindurch muss er wach bleiben und sich abwechselnd der Trunkenheit und der Lust seines Herrn widmen«.

Die Geschichte des zeitgenössischen Sommeliers beginnt mehrere Jahrtausende später. Von ihren erotischen Verpflichtungen und dem Gerupftwerden mögen die Mundschenke des Mittelalters befreit worden sein, doch sie fungierten noch immer als Statussymbol und wurden von den europäischen Königen und Fürsten bei Festen stolz zur Schau gestellt. Die jungen Adeligen wetteiferten um Gelegenheiten, den Königen Wein einschenken zu lassen, und unbedeutendere Edelleute ahmten den Trend nach und schmückten ihre eigenen Speisesäle ebenfalls mit Weinkellnern. Im Rahmen eines Dekrets machte Frankreichs König Philipp der Lange den Beruf des »Sommeliers« schließlich offiziell, auch wenn er ein paar Jahrhunderte lang das Beaufsichtigen der Lasttiere, die Güter zwischen den Hausständen hin- und hertransportierten, beinhaltete. Im 17. Jahrhundert dann hatten es die Sommeliers weiter nach oben geschafft: Ein »Grandseigneur« verfügte über einen »Bouteiller«, der seine Weine vorrätig hielt und einlagerte, einen »Sommelier«, der sie auswählte und für den Tisch vorbereitete, sowie einen »Échanson«, der sie darreichte.

Eine frühe Version des Sommeliers, welche der Anstellung in Restaurants vorausging, war in Privathäusern anzutreffen, und dort war der Aufgabenbereich weit größer als alles, was die Prüfung zum Meistersommelier beinhaltete. Einem Handbuch für Hausangestellte aus dem 17. Jahrhundert zufolge – *L'École Parfaite des Officiers de Bouche* – waren Sommeliers verantwortlich für Folgendes: das Schneiden von Obst in seltsam geformte Stücke, das Waschen und Mangeln der Leintücher, das Polieren des Tafelsilbers, das Decken des Tischs sowie das Holen, Präsentieren und Vorkosten des Weins, wenn es Zeit für die Mahlzeiten war. Der »Schenk« einer reichen Familie war teils Servierer, Weinerzeuger und Alchemist, der sich aufwendiger Rezepturen bediente, um gefälschten, fehlerhaften, miesen, stichigen und gepanschten Wein zu retten. Austern konnten einen sauren Wein beibiegen, und ein Handbuch für Bedienstete aus dem Jahr 1826 enthält sogar eine Gebrauchsanweisung für das Fingieren französischer Klassiker. (Für ein billiges Bordeauximitat beispielsweise fülle man zu gleichen Teilen Devonshire Cidre und Portwein in eine Flasche, lasse das Ganze einen Monat reifen, et voilà! – »selbst der größte Kenner wird dies nicht von einem guten Bordeaux zu unterscheiden wissen«.) In der Hierarchie der Haushaltsgehilfen standen diese Kellergesellen über den anderen, und dementsprechend benahmen sie sich auch. »Auf Welbeck haben die oberen Bediensteten eine äußerst arrogante Attitüde den anderen Bediensteten gegenüber angenommen«, ärgert sich der ehemalige Diener des Duke of Portland zu Zeiten Edwards VII. in seinen Memoiren. »Dabei war Mr Clancy, der Weinbutler, der Eingebildetste und Wichtigtuerischste von allen.«

In den der Französischen Revolution vorausgehenden Jahren wurden die Sommeliers dann von den allerersten Restaurants auf die Öffentlichkeit losgelassen. Anfänglich tauchten sie in Pariser Stammlokalen wie dem *La Maison dorée* auf, wo Dumas und Balzac verkehrten, um zu sehen und gesehen zu werden. Das Restaurant hatte einen zweigeschossigen Keller vorzuweisen mit etwa achtzigtausend Flaschen, das waren zwanzig Mal so viele wie im Lager des *L'Apicio*. Endlich konnten sich die Menschen, egal von welchem Rang, von Sommeliers beraten und bedienen lassen, welche wiederum ihren Einfluss nutzten, um den Ruf des Weins zu verbessern. Den Großteil seiner Geschichte war der Wein ein bescheidener Durstlöscher gewesen, den die Leute den Tag über, und zwar jeden Tag über, tranken. Hauptsächlich deshalb, weil die nichtalkoholischen Optionen wie das bakterienverseuchte Wasser sie umbringen konnten. (»Ist das Wasser irgendwo verdorben, so sollte man keines trinken, das nicht entweder durch die Beere einer Rebe oder einen Bottich Malz gefiltert wurde«, riet der viktorianische Schriftsteller Samuel Butler.) Doch als Sommeliers zum festen Bestandteil von Speisesalons wurden, erhoben sie ihn zu Kulturgut und feiner Lebensart. Es folgte das Food Pairing, das Kombinieren von Geschmäckern. Als sich im 19. Jahrhundert die Karte für nichttödliche nichtalkoholische Getränke vergrößerte und die dazugehörigen Örtlichkeiten ausbreiteten (Kaffee wurde in Cafés geschlürft, Whiskey in Bars), knüpfte der Wein Verbindung zu den Speisenden. Köche wie Charles Ranhofer vom *Delmonico*, der Crème de la Crème der Manhattaner Restaurants, empfahlen das Kombinieren der Weine mit der Persönlichkeit der Gäste: Der Geschmack »formt sich anhand des Temperaments«, schreibt Ranhofer, sodass diejenigen »mit reizbarem Gemüt« Gefallen finden an »einem stimulierenden Wein wie dem Bordeaux«, wohingegen »trübselige Charaktere« wohl eher einen »aphrodisierenden« Wein wie den Burgunder favorisieren. Das war eine mögliche Methode, um Wein und Speisende in Einklang zu bringen, heute aber legen die meisten Sommeliers ein anderes Maß an: den Geschmack. Wie ihr akribischer Fokus auf den Geschmack ihnen dabei half, den perfekten Wein für einen Kunden zu finden, der womöglich eine völlig andere Vorstellung davon hatte, was einen »guten« Wein ausmacht, blieb für mich jedoch ein rätselhafter Vorgang – und ich wollte diesem Mysterium unbedingt auf die Spur kommen.

Nach ein paar Monaten schließlich hatte ich (so gut wie) aufgehört, im *L'Apicio* Weinflaschen zu verlegen. Ich hatte die Handgriffe gelernt, die Lesart, die Inventur und die Erzeugernamen von neunundneunzig Prozent der gelagerten Flaschen. Ich schrieb die Verkostungsnotizen für die Kellner des *L'Apicio* und hatte die »furchtbare Leiter« besiegt. Ich hatte das Gefühl, dass ich nicht nur das *Wie,* sondern auch das *Wieso* der Abläufe im Griff hatte.

Die vielleicht wichtigste Erkenntnis aber war, dass mich das *L'Apicio* nur hierhin und nicht weiter würde bringen können. Joe und Lara betrachteten ihre Arbeit als, na ja, Arbeit. Als etwas, das ihren Lebensunterhalt sicherte. Nicht als das Leben selbst. Die beiden waren ganz normale, angepasste Leute. Und ich hatte meine Arbeit nicht gekündigt, um länger als nötig mit ganz normalen, angepassten Leuten abzuhängen.

Während meiner Streifzüge durch die Stadt stieß ich immer wieder auf eine andere Sorte Sommelier, für den oder die diese Arbeit nicht bloß Arbeit war oder eine Art zu leben. Für sie war diese Arbeit eine Religion. Und zwar keine An-Feiertagen-gehen-wir-in-die-Kirche-Religion. Ich rede hier von einem Die-fünfundneunzig-Thesen-von-Luther-Eifer. »Nenne es von mir aus einen Kult«, meinte ein Vertreter dieser Spezies zu mir.

Ihr Arbeitstag beginnt nicht, wenn sie beim Restaurant einstempeln. Ihre Morgen verbringen sie mit dem Verkosten in Gruppen, um ihren Gaumen zu verfeinern, mit dem Büffeln von Karteikarten sieben Stunden am Stück und mit dem Schnüffeln von Schiefer, nur so zum Spaß. »Urlaub« bedeutet für sie, Erkenntnisse auf kalifornischen oder spanischen Weingütern zu sammeln. Sie stellen ihr Leben ganz in den Dienst von Nase und Gaumen – sowohl ihre eigenen als auch die unseren. Und sie sind von großem Wert. Die Sommelière eines Restaurants in Midtown Manhattan erzählte mir, dass sie Wein im Wert von gut zweieinhalb Millionen Euro jährlich umsetzt. Nein, ich hätte das nicht ganz richtig verstanden: Die gut zweieinhalb

Millionen Euro hatte *ein Restaurantgast* im Laufe eines Jahres ausgegeben, korrigierte sie mich im Nachhinein. Der Kosename der Somms untereinander: »Cork Dork«, also in etwa »Korknase«.

Diese Leute waren es, mit denen ich in Kontakt kommen wollte, doch im *L'Apicio* waren sie nicht vertreten. Sie befinden sich auf einem eindringlicheren, inselartigeren, elitäreren Niveau. Insgesamt lässt sich sagen, dass sie in jenen Restaurants arbeiten, deretwegen sich die Kritiker der *New York Times* glücklich schätzen – in den Lokalitäten der Oligarchen und IT-Milliardäre, bei denen unsereins die Hoffnung auf eine Tischreservierung (oder ausreichend finanzielle Mittel) längst aufgegeben hat. Diese Somms servieren Leuten, die genauso besessen von Aromen sind wie sie selbst, regelmäßig fünftausend Euro teure Weine. Sie haben sich dem Degoutieren um des Degoutierens willen verschrieben. Und genau wie ich befanden sie sich in den Vorbereitungen für eine Prüfung des Court of Master Sommeliers – in ihrem Fall die Meisterprüfung.

Da gab es diesen einen angehenden Meistersommelier, dessen Name immer wieder fiel, wenn ich mit Somms, Händlern oder Weinsammlern sprach. Einige nannten ihn Rain Man, nach dem von Dustin Hoffman gespielten autistischen Savant. »Viele finden ihn ein bisschen unheimlich«, meinte jemand einmal zu mir. »Aber, na ja, er weiß einfach alles.«

Ich war zwar keine Zivilistin mehr, aber noch immer weit vom Sommelierstatus entfernt. Ich war noch immer auf der Jagd nach einem Mentor, meinem ganz persönlichen Obi-Wan Kenobi. Weise, freundlich, alt und mysteriös sollte er sein. Was ich mit Morgan Harris dann bekam, war ziemlich weit davon entfernt.

# 2 DER GEHEIMBUND

Meine ersten Begegnungen mit Morgan waren zugegebenermaßen seltsam.

Wir lernten uns zufällig auf einem Weinfestival kennen, dem Wine Bar War, wo Morgan sich die Höflichkeiten sparte und direkt einen Lobgesang auf die Vorzüge seines Weinkühlschranks losließ. Nur er konnte auf Kellertemperatur gebrachten Rotwein in einem glühend heißen Lagergebäude in Brooklyn anbieten, und er war enorm stolz auf diese weise Voraussicht. Ich bewunderte solch ein Ausmaß an Zwangshedonismus, außerdem hatte ich einige faszinierende Dinge über Morgan gehört, also mailte ich ihm ein paar Wochen später, ob er nicht Zeit und Lust hätte, sich mit mir über seinen Werdegang als Sommelier zu unterhalten.

»Ich habe selbst schon viel darüber nachgedacht und auch geschrieben, weshalb meine Tätigkeit eigentlich von kultureller und gesellschaftlicher Bedeutung ist und nicht nur eine Art von Zwischenstufe im Vertriebsweg irgendwelcher Produkte«, antwortete er und meinte damit »ja«. Als Treffpunkt schlug er das *Terroir* vor, eine lauschige Weinbar im East Village, wo Iggy Pop und The Who im Hintergrund laufen und die Weinkarte in graffitibemalten Sammelmappen steckt. Er nannte sie einen seiner »geistigen Heimatorte« in der Weinwelt.

Morgan kam mit dem Rad und war hipstermäßig mit Jeans, Vintage-T-Shirt, grauer Strickmütze und ausgelatschten Turnschuhen von Saucony, die er bei seinem Vater ausgegraben hatte, gekleidet. Er gebe sein Geld lieber fürs Trinken aus als für Klamotten, erklärte er und faltete seine langen Beine unter dem Tresen. Er zog seine Mütze herunter und schüttelte eine Lockensträhne auseinander, die wie ein fusseliges Ausrufezeichen an seiner Stirn herumtanzte und -baumelte. Von den Schultern abwärts sah Morgan aus wie ein Pizzakurier, vom Kinn aufwärts wie Hugh Grant: auf nachlässige und spitzbübische Art und Weise attraktiv, mit blauen Augen, markanter Kieferpartie und füllig gewelltem, spektakulärem Haar.

Bevor ich irgendwelche Wünsche äußern konnte, orderte er uns zwei Gläser Sherry. »Sherry ist eines der kompliziertesten Getränke überhaupt«, fing er an. Dann ließ er einen Vortrag in einer Geschwindigkeit vom Stapel, die üblicherweise den Risiken und Nebenwirkungen bei den Medikamenten in der Fernsehwerbung vorbehalten ist. Über die biologische und oxidative Reifung des Amontillado Sherry; die Nuancen der Fino, Manzanilla, Amontillado und Oloroso Sherrys; die Killerkombi von Oloroso mit Oliven und achtzehn Monate gereiftem Jamón; die »umamiähnlichen Aromen, die diese Oxidation außerdem hervorbringt; die weitverbreitete Verwechslung von Trockenheit und Tannin; die Weintrends des 19. Jahrhunderts. Bald hatte er beide Füße an den Beinen meines Barhockers abgestützt und klopfte auf den Tresen, wenn ihm etwas besonders wichtig war, und seine Locke hüpfte dabei aufgeregt mit. Ob ich von Thomas Jeffersons Vorliebe für Madeira gehört hätte? Dass Barolo vor 1870 gar kein trockener Wein gewesen sei? Dass die Mahlzeiten im 19. Jahrhundert derart fettig gewesen seien, dass es einem den Magen umdrehte? »Schau dir die historischen Speisekarten aus den 1880ern mal an, die vom *Dolmenico* zum Beispiel – ach du *Scheiße!«* Er warf den Kopf in den Nacken und beide Hände gen Himmel, um dem Gesagten Nachdruck zu verleihen, oder vielleicht konnte er sich auch einfach nicht beherrschen. »Die Leute waren nur damit beschäftigt, nicht zu *verrecken!*« Ich sollte wissen, dass die teuersten Weine auf der *Titanic* deutsche Rieslinge waren. Verkostungsnotizen erklärte er für »von Grund auf böse«. Er gestand, dass er nach einer 1200 Euro teuren Flasche Champagner gierte – ein absolutes Schnäppchen! –, die »einer religiösen Erweckung« nahekäme. Er ratterte die Stärken und Schwächen seines Gaumens mit einer Leichtigkeit herunter, als sei er ein Basketballstar, der bei einem Scout seine Spielerstatistiken abhakte: rotundontaub, verwechselt Nebbiolo und Sangiovese, mutmaßlicher Superschmecker. Er schrieb gerade an einem eigenen Wein-Œuvre – »eher ein Manifest oder Traktat als ein Weinbuch« –, das dazu diene, »einen grundlegenden Wandel herbeizuführen in Amerikas Metanarrativ über das eigene Verhältnis zum Wein«.

»Die größte Lüge, die der amerikanischen Bevölkerung verkauft worden ist: Sie besäße keine Verfügungsgewalt über den eigenen Geschmack«, predigte er, während seine Locke wie in Zustimmung bebte.

Das war typisch für Morgan: grenzwertig professionell, ein klein wenig hyperbolisch und extrem weitschweifig. »Ich neige dazu, mich mit gewissen Dingen derart wohl und selbstsicher zu fühlen, dass mir das Zuhören abhandenkommt«, meinte er irgendwann zu mir, nachdem ich das längst selbst herausgefunden hatte.

Morgan bestellte uns zwei weitere Gläser Wein und ackerte sich anschließend durch seine Lebensgeschichte. Neunundzwanzig Jahre war er alt, hatte Theaterwissenschaften auf dem Emerson College studiert (eine kleine, auf Geisteswissenschaften spezialisierte Uni, die passenderweise als Rhetorikschule anfing) und hatte die Schauspielerei zugunsten des Sommelierdaseins aufgegeben. (Morgans Fingerknöchel könnten Sie aus *21* kennen, dem Film über die Kartenzähler in den Casinos von Las Vegas. Er war dort ein Handdouble.) Innerhalb von sieben Jahren hatte er sich vom Servieren von Geht-so-Wein bei einem Italiener in Boston zur Weinberatung von einflussreichen Männern mit üppigen Spesenkonten im *Aureole*, dem Sternerestaurant von Charlie Palmer am Rande des Times Square, hochgearbeitet. Morgan war zu *Aureole* gestoßen, nachdem er bei *Jean-Georges* gefeuert worden war, dem Kronjuwel des globalen Imperiums des französischen Küchenchefs Jean-Georges Vongerichten. Morgan, der sich flüssige Freuden nur ungern versagte, hatte sich eines Abends einen Margerita gegönnt, als er im Backoffice gerade Bestellformulare durchsah. Und das war's dann gewesen.

Momentan befand er sich im zweiten Vorbereitungsjahr für die Prüfung zum Meistersommelier, die höchste Auszeichnung für Restaurant-Weinprofis. In puncto Schwierigkeit und Prestige entspricht sie in etwa dem Rang eines Navy SEALs. Doch während es etwa 2450 aktive SEALs gibt, haben es erst 230 Menschen jemals am Court of Master Sommeliers zum Meistersommelier gebracht. Um das im richtigen Größenverhältnis zu sehen: Zweihundert Kandidaten machen jedes Jahr die Prüfung. Fünfundneunzig Prozent davon fallen durch. Die Anwärter auf den Titel verkosten im Durchschnitt über zwanzigtausend Weine, büffeln zehntausend Stunden lang, fertigen über viertausend Karteikarten an und bringen fünfundzwanzig laminierte Landkarten an ihrer Duschkabine an. Der Theorieteil dient oftmals dazu, die Spreu vom Weizen zu trennen. (Wie hoch liegt das Weinbaugebiet Fiano di Avellino? Mmh, ganz genau.) Morgan hatte den Theorieteil gleich beim ersten Anlauf geschafft, womit noch der Verkostungs- und der Serviceteil blieben. Beide wollte er im späten Frühjahr angehen, also in etwa dann, wann ich meine Certified-Prüfung absolvieren wollte. Irgendwie hatte ich das Gefühl, wir zwei säßen im selben Boot. Auch er stellte sein Leben auf den Kopf, um eine der Court-Prüfungen zu bestehen; er befand sich ungefähr auf der gleichen Zeitachse wie ich; und er würde mich eventuell – so hoffte ich – an seinem Übungsplan teilhaben lassen.

Auch weil ich selbst ungemein kauzig bin, konnte ich mich

mit ihm identifizieren. Was körperliche Aktivität anbelangt, bin ich ein hoffnungsloser Fall, und im LED-Schein meines Computerbildschirms bin ich derart zufrieden, dass mein Mann mich seinen Freunden als »Stubenhockerin« vorstellt. Ich meine, ich war *IT*-Redakteurin für eine Website. Mein Job bestand darin, mich mit anderen Computernerds zu besprechen, und zwar jeder Couleur – Programmierer, Hacker, Futuristen, Roboteringenieure, einfach alle. Doch selbst ich, eine der weltweit führenden Fachkundigen für Fachtrotteltum, erstarrte vor Ehrfurcht bei Morgan. Er hatte ein wahrhaftiges Kunststück vollbracht: Er hatte sich so weit in Richtung Nerd bewegt, dass er als cool wiedergekommen ist oder irgendetwas in der Art, das ich sogar noch ansprechender fand. Die ihn umgebende Luft pulsierte geradezu, so stark war seine Leidenschaft für Wein. Seine Begeisterung wirkte auf mich wie ein Magnet.

Unser erster gemeinsamer Abend dauerte knapp drei Stunden. Da ich partout nicht zu Wort kam, musste ich warten, bis Morgan auf die Toilette verschwand, um die Rechnung zu ordern. Ich war schon eine halbe Stunde zu spät für meine Verabredung zum Essen mit einer Freundin.

»Egal, wie du diesen Abend hier verpixelst, gib mir Bescheid, ich helfe dir gern beim Weiterverarbeiten«, meinte Morgan beim Abschied.

Ich wusste genau, um was ich ihn bitten würde – und Platon hätte das garantiert nicht gutgeheißen.

Unsere kollektive Abneigung gegen den Geschmack (und den Geruch) begann mit Platon. Für den großen griechischen Philosophen waren sie nutzlose Abarten unserer fünf Sinne. Hören und Sehen konnten ihm zufolge ästhetisches Vergnügen bereiten, die Wahrnehmungen von Nase und Mund hingegen seien flüchtige, geistlose Reize. Im besten Falle schmeichelten sie dem Körper. Im schlimmsten Falle verwandelten sie Menschen in Barbaren. Platons Meinung nach sei unser appetitanregender Geruchs- und Geschmacksapparat – der »Teil unserer Seele, dem es nach Fleisch und Trank verlangt« – keinen Deut besser als »ein an den Menschen gekettetes wildes Tier«. Überließe man es sich selbst, so könne dieses innere Biest solch rauschhafte Fressgier auslösen, dass aus »dem gesamten Menschengeschlecht ein Feind der Philosophie und der Musik« gemacht würde. Was in den Augen eines Philosophen natürlich ein besonders abscheuliches Verbrechen war.

Generationen von Denkern behielten diese Geisteshaltung bei und rümpften dementsprechend ihre Nasen über ihre, äh, Nase (und Zunge). In ihren Augen waren diese nicht vertrauenswürdigen Sinnesorgane die Tore zu Völlerei und Lasterhaftigkeit, wurden sie doch von den schmutzigen Gelüsten des Fleisches dirigiert. »Es ist völlig unmöglich«, schrieb Thomas von Aquin, »dass des Menschen Glückseligkeit in den Freuden des Körpers besteht, welcher von den Freuden der Tafel und des Fleisches regiert wird.« Descartes betrachtete die Sehkraft als »das nobelste und umfassendste der Sinnesorgane«. Kant, der darin übereinstimmte, dass das Sehen die »nobelste« Sinneskraft war, verachtete den Geschmacks- und den Geruchssinn dafür, dass sie »nichts als Sinne des Genusses« seien. (Den Geruchssinn stellte er als den »undankbarsten und entbehrlichsten aller Sinne« heraus, den es sich »nicht lohnt zu kultivieren«.) Dieser Dünkel in Bezug auf die Sinne sickerte in alle möglichen Lebensbereiche jenseits der Philosophie. Selbst die Wissenschaft lehnte es ab, diese primitiven, obsoleten Fähigkeiten zu erforschen. So erachtete es Jacques Le Magnen, ein auf Geruchs- und Geschmackssinn spezialisierter wegweisender Wissenschaftler des 19. Jahrhunderts, für nötig, sich in einem Buch über Gerüche für sein Interesse an einem der, wie er es nennt, »niederen Sinne« zu rechtfertigen.

Ich hatte Gerüchte über eine Gruppe angehender Meistersommeliers gehört, die diese Anti-Sinn-Sensibilitäten bei ihren wöchentlichen Treffen im Restaurant *Eleven Madison Park* (für die Eingeweihten: *EMP*) wissentlich missachteten.

Man sagte, sie seien der Heilige Gral der Blindverkostungsgruppen in New York, das Topniveau der Stadt. Eine Sommelière warnte mich, es gäbe eine Warteliste, »so mörderisch geht es dort zu«. (Sie selbst war ausgestoßen worden.) Man erzählte mir von Leuten, die auf die schwarze Liste gekommen seien, weil sie den falschen Wein mitgebracht oder einmal unentschuldigt gefehlt hätten. Teil der Gruppe wurde man nicht durch ein Vorsprechen, eine Bewerbung oder ein Vorstellungsgespräch. Nein, wie in einem Countryclub oder der Geheimgesellschaft Skull and Bones hatte man die besten Chancen, wenn man sich mit den richtigen Leuten anfreundete, in den richtigen Lokalen arbeitete und nach den richtigen Gelegenheiten wie etwa Wettbewerben Ausschau hielt, um zu zeigen, dass man Meursault (ein im burgundischen Meursault erzeugter Chardonnay) sehr wohl von Marsannay (ein im etwa dreißig Kilometer entfernten burgundischen Marsannay erzeugter Chardonnay) zu unterscheiden wusste. Ich erkundigte mich bei Victoria James, einem Weinwunderkind, das sich unlängst einen Platz in der Gruppe erworben hatte, ob man mich dort eventuell willkommen heißen würde. »Die meinen es ernst. Die meinen es *richtig ernst.*« Sie erzählte von einem Streit wegen der Typizität einiger Flaschen Chablis. »So ungefähr: ›Wie konntest du bloß diesen Chablis mitbringen, wo 2013 doch ein warmer Jahrgang war und er jetzt überhaupt nicht mehr herkunftstypisch schmeckt?‹«

Die Blindverkostungsgruppen setzen sich normalerweise nach Erfahrungslevel zusammen, also hatte ich nichts bei den Meistersommelier-Anwärtern verloren. Doch genau dort wollte ich hin. Von starken Schmeckern kommt beim blinden Degustieren mehr, deshalb sind die Mitglieder so wählerisch, wen sie neu zulassen wollen. Ich habe eine Frau kennengelernt, die einen Zweitjob mit einer zweistündigen Anfahrtszeit angefangen hat, um für einen Meistersommelier zu arbeiten – nur damit sie regelmäßig in seiner Gegenwart Wein verkosten konnte. Andere fliegen sogar quer durchs Land aus exakt dem gleichen Grund. Ein guter Coach kann uns sagen, ob wir mit unserer Ansage in puncto Säure danebenliegen, wie wir einen in Montalcino erzeugten Sangiovese von einem in Chianti erzeugten unterscheiden und welche blumigen Noten in unserem Geruchsgedächtnis fehlen.

Zwar hatte man mir immer mal wieder versprochen, mich dem jeweils aktuellen Leiter der EMP-Gruppe vorzustellen, aber trotz jeder Menge Bettelei hatte sich bislang nichts ergeben. Morgan war Mitglied. Ich mailte ihm quasi direkt, nachdem wir uns im *Terroir* verabschiedet hatten. Ob ich wohl einmal mitkommen dürfte?

Zuerst wollte er sich nicht so richtig festlegen. Ich bedrängte und belagerte ihn so lange, bis er endlich ein Zugeständnis machte. An einem kalten Tag, an dem ein Großteil der etwa zwölf Mitglieder wegen Notfällen auf der Arbeit festhing, gab Morgen schließlich nach. Ich musste mich jedoch auf einen Kompromiss einlassen: Ich würde die Weine betrachten und probieren dürfen. In Anbetracht meines Kenntnisstands müsste ich allerdings den Mund halten.

Für die Sommeliers in Morgans Blindverkostungsgruppe hatte das Treffen jeden Dienstag um zehn Uhr morgens im *EMP* in etwa den Stellenwert eines Dates im Fitnesscenter. Seit Jahren schon gingen sie zu diesem wöchentlichen Termin. Es war ihr Gaumen-Work-out.

Ich aber war weder abgestumpft noch versiert und wollte auch keinen auf cool machen. Ich schwang *EMPs* große Messingtüren auf und war tief beeindruckt, sowohl von den Somms, mit denen ich gleich Wein verkosten würde, als auch von mir selbst, weil ich in diese Wein-Geheimgesellschaft eingeführt worden war, die da am helllichten Tag in einem der sichtbarsten

Restaurants der Stadt zusammenkam. Meine großartige Laune wurde von der Pracht des Speisesaals nur noch verstärkt. Es war, als wäre ich gerade von jemandes extrem wohlhabender Großtante umarmt worden. Als ich zwei schwere Samtvorhänge auseinanderschob, bot sich mir ein Meisterwerk von einem Art-déco-Zimmer. Von gigantischen Sprossenfenstern aus überblickten wir einen Park, die Wände in doppelter Etagenhöhe waren überzogen mit rosafarbenen, gewellten Stuckleisten. Morgan winkte mich zu sich nach hinten an einen mit weißem Tuch bedeckten Tisch, und ich wich einer Floristin aus, die gerade Sträuße aus Hartriegel und Amaryllis arrangierte, die nur mit Mühe in meine Studiowohnung gepasst hätten. Meine Stiefel hallten laut beim Gehen, wie in einer leeren Kirche. Und in der Welt des Essens hat das *EMP* beinahe etwas Heiliges. Das Restaurant hat unglaubliche Auszeichnungen angehäuft, einschließlich den Platz vier der San-Pellegrino-Liste der besten Restaurants der Welt. Es lässt sein Personal zehn Monate lang üben, wie man richtig Wasser einschenkt, und stellt Leute ein, die den Titel »Dreamweaver« tragen (Traumweber) und deren Job darin besteht, die Mahlzeit durch winzige Wunder zu verschönern. Wenn ein Gast zum Beispiel im Verlauf des dritten Ganges erwähnt, dass er gern im Schnee spielen würde, so bringt der Dreamweaver ihm einen Schlitten. Abendessen für eine Person ist für 260 Euro aufwärts zu haben, nimmt dreieinhalb Stunden in Anspruch und, so die Theorie, hinterlässt einen Eindruck, den man sein Leben nicht vergisst – was praktisch ist, denn so lange wird es auch dauern, bis man die Rechnung für einen der Spitzenweine beglichen hat.

Vier der etwa zwölf Mitglieder waren erschienen. Seit beinahe vier Jahren hatten sie nun schon gemeinsam Wein verkostet. Dana Gaiser war vormaliger Sommelier und mittlerweile Weinhändler und besaß einen Abschluss in Maschinenbau vom Stanford College. Er war Mitte dreißig, hatte wildes Haar wie Edward Scissorhands und strahlte die neueste GQ-Coolness aus in seinem engen Anzug mit rosa Hemd darunter. Der nur ein paar Jahre jüngere Jon Ross trug ein verkrumpeltes Sweatshirt und sah erschöpft aus – was nicht verwunderlich ist bei den harten siebzig Wochenstunden, die ein Sommelier bei *EMP* in der Regel arbeiten muss. »Du gehörst denen. Und zwar nicht nur irgendwie ein wenig«, meinte Morgan zu mir. Yannick Benjamin war Sommelier im University Club, einem ausschließlich Mitgliedern vorbehaltenen Klub, der bei Bankern, Anwälten, Ärzten und Privatiers beliebt ist. Seit einem Autounfall im Jahr 2003 saß Yannick im Rollstuhl, doch das hielt ihn nicht davon ab, sich in die lange Reihe der Benjamin-Männer im Gastrogewerbe einzugliedern. Morgan war Morgan. Alle vier Verkoster befanden sich in den Vorbereitungen für die Prüfung zum Meistersommelier. Yannick wollte es zum neunten Mal versuchen.

Dana, Jon und Yannick waren übellaunig und verschlafen. Morgan war am Plappern, als hätte er hinten in der Küche gerade ein paar Lines gezogen. »Kennt ihr schon die schmutzige Sommelier-Eselsbrücke für Flaschengrößen?«, meinte er, während er seine Weine in die Dekanter goss, sodass sämtliche Angaben auf den Flaschen, einschließlich ihrer Form, verdeckt blieben. »›Michael Jackson Really Makes Small Boys Nervous.‹ (Michael Jackson macht kleine Jungs wirklich nervös.) Michael steht für Magnum, Jackson für die Jeroboam, really für die Rehoboam, makes für Methusalem, small für Salmanazar, boys für Balthazar, nervous für Nebukadnezar.« (Wenn man von geringen regionalen Unterschieden absieht, fasst eine Magnum den Inhalt von zwei Standardflaschen, eine Jeroboam vier, eine Rehoboam sechs, eine Methusalem acht, und von da an geht es in Vierersprüngen weiter bis zur Nebukadnezar, die zwanzig Standardflaschen fasst und eine echte Stimmungsgranate ist.)

Ich entschuldigte mich dafür, dass ich keinen Wein mitgebracht hatte, und kündigte ihnen dies für das nächste Mal an.

»Nee, schon okay. Wenn du das tätest, würden wir dich wahrscheinlich alle nur anzicken und anbrüllen«, sagte Jon.

Das war keine leere Drohung. Das Blindverkostungstraining funktioniert am besten, wenn man mit klassischen Weinbeispielen übt. Sie sollten beispielsweise die Typizität eines Malbec aus dem argentinischen Mendoza oder die Typizität einer Grenache-Cuvée aus dem Châteauneuf-du-Pape veranschaulichen. »Kommst du zum Beispiel mit einem sieben Jahre alten Cabernet aus Chile und einem vierzehn Euro teuren Chardonnay der Appellation Mâcon an, der nicht im Eichenfass gelagert worden ist, dann verschwendest du bloß meine verdammte Zeit«, blaffte Morgan. Ein weiteres No-Go war es, wiederholt mit irgendwelchen Nischenrebsorten zu erscheinen, die sich höchstwahrscheinlich nicht unter den etwa fünfzig zum Abschuss freigegebenen Rebsorten der Prüfung befinden würden. (Obwohl der Court nicht bekannt gibt, welche Voraussetzungen ein hierfür zugelassener Wein erfüllen muss, haben die Kandidaten in jahrelanger Arbeit rekonstruiert, mit was die Jury sie wohl konfrontieren wird, also haben sie durchaus eine Ahnung.)

»Schmeckt immer noch alles nach Zahnpasta«, beschwerte sich Jon. »Das Zähneputzen macht mir normalerweise nichts aus, aber ich hab diesmal eine andere Zahnpasta benutzt. Den Fehler mache ich nicht ein zweites Mal.«

Ich hoffte, niemand würde so nahe an mich herankommen, dass er die minzig frische Mundspülung bemerken würde, mit der ich daheim noch schnell gegurgelt hatte. Sogar Zähneputzen fühlte sich allmählich irgendwie falsch an.

Wir mussten uns durch acht Weine probieren. Jon hatte Spuckgefäße aus Plastik sowie sprudelndes und stilles Wasser bereitgestellt, als Servicekraft hat man ja schließlich seine Ehre. Heute war »runder Tisch« an der Reihe: Jeder würde einen Wein nach dem anderen probieren und, gemäß der Prüfungsform, seine Beurteilung laut vortragen. Die anderen würden zuhören und darüber diskutieren.

»Okay, ich zähle die ›Ähs‹!«, verkündete Morgan. Als gelernter Schauspieler wusste er um die Bedeutung des geschliffenen

Vortrags. Außerdem hatte man für den Blindverkostungsteil der Prüfung gerade mal fünfundzwanzig Minuten für sechs Weine – drei Weiße, drei Rote –, jedes »Äääh« und »Hmmm« kostete also wertvolle Zeit.

Die Weißen kamen zuerst, und Dana war dran.

»Der kann allein schon mit der Nase zaubern«, prahlte Morgan. Dana widersprach ihm nicht.

Ich hob mein Glas und steckte meine Nase hinein. Dana inspizierte immer noch die Farbe, also nahm ich meine Nase heraus und begutachtete die Flüssigkeit. Auf einer Skala von Rot oder Weiß war dies ein klares Weiß. So weit, so überzeugt, dachte ich bei mir. Falsch.

»Blassgold, leichte Farbveränderungen am Rand, goldene und grüne Reflexe. Er ist kristallklar, keine Anzeichen von Kohlensäure oder Sedimenten. Mittlere bis hohe Viskosität«, sagte Dana mit tiefer, monotoner Stimme und so schnell, wie er konnte. »Weiß« war also nicht unbedingt das, was sie mit Farbe im Sinn hatten.

Ich schnupperte. So leid es mir tat, es roch nach … Wein. *Du bist Autorin, das kannst du doch besser,* schalt ich mich innerlich. Ich schnupperte heftiger und hob das Glas näher an mein Gesicht. Der Wein sabberte mir in die Nasenlöcher, am Kinn hinunter und dann auf meinen Schoß. Mit einer Seite meines Notizbuchs tupfte ich mir im Gesicht herum. Ich schnupperte noch einmal – Apfel könnte man eventuell sagen. Irgendwie süß? Ja. Apfel und süß, beschloss ich. Dann überkamen mich Zweifel: Konnte man Süße riechen?

Dana galoppierte schon wieder davon: »Reifer Pfirsich und kandierter Pfirsich. Aprikose. Meyer-Zitrone. Kandierte Grapefruit. Likörige Fruchtaromen, leicht kandiert. Mandarine. Kandierte Mandarine und Orangenschale. Ein bisschen Grand Marnier ist hier auch am Laufen. Süßklee. Äh« – Morgan machte einen Strich – »Lilie. Sahne. Joghurt. Butter. Karamell. Spuren von Estragon und Basilikum. Die, äh« – Strich – »Vanille- und

Backgewürzaromen lassen auf den Ausbau in neuen Barriquefässern schließen.«

Er hatte ihn noch nicht einmal probiert.

Ich schwankte zwischen Skepsis und Ehrfurcht. Kandierte Mandarine? Grand Marnier? Ernsthaft? Ich nahm schnell einen Schluck. Der Wein gefiel mir, so viel wusste ich. Und da war wieder dieses Apfelaroma … oder? Ich schmeckte vor allen Dingen meine Mundspülung.

Dana nahm einen Schluck und gurgelte. Sein Gaumen nahm einen Kräutergarten und einen Frühlingsblumenstrauß wahr. Basilikum, getrockneter Flieder, Süßklee. »Lilie. Osterlilie, sämtliche Lilienarten.« Er befand ihn für trocken, mit einer moderaten Säure und relativ hohem Alkoholgehalt.

Dana hielt inne, holte tief Luft und ließ dann seine Stimme zum großen Finale anschwellen: »Ich sage, dass ist ein 2010er – nein, 2011er Viognier, aus Frankreich. Rhône. Nördliche Rhône, Condrieu.«

Morgan zog die Flasche heraus und las das Etikett vor. Es handelte sich tatsächlich um einen Viognier, eine blumige, intensiv duftende Rebsorte. Er stammte aus Frankreich, von der nördlichen Rhône. Und innerhalb diesen Anbaugebiets von der Appellation Condrieu, die fünfhundert Hektar groß ist und damit etwa halb so groß wie der Central Park. Und er war ein 2012er-Jahrgang.

Mir fiel die Kinnlade herunter. Ich wollte applaudieren. Stattdessen nahm ich die steinerne Miene der anderen an, die alle unbeeindruckt schienen. Morgan wies darauf hin, dass Dana zehn Sekunden über der Zeit lag. Jon krittelte an Danas Säurebestimmung herum.

»Ich denke, dieser Wein hat eine gewisse Salzigkeit, die auf einen höheren Säureanteil schließen lässt«, sagte er.

Morgan beschnüffelte den Wein. »Riecht nach Hotdog.«

»Oranges Tic Tac«, korrigierte ihn Jon. »Oder Gummiadler.«

Dana schüttelte den Kopf. »Gummiadler hat eher … das Clare Valley. Aussie-Riesling.«

Morgan, Jon und Yannick knöpften sich reihum jeweils einen Weißen vor und gingen dann, nachdem sie gegenseitig ihre Anmerkungen kommentiert hatten, zu den Weißen über. Da mir Schweigen verordnet worden war, hörte ich mir ihre Analysen an und versuchte herauszufinden, um welchen Wein es sich jeweils handelte, während ich mich verzweifelt bemühte, einen Hauch der abwegigen Dinge zu riechen, die die anderen angeblich rochen. Unaufhörlich hallten Adjektive in die Vertiefung eines Weinglases, und die eine Stunde verging wie im Flug. »Nasser Asphalt«, »Chirurgenhandschuh«, »getrockneter Granatapfel«, »Spargelpipi«, »Pyrazin«, »Terpene«, »Danas Teint«, »Dana untenrum«. Ein paar dieser Aromen waren mir geläufig, manche hatte ich noch nie gerochen, und wieder andere bezogen sich auf chemische Substanzen im Wein, von denen ich zum ersten Mal gehört hatte. Eine Zeit lang diskutierten die Jungs darüber, wie sich der Geruch eines oxidierten Chenin Blanc wohl am besten beschreiben ließe. Dana schlug getrocknete Pappe vor, Jon hielt mit Müslikarton oder Kellogg's Apple Jacks dagegen. Morgan war für Cheerios.

Anschließend ging ich mit Morgan in einem Imbiss um die Ecke mittagessen. Wir hauten ordentlich rein, so verzweifelt waren unsere Mägen von all dem Schnüffeln und Schmecken, ohne runterschlucken zu dürfen. Der Blindverkostungsteil von Morgans Hirn war noch immer auf der Überholspur. Ich hatte langsam den Verdacht, dass er immer Vollgas gab. Er beschrieb eine Schinkenspeck-Degustation, die er vor zwei Wochen mit seinen Mitbewohnern auf die Beine gestellt hatte. Er analysierte, wie ich die »Austernschalen-Algen-Joghurt«-haftigkeit eines Chablis erkennen konnte. Er dekonstruierte, weshalb mein Burger köstlich schmeckte. »Es ist der Kontrast zwischen süßsauer und salzigfettig«, erklärte er mit vollem Mund, in dem ein Eiersalatsandwich steckte. »Ohne Zweifel schmeckt das

Zeug auch nach umami. Warum legt man eine Tomatenscheibe und Salat darauf? Tomaten enthalten einen Haufen Säure. Deswegen ist das ein Genuss. Wegen der kontrastierenden Aromen. Die Süße des Ketchups gegen das Salzigfettige. Jaa, und dann ist da noch die Riesenmenge Essig im Ketchup.«

Diese Herangehensweise ans Essen war nicht sonderlich romantisch. Aber ich wusste Morgans Dekonstruktion zu schätzen. Sie eröffnete mir neue Möglichkeiten, mich im Wohlgeschmack eines jeden Bissens zu suhlen. Morgan plapperte weiter, und zwar darüber, was er mit Foie gras kombinieren würde. Ich konzentrierte mich auf den Zucker und die Säure des Ketchups und wie beides zusammen die fettigen Pommes geschmacklich stützt.

Den darauffolgenden Dienstag durfte ich wieder mit der EMP-Gruppe verkosten und dann jeden Dienstag. Meine Mittagessen mit Morgan wurden zu einem festen Termin, und bei gegrilltem Käse und Pastramisandwiches erfuhr ich viel über ihn. Als Sohn zweier Internisten und ältestes von drei Kindern ist er in Seattle in der »soliden Mittelschicht« aufgewachsen. Seine Eltern tranken hin und wieder Wein, für gewöhnlich eine halbe Flasche Chardonnay von Kendell-Jackson – die zugängliche, kommerzielle romantische Komödie der Weinwelt.

Morgan war schon immer wie ein Waldbrand durch seine Lieblingsbeschäftigungen gewalzt und hat dabei alles vernichtet, was ihm im Weg war. »Mein Gehirn neigt dazu, kleine differenzierende Einheiten in Systemen anordnen zu wollen«, erzählte er mir. »Dazu passt mein Wunsch, alles zu vervollständigen. Die Dinge in ihrer Gesamtheit zu erfassen oder so gut es eben geht.« Als kleiner Junge knöpfte er sich Legosteine vor. Seine Mutter kaufte die ausgeklügeltsten Sets, die sie finden konnte, dann setzte er sie einen Nachmittag lang zusammen und rührte sie nie wieder an. In der Grundschule kamen Sammelkarten an die Reihe. Morgan merkte sich jede Karte von *Magic: The Gathering* (ihre Manakosten, ihr Editionssymbol, Kartentyp, ihre Nummer) in seiner Sammlung, die derart riesig war, dass er sie heute noch nicht hochheben könnte. Es folgten Videospiele. Bei jedem neuen, das er einschaltete, dachte er: »Ich will jede einzelne Unteraufgabe machen, ich will gegen jedes einzelne Monster kämpfen, ich will jedes einzelne Rätsel lösen, weil ich dann wirklich alles erlebt habe. Ich kann es in eine Kiste packen, zuschließen und sagen: ›Okay, das war also diese Welt hier.‹« Als Morgan Rockmusik für sich entdeckte, konnte er die Musik natürlich unmöglich einfach nur genießen. »Sobald ich mit Classic Rock in Berührung kam, war das so von wegen: ›Gut, hier haben wir also Led Zeppelin, dann werd ich wohl mal jedes einzelne Album kaufen, jeden einzelnen Song hören und überlegen, was die alle miteinander verbindet.‹ Von wegen: ›Ich werde alles über diese Bands herauskriegen. Ich werde mir diese verdammte Musik so was von reinziehen. Ich werde mir sämtliche schräge B-Seiten reinziehen. Ich werde herauskriegen, mit wessen Freundinnen sie gevögelt haben.‹« Jetzt also Wein. Endlich hatte Morgan ein Thema mit unendlich vielen Add-ons gefunden.

Während seiner ersten drei Jahre in New York hielten sich Morgans Schauspielambitionen mit Weinbarjobs überall in der Stadt die Waage, aber schon bald fühlte er sich mehr zum Wein hingezogen. Er liebte die Kommunikation mit den Menschen. Er liebte sogar das Stehen, einen Aspekt dieser Arbeit, den die meisten total anstrengend finden. »Eher würde ich mich eigenhändig pfählen, als in irgendeinem Büro zu hocken«, meinte er zu mir. Nachdem er einen Herbst lang bei der Ernte auf einem Weingut in Washington State geholfen oder besser, mit einem Gasbrenner schwingenden Rodeoclown, der in seiner Freizeit Hufeisenskulpturen schuf, geschwänzt hatte, hängte er das Theater an den Nagel. Als Morgan im Winter 2011 in die Stadt zurückkehrte, wollte er sich ganz auf den Wein konzentrieren und sein Handwerk vervollkommnen. Er ergatterte einen Job als Restaurantleiter im *Corkbuzz*, einer Weinbar für Überönophile in Downtown Manhattan, die einer Meistersommelière gehörte. Dann ging er zum *Jean-Georges* und dann zum *Aureole*. Da Morgan war, wie er war, konnte er sich in der Welt des Weins nicht bewegen, ohne das Ganze auf unvernünftige Weise auf die Spitze zu treiben: Er stürzte sich auf Bücher, Wettbewerbe, Kurse und Verkostungen. Es ging ihm nicht einfach darum, guten Wein zu verkaufen. Er glaubte daran, dass Wein ein Leben verändern kann. Weswegen er sein Geld lieber für Weinflaschen verprasste als für Pullover. Pullover waren Dinge. Weinflaschen hingegen, sagte Morgan, »verändern mein Menschsein«.

Trotz dieser hochtrabenden Behauptungen besaß Morgan, genau wie viele andere der Somms, die ich kennenlernte, durchaus einen Sinn für Ironie. Er wusste, wie lächerlich er dem oberflächlichen Betrachter erscheinen konnte – als besserer, überbezahlter Kellner mit Alkoholproblem. Oder, weniger freundlich ausgedrückt, ein Schmeichler, der den Reichen und Mächtigen auf der Tasche liegt und die Weine nicht nur nach Aspekten der Qualität, sondern auch der Hochpreisigkeit verhökert. Morgan war sich darüber im Klaren, dass er mit seiner Tätigkeit nicht unbedingt die Umwelt oder irgendwelche Waisenkinder rettete. Doch er hatte sich bei seiner Selbsterkenntnis bis zur anderen Seite durchgearbeitet. Genau wie ein Picasso *nur* Farbe auf Leinwand und Mozart *nur* Schwingungen in der Luft sind, genauso ist Wein eben *nur* Wein.

Aus unserem wöchentlichen Termin wurde ein zweimal wöchentlicher. Morgan hatte mich in seine andere Blindverkostungsgruppe geschummelt, die sich jeden Samstagmorgen in der Hauptverwaltung der Danny Meyer's Union Square Hospitality Group traf, die hinter mehr als einem Dutzend Restaurants in New York steht, jedes davon absolut bahnbrechend. Irgendwann durfte ich sogar sprechen. Ich verkostete blind, laut und offen für Kritik.

Dienstags taten wir uns zu zweit zusammen und gingen abwechselnd zwei verschiedene Sechsergruppen durch. Samstags machten wir runden Tisch. Jede Woche leitete eine andere Person die Gruppe, nahm sich eine bestimmte Themenstellung vor und kaufte die entsprechenden Weine dazu (gerbstoffreiche Rotweine oder säurebetonte Weißweine oder in Eichenfässern gereifte Weine aus heißen Klimazonen zum Beispiel). Die Weine, die wir probierten, kosteten um die zweiundzwanzig Euro pro Flasche, gerade teuer genug, damit sie einen typischen Weinstil repräsentierten, und gerade nicht teuer genug, um uns in den Ruin zu treiben. Trotzdem summierte es sich. In den intensivsten Studienphasen vor großen Prüfungen investierte Morgan zweihundertzwanzig Euro die Woche in Übungsweine. Wenn man dazu noch die Kosten für den Flug zu den Meistersommeliers rechnete, von denen er sich coachen ließ, sowie die Prüfungskosten selbst, dann gab er jedes Jahr gut 13 000 Euro aus, um sich auf die Prüfung zum Master Sommelier vorzubereiten – von den 63 000 Euro, die er bei *Aureole* verdiente, also ein ganz schöner Batzen. Morgan nahm diese Ausgaben gelassen hin, wenn ich ihn danach fragte. »Immer noch viel billiger als ein Bachelor- oder Masterabschluss an der Uni«, sagte er. Und es blieb immer noch genug übrig, um sich jede Menge Wein zum Vergnügen leisten zu können. Kurz bevor wir uns kennenlernten, hatte Morgan sich drei Kisten im Wert von 1050 Euro gegönnt – in etwa das Doppelte seiner monatlichen Miete.

In der Blindverkostung einen Wein richtig zu erkennen fühlte sich so unfassbar schwierig an, dass ich nur einen Gedanken hatte, als ich es zum ersten Mal schaffte: Ich bin ein Genie. Mir wurde augenblicklich klar, dass ich eine sensorisch Hochbegabte war. Meine Geschmacksknospen – höchstwahrscheinlich einmalig in der Geschichte – warteten nur darauf, auf die Menschheit losgelassen zu werden. Berühmte Winzer würden mich anflehen, ihre besten Weine zu verkosten. Ich würde auf sechsstellige Angebote von Weinmagazinen reagieren, die mich unbedingt zu ihrer Starkritikerin machen wollen. Siebenstellige vielleicht sogar.

Diese Fantasie dauerte genau siebenunddreißig Stunden an, so lange nämlich, wie ich brauchte, um den nächsten Wein anzugehen. Vom ersten Schluck an war ich verloren. Es vergingen zwei Wochen, bevor ich einen weiteren Wein korrekt benennen konnte.

Einer Gruppe von sechs Weinen entgegenzutreten war, wie auf einem Laufband im Olympiamodus festzustecken. Beim ersten Wein lief es einigermaßen. Beim dritten Wein hatte mich bereits die nackte Panik überkommen. Die Tannine stapelten sich in meinem Mund. Ich nahm die Gläser hoch und wieder runter und versuchte, meine Nase dazu zu bringen, irgendetwas wahrzunehmen. Eiche? Pfeffer? Bitte lass irgendwo Pfeffer sein, ja? Ich beging die ultimative Blindverkostungssünde und schummelte, indem ich um irgendwelche äußeren Hinweise jenseits des Glases rang. Glas eins war ein Grenache, würde Dan uns also wirklich noch einen Grenache vorsetzen? (Antwort: War es nicht. Warum nicht?) Paranoia machte sich in mir breit. War das vielleicht alles derselbe Rotwein? Habe ich meinen Geruchssinn verloren? Als sich der Timer meldete, hielt ich nicht inne – ich gab auf.

Dennoch glaubte ich, dass sich meine Fähigkeiten beim Verkosten verbessert hatten. Bis ich eine E-Mail von einem der Sommeliers bekam, die an einem der vergangenen Dienstage meine Sparringspartner gewesen waren. In dieser Woche hatten wir uns im *Del Frisco's* getroffen, einem Steakhouse in Midtown, über dessen stillgelegten Humidoren nackte Frauengemälde hingen. Während mein Partner die Weine verblendete, tat ich, was ich alle anderen um mich herum ebenfalls tun sah: Ich schrieb auf, was er sagte, las es ihm dann vor und wies ihn darauf hin, welche Qualitätsmerkmale er ausgelassen hatte. Ganz. Großer. Fehler. Klar hatte ich Fortschritte gemacht. Aber bis ich mich wirklich zur respektablen Weinkennerin gemausert haben würde, war es noch ein langer Weg. Das hier war ihre Welt, und ich würde mich erst einmal beweisen müssen, wenn ich darin leben wollte.

»Ich möchte mich dafür entschuldigen, dass ich beim Verkosten im *Del Frisco's* so ein Arsch war«, begann die E-Mail des Typen an mich. »Das Verkosten ist eben etwas Heiliges für uns. Wie die Schwingenabzeichen für die Fallschirmspringer. Hast du keine, bist du nicht Teil der Truppe, und wirst niemals verstehen, warum. Als du anfingst, mir Feedback zu geben, dachte ich: ›Wer zur Hölle glaubt die eigentlich, dass sie ist?‹«

Morgan, dem es anscheinend gefiel, mich als gebanntes Publikum dabeizuhaben, bot sich an, mir Nachhilfeunterricht in den Verkostungsgrundlagen zu erteilen. Er schlug mir vor, zur Präsentation eines Weinhändlers mitzukommen. Außer dem Coachen meiner Wenigkeit ging es ihm darum, Rebsorten zu üben, die er in Blindverkostungen versemmelt hatte, und Weinerzeuger kennenzulernen, die er würde weiterempfehlen können, an Gäste oder Jurymitglieder (in Prüfungen oder Wettbewerben).

Als ich ankam, sichtete er gerade den Weinkatalog. Um die fünfundneunzig Erzeuger waren anwesend und servierten jeweils zwei bis zehn Weine. Ein langer Tag stand uns bevor. Wir würden konzentriert und systematisch vorgehen müssen, warnte Morgan.

»Nummer eins: Das hier ist ein gesellschaftliches Event, bei dem es genauso ums Netzwerken wie ums Trinken geht«, sagte er, während er sich mit mir durch eine voll beladene Reihe Tische schlängelte. »Nummer zwei: Schlucken verboten, sonst bist du tot.«

Vor einer Reihe Champagner blieb er stehen und ließ sich zwei Gläser einschenken. Nach dem ersten Schluck weiteten sich seine Augen.

»Dieser Wein ist fantastisch!«, jaulte er auf. Das sagte er oft, was eine Neubewertung des Worts »fantastisch« erforderlich zu machen schien. Bei Morgan konnte sich »fantastisch« auf Folgendes beziehen: die deutsche Flurbereinigung in den 1970ern, die den Nachteilen alter Katasterpläne geschuldet war; irgendetwas von wegen Abstufung zwischen *cru* versus *crû,* das zum falschen Verständnis des Wortes *Grand Cru* geführt haben mag; bolivianisches *Eau de vie;* den Champagner, den wir gerade tranken, der ohne *Dosage* hergestellt wurde, eine Mischung aus Zucker und Wein, die Schaumweinen häufig zugesetzt und manchmal auch als *Liqueur d'Expedition* bezeichnet wird. (Kurze Warnung: Weinliebhaber verwenden unnötigerweise einen Haufen französischer Worte im täglichen Leben. *Mise en Place* nennen sie im Servicebereich das Eindecken des Tischs, *Chambrieren* heißt, den Wein auf Zimmertemperatur bringen, und *Perlage* nennen sie die winzigen Kohlesäurebläschen des Schaumweins. Prätentiös? *Oui.)*

Wir schauten bei jedem Erzeuger vorbei, den Morgan im Vorhinein selektiert hatte. Die Art, wie er über die Weine sprach, machte mich sofort neugierig auf ihren Geruch. »Salamifürze«, rief er aus. Wir probierten einen Rotwein aus dem Burgund, den er zur »Sophia Loren des Weins« ernannte, einen Chablis bezeichnete er als »das Crack der Chardonnay-Welt«, und einen Riesling taufte er »das Antlitz, das eintausend Schiffe abschoss«. Ein ausgezeichneter Pinot Noir war ein »Meine-Fresse-Wein«, ein beliebter Cabernet ein »Leck-mich-Wein« – alias »Purple Bazooka«, alias »solider Saft«, alias »lila Eichensaft«. Einen Sauvignon Blanc hielt er für »Spargelfurzwasser mit einem Schuss Grapefruit«.

Morgan stürzte sich auf die fünf wichtigsten Kriterien, die die »Struktur« eines Weins ausmachen: Zucker, Säure, Alkohol, Tannine und Textur oder »Körper«. Sie tragen zum Gesamteindruck eines Weins bei und sind in gewisser Hinsicht das Esperanto des Weinjargons. Morgan und Jon könnten den ganzen

Tag mit der Diskussion darüber verbringen – und haben das wahrscheinlich schon getan –, ob Viognier eher nach Hotdog oder Gummiadler riecht. Eigenschaften wie Säure oder Alkoholgehalt hingegen sind messbar, objektiv und sofort nachvollziehbar.

Wie lassen sich diese Kriterien also unterscheiden?

Stellen Sie sich vor, Sie hätten ein Glas vor sich. Schritt eins: Betrachten Sie es. Noch bevor Nase oder Zunge involviert sind, erhalten Sie Hinweise zu Struktur und Aromen. Klemmen Sie den Stiel des Glases zwischen Ihre Finger und machen Sie ein paar schnelle Umdrehungen mit dem Handgelenk. Der herumgewirbelte Wein benetzt dabei die Innenwand des Weinglases. Beobachten Sie Geschwindigkeit und Breite der Tropfen oder »Kirchfenster«, die am Glas hinunterlaufen, nachdem Sie mit der Bewegung aufgehört haben. Dicke, langsame Kirchenfenster mit klaren Konturen lassen darauf schließen, dass der Wein einen hohen Alkoholgehalt hat, wohingegen dünne, schnelle Kirchenfenster oder flächig herablaufender Wein auf niedrigere Alkoholwerte hindeutet.

Als Nächstes: Schnuppern Sie. Immer. Und nicht nur an einer Stelle. Neigen Sie das Glas so weit nach unten, dass der Stiel beinahe parallel zum Boden ist – auf diese Weise ist mehr Weinoberfläche der Luft ausgesetzt –, und schnüffeln Sie so, dass Sie mit den Nasenlöchern ein Kreuz über der Flüssigkeit beschreiben. So erhaschen Sie die Aromen auch wirklich von jeder Seite. Manche schwören darauf, den Mund beim Schnüffeln zu öffnen, also hecheln sie wie ein Hund. So viel zum Thema Wein sei »kultiviert«.

*Jetzt* können Sie nippen. »Schwenken« Sie den Wein im Mund, »kauen« Sie darauf herum und schürzen Sie anschließend die Lippen, als ob Sie »oooh« sagen wollten. Ziehen Sie dann Luft über den Wein hinweg ein, sodass Sie eine Art Blubbern auf der Zunge spüren. Durch dieses Belüften des Weins werden die Geruchsmoleküle besser freigesetzt, die sich mit dem Geschmack vereinen und somit das Aroma bilden. Sie werden einen lächerlichen Anblick abgeben und einige Freundschaften gekündigt bekommen, aber Sie werden mehr von Ihrem Wein haben.

Als Nächstes spucken Sie ihn aus oder schlucken ihn herunter. Legen Sie die Zungenspitze an den Gaumen und achten Sie darauf, wie viel Speichelfluss Sie haben. Viel oder wenig? Schwimmbecken oder Rasensprenger? Wenn Sie unsicher sind, neigen Sie den Kopf nach unten, sodass die Augen zu Boden blicken. Würden Sie sabbern, wenn Sie nun den Mund aufmachten? Ist das der Fall, so probieren Sie gerade einen säurebetonten Wein. Wenn nicht, handelt es sich wahrscheinlich um einen Wein mit niedrigem Säuregehalt. (Ersterer stammt vorwiegend aus kühleren, Letzterer aus wärmeren Anbaugebieten.) Um besser zu verstehen, worum es geht, denken Sie einmal an eine Zitrone. Eine saure Zitrone, die Sie in der Mitte durchschneiden. Einen sauren Zitronenschnitz, den Sie über einem leeren Glas ausquetschen. Sie nehmen das Glas und halten es an die Lippe, um daran zu nippen. Ohne Ihnen zu nahetreten zu wollen – wie viel Speichel befindet sich in Ihrem Mund? Sicher spüren Sie, wie sich die Spucke auf Ihrer Zunge sammelt. So reagiert unser Mund auf Saures (oder sogar nur den Gedanken an Saures): Wir produzieren Speichel, der als eine Art Puffer die Strenge der Säure etwas abzumildern versucht.

Bereit für die Beurteilung des Alkoholgehalts? Dann gehen wir den nächsten Schluck an. Bei Tischweinen reicht der Alkoholgehalt von neun bis sechzehn Prozent (im Vergleich dazu hat Schnaps etwa vierzig Prozent). Absolute Genauigkeit ist hierbei angesagt: Es kann von einem Prozent Alkohol abhängen, ob ein Riesling während des blinden Verkostens als französisch oder australisch ausgemacht wird. Der Alkoholgehalt kann einen auf die Spur des Anbaugebiets bringen (und auf vieles mehr, wie etwa die Temperatur in der Wachstumsphase). Warum das so ist? Bedenken Sie, dass jeder Wein seinen Anfang als süßer Traubensafteintopf nahm, der sogenannten Maische, wofür Beerenschalen, -kerne, -stiele und -fruchtfleisch miteinander vermanscht wurden. (Entgegen der Verkostungsnotizen wird dem Wein kein Süßklee, Pfirsich oder oranges Tic Tac als Würzmittel hinzugefügt, auch wenn vereinzelte, versehentlich mitaufgegabelte Spinnen, Ratten, Mäuse oder Schlangen unfreiwillig hineingemischt werden können.) Die Gärung der Maische wird durch Hefe in Gang gesetzt – entweder die natürlich vorkommende oder beigesetzte –, die den Zuckergehalt der Trauben ganz oder teilweise in Alkohol umwandelt. In wärmeren Klimata sind die Trauben reifer und enthalten mehr Zucker, wodurch sie – gemäß den Regeln der Fermentierung – Weine mit höherem Alkoholgehalt hervorbringen. In kühleren Klimata weisen die Trauben im Allgemeinen einen niedrigeren Zuckergehalt auf und ergeben Weine mit weniger Alkohol. Was davon trifft also zu – mehr oder weniger Alkohol? Nehmen Sie ein Schlückchen Wein und atmen Sie so aus, als ob Sie prüfen wollten, ob Sie Mundgeruch haben. (Beim Ausspucken geht dieser Effekt verloren.) Achten Sie darauf, bis wie tief in Mund und Rachen hinein Sie das Brennen des Alkohols spüren. Bis hinter die Zunge? Dann hat er wahrscheinlich eher wenig Alkohol – bei Rotwein um die zwölf Prozent. Bis hinten im Hals, nahe des Kiefers? Mittelviel, eher dreizehn Prozent bis beinahe vierzehn. Entwickelt sich bis zur Brust hinab ein Gefühl von Wärme? Vierzehn aufwärts – hoch. Alkohol ist eher ein Gefühl als ein Geschmack. Versuchen Sie, sich an Ihren letzten Schnaps zu erinnern, der Zunge, Hals, Speiseröhre und Bauch in Brand setzte. Je mehr ein Getränk brennt, desto mehr Alkohol enthält es.

Nehmen Sie noch einen Schluck. Alles gut? Dann weiter mit den Tanninen oder Gerbstoffen. Das sind natürliche Inhaltsstoffe – Phenole, wenn Sie es gerne technisch mögen – von Schalen, Stielen und Kernen der Beere sowie der Holzfässer, in denen der Wein ausgebaut (das heißt reifen gelassen) wurde.

(Letztere sind öfter für die Tannine in Weißweinen verantwortlich, die normalerweise weniger lang auf Schalen und Haut ruhen.) Tannine sind eher Textur als Geschmack und haben deshalb nichts damit zu tun, ob ein Wein »trocken« ist, was sich auf fehlende Süße bezieht. Verwirrenderweise sorgen die Tannine dennoch für ein ausgetrocknetes, pelziges Gefühl im Mund – bei tanninbetonten Weinen (zum Beispiel jungem Nebbiolo) ein bisschen wie Schmirgelpapier, bei gerbstoffarmen Rebsorten (zum Beispiel Pinot Noir) eher wie Seide. Manche Verkoster schwören, sie können schmecken, ob die Tannine von den Beeren stammen, was auf Zunge und Gaumen ein raues Gefühl hinterlässt, oder von den Fässern, was die Stelle zwischen Lippe und Zahnfleisch austrocknet.

Der sogenannte Körper eines Weins, auch eher Gefühl als Geschmack, entstammt seinem Alkohol- und Zuckergehalt. Stellen Sie sich dafür die unterschiedliche Viskosität von fettarmer Milch, Vollmilch und Sahne vor. Oder, noch besser, probieren Sie, wie sich die drei jeweils im Mund anfühlen. So ungefähr fühlen sich leichte, mittelkräftige und schwere Weine an.

Los geht's mit dem nächsten Schluck Wein. Zum Schluss sind wir bei der Süße angelangt. Wie die anderen Kriterien, welche die Struktur eines Weins ausmachen, besitzt auch die Süße eine gewisse Bandbreite. Dabei steht jedoch keineswegs »viel« am einen Ende und »gar keine« am anderen Ende der Skala, das wäre viel zu plausibel. Nein, ein früher weinverliebter Sadist beschloss stattdessen, die Begriffe »süß« und »trocken« einzuführen und dazwischen »lieblich« und »halbtrocken«. (In Deutschland gibt es sogar noch die Sonderbezeichnung »feinherb«, die zwischen »halbtrocken« und »lieblich« angesiedelt ist.) Ganz recht, der gebildete Weinkenner muss eine Flüssigkeit als »trocken« beschreiben. Gehen wir zurück zum Traubenmansch, der Maische: Bei einem »trockenen« Wein wurde sämtlicher Zucker zu Alkohol vergoren. Manche Erzeuger brechen die Fermentierung jedoch zu einem bestimmten Zeitpunkt ab, damit Süße, oder ein »Restzuckergehalt«, im Endprodukt verbleiben.

Süße sollte man leicht erschmecken können, da wir alle mit Zucker vertraut sind. Jetzt wird es aber interessant: Ist die Säure eines Weins hoch genug, lassen wir uns gerne dazu verleiten, weniger Zucker wahrzunehmen, als tatsächlich da ist, oder sogar gar keinen. Nehmen wir wieder den gedachten Zitronensaft, den Sie in ein Glas gepresst haben. Stellen Sie sich nun ein zweites Glas mit Zuckerwasser vor. Probieren Sie lediglich das Zuckerwasser. Bäh, süß. Probieren Sie den Zitronensaft. Igitt, viel zu sauer. Mischen Sie Zitronensaft und Zuckerwasser zu gleichen Teilen. Lecker. Ein wenig Säure kann einen Schluck Süßes in ein köstliches Getränk verwandeln und umgekehrt. Das ist das Geheimnis von Coca-Cola. Die zehn Stück Würfelzucker in einer Dose Cola wären widerlich, wenn wir sie einfach nur mit Leitungswasser trinken würden. Im Sprudel aber werden sie zu etwas Fabelhaftem, denn hier wird der Zucker so stark mit Kohlensäure kombiniert, dass der pH-Wert einer Cola der Magensäure mancher Tiere gleichkommt. Eine ähnliche Logik verleiht den Weißweinen mit hoher Säure *und* hohem Zuckergehalt, wie etwa bestimmten Rieslingen, die spannende Frische, die sie so köstlich schmecken lässt. Eine »belebende Energie«, erklärte Morgan, als er solch einen Wein verkostete, »als ob man mit einer fünfhundert Kilo schweren Langhantel auf einem Seil balancieren würde«. Wie hält man die beiden Geschmäcker also auseinander? Der Sabbertest kann Sie auf hohe Säurewerte aufmerksam machen, dann wissen Sie, dass Sie die Süße nicht unterschätzen dürfen. Und da die Restsüße dem Wein eine höhere Viskosität verleiht, lässt sich Süße durch seine wuchtige Dichte oder eher weiche Sanftheit erspüren.

Profiverkoster wissen, wie sie mit ihrem Schnuppern und Schlürfen haushalten müssen. »Dieselben Weine mehrmals hintereinander zu probieren ist sinnlos. Solche wiederholten Versuche führen lediglich zu einem Komplettverlust der Reizempfindlichkeit«, erklärt der berühmte Önologe Émile Peynaud in seinem Handbuch *Die hohe Schule für Weinkenner.* Wird die Nase einem Geruch über einen längeren Zeitraum hinweg ausgesetzt, wird sie gegenüber diesem Geruch »blind«, das nennt man olfaktorische Ermüdung. Nach der dritten oder vierten Weinduftwolke ist die Nase womöglich schon gesättigt und kann den Geruch nicht mehr adäquat wahrnehmen. Wenn wir Weißwein Nummer drei erraten sollen und mit der Zeit zu kämpfen haben, ist das äußerst ärgerlich. Wenn wir neben einem Typen sitzen müssen, der die Erfindung des Deodorants verpasst hat, ist es ein wahrer Segen. »Solange man sie sorgfältig wahrnimmt, sind die ersten Eindrücke stets die besten«, beharrt Peynaud. (Er missbilligt außerdem das Wassertrinken während des Verkostens – weil es den Gaumen hinters Licht führt, deshalb habe ich die Flüssigkeitszufuhr auf vor und nach dem Verkosten beschränkt.)

Morgan und ich hatten nicht einmal die Hälfte der Händlerverkostung geschafft. Aber die Beurteilung der Struktur – schnuppern, kauen, sabbern, ausatmen, spucken – hatte ich bis dahin schon so oft und mit so vielen Weinen gemacht, dass ich nicht mehr mitkam. Ich spuckte, ich spuckte doppelt. Und dennoch sickerte der Alkohol durch meine Mundoberfläche hindurch. Mir war übel, und ich hatte das Gefühl, ich sei grün im Gesicht.

Wir liefen Jerusha über den Weg, einer Bekannten von Morgan, die als Kellnerin in einem Restaurant in Soho arbeitete. Ich wollte wissen, ob sie irgendwelche Tipps zum Überleben dieser Verkostungsmarathons hatte, und sie empfahl mir Detoxtee, um mich gegen den Alkohol zu wappnen.

Morgan verspottete uns. »Ich wappne mich mit Unerbittlichkeit«, sagte er.

Die besten Verkoster trainieren Nase und Gaumen lange bevor sie einen sogenannten Flight (eine Verprobungsrunde) angehen. Mein Erfolg beim Schmecken und Riechen hing davon ab, wie ich mit meinem Körper in den Tagen, Stunden und Minuten vor dem ersten Glas umging. Einfach gesagt: Ich würde meine Lebensweise drastisch ändern müssen.

Alle Sommeliers haben ihre ganz eigenen tagtäglichen Rituale, mit denen sie ihren Gaumen wach und bereit für den Wein halten. Michael verabschiedete sich von Kaffee. Kristie verdünnte ihren streng mit Milch. Yannick trank ihn kalt. Ein anderer Michael glaubte, allein Eiswasser würde seine Geschmacksknospen wachrütteln. Paolo Basso, der einmal die Weinweltmeisterschaften gewann und dreimal Zweiter wurde, schwor darauf, sich nie ganz satt zu essen. Er bestand darauf, dass ihn das zu einem »ausgehungerten wilden Tier, das seine Beute wittert« machte, wie bei den größten Jägern des Tierreichs.

Ich befragte die Sommeliers zu ihren geschmacksfördernden Maßnahmen. Der erste Schritt sei die Selbsterkenntnis, sagten sie. Ich solle die Erholungszeit meiner Zunge beobachten, das heißt: Wie lange braucht sie, um den Nachgeschmack dessen, was ich zuletzt zu mir genommen habe, loszuwerden? Durch simples Ausprobieren ermittelte ich, dass meine Zunge ungefähr zwei Stunden brauchte, um die Geschmäcker komplett zu neutralisieren, was meine Obergrenze für Essen, Trinken und Zähneputzen vor dem Verkosten wurde. Das hatte außerdem den Vorteil, dass ich stets hungrig antrat, scharf darauf, Aromen zu erschnüffeln. Wie Morgan auch, hatten die anderen Weinprofis ein detailliertes Profil ihres Nasen- und Zungennaturells erstellt. »Ich merke, dass mein Geschmackssinn besser ist, wenn ich mich in der Nähe eines Gewässers befinde«, meinte Craig Sindelar, ein in Chicago lebender Sommelier. Conrad Reddick, ein früherer Kollege von Craig im modernistischen Restaurant *Alinea,* schlug vor, dass ich meine Geschmacksperformance mit einem biodynamischen Kalender vergleiche.

Diese Tabellen werden eher von Bauern genutzt, die ihre Weinberge biodynamisch bewirtschaften und sich dabei an Richtlinien halten, die das Naturbewusstsein der Biobewegung mit der Mystik der Kristallheiler à la gute Energie / positive Schwingungen verschmelzen. (Weinerzeugern etwa, die »der Seele helfen möchten, die Materie zu durchdringen«, wird geraten, eine mit Schafgarbe gefüllte Hirschblase in ihren Feldern zu vergraben.) Conrad fand, dass sich der Geschmack eines Weins dem biodynamischen Kalender entsprechend verändert, je nachdem, ob es sich ihm zufolge um einen »Fruchttag« (besser) oder »Wurzeltag« (schlechter) handelt. Laut einiger Önologen kann auch der Luftdruck einem Wein entweder schmeicheln oder schaden. Ich begann, Tagebuch darüber zu führen, wie externe Faktoren meine Sinneswahrnehmung beeinflussten, die trockene Heizungsluft in meiner Wohnung oder regnerische Morgen zum Beispiel.

Anschließend folgte der Verzicht. Kein gustatorisches oder olfaktorisches Rauschen durfte das Signal stören. Morgan strich vor Verkostungen das Zähneputzen, weil er glaubte, die Minze verderbe seine Geschmacksknospen für den ganzen Morgen. Die Somms Devon Broglie und Craig Collins verbaten sich volle anderthalb Jahre vor ihrer Prüfung zum Meistersommelier sämtliche Getränke, die heißer als lauwarm waren, vor lauter Angst, sich die Zunge zu verbrennen. Kaffee, Suppe, Tee – alles nahmen sie kalt zu sich. Aus demselben Grund hielt Yannick sich an geeisten Kaffee. Nahrungsmittel nur kalt genießen: notiert. Andere passten ihre Ernährung so an, dass sie den Tag vor einer Verkostung schweres Essen mieden. Ich persönlich schwor rohen Zwiebeln, Knoblauch und Cocktails ab, weil sie an meiner Zunge gerne wie Hausgäste kleben bleiben, die meine Gastfreundschaft überbeanspruchen. Zigaretten waren eine naheliegende Gefahr, aber ich rauche sowieso nicht. Andrew Bell, Vorsitzender der American Sommelier Association, rät den Studenten in seinem Blindverkostungskurs, in den auch ich mich eingeschrieben hatte, extreme Geschmäcker zu vermeiden, damit die Zunge für schwächere Geschmacksstimuli sensibilisiert wird. Die Abschätzung des Alkoholgehalts im Wein fällt Ihnen schwer? »Lass einen Monat lang die Finger von den verdammten Spirituosen«, empfahl er einer Kurskollegin. Hochprozentige Cocktails können dafür sorgen, dass der alkoholärmere Wein hinuntergeht wie Wasser. Andrew nahm sogar vom Nachsalzen Abschied – und aß alles genau so, wie es auf den Tisch kam – und hat eine Zeit lang sogar dem Kaffee entsagt, weil er ihn für einen »Gaumenkiller« hielt. Ich konnte das kaum glauben, wenn man bedenkt, wie viele Sommeliers täglich jede Menge Espresso konsumieren. »Die Zeiten ändern sich«, beharrte Andrew. »Es vernebelt deinen Geschmackssinn.« Da ich sowieso nur einen begrenzten Zeitrahmen zur Verfügung hatte, war ich gewillt, alles zu probieren, um schnellere Fortschritte zu machen. Was soll's, dachte ich: Ich setzte Kaffee auf die Liste mit den No-Gos und verbannte den Salzstreuer auch gleich mit. Nachdem ich gehört hatte, dass der Vater einer Bekannten, ein renommierter französischer Küchenchef, seinem Personal alles feurig-scharfe Essen verbat, aus Angst, dass abgestumpfte Zungen zu überwürztem Essen führen, ließ auch ich als Extravorsichtsmaßnahme die Finger davon. Es ist nämlich gar nicht so unwahrscheinlich: Wird die Zunge täglich scharfem Essen ausgesetzt, können ihre Nervenenden der Schärfe gegenüber derart desensibilisiert werden, dass wir irgendwann alles in Chilisauce ertränken. Anscheinend gewöhnen wir uns auch an die Salzigkeit unseres Speichels, die wiederum von unserer Verwendung des Salzstreuers beeinflusst wird. (Das Interessante: Bei der Schärfe handelt es sich um eine Temperaturempfindung, die die Schmerzrezeptoren aktiviert, nicht um einen Geschmack, auf den die Geschmacksknospen reagieren.)

Dann war da noch die Sache mit der Beständigkeit. Das Beibehalten der täglichen Gewohnheiten – sowohl was das Verkosten anbelangt als auch den Rest – war essenziell wichtig. Dadurch können wir nämlich die Störvariablen eingrenzen und uns allein auf den Wein konzentrieren. Craig Sindelar spülte sich mit seiner Nasendusche vor Weinproben den Dreck aus der Nase. Ein Typ aus einer meiner Verkostungsgruppen nahm stets sein Müsli mit auf Reisen, damit seine gustatorische Basis unverändert blieb, wenn er unterwegs Wein verkostete. Einer seiner Bekannten, ein Sommelier aus Kalifornien, wusste, dass er um zehn Uhr morgens die beste Verkostungsleistung brachte. Als er herausfand, dass er seine Prüfung zum Advanced Sommelier um acht Uhr morgens texanischer Zeit würde machen müssen (sechs Uhr pazifische Zeit), stellte er seine innere Uhr so um, dass ihm die acht Uhr am Prüfungstag in Texas wie zehn Uhr in Kalifornien vorkamen, seine goldene Stunde. Drei Wochen vor der Prüfung stand seine Frau jeden Morgen um vier Uhr auf, um ihm einen Flight vorzubereiten. Ich war mit Morgan gerade bei unserer samstäglichen Blindverkostungsgruppe, als ich die Geschichte hörte. Meine Reaktion lautete: »Das ist doch geisteskrank.« Die der anderen: »Wie weit im Voraus wird die Uhrzeit für die Verkostungen bekannt gegeben?« Auf Empfehlung mehrerer Sommeliers hin habe ich mir einen Vorrat meiner Zahnpastasorte angelegt, damit ich niemals würde wechseln müssen. Und weil Beständigkeit bedeutet, sämtliche Gerüche um uns herum unter Kontrolle zu haben, fuhr ich mit dem Hamstern fort und legte mir einen Vorrat meines Deos, Shampoos, Conditioners und Duschgels an und wechselte zu einem parfümfreien Waschmittel. Parfüm selbst hatte ich schon vor geraumer Zeit aufgegeben, denn nur Ignoranten tragen bei einer Weinprobe Parfüm.

Mittlerweile sorgte ich mich zunehmend auch um Technikfragen. Ich hatte die Anweisungen einiger Sommeliers befolgt und mein sensorisches Gedächtnis ausgebaut, indem ich bei jeder Gelegenheit an Pflanzen und Essen schnupperte. Doch während ich das tat, wuchs die Sorge, dass ich vielleicht nicht auf die richtige Art und Weise schnupperte. Sollte ich in kurzen, schnellen Zügen einatmen oder in langen, tiefen? Woran sollte ich denken, damit mir die Eindrücke im Gedächtnis haften blieben? Mir einfach mit irgendwelchen Sachen vor der Nase herumzuwedeln war nicht genug.

Ich suchte Unterstützung bei Jean Claude Delville, einem französischen Parfümeur, der neben zahlreichen Klassikern wie »Happy« von Clinique zufälligerweise auch den Duft kreiert hat, den ich aufgehört hatte zu tragen. Auf seinem Weg zur »Nase« – der Branchensprech für Parfümeur – hatte er sich über 15 000 Aromen eingeprägt, und er wollte mir netterweise zeigen, wie ich mein Geruchstraining systematischer angehen konnte. Ich traf mich mit ihm in seinem strahlend hellen Loft mit hohen Decken und weißen Säulen in Tribeca, und er entführte mich sofort in sein Labor, das mit braunen Glasflakons tapeziert war. Er tunkte zwei Stückchen weißes Papier in ein Gefäß mit der Aufschrift »Pamplewood« und gab mir eins davon zum Riechen. Anscheinend war es verfrüht gewesen, mir das Spucken beizubringen. »Wichtig ist, dass du zunächst einmal das Riechen lernst«, sagte Jean Claude und wies mich an, es ihm gleichzutun. Er führte sich die Essenz an die Nase und nahm einen einzigen langen Atemzug, so tief, dass ich seine Brust anschwellen sah. Er hielt die Luft an – *einundzwanzig* –, und atmete aus. »Atme durch die Nase aus, damit die Moleküle nicht in deiner Nase haften bleiben«, lehrte er mich. In seinen Studententagen schloss er sich mit Proben von den Gerüchen, die er lernen wollte, in ein dunkles Zimmer ein und sog sie einen nach dem anderen ein, wobei er jeden Geruch möglichst mit einem Ort, Menschen, Augenblick oder einer Form assoziierte. »Patschuli, der Duft ist für mich braun. Rot. Erdig. Mystisch. Und seine Form ist für mich seltsam. Ein Dreieck, weil er ein bisschen aggressiv ist«, sagte er. »Um dir etwas zu merken, musst du daran glauben, sei es gut oder schlecht.« Ein anderer Parfümeur, ebenfalls Franzose, versicherte mir, ich würde die

Gerüche niemals meistern, wenn ich nicht Worte mit ihnen in Verbindung brachte. »Mach es laut, dann wirkt es noch besser«, sagte er. »Mach es unter der Dusche. Beim Frühstück. Mittagessen. Kräuter, Gewürze, Fleisch, einfach alles. Sogar auf der Straße. Das Auto, der Diesel, die Luft. Sobald du Zeit hast, und seien es nur wenige Sekunden, drücke die Gerüche in Worten aus. Nach und nach wirst du besser darin werden.« An diesem Abend stand ich am Spülbecken, machte Gewürzgläschen auf und atmete nacheinander ihren Duft ein. Das Fahren mit der U-Bahn wurde zu einer Übung im Klassifizieren menschlicher Körperfunktionen: Schweiß, Urin, schwache Restspuren von Erbrochenem. Ich bemühte mich, für diese Odeure den gleichen Enthusiasmus aufzubringen wie Jean Claude, der sich am olfaktorischen Gesamtkunstwerk des öffentlichen Nahverkehrs ergötzte. Er legte Wert darauf, den Duft jeden Morgen in sich aufzunehmen. »Ich atme ein und halte den Atem an. Ich atme aus – wow! So gehaltvoll, so einfach.«

Die täglichen Rituale der Sommeliers und die Opfer, die sie brachten, mögen oftmals mehr mit Aberglauben als mit Wissenschaft zu tun haben. Den Leuten, die sie befolgten, brachten sie jedoch etwas. Und mehr noch, für sie stand so viel auf dem Spiel, dass sie es einfach ausprobieren wollten.

Als ich erfuhr, dass Morgan sich nicht sonderlich viel versagte, war ich überrascht. Er hatte eine entschieden psychologische Herangehensweise ans Verkosten. Für ihn fing alles mit der richtigen Geisteshaltung an, nicht mit einem besonderen Ernährungsplan. Einer seiner liebsten Ratgeber auf dem Gebiet war *Zen in der Kunst des Bogenschießens,* der Bericht des deutschen Philosophen Eugen Herrigels von seinen sechs Jahren in Japan, in denen er sich von einem Zen-Meister das Bogenschießen lehren ließ. Morgan mailte mir ein Zitat aus dem Buch mit dem Betreff: »Das spricht mir aus der Seele.« Es lautete:

*Der richtige Schuss im richtigen Augenblick gelingt Ihnen nicht, weil Sie nicht von sich selbst loskommen. Sie [...] warten auf Ihr eigenes Versagen. Solange dem so ist, bleibt Ihnen keine andere Wahl, als ein von Ihnen unabhängiges Geschehen selbst hervorzurufen, und solange Sie es hervorrufen, öffnet sich Ihre Hand nicht in der rechten Weise – wie die Hand eines Kindes.*

In einer Randbemerkung bezog Morgan die Passage aufs blinde Verkosten. »Wirst du zur Handlung und führst die Abläufe perfekt aus, so wirst du zum Erfolg«, schrieb er. »Angst und Sorge sind der Kern des Versagens.« Morgan zufolge hängt das blinde Verkosten zu großen Teilen davon ab, wie gut man sich fokussieren und mental kontrollieren kann. Der Geist muss offen für die Botschaft des Weins sein und dabei gleichzeitig die Zweifel zum Schweigen bringen, die unweigerlich in die hintersten Winkel des Gehirns eindringen und dir »Moscato entgeht dir jedes Mal« einflüstern. »Das erfordert Bewusstsein. Das erfordert Aufmerksamkeit. Das erfordert, sich selbst zu sagen: ›Ich bin im Einklang mit meinen Sinnen, und ich werde zuhören, was dieses Glas Wein mir zu sagen hat‹«, meinte Morgan.

Er verordnete mir Yoga, denn ihm selbst half es wohl dabei, das Ausschalten gewisser Hirnbereiche und das Präsentsein zu üben – ideal für das blinde Verkosten.

»Wenn die fünfundzwanzig Minuten um sind, fühlt es sich an, als wäre überhaupt keine Zeit vergangen«, sagte er über das Degustieren. »Weil kein jammernder Verstand anwesend ist, oder? ... Es geht darum, sich im Tun aufzulösen. Aus sich selbst herauszutreten und sich in eine Maschine zu verwandeln, die die Arbeit für einen erledigt. Du musst dich dem Wein ausliefern, um ihn zu verstehen. Von wegen: Ich kann es nicht erzwingen, dass das hier ein Chardonnay aus Kalifornien ist, auch wenn ich mich noch so anstrenge. Du musst dir das Zuhören beibringen.«

Die Achtsamkeit gegenüber dem Geschmack – ihm zu lauschen – beginnt damit, dass wir uns für alles um uns herum öffnen, sagte Morgan. Ich solle üben, mich überall auf neue Erfahrungen einzulassen. Das könne beim U-Bahn-Fahren ohne Kopfhörer beginnen. »Zieh dir deine eigene Geschichte aus den Ohren«, meinte er zu mir. »Weil du sonst nicht in den Zug steigst und denkst: ›Na, was steht heute an? Was ist los da draußen?‹ Weil du dich sonst nach innen kehrst und ichbezogen bist.«

Ob er sich im hinabschauenden Hund oder bei einer Händlerpräsentation befand, es schien nur wenige Momente in Morgans Leben zu geben, in denen er sich nicht dem Verkaufen, Verkosten, Besprechen und Genießen von oder dem Nachdenken über Wein widmete. »Das ist eine der Fachrichtungen, in denen du Schuldgefühle und totalen Selbsthass verspürst, wenn du nicht lernst«, sagte ein Sommelier beim Kaffeetrinken zu mir. Mia, eine Sommelière, die zusammen mit Morgan aufs Emerson College gegangen war, hatte während unserer Morgenverkostungen einmal bemerkt, dass sie sich auf dem Weg zur Arbeit Karteikarten anschaute. Das ist eigentlich Routine – bis auf die Tatsache, dass Mia mit dem Rad zur Arbeit fuhr.

In der Restauranthierarchie waren die Sommeliers die sanftmütigen Käuze, die Karteikarten mit sich herumtrugen, und die Köche waren die bösen sexy Jungs mit Messern, die die Mädels abkriegten. Wieso, weshalb, warum – na und? Für so was hatten die Somms sowieso keine Zeit. Bei ihnen waren zwölf bis vierzehn Arbeitsstunden an der Tagesordnung, an sechs Tagen die Woche. »Fünf Tage ist absoluter Luxus«, höhnte Victoria. An ihren freien Abenden, das waren für gewöhnlich Montage und Dienstage, hingen sie miteinander auf Partys ab, die im Grunde nur Ausreden dafür waren, ein paar besondere Weine zu probieren. Jemand brachte beispielsweise eine Methusalem eines einundzwanzig Jahre alten kalifornischen Cabernet mit oder eine Flasche Graswein, bei dem der Maische Marihuana beigefügt worden war. Ein Freund von

Morgan schmiss eine Party mit Weinmotto – »Unfaires Spiel« –, bei dem jeder Weine mitbrachte, die zu schräg zum Verkosten waren. Die Somms bewegten sich in Rudeln durch die Stadt und fielen meistens erst dann in die Bars und Kneipen ein, wenn die Zivilisten längst nach Hause gegangen waren. Das Wort »Ausgewogenheit« fand bei ihnen nur für die Beschreibung eines Weins Verwendung.

Das erweiterte Netzwerk des Courts wurde de facto zu ihrer Familie. »Sie sind nicht so begierig darauf, eine Familie zu gründen, weil ihre Tätigkeit sie sehr erfüllt«, erzählte mir die Meistersommelière Laura Williamson. Überproportional viele Sommeliers, auf die ich traf, gingen mit anderen Sommeliers aus, oder – im Höchstfall – mit jemandem aus der Weinbranche. Bei Morgan gehörte eine Freundin einfach nicht zum Plan. Zum Teil deshalb, weil er sich schlicht keine Degustationsmenüs für zwei leisten konnte. Und auf Degustationsmenüs zu verzichten kam nicht infrage.

# 3 DER SHOWDOWN

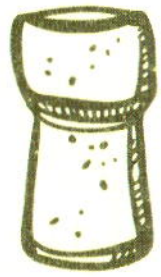

Auch wenn ich in der Weinbranche mehr und mehr Fuß fasste, hielt meine Faszination für Weinwettbewerbe an, und ich wollte unbedingt einen live miterleben. Sie waren der Inbegriff dessen, was mich an den Sommeliers so wahnsinnig fesselte: die Tatsache, dass sie zwei Persönlichkeitsextreme in sich vereinten – tiefe Lernbeflissenheit und schonungslose Genusssucht –, die ich nur selten in Kombination erlebt habe. Sie konsumierten Unmengen von Alkohol und gingen spät ins Bett – ich hätte gedacht, sie seien extravagante Partylöwen. Tatsächlich aber legten sie bei ihren hedonistischen Erlebnissen und ihren Kunden eine peinlich genaue, wenn nicht sogar wissenschaftliche Herangehensweise an den Tag. Es war beinahe so, als ob man Daniel Webster mit Keith Richards gekreuzt hätte (wobei wieder eine weiße, männliche Rasse herausgekommen ist). Die Somms betonten das Vergnügen, das der Wein ermöglichte, und sie analysierten jeden einzelnen Aspekt des Erlebens, von der Trinktemperatur bis hin zur Platzierung des Glases. Ich fragte Morgan einmal, ob er lieber dreihundert Euro für eine Flasche grandiosen Weins ausgeben oder drei unterschiedliche Flaschen à hundert Euro kaufen würde. Einen Augenblick lang wurde er extrem ernst und still, und dann antwortete er mir schließlich: »Was für ein in höchstem Maße hedonistisches Kalkül.«

Zum Glück handelte es sich bei den Sommelierwettstreits um eine weit populärere Angelegenheit, als ich gedacht hätte.

In den USA gibt es TexSom, TopSomm, Somm Slam, Somms Under Fire, Best Young Sommelier, Best Sommelier in America, Best Sommelier of the Americas und den World's Best Sommelier, ganz zu schweigen von den an bestimmte Anbaugebiete gekoppelten Blindverkostungs-Trophäen. Solche Wettbewerbe gibt es etwa jeden Monat, und sie verschlingen kostbare freie Tage. Auf dem Spiel steht dabei mehr als nur das Recht auf Prahlerei: Das sind adrenalingeschwängerte Generalproben für die Prüfung zum Meistersommelier, und sie bieten zudem die Gelegenheit, sich mit Schlüsselfiguren der Branche zu verbrüdern. Den Gewinnern winkt außerdem Bares oder eine All-inclusive-Reise in das Land, das die jeweilige Veranstaltung gesponsort hat.

Die Sommeliers, die ich kannte, hielten TopSomm für den wichtigsten und prestigeträchtigsten Wettstreit. Die Kandidaten müssen dort mehrere Ausscheidungskämpfe durchlaufen, bis am Ende der oder die beste Somm des Landes gekrönt wird. Bei den US-amerikanischen Wettbewerben stellt TopSomm die Spitzenliga dar, also Verkosten – und Servieren – auf höchstem Niveau.

Meistens hingen wir nach meiner samstäglichen Verkostungsgruppe noch ein bisschen zusammen herum und tauschten Restaurantempfehlungen oder Kritiken zum neusten Buch über Barbaresco aus. An diesem einen Morgen aber eilte jeder durch die Flights. Am Ende meines sechsten Glas Weins war ich absolut nicht mehr in der Lage, ein Ausmalbuch anzugehen, geschweige denn einen zeitlich begrenzten Test, doch der Rest meiner Verkostungspartner stürmte nach Hause, um den TopSomm-Qualifikationstest zu machen. Dieser zwanzigminütige Onlinetest aus achtzig Fragen legte fest, wer es in die erste Runde des Wettbewerbs schaffte.

Da ich bei allem, was Morgan tat, unbedingt in der ersten Reihe sitzen wollte, fragte ich ihn, ob ich zuschauen dürfte. Morgan schien vom Alkohol nie so zu verdummen wie ich, oder vielleicht war er mittlerweile einfach nur immun dagegen. Im Zug nach Brooklyn ließ er sich über die problematische – und leider vorherrschende – Einstellung der amerikanischen Restaurantgäste aus, dass ihnen gefälligst jeder Wunsch erfüllt werden soll, anstatt sich mal auf etwas Neues und Unbekanntes einzulassen.

»Man geht nicht in *Anna Karenina* und meint, sie muss am Ende doch wohl nicht unbedingt sterben, ihr Vollidioten. Nein, wir können dieses Gericht nicht ohne Pilze zubereiten. Das gibt es nicht glutenfrei. Pasta ist nun einmal nicht glutenfrei, du Hirni«, wetterte er. »Muss wirklich alles unbedingt so sein, wie ihr es wollt, oder solltet ihr nicht auch mal mit Schwierigem und Anspruchsvollem konfrontiert werden, das nicht euren Erwartungen entspricht? … Für mich ist ein Restaurantbesuch wie der Besuch einer Aufführung. Ich gehe nicht davon aus, dass sie mir zwangsweise gefällt. Ich gehe davon aus, dass ich die Meinungen des Küchenchefs, der Weinoberkellnerin und der Bedienungen kennenlerne.«

Er monologisierte weiter, während wir an einer Tankstelle vorbeigingen und in sein Karree gelangten. Die Gebäude wechselten zwischen schicken, sanierten Wohnungen und alten, krummen Backsteinhäusern hinter kettenartigen Zäunen. Morgan wohnte in einem dieser Vorkriegshäuser – den eher krummen als schicken – zusammen mit zwei Mitbewohnern. Keiner der beiden arbeitete in der Weinbranche, aber sie hatten Morgan offensichtlich freie Hand bei der Einrichtung gewährt.

Kaum war ich eingetreten, stieß ich schon auf zwei vollgestapelte Weinkühlschränke. An den Wohnzimmerwänden hingen fünf große Landkarten mit den Anbaugebieten Frankreichs, jede davon gut einen Meter breit. Ich zählte fünf leere Weinflaschen auf dem Küchentresen, eine leere Likörflasche auf einem Bücherregal sowie eine leere Flasche Winzerchampagner auf Morgans Schreibtisch – eine trendige, kunsthandwerkliche Variante des traditionellen französischen Perlweins, die seit Kurzem in den Instagram-Profilen der Sommeliers herumgeistert. »Mein Aperitif gestern Abend«, erklärte Morgan, während er in Richtung Champagner nickte. Jede Oberfläche, die nicht mit Alkohol zugestellt war, war mit Büchern über Alkohol beladen. *1001 Whisk(e)ys, Jura Wine* (Wein aus dem Jura), *North American Pinot Noir* (Pinot Noir aus Nordamerika), *The Wines of Burgundy* (Die Weine des Burgund), *Wine Atlas of Germany* (Weinatlas Deutschland), *To Burgundy and Back Again* (Ins Burgund und zurück), *A Short History of Wine* (Kurze Geschichte des Weins), *Cellarmasters in the Kitchen* (Kellermeister in der Küche), *Reading Between the Vines* (Alles über Weinreben) und, als einzige Ausnahme, *Schuld und Sühne.* Eine Holzkiste unter einem Fenster war vollgestopft mit handtellergroßen Notizbüchern, in denen Morgan Weine und Mahlzeiten nach Datum festgehalten hatte. Er griff wahllos eines heraus und zeigte mir seine Eindrücke bei einem Degustationsmenü, das er im *Hearth,* dem Schwesterrestaurant des *Terroir,* allein zu sich genommen hatte. »Anmerkung zur Gastlichkeit«, stand dort. »Es sollte immer jemand an der Tür stehen, der die Leute in Empfang nimmt.«

Morgan hantierte in der Küche herum, kochte Kaffee und tankte Energie mit einem Bagel auf, anschließend setzten wir uns an seinen Computer. Am Bildschirm hing eine Haftnotiz:

Morgan aus der Zukunft, nutze deine Zeit hier am Computer gut.
– Morgan aus der Vergangenheit

Beim Test war Nachschlagen erlaubt, aber das kostete wertvolle Sekunden und damit auch Punkte. Sicherheitshalber wühlte Morgan sich trotzdem durch seinen Spickzettel (116 Seiten lang) und seine Karteikarten (2200 Stück), damit er wusste, wo sich Dinge wie Mindestzuckergehalt der Beeren für »Sélection der Grains Nobles«-Weine befanden.

Die Punktsieger des Tests würden zu den regionalen Halbfinalen eingeladen, die in mehreren Städten überall im Land stattfanden. Die besten sechs der TopSomm und TopNewSomm (für Kandidaten unter dreißig) würden anschließend nach Kalifornien ins Finale weiterziehen. Morgan hatte es bis in den landesweiten Wettbewerb geschafft, aber ist noch nie als Hauptgewinner hervorgegangen. (Vergangene Sieger dürfen nicht wieder am Wettbewerb teilnehmen.)

»Dann mal los«, sagte Morgan. Er lehnte sich so weit nach vorn, dass sein Gesicht nur noch ein paar Zentimeter vom Bildschirm entfernt war.

Ich bekam lediglich Bruchteile der Fragen mit. Er beantwortete sie schneller, als ich mitschreiben konnte.

»Sortieren Sie die nachfolgenden Amari von trocken (oben) nach süß (unten).« »Welcher Fluss gehört zu welcher Appellation?« »Welches Land gehört derzeit in etwa zu welchem Boden unter dem Rebstock?«

»Was für eine *furchtbare* Frage«, murmelte Morgan beim Tippen und Klicken leise vor sich hin. »Fuck, okay, mal schauen … Nord nach Süd, gottverdammter Mist … Das ist eine echt schwere Frage, weil, na ja, Genshu unverdünnter Sake ist … Echt miese Frage … Echt *verdammt* miese Frage …«

Er war am Lamentieren, aber ganz ehrlich: Er sah völlig begeistert aus.

Morgan qualifizierte sich für die regionalen Halbfinale, wo er prompt den Serviceteil vermasselte, indem er zum Entsetzen der Jury ein Silbertablett auf einen blanken Holzfußboden fallen ließ. Ins Finale schaffte er es trotzdem. Bald würde es zum Showdown nach Kalifornien gehen, das er zum Üben und Netzwerken für unentbehrlich hielt. »Man *muss* einfach in diese Kreise kommen«, betonte er.

Ich selbst konnte mir das ebenso wenig entgehen lassen. Der Wettbewerb würde genau solche Szenarios abbilden, wie sie den Sommeliers tagtäglich begegnen, und damit einen umfassenden Einblick in ihre Dienstpflichten geben. Mehr noch, TopSomm hatte die höchsten Ansprüche in puncto Service an seine Kandidaten, während die Restaurants zugunsten der Zeit- oder Platzersparnis teilweise Abstriche machten. Der den ganzen Tag andauernde Wettbewerb würde *die* Gelegenheit sein, dem platonschen Ideal der Weinkellnerkunst beizuwohnen. Außerdem würde ich mich mit den Standards vertraut machen können, an denen ich mich bei meiner eigenen Prüfung des Courts würde messen müssen. Erst neulich hatte ich beispielsweise herausgefunden, dass die korrekte Herangehensweise ans Öffnen eines Schaumweins keineswegs vorsah, die Daumen unter den Korken zu klemmen und auf irgendetwas Unzerbrechliches zu zielen. Nein, der Korken sollte vorsichtig so lange herausgedreht werden, bis er sich mit einem sanften Seufzen – und nicht einem lauten Ploppen – schließlich in einer Serviette löst.

Obwohl sich die TopSomm-Jury üblicherweise aus Meistersommeliers zusammensetzt, konnte ich die Organisatoren davon überzeugen, mich als Gastjurorin aufzunehmen. Ich versicherte ihnen, in der Rolle als naiver Gast brächte ich eine einzigartige Perspektive mit hinein. Ich könnte den Service der Kandidaten viel besser danach beurteilen, wie er sich … anfühlt. Erstaunlicherweise hat das funktioniert.

Der Wettbewerb spiegelt das Format der Court-Prüfungen wider und besteht aus drei unterschiedlichen Disziplinen. Im Theorieteil werden die Kandidaten zu allem von Reifeprozessen bis hin zu Bodentypen in die Mangel genommen. Die Blindverkostung benötigt keine Erklärung. Und was den Serviceteil anbelangt, dort müssen sie sich um geizige, geschwätzige, neugierige – in jedem Fall nervige – Gäste kümmern (gemimt von meiner Wenigkeit sowie den anderen Jurymitgliedern).

Während sich die Prüfungen des Courts nach einer Nominaldefinition von »fair« richteten, schien TopSomm einfach nur für jeden gleich albtraumhaft sein zu wollen.

»Dir werden sie alle leidtun«, warnte mich ein ehemaliges Jurymitglied. Doch ich hatte klare Anweisungen bekommen: Es gibt keine Gnade.

Da ich mich in der Öffentlichkeit nicht gern blamiere, hielt ich es für angebracht, mich vor dem Wettbewerb ein wenig weiterzubilden. Es war erst ein paar Monate her, dass ich in ein Weingeschäft marschiert bin und einen klassischen Weißwein mit Chablis verlangt habe, was in etwa der Bitte an eine Reisekauffrau gleichkommt, ein Flugticket nach Quiche zu buchen. »Chablis«, meinte der Verkäufer mit einem Grinsen, »ist eine Region in Frankreich, keine Rebsorte.« (Genauer gesagt, handelt es sich um ein Weinbaugebiet im Burgund, das Weine mit der Rebsorte Chardonnay erzeugt.)

Solch amateurhafte Torheiten hatte ich hinter mir gelassen. Inzwischen durfte ich mich Jurymitglied nennen. Und ich war es den Kandidaten schuldig, die Materie zu beherrschen. Erst einmal musste ich lernen, welche Rebsorte wo angebaut wird und wie. Plus wieso, mit welcher Absicht und wie sie zu Wein verarbeitet wird – und zwar für sämtliche Weinanbaugebiete der Welt. Das würde mir nicht nur dabei helfen, mich bei TopSomm zu behaupten. Wenn ich eine hervorragende Blindverkosterin sein wollte, musste ich die Fakten und Einflüsse kennen, die den Inhalt eines Glases formen. Einen Riesling von der Mosel würde ich viel eher ausmachen können, wenn ich über Klima (kühl, Kontinentalklima), Boden (Devon-Schiefer, Tonschiefer), angebaute Rebsorten (hauptsächlich Riesling, gefolgt von Müller-Thurgau) und Ausbau der Weine (in Stahltanks, nur selten in Eichenfässern) Bescheid wusste. Abgesehen davon würde ich ohne diese fest in meinem Hirn verankerten Kenntnisse – und noch viel mehr – nicht einmal die erste Stufe der Court-Prüfungen bestehen.

Ich meldete mich bei der Guild of Sommeliers an, einer

Organisation für Weiterbildungen in Sachen Wein. Ihre Website bietet Arbeitsmaterial und Netzwerken für Servicemitarbeiter an, die über Hefestämme fachsimpeln möchten. (Zwischen der Guild und dem Court gibt es keine offizielle Verbindung, trotz ihrer beider Liebe zum Fachjargon des Ancien Régimes.) Mithilfe des Guild-Materials und eines Stapels Weinlexika machte ich mich daran, Karteikarten auf Cram zu erstellen, der Lern-App, die Morgan als seinen »guten Kumpel« bezeichnete. Die traditionellen Sorten des Priorat, die Bodenzusammensetzung der Weinanbaugebiete in Westaustralien, die Bergketten des Napa Valley … die Feinheiten wollten einfach kein Ende nehmen. Ich begann, in den Straßen von Manhattan herumzugeistern, mit trübem Blick und vor mich hin flüsternd: »La Rioja erstreckt sich entlang des FLUSSES EBRO, durch drei klimatisch verschiedene Unterzonen …«

Auf meinem Flug nach San Francisco am Tag vor dem Wettbewerb war ich immer noch mit den Karteikarten zugange. Ich hatte stets gedacht, die Menschenmassen, die wie Geburtstagskuchen glasierten, neoklassischen Weingüter und die kostbaren Details (»Zinfandel Lane«) würden das kalifornische Weinland in eine Freizeitparkatmosphäre tauchen. Doch es war Vorsaison und daher noch keine Limousinenflotten in Sicht, die Junggesellinnen von Verkostung zu Verkostung kutschierten. Als ich am Nachmittag zu meinem Hotel in Santa Rosa fuhr, war bereits Ruhe in den Weinbergen eingekehrt. Alles machte einen sehr ländlichen Eindruck, was die Menschen daran erinnerte, dass eben doch alles vom Anbau, Auflesen und Zerquetschen der Trauben abhängt, trotz aller Anmaßungen, die uns oftmals zusammen mit dem Wein serviert werden. Die Autos teilten sich den Platz auf den Straßen mit Traktoren, die an jeansbekleideten Männern vorbeirumpelten, die in der Hoffnung auf einen Tag Arbeit an den Kreuzungen herumbummelten.

Die Kleidervorschrift für das Welcome Dinner am heutigen Abend lautete »California Casual«, aber ich schlüpfte dennoch in Rock und hohe Schuhe. Als ich die IT-Welt verlassen hatte, wo alles, was chemisch gereinigt werden muss, garantiert zu förmlich ist, musste ich meine Garderobe ein wenig aufpeppen. Die Sommeliers schienen sich in maßgeschneiderten Jacketts und schwarzen Stoffhosen am wohlsten zu fühlen. Nach ein paar modischen Missgeschicken hatte ich in meinem Kleiderschrank nach knielangen Röcken und Blazern gegraben, die ich das letzte Mal für meine Vorstellungsgespräche im letzten Jahr an der Uni getragen hatte. Wie ich später erfuhr, hatte Morgan acht Einstecktücher eingepackt.

Sommeliers haben etwas seltsam Konservatives und Altmodisches an sich, was ihnen – und sogar den Frauen – manchmal das Aussehen eines im Körper eines Zwanzigjährigen gefangenen kleinen alten Mannes verleiht. Sie kleiden sich nicht nur so, als ob sie Jay Gatsbys Kleiderschrank überfallen hätten, sie verbringen auch einen Großteil ihrer Zeit mit dem Nachdenken über die Vergangenheit, grübeln über die Traditionen eines fünfhundert Jahre alten Châteaus oder träumen von dem besonders warmen Frühling vor dreißig Jahren. Die Haltung, die sie beim Kellnern bewahren, verleiht auch ihrem Benehmen jenseits des Restaurants eine gewisse Förmlichkeit. Sie sind die perfekten Schwiegersöhne und -töchter: aufrechte Körperhaltung, angemessener Augenkontakt, präzise ausgesprochene, ganze Sätze. Morgan brachte es nicht über sich, mir etwas über »Bandol rosé« oder »die Chaîne« zu simsen, ohne die richtigen französischen Akzente zu verwenden.

Ich schloss mich den Teilnehmern und Jurymitgliedern bei einer Tour im Luxusbus zum Abendessen an. Ausgerichtet wurde es von Rodney Strong, einem Weingut, das wohl kein Sommelier empfehlen würde, wenn er oder sie ehrlich wäre. Auch wenn es die Feierlichkeiten des Abends finanziert hat. Eine Dame vom Weingut verteilte Rodney Strong Sauvignon Blanc in Plastikgläsern. Für die TopSomm-Kandidaten war das mindestens die zweite Runde Aperitif. Auf dem Weg vom Flughafen ließen sie ihren Fahrer im Minimarkt anhalten, um sich ein paar Sixpacks zu kaufen. Manchmal wollen eben auch die Profis trinken, ohne nachzudenken.

Der Bus setzte uns an einer Außenterrasse ab, die wie ein zum Leben erwecktes Pinterest-Moodboard aussah. Die Arbeit als Sommelier hatte definitiv auch ihre Vorteile. Für den Abend engagierte Musiker ließen auf einem Grashang die Finger über ihre Gitarren streichen. Funkelnde Lichterketten verliefen kreuz und quer über die mit Kerzen und Blumendeckchen geschmückten Picknicktische – und sage und schreibe sieben Weingläser pro Platz, wie ich argwöhnisch bemerkte.

Am Tisch ging es darum, welche Weine die Leute schon einmal getrunken hatten, welche Weine sie unlängst getrunken hatten und welche Weine sie gerne einmal trinken würden. Geoff, einer der Meistersommeliers, hörte sich bei allen um, was sie als Paarung für seinen alten Meursault empfehlen würden. Austern, waren die Somms sich einig. Dana, der sich ebenfalls fürs Finale qualifiziert hatte, schwelgte in Erinnerungen an den 1996er Raveneau Montée de Tonnere, den er vor ein paar Jahren an seiner Geburtstagsparty geöffnet hatte. Er und Morgan erinnerten sich mit Schrecken an den Ruché, einen Rotwein aus dem italienischen Piemont, den sie letztes Jahr bei TopSomm blind verkosten mussten. Das wiederum brachte Morgan auf den Weißwein, den er während seiner Certified-Prüfung vor ein paar Jahren blind degustiert hat. Es schockierte ihn noch immer, dass seine Mitstreiter bescheuert genug gewesen waren, ihn für Viognier zu halten.

»Ich so: ›Wann habt ihr *jemals* einen säurebetonten Viognier mit *Restsüße* getrunken? Nennt die Dinge doch bitte schön beim Namen, und nennt sie …‹«

»Angesäuerte Central Coast!«, wurde er von Dana unterbrochen, woraufhin sich alle am Tisch über diese scheinbar Wahnsinnspointe wegschmissen. »Von wegen: ›Wir haben gerade aus Versehen ein Fass Zitronensäure in unseren Viognier gekippt!‹«

»Ha! Angesäuerte Central Coast!«, wieherte Jackson, ein Finalist aus Seattle. »Gibt es Zitronensäure überhaupt in Tüten?«

»Ja, klar«, sagte Dana.

»Definitiv«, sagte Morgan.

»Ich hab Zitronensäure in Tütchen daheim, daraus mache ich mir Tonic«, sagte Dana.

»Du machst Tonic selber?«, fragte Jackson. »Ich mache Chinin selber!«

Dana schien wenig beeindruckt. »Ich nehme Chinarinde statt Chinin«, sagte er sichtlich stolz.

»Ja, klar, die Rinde nehme ich auch«, stellte Jackson schnell klar. »Erst habe ich nur das Pulver bekommen. Aber dann hab ich einen Laden entdeckt, der tatsächlich die Rinde verkauft.« Er schien den Patzer wiedergutmachen zu wollen. »Ich werde demnächst mal versuchen, Wermut herzustellen.«

Ich wurde von einem Mann im marineblauen Blazer mit Goldknöpfen abgelenkt, der zwischen den Tischen entlangspazierte, auf Rücken klopfte und Hände schüttelte. Das war Fred Dame, Weinhändler und Meistersommelier um die sechzig und inoffizielles Gesicht sowohl des Court of Master Sommeliers als auch der Guild of Sommeliers. Der Visionär, der den Court aus dem Vereinigten Königreich in die Vereinigten Staaten gebracht hat, ist ein Connaisseur exklusiver Vereine für Männer mit Macht, Zeit und Geld. »›Keine Klubs mehr für dich!‹, meinte meine Frau«, brüllte er zwischendurch, während er am Beschreiben seiner Mitgliedschaft im Bohemian Club (im Grunde ein Ferienlager für einflussreiche Männer) und bei den Rancheros Visitadores (im Grunde ein Cowboy-Lager für einflussreiche Männer) war. Er verspottete die Wettbewerber, die schon nervös waren, sich aber um eine coole Fassade bemühten.

»Wie viel wisst ihr über russische Weine?«, fragte er einen Tisch mit Sommeliers. Stille. Er zwinkerte ihnen zu. »Dann könnt ihr's gleich vergessen!«

Er kam bei Morgan, Dana und Jackson vorbei und lehnte sich verschwörerisch nach vorn. »Das ist ein Wettkampf, keine Prüfung, also bitte kein unsportliches Verhalten an den Tag legen«, ermahnte er sie. »Je betrunkener ihr eure Mittbewerber macht, desto schlechter werden sie abschneiden.«

Die drei schienen seinen Rat zu beherzigen. Nach dem Bier, dem Wein im Bus, dem Cocktailempfang und den sieben Glas Wein beim Abendessen waren die Leute noch immer durstig. Wir legten eine kurze Pause im Hotel ein, bevor wir uns wieder zusammentaten. Jemand hatte ein leeres Martiniglas auf einem Couchtisch in der Lobby erspäht. Mehrere Somms reihten sich auf, um daran zu riechen.

»Ich glaube, das war ein Grashopper«, sagte der eine.

Morgan schnupperte und stimmte zu. »Riecht nach Crème de Menthe und Galliano.«

Morgan führte den Pulk ins *Russian River,* eine kleine Brauerei unweit unseres Hotels. Auf einer Tafel, so lang wie die gesamte Bar, standen etwa eintausend Biere mit solch rätselhaften Namen wie »Fenstersturz«, »Verdammnis«. Dummerweise fragte ich, ob mir jemand eine Sorte empfehlen könne, was ungefähr so war, als ob ich mich einem Aquarium voller halb verhungerter Piranhas freiwillig zum Fraß vorgeworfen hätte. Das Chaos brach aus.

Keine Ahnung, welches Bier ich im Endeffekt in die Hand gedrückt bekam. Das machte aber nichts, da es mir von einem der Sommeliers sowieso gleich aus der Hand gerissen wurde, damit er es probieren konnte. Alle tauschten Schlucke von allem – ein Datenpunkt mehr in ihrer wachsenden Sammlung sensorischer Erinnerungen.

Das Bier habe ich nicht ausgetrunken. Zu diesem Zeitpunkt war es bereits Mitternacht, und abgesehen von einem Mädel, das ihren Partner mitgenommen hatte, war ich die einzige noch anwesende Frau. Die Mischung aus später Abendstunde plus Alkohol plus Geschlechterverhältnis bewegte sich in eine vorhersehbare Richtung. Ich begriff langsam, dass der Job trotz seiner Vorzüge für Frauen, die noch immer in der Minderheit waren, einige weniger schöne Begleiterscheinungen mit sich bringt. Eines der Jurymitglieder hatte mir schon angeboten, dass ich die Nacht in seinem »riesigen« Hotelzimmer verbringen dürfe. (Ich hatte nicht darum gebeten.) Und es wurde zusehends schwieriger, einen der Sommeliers zu ignorieren, der sich mit steigender Promillezahl von peinlichen Flirtversuchen zu plumpem Begrapschen hochgeschaukelt hatte. Ich ging also nach Hause. In mein normalgroßes Hotelzimmer.

Am nächsten Morgen erschien ich gerade noch rechtzeitig beim Frühstück, um zwei Jurymitglieder Verkostungsansichten über das Leitungswasser austauschen zu hören.

»Oh, gut gesagt, genau so schmeckt das Wasser«, sagte Jason, ein Meistersommelier, der jetzt gerade auf eine Flasche Aquafina zeigte, die seine Meistersommelièrekollegin Jessica dabeihatte. »Ich musste nur den Wasserhahn aufdrehen, um zu sehen, dass die drei Euro gut investiertes Geld sind. Ich dachte so: ›Dieses Wasser schmeckt *verkorkt!*‹«

Der einzige Teilnehmer, der sich nach unten geschleppt hatte, war ein Sommelier in den Vierzigern namens John. Er war beunruhigt, weil er nicht wusste, wo er zu dieser Stunde ein Glas warmen Pinot Grigio herbekommen sollte. Das war Teil seines Vorverkostungsrituals. So, wie eine Violinistin vorher ihr Instrument stimmt, braucht er einen Schluck Wein, um seine Zunge an Säure und Alkohol zu gewöhnen. In die Blindverkostungsprüfung konnte er unmöglich ohne dieses Ritual gehen. »Keine Ahnung, wie ich heute Morgen an meinen Pinot Grigio kommen soll, mit diesen Alkoholgesetzen für sonntags«, grämte er sich. »Ich wette, im Hotel hat noch keine einzige Bar offen.«

Jason und Jessica ignorierten ihn. Sie erörterten gerade den

Einfluss von Luftdruck, Höhe und Luftfeuchtigkeit auf die gustatorische Treffsicherheit. Ein heraufziehendes Gewitter beispielsweise kann die Aromen eines Weins abdämpfen.

»Als ich aus Hawaii zurückkam, war alles so viel intensiver«, sagte Jason.

Jessica nickte. »Verkostungen sollten eigentlich alle in Arizona stattfinden.«

»Meinen Sie, hier ist irgendwo italienischer Pinot Grigio herzukriegen?«, fragte John.

Während er sich an der Rezeption weiter erkundigen ging, wollte ich den Jurymitgliedern bei den Vorbereitungen für die erste Blindverkostungsrunde helfen. TopSomm hatte eine Handvoll Konferenzräume im *Hyatt* in Santa Rosa in Beschlag genommen, und wir überprüften, ob es in jedem einen Tisch mit sechs Gläsern und ein paar Stühlen gab. Die Kandidaten würden reihum zur Verkostung antreten, während wir dasaßen und Punkte verteilten. Ich nahm gegenüber des Flights Platz, dann hießen mein Jurykollege und ich den ersten Kandidaten willkommen.

Oberflächlich betrachtet, schienen alle Sommeliers ihre eigene Technik zur Entschlüsselung des Weins zu haben. Es gab Schniefer und Rotzer, Schlürfer und Süffler, Spucker und Schlucker, Stehende und Sitzende. Manche Sommeliers sprachen ins Glas hinein und rochen die ganze Zeit über beim Reden. Andere brauchten nur ein oder zwei ordentliche Nasen voll, um die Aromen zu beurteilen. Manche fingen mit den Rotweinen an, andere wollten lieber mit den Weißweinen beginnen.

Trotz dieser oberflächlichen Unterschiede und der Tatsache, dass dies keine offizielle Veranstaltung des Courts war, basierten ihre Analysen ohne Ausnahme auf der sogenannten deduktiven Verkostungstechnik, die vom Court entwickelt wurde. Der eine Seite umfassende Bewertungsbogen des Courts, das »Raster«, legt fest, was während der vier Blindverkostungsphasen examiniert wird – »Farbe«, »Nase«, »Geschmack«, »Gesamteindruck« – sowie in welcher Reihenfolge und mit welchen Worten. Dieses System soll Sommeliers beibringen, wie sie »gezielt verkosten – und darauf achten, was genau geschmeckt wird«. Tausende Sommeliers richten sich bei der Degustation danach. Andere Institute der gehobenen Trinkkultur, wie etwa der Wine & Spirit Education Trust, haben ihr eigenes Raster. Im Großen und Ganzen aber sind sie alle gleich.

Beim blinden Verkosten handelt es sich nicht einfach um einen Partyzaubertrick, auch wenn ich so etwas ebenfalls schon erlebt habe. Nein, es soll den Sommeliers beibringen, woran sie Weine von guter Qualität erkennen, damit sie versiert im Kaufen und Wiederverkaufen von Weinen sind. Wenn wir das Etikett nicht sehen, konzentrieren wir uns gezwungenermaßen auf das, was wir spüren, und verlassen uns nicht einfach darauf, was wir darüber gehört haben. Irgendwann haben wir den geschmacklichen Charakter bestimmter Rebsorten, Anbaugebiete, Jahrgänge und Qualitätsstufen verinnerlicht. Wir erkennen, bei welchen Weinen es sich um Sonderfälle handelt, im Guten wie im Schlechten, und können für den entsprechenden Ausgleich sorgen. Der neuseeländische Sauvignon Blanc eines Händlers mag fantastisch schmecken. Aber vom Probieren Dutzender dieser Weine her wissen wir, dass er eher wie ein Grüner Veltliner aus Österreich schmeckt als wie die schmissige, paprikahafte Zitronenlimonade, die die meisten von uns bei »Neuseeland« und »Sauvignon Blanc« auf dem Etikett erwarten. Kaufen wir ihn, in dem Wissen, dass wir mit den Erwartungen der Leute umgehen und Erklärungen liefern werden müssen? Oder warten wir auf einen typischeren Wein?

Das blinde Verkosten schult Sommeliers außerdem darin, preiswerte Weine zu erhaschen, die teurer schmecken, als sie tatsächlich sind. Die Weine aus Saint-Émilion zum Beispiel, eine am rechten Bordeauxufer gelegene Appellation, sind in drei Stufen klassifiziert: Premier Grand Cru Classé A, Premier Grand Cru Classé B und Premier Grand Cru, in absteigender Reihenfolge. Wenn Morgan sein Geld hin und wieder mit vollen Händen ausgibt, hat er idealerweise genug von der teuren Premier Grand Cru Classé A und B probiert, um zu wissen, was an ihnen so besonders ist. Der Tag, an dem er also einen billigeren Grand Cru Classé verkostet, der an die Spitzenklassen heranreicht, wird er »Megaschnäppchen!« denken und sofort zuschlagen. Das Motto »günstig kaufen, teuer verkaufen« gilt für Restaurants genauso wie für alle anderen auch. Und auf diese Weise kann sich Morgan auch seinen weindurchtränkten Lebensstil leisten: Er kann sich jede Menge Wein – und jede Menge tollen Wein – kaufen, weil er ein Gespür für Gelegenheitskäufe hat.

Morgan, der sich selbst als »Arbitrageexperten« bezeichnet, erklärte mir, wie das damals bei *Corkbuzz* lief, als er für die Weinkarte verantwortlich war. Sagen wir, er suchte einen Cabernet Sauvignon, den er für zwanzig Euro pro Glas verkaufen konnte. Dann rief er sämtliche seiner Händler an und bat sie, ihm jeden einzelnen Cabernet zu bringen, der zwischen zehn und dreizehn Euro die Flasche kostete – im Großhandel. Er probierte jeden davon, bis er einen fand, der so schmeckte, als sei er zwanzig Euro das Glas wert. »Wenn das bei keinem der Fall sein sollte, oder wenn es nur einen gibt, der nach siebzehn Euro schmeckt, dann nehme ich siebzehn Euro dafür.«

Sobald ein Wein es auf die Karte geschafft hat, ist es der Job des Sommeliers, ihn zu verkaufen. Dabei ist das blinde Verkosten ebenfalls ganz praktisch, denn dadurch festigen sie ihr Fachvokabular der Deskriptoren – »Grand Marnier«, »kandierte Mandarine« –, die den Gästen eine geschmackliche Vorausschau bieten. Klar klingt das vielleicht ein wenig affektiert, wenn es heißt, der Wein habe »Earl-Grey-Noten, die sich mit Cassis-Noten (alias Schwarzer Johannisbeere) mischen«. Aber das ist nun mal informativer – und unter Umständen auch hilfreicher – als »schmeckt nach Wein«.

Für Sommeliers ist es außerdem entscheidend, zu wissen, welche Weine ähnliche Geschmacksprofile haben, obwohl sie auf unterschiedlichen Kontinenten angebaut oder aus unterschiedlichen Rebsorten hergestellt wurden. Diese Kenntnis wird beim blinden Verkosten verfeinert, sodass sie im Restaurant die teils knifflige Rolle des Kupplers übernehmen können. Was, wenn der Herr an Tisch dreiundzwanzig einen Tempranillo aus Rioja möchte, es aber keinen auf der Karte gibt? Dann könnte der Somm einen Sangiovese aus Italien als würdige Vertretung empfehlen. Das Darreichen von Substituten – Weine, die sich vom Stil her ähnlich sind, nicht aber von der Machart – hält die Speisenden im Idealfall bei Laune. Und das Wissen um Weine, die sich vom Stil, nicht aber vom Preis her ähneln, hält die Restaurantbesitzer bei Laune.

»Ich will dir mal ein Beispiel geben«, meinte Morgan eines Nachmittags nach einer Verkostung zu mir. »An einem deiner Vierertische sitzen Mom und Dad und die Kids. Dad trägt eine um die 50 000 Euro teure Patek Philippe. Sie trägt Schmuck im Wert von etwa 75 000 Euro. Die haben also offensichtlich Geld. Und die sitzen da so an deinem Tisch, und die Frau sagt: ›Ich mag Pinot Grigio.‹ Und du weißt, du hast keinen Pinot Grigio auf deiner Karte, der mehr als achtzig Euro kostet, und du denkst nur: ›Fuck, nein. DEN KRIEGT IHR NICHT. WEITER.‹ Also gehst du zu Dad und sagst: ›Wissen Sie, wir haben lediglich einen Pinot Grigio auf der Karte.‹ Und du verkaufst ihnen am Ende einen zweihundertsiebzig Euro teuren Grand Cru Chablis, weil du musst. Weil du keinen Pinot Grigio dahast, der zu ihrer Zufriedenheit wäre beziehungsweise den du ihnen verkaufen willst. Weil du dein Restaurant, deinen Bereich, sonst um einen Batzen Geld gebracht hättest.«

»Die haben sich ihre Kontoauszüge seit Jahren nicht mehr angeschaut!«, fuhr ein anderer Somm dazwischen.

»Wir müssen also überlegen, welche Substitute wir den Leuten anbieten können, die sie zufrieden stimmen, aber viel mehr kosten«, fasste Morgan zusammen. »Weil solche Geldbeträge für solche Leute gar nichts sind.«

Als Morgan bei der Blindverkostungsrunde an der Reihe war, betrat er den Raum und setzte sich der Jury gegenüber in einen Lederstuhl. Ich hatte schon so viele Male mit ihm zusammen verkostet, dass ich sein Prozedere kannte, das er hier nun wiederholte. Er nahm seine Brille ab, so als ob aus der Schwächung des einen Sinns die Stärkung der anderen hervorgehen würde. Dann bewegte er den Spuckeimer zu seiner linken Hand und stützte sich mit dem Ellbogen auf dem Tisch ab.

Die Uhr lief, sobald er das erste Glas berührt hatte. Wie gewöhnlich fing er mit den Roten an.

»Hier haben wir einen klaren Rotwein von mitteldichter Intensität; dunkelrubinroter Kern und etwas hellerer rubinroter Rand; keine Perlage, keine Sedimente«, fing er an und übernahm dabei eins der drei Synonyme des Courts für die Farbe »Rot« (»Purpurrot«, »Rubinrot«, »Granatrot«).

»Klar« deutete darauf hin, dass der Wein geklärt oder gefiltert wurde. Hierdurch lassen sich Hefe, Bakterien oder andere Partikel entfernen, die einen Wein verderben, trüben oder, wie manche sagen, ihm seinen köstlichen Charakter verleihen können. »Dicht« bezieht sich auf die Farbintensität beziehungsweise Opazität des Weins – wie leicht oder schwer es sich durch das Innere des Glases hindurchsehen lässt – und »rubinrot« auf die Farbe, und beide können Aufschluss über Rebsorte und Alter geben. Opazität und Farbton variieren von Rebsorte zu Rebsorte. Von meinen Verkostungsrunden und manischen Solobemühungen her wusste ich zum Beispiel, dass Syrah und Zinfandel meist purpurrot und dicht sind, Pinot Noir hingegen eher klar und rubinrot mit einem Hauch von Rosa. Der Wein, den Morgan in der Hand hielt, war trüb und eher rotbraun als auberginefarben. Syrah, Merlot, Sangiovese, Cabernet Sauvignon und Tempranillo kamen einem in den Sinn. Rotwein verliert mit zunehmendem Alter an Farbe, wohingegen die Farbtiefe bei Weißwein (»strohgelb«, »goldgelb«, »bernsteinfarben« im Court-Jargon) mit dem Alter zunimmt. Ein Rotwein mit orangefarbener Tönung und blassem, wässrigem Rand ist wahrscheinlich etwas älter. Das Gleiche gilt für einen bernsteinfarbenen Weißwein. (Allerdings – und beim Thema Wein gibt es stets ein »allerdings« – kann der Ausbau in Eichenfässern dem Weißwein ebenfalls einiges an Farbe verleihen.) Morgans Wein hatte einen dunkelrubinroten Kern, der am Rand lediglich ein bisschen heller wurde. Depot war keines zu erkennen, ein Nebenprodukt, das um den zehnten Geburtstag eines Weins herum auftaucht, wenn Säure, Farbpigmente und Gerbstoffmoleküle beginnen, sich zu vereinen und auf dem Flaschenboden abzusetzen. Keine zehn Jahre alt, dachte ich.

Morgan hob den Wein ans Licht.

»Er ist leuchtend klar«, sagte er. Das Raster sah »trüb«, »matt«, »klar«, »kristallklar«, »brillant« vor, wobei »trüb« auf Fehler hindeuten kann und »brillant« auf die Jugend eines Weins.

Er nahm einen Schluck Wein, kaute ihn, um seine Textur zu beurteilen, und rollte den Kelch des Glases die Tischkante entlang, damit seine Innenwände mit Wein bedeckt wurden. Anschließend musterte er das Hinuntergleiten der Schlieren. »Mittlere bis hohe Viskosität.« Viskosität: der Körper beziehungsweise die Zähflüssigkeit eines Weins. Die Tränen waren dickflüssig und langsam. Das deutete auf einen hohen Alkoholgehalt und ein warmes Klima hin.

Zwanzig Sekunden waren vergangen, drei Minuten und vierzig Sekunden hatte er noch.

Morgan steckte die Nase so tief ins Glas, dass ihm der Rand in die Wangen drückte. Dieser erste Riecher war der wichtigste. War die Nase intensiv und unverkennbar fruchtig – Pflaume, Feige, Kirsche, Brombeere –, sprach das für einen Wein der Neuen Welt, also von überallher, nur nicht Europa. Bei verhaltenen, herzhaften Aromen – Dreck, Blätter, Kräuter, sogar Steine – dachte man an die Alte Welt, alias Weine aus Europa.

»Mittlere Intensität von reifem rotem und dunkelrotem Obst,

Pflaume und Zwetschge, ein wenig rote und schwarze Johannisbeere.« Innerlich durchstöberte ich alles, was ich mir je eingeprägt und je gekostet hatte. Könnte das ein Cabernet der Neuen Welt sein oder vielleicht Merlot? Die Verkostungsterminologie des Courts ist derart genormt – und das Profil gewisser Rebsorten derart bekannt –, dass jedes Schlagwort eine Reihe Assoziationen aufruft, die dem geschulten Ohr bestimmte Wege weisen. Wer die Sprache beherrscht, der knackt den Code. Die Nennung von Rose und Litschi ist ein Zeichen dafür, dass es sich um einen Gewürztraminer handelt. Bei Olive, schwarzer Pfeffer und Fleisch bewegt man sich auf Syrah zu. Pflaume? Merlot. Cassis? Cabernet.

Er ratterte noch mehr Aromen herunter – Rose, frisch bestellte Erde, Oregano, Sattelleder. Eher Alte als Neue Welt, befand ich. Entspräche Cabernet oder Merlot aus Frankreich oder Tempranillo, der für den spanischen Rioja verwendet wird.

Sechzig Sekunden um.

»Wir haben hier ein klein wenig Zimt und etwas Vanille … Backgewürzsirup.« Übersetzung: ein in neuen französischen Eichenfässern ausgebauter Wein, der davon die typischen würzigen Vanille- und Karamellnoten bekommt. Das passte zum Weinanbaugebiet Bordeaux, wo Cabernet-Verschnitte gerne in Fässern aus neuer französischer Eiche ausgebaut werden. Passte auch zum spanischen Rioja. Und zum kalifornischen Napa Valley.

»Ich glaube, der Wein hat einen leichten Brettton, so einen leichten, irgendwie animalischen Charakter, Stallgeruch, Erdigkeit.« Dieser Satz schrie nach Bordeaux, dem Brett (Abkürzung für die Brettanomyces-Hefen) gerne ein Pferdeschweißbukett verleiht. Das kann gleichermaßen eine Bereicherung des Aromas wie auch ein Fehlton sein.

Zwei Minuten vorbei. Er ackerte sich durch die Worte mit leiser Stimme, völlig monoton, während er die ganze Zeit über aufs Weinglas starrte.

Morgan nahm einen großen Schluck, schlürfte und spuckte ihn in einem dünnen, durchgängigen Strahl wieder aus.

Der Gaumen. Bei ihm geht es um Geschmackseindrücke (»Lorbeerblatt«, »Asche«) und, als ultimativ objektiver Nachweis, die Struktur (Säure, Süße, Alkohol, Gerbstoffe, Körper). Jetzt hatte Morgan bestimmt schon einen Verdacht, was er da vor sich hatte, und die Struktur würde nun manche Vermutungen in den Wind schlagen und anderen noch mehr Gewicht verleihen.

»Er zeigt auch gegrillte rote Paprika und gegrillte Tomate, woraus ich schließe, dass dieser Wein Pyrazine enthält.« Dieses Wort. Pyrazine. Das sind chemische Verbindungen, die in grüner Paprika, Erbse, Sauvignon Blanc und – dreimal dürfen Sie raten – sowohl in der Tempranillo- als auch der Cabernet-Sauvignon-Traube vorkommen.

Dreieinhalb Minuten vorbei. Noch dreißig Sekunden.

Der Wein war trocken (nicht süß). Mittlerer bis hoher Gerbstoffgehalt. Mittlere bis hohe Säure sowie mittlerer bis hoher Alkoholgehalt. Eine dominante Säure lässt darauf schließen, dass die Trauben in einer kühleren Klimazone angebaut wurden, ein kräftiger Alkoholgehalt auf warmes Wetter. Er musste also aus einer warmen, aber nicht *zu* warmen Gegend stammen. Das sprach eher für Europa als für Kalifornien.

Er nahm noch einen Schluck. Noch fünf Sekunden.

Aus Erfahrung wusste ich, dass Morgan im Geist noch einmal durch alles Gesagte raste. Die Lebendigkeit des Rubinrots plus das Funkeln, die Fruchtigkeit und der etwas höhere Gerbstoffgehalt deuteten auf einen relativ jungen Wein hin. Tomate, Leder und sogar die neue französische Eiche könnten zum spanischen Tempranillo passen. Doch die vielschichtigen Aromen, diese Mischung aus Pflaume (Tipp: Merlot), Cassis (Tipp: Cabernet) und Pyrazine (Tipp: *o ja,* Cabernet) verwiesen auf eine Cuvée aus mindestens zwei Rebsorten. Die Winzer des rechten Bordeauxufers verschneiden ihren Cabernet Sauvignon (als Hauptbestandteil) mit Merlot (geringerer Bestandteil) und einigen anderen Rebsorten (noch geringerer Bestandteil). Die Winzer des *linken* Bordeauxufers verschneiden Merlot (Hauptbestandteil) mit Cabernet Sauvignon (geringerer Bestandteil) und einigen anderen Rebsorten (noch geringerer Bestandteil).

Linkes Ufer, vermutete ich. Mit Brett und Eiche, das musste einfach Bordeaux sein.

Morgan tat seine endgültige Meinung kund: »Das ist eine Merlot-dominierte Komposition aus der Gemeinde Saint-Émilion am linken Bordeauxufer; Jahrgang 2010; Qualitätsstufe Grand Cru Classé.«

Ein Wein geschafft, fehlten noch fünf.

Als er fertig war mit seinem Flight, eilte Morgan in die Lobby und schloss sich einer Schar Sommeliers an, die sich gerade darüber austauschten, wie sie jeden Wein genannt hatten. Alle sahen sie geschlagen aus.

»Für mich war das ein 2006er Saint-Émilion«, sagte Mia über Wein Nummer vier, also den, den Morgan zuerst probiert hatte.

»Für mich waren die Sekundäraromen kräftiger als beim Merlot«, meinte Jackson. »Ich war *absolut* beim Saint-Émilion, und kaum hatte ich ihn am Gaumen, keine Ahnung, warum, haben mich die Tannine auf einmal *total* erwischt. Viel volleres Mundgefühl. Aber abgesehen davon war ich absolut bei dir mit dem Saint-Émilion. Die ganze Zeit.«

»Na, wie steht's, du Granate?«, sagte Morgan und haute Jackson auf den Rücken.

»Der dritte war für mich neuseeländischer Sauvignon Blanc«, fuhr Jackson fort, indem er Morgan ignorierte und einem anderen Typen auf die Schulter klopfte. »Hey, wie hast du den Sauvignon Blanc genannt?«

»Sancerre«, antwortete der Typ.

Jackson wurde blass. »Für dich war das *Sancerre?*« Er schüttelte den Kopf. »O Mann, keine Ahnung.« Er dachte nach. Das

Selbstvertrauen verließ ihn. »Das ist die schräge Hefe, die die verwenden. Das gibt ihm den Guaven …« Er seufzte. »Könnte echt Sancerre gewesen sein.«

»Ich hab Sonomaküste gesagt«, warf Morgan ein. »Ich hatte gerade die letzten drei Loire-Jahrgänge vor Augen. Ich dachte so: ›Der ist jung, der ist von diesem Jahr, und diese reine Frucht passt nicht zur Loire.‹ Alle 2013er haben ein Edelfäulebukett!«

»Jaa, wer, verdammt, hat eigentlich entschieden, dass Sauvignon Blanc mit Edelfäule gemacht werden muss?«, wollte Jackson wissen und klang persönlich verletzt.

Es überraschte mich, dass sie so unterschiedliche Vermutungen hatten – Frankreich, Neuseeland, USA. »Was war das Schwierigste an diesem Flight?«

»Das Schwierigste bist immer du selbst«, sagte Jon, der *EMP*-Sommelier aus meiner Verkostungsgruppe.

»Dein Hirn ist im Angstmodus«, stimmte Morgan ihm zu. *»Ich-brauch-eine-Antwort-Ich-brauch-eine-Antwort-Ich-brauch-eine-Antwort.«*

»Wie beim Wein Nummer eins«, sagte Jon. »Ich dachte so: ›Oh, der hat ziemlich viel Eiche und Malo und einen hohen Alkoholgehalt und ist nicht besonders mineralisch.‹ Also hab ich instinktiv Cali Chard gesagt und mit dem nächsten weitergemacht. Wenn mein Geist aber total offen und deduktiv unterwegs gewesen wäre, hätte ich gedacht: ›Na ja, da sind auch süße, zitrusartige Noten, bittere, bananige …«

Er schweifte ab. »Ich fühlte mich auf einmal – nicht frustriert, sondern … ängstlich.«

»Und genau da fängt es an, ums Mentale zu gehen«, meinte Morgan. Er nippte an einem Glas Wasser, das er sich aus einem Krug mit Erdbeerscheiben und Eiswasser eingegossen hatte. Morgans Gesicht nahm kurz einen überraschten Ausdruck an, und er neigte den Kopf, um zu verarbeiten, was da gerade in seinem Mund gewesen war. Er schluckte und lächelte, als ob er ein Rätsel gelöst hätte. »Das schmeckt wie Erdbeerwasser.«

Der Blindverkostungsteil von TopSomm wich den letzten beiden Wettbewerbsdisziplinen. Während der Theorie wussten sich meine Jurykollegen zu benehmen. Wir saßen alle um einen Tisch herum und bombardierten die Sommeliers mit Fragen, die von den Veranstaltungsorganisatoren vorher festgelegt worden waren. Wir taten so, als seien wir unglückselige Juniorsommeliers, die wählerische Gäste zufriedenstellen müssten. »Meine Gäste können sich nicht entscheiden, ob sie den jungen Grünen Veltliner Smaragd von Hirtzberger, Prager oder Veyder-Malberg nehmen sollen. Welcher hat wohl das intensivste Edelfäulebukett?« (Antwort: der Wein von Hirtzberger.) Oder: »Einer der Gäste möchte gerne einen alten Calvados, aber einen, der birnenbetont ist. Was kann ich ihm vorschlagen?« (Antwort: Calvados aus der Domaine Lemorton in Domfrontais.) Und: »Eine Dame am Tresen möchte gern Näheres über unsere Auswahl an Absinth wissen … Seit wann ist er wieder legal? Wie hoch ist der typische Alkoholgehalt? (Antworten: In den meisten europäischen Staaten seit 1998, in den USA seit 2007; zwischen fünfzig und siebzig Prozent.) *Sag ihr, sie soll mit der Fragerei aufhören und lieber den verdammten Cocktail genießen,* das wäre meine Antwort gewesen. Die Kandidaten aber standen souverän Rede und Antwort dort vorne im Zimmer.

Auf den Serviceteil freute sich die Jury am meisten. Dafür gab es keinerlei Vorschriften. Zeit für hemmungslose Schikane nach Sommeliermanier. Den älteren Meistersommeliers bereitete das Quälen ihrer jüngeren Kollegen ein besonderes Vergnügen.

»Hast du auch brav deine Männerpillen genommen?«, bellte Fred, als er Dana sah, und schlug ihm auf den Rücken. Dana lächelte schwach.

Er und die anderen Kandidaten warteten draußen, während wir Jurymitglieder unsere Anweisungen erhielten.

»Verhalten Sie sich ruhig wie ein Arschloch«, instruierte uns einer der Meistersommeliers.

»Wenn ich mich auf den Boden lege und so tue, als würde ich ersticken, wisst ihr, dass ihr wirklich mies gewesen seid«, dröhnte Fred. »Bei einem Typen hab ich mir mal in der Nase gepopelt, als er den Gästen etwas am Empfehlen war. Ich so« – er stellte pantomimisch dar, wie er mit dem Finger in seinem rechten Nasenloch herumfuhrwerkte – »und er so: ›Aaaiiaaaii-aaaiiii.‹«

Das hier war das ultimative Rollenspiel für alle, die schon einmal im Servicebereich gearbeitet haben: Jetzt waren wir mal an der Reihe, uns unterirdisch zu benehmen. An einem der Tische wurde Geburtstag gefeiert, und der Gastgeber, der vor seinem Sohn nicht als Geizkragen dastehen wollte, würde den Sommelier unterbrechen und ihm mitteilen, dass er eine Flasche Champagner zu ordern wünsche – aber *machen Sie mich um Himmels willen nicht arm, bringen Sie uns irgendeinen unter hundert Kröten.* Das war Freds Textzeile. Ein Paar an einem anderen Tisch brauchte Tipps für die Kombination von Wein und Essen sowie Château-Empfehlungen für ihren bevorstehenden Urlaub im Loiretal. Sie würden versuchen, dem Sommelier so viel Zeit zu stehlen, dass es ihm innerhalb der vorgegebenen fünfzehn Minuten kaum möglich wäre, an den Tisch mit dem Champagner zurückzukehren und ihn dort zu öffnen. Ich selbst saß an einem Tisch mit wissbegierigen Geschichtsfreaks, die ein Glas Madeira für alle und danach eine Flasche Rotwein bestellten, die dekantiert werden musste, während sie den Sommelier mit Fragen bestürmten.

Morgan trat ins Zimmer, sah Fred vor sich sitzen und machte sofort einen Schlenker, um sich dem Pärchen am anderen Tisch zuzuwenden. Jessica, eines der beiden Jurymitglieder an diesem Tisch, hatte Fragen bezüglich der Verkostungsrunde von drei Loire-Rotweinen à dreizehn Euro. In der Karte stand, sie seien aus unterschiedlichen Rebsorten gekeltert und stammten aus unterschiedlichen Appellationen; aus welchen genau? Morgans Aufgabe war es nun, drei Weine zu nennen – Winzer und Jahrgang –, die in Weinbaugebiet und Rebsorte nicht übereinstimmten und die seinem imaginären Restaurant bei einem Verkaufspreis von dreizehn Euro einen Gewinn einbrachten. Fred verschränkte die Arme und blickte Morgan aus der Ecke finster an. Er wurde unruhig. Jessica wollte außerdem wissen, was sie denn zu ihrem Huhn trinken könne. Und welche hübschen Schlösser sie sich anschauen könne, wenn sie an der Loire war. Oh, und vielleicht würde sie doch lieber einen Weißwein nehmen – welchen könnte Morgan ihr denn da empfehlen? Seine Stimme stieg plötzlich um eine Oktave, während er die Fragen beantwortete und Fred dabei aus den Augenwinkeln rot anlaufen sah. »So! Großartig! Ja! Großartig!«, zwitscherte er und versuchte verzweifelt, sich loszueisen, um endlich Fred bedienen zu können, der just in diesem Augenblick den unechten Oberkellner herbeiwinkte, um sich zu beschweren.

Das Stirnrunzeln der Jury machte deutlich, wo Morgan es vergeigte. Als er dem Meistersommelier an meinem Tisch einen Schluck Madeira zum Probieren einschenkte, landete ein Spritzer Wein auf dem Rand seines Glases. Der gesamte Tisch verstummte, und keiner einschließlich Morgan wagte zu atmen, als wir den dicken, fetten Tropfen wie in Zeitlupe über den Rand, an der Außenwand des Glases entlang und den Stiel hinunter bis zum Fuß rollen sahen. Wie eine Kackwurst auf einem Hochzeitskleid. Der Meistersommelier hielt den Tropfen demonstrativ mit dem Finger auf, als er gerade auf das Tischtuch laufen wollte. »Gerettet«, verkündete er, obwohl offensichtlich schon alles gelaufen war.

Als Morgan den Serviceteil beendet hatte und die nächste Gruppe Kandidaten hereinschneite, ahnte ich, dass mir die vergangenen paar Minuten als Richterin für immer die Unschuld als Restaurantgast geraubt hatten. Sie hatten das einfache, naive Vergnügen beim Essengehen ruiniert, indem sie die komplette Bandbreite der Sommelier- und Kellnerversäumnisse offengelegt haben. Eine Stunde vorher hatte ich noch nicht gewusst, dass es ein Affront ist, wenn der Sommelier mir den Rücken seiner Hand und nicht das Etikett des Weins beim Einschenken präsentiert. Aber jetzt: *Wie kann er nur!* Ziel des Service ist es nicht, einfach das Glas voll zu bekommen. Ganz und gar nicht. Das ist lediglich das große Finale, das mit einer ausgeklügelten Abfolge von Schritten choreografiert wurde, um auf den ultimativen Genussmoment hinzuarbeiten und diesen zu verstärken: den Schluck.

Die Meistersommeliers erklärten mir, was alles tabu war, und das würde ich bei meiner eigenen Prüfung auch wissen müssen.

Nicht vorlehnen. Nicht lässig herumstehen. Nicht steif aussehen. Nicht die Arme verschränken und nicht auf irgendetwas deuten. Nicht über die Preise reden, und nicht den eigenen Namen verraten (Was soll das hier, Heinze?). Nicht den Tisch berühren, nicht das eigene Gesicht, nicht das eigene Haar und unter *gar* keinen Umständen den Gast. Nicht vergessen, die Gläser zu polieren. Nichts außer den Stiel berühren. Und währenddessen nicht mit der Serviette die eigene Kleidung berühren. Nicht die Gläser zum Klirren bringen. Nicht die Hände zittern lassen. Nicht einmal daran *denken,* den Daumen vom Champagnerkorken zu nehmen, bevor die Flasche komplett offen ist. (Die Gäste sollen doch das Abendessen überleben, oder etwa nicht?)

Nicht den Eiskübel auf den Tisch stellen. Nicht vergessen, den Korken zu präsentieren. (Sie haben an die zwei Untersetzer gedacht? Einen für die Flasche, einen für den Korken?)

Nicht den Männern vor den Frauen einschenken, nicht dem Gastgeber vor seinen Gästen, nicht einem Gast mehr einschenken. Und gnade Ihnen Gott, wenn irgendetwas tröpfelt. Nicht die Gläser anheben beim Einschenken, und nicht mehr als zweimal pro Glas ansetzen. Nicht die Flasche gleich bei der ersten Runde leeren. Nicht vergessen, den Flaschenmund vor und nach dem Ausgießen abzuwischen. Niemals das Etikett mit der Hand verdecken. Nicht unsicher aussehen. Nicht hibbelig sein.

Nicht von links einschenken. Nicht gegen den Uhrzeigersinn gehen. Niemals fluchen. Nicht den Gast den Jahrgang erraten lassen. Nicht übereifrig sein. Nicht so ernst dreinschauen – Sie sind schließlich kein Bestattungsunternehmer, oder? Nicht so schüchtern. Nicht »äh« sagen. Und seien Sie um Himmels willen nicht so nervös, das soll doch Spaß machen.

Wenn man das einmal verinnerlicht hat, mögen einem die mechanischen Abläufe des Servierens wenn nicht einfach, dann zumindest machbar erscheinen. Was das Ganze aber zu einer Herausforderung macht, sind die Dinge, die man währenddessen auch noch tun muss: Empfehlungen geben, Wein aus dem Keller holen, Bestellungen ins System eingeben, registrieren, wer gerade Platz genommen hat, der Dame, deren Steak gerade eingetroffen ist, Wein anbieten und währenddessen jeden einzelnen Gast Glauben machen, man habe alle Zeit der Welt, um all seine Wünsche zu erfüllen. Mühelos soll man dabei aussehen. »Elegant«, hieß es immer wieder. »Graziös.« »Absolut weich und locker, absolut elegant.« Haltung, das Beben der Stimme, ins Stocken geraten, die fließenden Bewegungen beim Weinöffnen – all das spielt eine Rolle.

»Wir verwenden gerne das Bild eines Schwans. An der Oberfläche sehen wir ruhig und geschmeidig aus, aber untendrunter strampeln wir uns einen ab«, meinte Jon in einer Pause zu mir. »Es muss perfekt sein.«

»Was, wenn man mal nicht so gut drauf ist?«, wollte ich wissen.

»Nicht gut drauf sein gibt's nicht.«

Während die Jury die Punkte zusammenzählte, traten die Sommeliers weg von den Tischen und stellten sich mit der Nase zur Wand. Das sollte sie wohl entweder davon abhalten, auf die Bewertungsbögen zu linsen, oder sie schikanieren – oder beides. Mit ihrem feinen Zwirn und der Nase an der Tapete sahen sie aus wie freche kleine CEOs, die zur Strafe dort hingestellt worden waren.

Morgan wurden für das Tröpfeln Punkte abgezogen, aber auch dafür, dass er »ein wenig kribbelig« war und einen »irgendwie nervös machte«. Den anderen wurde angelastet, dass sie einmal das Abwischen vergaßen, das Gläserpolieren unterließen, unbeholfen herumstanden, ihre Nervosität zeigten oder zu freundlich waren. »Er ging viel zu vertraulich mit den Gästen um«, sagte einer der Richter naserümpfend.

Die Preisverleihung fand in einem italienischen Restaurant statt, wo uns ein Mann bediente, der einem Meistersommelier in Sachen Mozzarella entspräche. Er nannte sich selbst den Mozz Guy, und er ließ warme Käsebälle aus Bruchkuchen von zwölf verschiedenen Bauernhöfen in die ausgestreckten Hände der Sommeliers fallen. Sie standen etwas oberhalb von ihm und schauten zu, wie er den Käse zu kleinen weißen Büscheln massierte. Das nannte er seine »kleine Hammelherde«. Den Mozzarella kosteten sie warm, mit Salz und Olivenöl. Es wurde vom Terroir des Käses gemunkelt und den verschiedenen Gräsern, die die Kühe gegessen haben könnten.

Morgan hatte nicht gewonnen.

Die Theoriefragen hatte er wie üblich mit Bravour gemeistert. Aber das Tröpfchen im Serviceteil und die Blindverkostung hatten ihn den Sieg gekostet. Den Wein, den er einen Saint-Émilion vom rechten Bordeauxufer genannt hatte, war in Wirklichkeit ein Médoc vom linken Bordeauxufer gewesen. Er hatte ihn also um etwa achtunddreißig Kilometer Luftlinie verfehlt.

# 4 DER GRIPS

An dieser Stelle sollte ich besser einen Schritt zurück machen und ein paar Worte über meine körperliche Verfassung zum damaligen Zeitpunkt verlieren. Ich war die meiste Zeit betrunken. Ich war pro Woche bei drei, manchmal auch vier Verkostungsgruppen, was mir pro Tag im Durchschnitt ganze sechs nüchterne Stunden bescherte. Wenn ich nicht am Verkosten war, dann war ich am Riechen – unter der Dusche versuchte ich, die Shampoodüfte zu erschnuppern – oder am Erstellen von Lernhilfen zu Weinanbaugebieten. Hauptsächlich aber war ich am Verkosten. Ich hatte andauernd Kopfschmerzen und machte mir allmählich Sorgen, was ich da eigentlich meinem Körper antat. »Das ist ganz schön heftig für deine Haut, oder?«, meinte eine Freundin und verweilte mit ihrem Blick auf dem verquollenen Bereich um meine Augen. Mein Zahnarzt hielt mir eine Strafpredigt über die Risiken der Weinsäure, während er an meinen Backenzähnen herumstocherte. Es schaudert mich bei dem Gedanken, was nach einem besonders peinlichen Gespräch beim Arzt wohl in meine Krankenakte eingetragen worden war:

Arzthelferin: Trinken Sie momentan Alkohol?

*Ich: Äh, ja, ich bilde mich gerade zur Sommelière weiter, also trinke ich momentan Alkohol, ja. Ich meine, natürlich nicht jetzt gerade. Aber ich trinke Alkohol. Ich habe aber kein Alkoholproblem. Aber das sagen wohl alle Alkoholiker, nehme ich an. Aber ich denke nicht, dass ich eine Alkoholikerin bin.*

Arzthelferin: *(schweigt)*

Matt machte sich zunehmend Sorgen wegen meiner »Hilfe, bin verkatert«-Textnachrichten, die ich ihm um zwei Uhr nachmittags schickte, während er auf der Arbeit war und ich mit roten Zähnen durch irgendeine U-Bahn-Station stolperte.

Da ich meiner Leber wohl wirklich einiges zumutete, wollte ich wenigstens wissen, ob mir dieses Training tatsächlich zu einem schmackhafteren Leben verhalf. Ich habe die Sommeliers beim Wort genommen, als sie mir versicherten, ich könne meine Sinne schärfen, indem ich die über Generationen von Profitrinkern hinweg weitergegebenen Methoden anwendete. Andererseits waren das Menschen, die noch immer an die längst widerlegte »Karte« mit den Geschmackszonen der Zunge glaubten, wonach wir ganz vorne süß schmecken, vorne an den Seiten salzig und hinten an den Seiten sauer und ganz hinten bitter. Ließen sich der Geruchs- und Geschmackssinn überhaupt verfeinern? Oder wurde ich einfach nur zu einer guten Dummschwätzerin? Wies mir die Wissenschaft einen besseren Weg? Meine Mentoren aus der Weinbranche hatten über die Jahre hinweg Tausende von Flaschen konsumiert, wobei sich ihr System eher an Sitte und Gewohnheit als an der Wissenschaft orientierte. Bei meinem begrenzten Zeithorizont würde ich diese Erfahrung niemals wettmachen können. Und ich fragte mich langsam: Würden mich Neurowissenschaftler, sowohl Professoren als auch Mediziner, nicht vielleicht sogar schneller schulen können?

Morgan hatte geschworen, dass das, was er und seine Sommelierkollegen beim blinden Verkosten taten, weder Zauberei noch Glück bei der Genlotterie war. »Ich bin kein Hexenmeister«, verkündete er, als wir uns das erste Mal trafen. Dennoch hatten andere Sommeliers von einer scheinbar angeborenen

Fähigkeit bei der Unterscheidung feinster Geschmacksnuancen gesprochen, und so bekam ich langsam Angst, dass das alles nur vergebliche Liebesmüh war. Craig Sindelar, der Sommelier vom *Alinea* in Chicago, erzählte mir von einem Spiel, das er früher mit seiner Mutter gespielt hat: Sie versteckte gerne in der Küche einen Keks, und er musste diesen allein mit seiner feinen Nase finden. Als ich im selben Alter war, aß ich gerne Hundekekse, weil sie mir wie ein absolut akzeptabler Ersatz für Müsliriegel erschienen.

Meine Sorgen waren nicht ganz unberechtigt. Untersuchungen haben ergeben, dass unser Erbgut unsere Geruchs- und Geschmacksempfindlichkeit durchaus beeinflusst. Manche registrieren den Gestank von beispielsweise Blauschimmelkäse oder Malz erst in sehr hoher Konzentration. Bei anderen genügt schon eine geringe Dosis, und sie rümpfen die Nase. Dieser Unterschied lässt sich auf unsere DNA zurückführen. Jeder Mensch hat eine angeborene Empfindsamkeit gegenüber einer einmaligen Kombination aus Gerüchen, die er gut oder nicht gut riechen kann. Jemand, der ultraempfindlich gegenüber Gorgonzola ist, kann somit geruchsblind gegenüber Veilchen und lediglich durchschnittlich empfindlich gegenüber Rosenduft sein.

Und dann gibt es die »Superschmecker«, denen ein Gaumen à la Prinzessin auf der Erbse in die Wiege gelegt wurde. Etwa ein Viertel der Bevölkerung verfügt über eine überdurchschnittlich hohe Konzentration von Geschmacksrezeptoren auf der Zunge, wodurch die Betroffenen feinere Geschmacksreize wahrnehmen können. Diese Superschmecker können winzige Geschmacksunterschiede ausmachen und reagieren empfindlicher auf intensive Geschmäcker, weshalb Zuckerguss manchmal ekelerregend süß und Kaffee oder Grünkohl womöglich unerträglich bitter für sie ist. Sie »leben in einer Neonessenswelt im Vergleich zu einer Pastellessenswelt«, meint Linda Bartoshuk von der University of Florida, die 1991 den Begriff

»supertaster« (Superschmecker) geprägt hat. (Weitere fünfundzwanzig Prozent der Menschen sind die von der Wissenschaft lieblos »Nichtschmecker« genannten, und die übrigen fünfzig Prozent »Normalschmecker«, die mit ein paar Rezeptoren mehr gesegnet sind.) Untersuchungen deuten darauf hin, dass Superschmecker bei den Feinschmeckern, Weinprofis und Küchenchefs besonders häufig vertreten sind. Meiner persönlichen Erfahrung nach neigen die Superschmecker dazu, sich groß aufzuspielen. Mit einem Testkit, das als Rücksendeadresse irgendeine seltsam ungenaue Anschrift über einem Schusterladen hatte, legte ich mir einen Streifen chemisch präparierten Papiers auf die Zunge und fand heraus, dass ich Normalschmeckerin bin. Matt? Superschmeckerstreber. »Ich würde dir ja gerne etwas von meinem Scotch anbieten«, sagte er und wirbelte mit der Flasche vor meinem Gesicht herum. »Aber das wäre, als würde man eine Blinde in den Louvre mitnehmen.«

Doch obgleich die Labore eine Verbindung zwischen unserer DNA und unseren Sinnen ausbaldowert haben, sind wir nicht einfach Gefangene unserer Gene. Professor Dr. med. Thomas Hummel, der das interdisziplinäre Zentrum »Riechen und Schmecken« am Universitätsklinikum Dresden leitet, erforscht Trainingsmethoden für die chemischen Sinne Geruch und Geschmack (chemisch deshalb, weil diese Sinne durch chemische Substanzen in Nahrung, Flüssigkeit und Luft angesprochen werden). Sein Labor – einem Kollegen an der Universität von Stockholm zufolge *das* Forschungszentrum für Geruch und Geschmack in Europa – hat (wenigstens in manchen Kreisen) Berühmtheit dafür erlangt, diese scheinbar unmessbaren Sinne zu messen und sich in einer Disziplin für sie einzusetzen, die sie lange Zeit abgelehnt hat. Er hat das olfaktorische Äquivalent eines Augentests entwickelt, das inzwischen auf der ganzen Welt zur Diagnose und Bemessung von Riechstörungen eingesetzt wird. Und seit Kurzem leitet er Untersuchungen darüber, ob wir unseren Geruchssinn durch Üben verbessern können.

Als ich zum ersten Mal mit Herrn Hummel am Telefon sprach, bot er an, mir eine Kamera in die Nase einzuführen. Er war mir auf Anhieb sympathisch. Herr Hummel erzählte mir, dass er seine neuesten Forschungsergebnisse auf der jährlichen Konferenz »Human Chemosensation« an der Dresdner Universität präsentieren würde. Neurowissenschaftler, Ärzte, Psychologen, Geschmackschemiker und Parfümeure von überallher würden uns ebenfalls an ihren neuesten Forschungsergebnissen teilhaben lassen. Er schlug vor, ich solle kommen. Da war ich schon dabei, nach Flügen zu schauen.

2004 ging der Nobelpreis für Medizin an zwei Biologen der University of Columbia, die herausgefunden hatten, wie das olfaktorische System funktioniert. Vor ihrer Forschungstätigkeit war der Geruchssinn »der rätselhafteste Sinn des Menschen« gewesen, hieß es in der Ansprache. Und in diesem Fall war der Mangel an Verständnis dem Mangel an Versuchen geschuldet: Der Preis gab der Olfaktion einen enormen Aufschwung, die über Jahrzehnte hinweg nur mittelmäßig respektiert, finanziell gefördert und beachtet worden war, besonders im Vergleich zu Sehvermögen, Gehör und Tastsinn. (Platons Vermächtnis, ohne Zweifel.) Unter Wissenschaftlern galt das Erforschen von Geruch (und Geschmack) lange Zeit als etwas, das man nur tat, »wenn man nichts Besseres zu tun hatte«, meinte der Neurowissenschaftler Johan Lundström vom Monell Chemical Senses Center in Philadelphia. »Das ist wie mit deiner allerersten Freundin: ›Ganz oh-*keeee*, aber heiraten will ich eine richtig tolle Frau.‹«

Auf dem Flug nach Deutschland schaute ich mir ein paar Publikationen der Leute an, die auf Hummels Konferenz einen Vortrag halten würden. Ich war voller Bewunderung für die Hingabe, die wohl erforderlich gewesen sein musste, um den Gruppendruck zu ignorieren und bei den chemischen Sinnen zu bleiben. Als ich mich allerdings in ihre Arbeiten vertiefte, beschlich mich das Gefühl, dass es auch eine gehörige Portion Wahnwitz brauchte. Ihre bisherigen Forschungen beinhalteten: Wie beurteilen Versuchspersonen den Atem von Männern im Vergleich zum Atem von Frauen im Rahmen einer fünftägigen Versuchsanordnung ohne Mundhygiene; Veränderungen im Empfinden menschlicher Vaginalgerüche während des weiblichen Menstruationszyklus; welche Uringerüche werden von »sexuell erfahrenen« Ratten im Vergleich zu jungfräulichen Ratten bevorzugt. Am nächsten Tag erzählte mir eine fröhliche promovierte Forscherin in der Warteschlange für Croissants von ihren derzeitigen Untersuchungen. Sie nahm Stichproben von »Aggressionsschweiß« und »Angstschweiß«, indem sie ihren Probanden einen Abstrich unter den Achselhöhlen entnahm, nachdem sie mit einer absichtlich unlösbaren Aufgabe konfrontiert oder vor einen tiefen Abgrund gestellt worden waren. Sie wollte wissen, wieso ich nicht selbst meinen Doktor machte, woraufhin ich ihr sagte, dass sie die Frage gerade selbst beantwortet hatte.

Wir ließen uns auf den Stühlen nieder, und Hummel hieß uns willkommen. Er war ein rundlicher Mann, robust wie ein VW Käfer und mit einem gewaltigen weißen Schnurrbart bestückt. Wir sollten uns einander vorstellen, und irgendwie kam es mir vor, als wäre ich in eine Selbsthilfegruppe für Wissenschaftssonderlinge hineingeraten. »In der echten Welt da draußen interessiert sich kaum jemand für den Geruchssinn. Das habe ich schon so manches Mal erlebt«, sagte Hummel. Mitfühlendes Nicken. Dann hielt er den ersten Vortrag, eine kaum verhohlene Verteidigungsrede für seinen Fachbereich.

Noch vor der Mittagspause wurde klar, dass es einen ganz grundlegenden Schritt gibt, mit dem die meisten von uns – die Allgemeinheit außerhalb der Chemosensorik – ihren Geruchs- und Geschmackssinn verbessern können: Lernen, die beiden zu unterscheiden. Geschmack, das heißt unser Gesamteindruck zu

Essen und Trinken, setzt sich zusammen aus Geschmäckern, Gerüchen, Berührungsempfindungen und anderen Reizen. Dennoch neigen wir dazu, jedes Gefühl in unserem Mund dem Geschmack zuzuschreiben. Wir sagen, etwas »schmeckt« gut, wenn wir eigentlich meinen, dass es »Aroma hat«. (Zutreffender wäre es also, die Blindverkostung »Blindaromatest« zu nennen.) Kurzum, viele von uns sind verwirrt darüber, wie sich der Geschmack tatsächlich anfühlt und wie er sich vom Geruch unterscheiden lässt. Eine Studie, die von einem der Konferenzteilnehmer am Smell and Taste Center der University of Pennsylvania durchgeführt wurde, hat ergeben: Die Wahrscheinlichkeit, dass bei Patienten, die sich über einen Verlust ihres Geschmackssinns beklagt haben, eine Riechstörung vorliegt, ist drei Mal wahrscheinlicher als eine Geschmacksstörung. Stellen Sie sich vor, Sie gingen zum Augenarzt, weil Sie die Straßenschilder nicht mehr richtig lesen können, und dort würde Ihnen gesagt, dass das Problem mit Ihrem Gehör zu tun hat. Es erscheint völlig unrealistisch, die anderen Sinne auf so elementare Art und Weise zu verwechseln. Als ich eine von Hummels Kolleginnen fragte, was die Allgemeinheit in puncto Riechen und Schmecken am häufigsten missverstehe, kam die Antwort wie aus der Pistole geschossen: »Die Leute können nicht zwischen Riechen und Schmecken unterscheiden.«

Wenn es nicht gerade anderweitig in Verwendung ist, steckt Martin Witt sein Gehirn in einen gelben Plastikeimer im Keller eines Dresdener Universitätsgebäudes. Ich machte ihn und den Eimer in einem Hörsaal voller menschlicher Überreste ausfindig. Ein paar Skelette bewachten einen Wust aus Becken und Schädeln in Tupperdosen. In Formaldehyd eingelegte Fötusse lugten aus den Bücherregalen hervor.

Es mag an seiner Gesellschaft gelegen haben, jedenfalls sah der zwischen fünfzig und sechzig Jahre alte Anatomieprofessor selbst ein wenig wie ein Skelett aus: nichts als Haut und Knochen, fahle Haut und ein strahlend weißes Grinsen. Er hatte mehrere Präparate inklusive eines Gehirns von der Universität Rostock mitgebracht und erzählte mir mit großem Vergnügen von seinen Reisen mit dem ungewöhnlichen Transportgut. »Ich weiß noch, wie ich einmal mit sechs Fötussen von Deutschland nach Polen und zurück gefahren bin …«, berichtete er beiläufig. Und er besaß in etwa den Charme eines Chirurgen. (»Wir haben den armen Kerl seziert. Schwierige Angelegenheit, dazu brauchten wir eine Motorsäge sowie ein riesiges Repertoire an Witzen über Tote.«) (»So haben Sie Ihre Nachbarn noch nie gesehen – dazu müssen Sie tief graben!«) Außerdem hegt er einen rätselhaften Groll gegen Delfine. (»Sie kommen einem so nett und so sozial vor, aber in Wahrheit sind sie nur auf den eigenen Vorteil bedacht. Sie haben die Mentalität eines Investmentbankers.«)

Witt war eingeladen worden, auf der Konferenz einen Vortrag zu halten, die zufällig mit einem Besuch einer Gruppe Psychologiestudenten in Hummels Forschungszentrum zusammenfiel. Hummels bat Witt, den Nachwuchswissenschaftlern ein bisschen was zu erzählen, und ich schloss mich ihrer Exkursion an, damit ich Witts Einführung in die Vorgänge im menschlichen Gehirn beiwohnen konnte – wie Neuronen und Nerven und Gehirn zusammenhängen und wo die eine Sinneswahrnehmung endet und die andere beginnt. Um Riechen und Schmecken wirklich zu begreifen, musste ich mich den ganz grundlegenden Vorgängen dieser Sinne widmen.

Witt griff in seinen gelben Eimer und holte einen Kopf hervor, der von der Krone durch Nase, Lippen, Kinn vertikal durchgeschnitten worden war. »Sie dürfen ihn gerne anfassen«, bot er an. »Nehmen Sie ihn auch mal in die Hand, wenn Sie mögen.«

Nach einer kleinen Tour durch die wichtigsten anatomischen Orientierungspunkte knöpfte er sich die Welt des Geschmacks vor. Die Erhebungen auf der Zungenoberfläche enthalten jeweils eine große Ansammlung Geschmacksknospen, zusammen genommen zwischen zweitausend und zehntausend Stück. Wenn Wein oder irgendetwas anderes mit unserer Zunge in Kontakt kommt, löst der Speichel die Geschmackssubstanzen, die in die kleinen Poren auf der Zungenoberfläche eindringen und sich mit den Geschmackssinneszellen an der Spitze jeder Geschmacksknospe verbinden. Dadurch wird eine Nervenzelle getriggert, welche ein Signal – süß! salzig! sauer! – an das Gehirn sendet.

Um Ihnen vor Augen zu führen, wie sehr unsere Zungen und Nasen in der Vergangenheit fehlinterpretiert wurden, erzähle ich Ihnen Folgendes: Es hat beinahe ein ganzes Jahrhundert gedauert (bis in die Siebzigerjahre ungefähr), bis klar war, dass der Zungenatlas Humbug ist und auf der Fehlübersetzung eines deutschen Studenten in seiner Doktorarbeit des Jahres 1901 beruht. Im Gegensatz zur Lehre vom Zungenatlas sprechen sämtliche Bereiche der Zunge auf jede der fünf Geschmacksrichtungen an. (Untersuchungen legen nahe, dass der vordere Zungenbereich lediglich ein winziges bisschen empfindsamer auf Süßes und Salziges reagiert, wohingegen das Gaumensegel – der hintere Teil der Zunge – bereits einen ultrafeinen Grad an Bitterkeit wahrnimmt.) Ein weiterer Irrglaube ist, dass nur die Zunge Geschmack interpretieren kann. In Wahrheit gibt es Geschmacksrezeptoren am Kehldeckel sowie in Rachen, Darm, Bauchspeicheldrüse und bei Männern sogar in Sperma und Hoden. Ob der Mensch tatsächlich nur fünf Geschmäcker wahrnehmen kann, steht ebenfalls zur Debatte. Manche Wissenschaftler plädieren dafür, neben süß, bitter, salzig, sauer und »umami« – diese fleischartige, herzhafte Intensität bei Nahrungsmitteln wie Sojasoße und geschmorte Pilzen – auch wasserartig, kalziumartig, metallisch, alkalisch (seifenartig) und fett (»oleogustus«) in den Klub der grundlegenden Geschmacksqualitäten aufzunehmen.

Allerdings sähe, selbst wenn »oleogustus« einen Platz neben

süß und sauer einnehmen würde, die Bandbreite der von uns wahrnehmbaren Geschmackseindrücke im Vergleich zu unserer Geruchswahrnehmung blass aus. In einem im Jahr 2014 in der Fachzeitschrift *Science* veröffentlichten wissenschaftlichen Artikel wird behauptet, dass der Mensch über eine Billion Gerüche erfassen kann – ein Vielfaches der Anzahl an Farben, die wir sehen können (mehrere Millionen) und Töne, die wir hören können (knapp 500 000). Die Zahl eine Billion ist nicht unangefochten. Doch selbst bescheidenere Schätzungen, die von rund zehntausend wahrnehmbaren olfaktorischen Reizen ausgehen, ließen noch immer klar werden, dass ich mein Riechvermögen steigern musste, wenn ich meinen Geschmackssinn (und Sinn für Aroma) verbessern wollte. Ein deutscher Riesling und ein französischer Chenin Blanc mögen beide säuerlich und ein wenig süß schmecken; erst in der Nase offenbaren sich die entscheidenden Unterschiede. Ich musste an Morgans Haltung zum Pinot Noir aus Burgund denken: Der Duft machte den Genuss aus. »Ich werde ihn trinken, weil sich das nun einmal so gehört«, meinte er. »Aber achtzig Prozent des Reizes machen für mich die Aromen aus.« Was wir mit »Geschmack« meinen, ist in Wahrheit hauptsächlich Geruch, und das können Sie ganz leicht selbst nachvollziehen. Halten Sie sich die Nase zu und trinken Sie einen Schluck Kaffee. Was Sie noch spüren können, ist der Geschmack. Öffnen Sie die Nase wieder, und die ganze Bandbreite der Aromen und Geschmäcker kommt zurückgestürmt. Ein Espresso *schmeckt* bitter, aber *riecht* nach Kaffee.

Witt machte indes weiter und verfolgte die Reise eines Aromas auf dem schwammartigen Fleisch seines Leichenkopfs. Stellen Sie sich erneut vor, Sie halten ein Glas Wein in der Hand. Knapp über der Flüssigkeitsoberfläche befinden sich submikroskopisch kleine, duftende Partikel, die sich an der Oberfläche des Weins verflüchtigen. Mit jedem Schnuppern ziehen unsere Nasenlöcher diese Duftmoleküle ein, die an die Spitze unserer Nasenhöhle wandern, dem luftgefüllten Raum knapp hinter

Nase und Augen. Die verschiedenförmigen und verschieden schweren Duftmoleküle treffen auf die olfaktorischen Rezeptoren, mit denen das Gewebe der Nasenhöhle beschichtet ist, und verbindet sich mit einem oder mehreren der Rezeptoren. Dadurch wird ein Signal an den Riechkolben gesendet, das entscheidende Umspannwerk, welches »Molekül auf Rezeptor getroffen« in eine aussagekräftige Botschaft für das Gehirn umwandelt. »Tierische Note, Geruch nach Stall, Erde«, könnte es bei Morgan senden. »Hmmmmm – Pferd?«, könnte es bei mir senden.

Im Gegensatz zu Klangwellen werden Gerüche chemisch übertragen. Moleküle werden von der Oberfläche, die wir zu riechen bekommen, ab- und in unseren Körper hineingeschwemmt. »Alles, was wir riechen, schlucken wir auch«, lautet Lundströms Motto. Bei frisch geschnittenen Rosen oder schönem schwarzem Trüffel ist das ein äußerst angenehmer Gedanke. Bei stinkender Hundescheiße ist das einfach nur widerlich. Sobald wir den Geruch wahrgenommen haben, ist es schon zu spät: Die von den Exkrementen ausgesendeten Chemikalien haben bereits Kontakt mit unserer Nasenhöhle aufgenommen, versicherte mir Johan, von wo aus sie in unseren Blutkreislauf gelangen und weiter zum Gehirn wandern können. »Das wiederum bedeutet«, so fühlte er sich leider zur Klarstellung bemüßigt, »dass eine Menge Scheiße, die wir riechen, in unserem Gehirn landet.«

Selbst wenn wir das Glas von der Nase abgesenkt haben, um unsere Zunge mit ein wenig Rebsaft zu benetzen, riechen wir weiterhin den Wein. Während wir den Schluck goutieren, können noch mehr flüchtige Aromastoffe aus unserem Mund – oder unserer »Mundhöhle«, wie es in der Wissenschaft heißt – hoch zu unseren olfaktorischen Rezeptoren wandern. Diesen Prozess nennt man retronasale Aromawahrnehmung. Als ich mir den Leichnam anschaute, konnte ich den Durchgang vom hintersten Teil des Mundes bis zur Nasenhöhle ganz klar sehen.

In dem Moment, wenn Wein an der Zunge vorbei den Hals hinunterrinnt, können seine Aromen eine scharfe Biege nach oben machen, indem sie die Abzweigung zu den olfaktorischen Rezeptoren nutzen.

Ich bemerkte eine seltsame, blasse Geschwulst an der Unterseite des Gehirnvorderteils. In dem Bereich knapp hinter den Augen befand sich ein knapp vier Zentimeter langes Ding, so dünn wie ein Gummiband und mit abgerundeter Spitze. Es sah fast wie ein am Boden des Gehirns stecken gebliebenes, ausgespucktes Stück Kaugummi aus.

»Was ist dieses Ding, das da herausragt?«, fragte ich Witt.

»Da ist es!«, sagte er triumphierend, als ob er einen alten Freund wiedergefunden hätte. Es handelte sich um den Riechkolben.

Dafür, dass er dermaßen klein war, hat er eine ganze Menge Ärger angerichtet. Er ist der Körperteil, in dem Gerüche entstehen. Und es ist der Ort, an dem der heutige olfaktorische Minderwertigkeitskomplex seinen Ursprung fand.

Schon im 4. Jahrhundert v. Chr. hatten die Menschen den Geruch aufgegeben. Dieser Sinn sei in unserem Fall nicht genau, aber schlechter als bei vielen Tieren, erklärte Aristoteles in *De Anima*. Der Mensch könne nicht gut riechen und nähme keine Geruchsobjekte wahr, wenn sie nicht irritierend oder angenehm wären, da dieses Sinnesorgan ungenau sei. So lautete das Urteil Aristoteles', dem ersten Wissenschaftler der Geschichte, und obwohl er nicht erklären konnte, wieso unsere Wahrnehmung von Gerüchen so furchtbar schlecht sein soll, ist dies bis heute die vorherrschende Meinung.

Die wissenschaftliche Begründung dafür tauchte schließlich im 19. Jahrhundert auf, dank eines französischen Chirurgen, Anthropologen und Wunderknaben namens Paul Broca. Der 1824 unweit von Bordeaux geborene Broca schrieb sich mit siebzehn an der Medizinischen Fakultät der Pariser Universität ein und hatte zu diesem Zeitpunkt schon einen Bachelor in Literatur, Mathematik und Physik in der Tasche. Er mauserte sich zu einem der meistgefeierten Neurowissenschaftler, als er das Sprachzentrum des Gehirns entdeckte, das bis heute als Broca-Areal bekannt ist.

Die Dresdener Wissenschaftler betrachten Broca allerdings als Störenfried. Seine zweifelhafte Meisterleistung bestand nämlich in der Entwicklung einer Theorie, die seit beinahe zweihundert Jahren einen Schatten auf ihr Gebiet wirft: Er behauptete – und bewies angeblich auch –, dass die Menschen evolutionsbedingt das Riechen verlernt hatten.

Geruch war bei Brocas Zeitgenossen nicht beliebt. Damals betrachteten die Forscher den Geruchssinn derart herablassend, dass nur wenige »verstreute wissenschaftliche Publikationen von Belang« veröffentlicht wurden, wie die Historiker Anne Harrington und Vernon Rosario über die medizinische Einstellung des 19. Jahrhunderts berichten. Die wenigen verstreuten Publikationen, die erschienen sind, bestätigten meist, dass dieses Thema tatsächlich nicht mehr Aufmerksamkeit verdiente. Der Verlust des Geruchssinns »bereitet wohl kaum Unbehagen«, erklärte ein britischer Arzt in einem Artikel von 1873 für die medizinische Fachzeitschrift *The Lancet*. Vor dem Hintergrund von Charles Darwins *Über die Entstehung der Arten* wurde die Geruchsschärfe als Relikt unserer wilden Vorfahren betrachtet. Mit eher zweckdienlicher Logik befanden die Wissenschaftler, dass eine gute Nase, wie sie unter ihnen und ihren aufgeklärten Zeitgenossen angeblich nicht mehr existierte, ihre Bedeutung verloren habe. Sie muss wohl verschwunden sein, so lautete die Argumentation, als sich die Menschen zu zivilisierten Wesen entwickelt haben. »Gewöhnung an Geselligkeit und Zuversicht, unter feinen Nebenmenschen sich zu finden, die den Geruch entbehrlich machen, haben den bürgerlich gebildeten Menschen minder empfänglich für die Eindrücke gemacht, welche auf das Sinnwerkzeug wirken, dass bei ihm seine Feinheit zum Teil verloren«, argumentierte der französische Anatom Hippolyte Cloquet in einem Referenztext von 1821 über den Geruch. »Bei Einzelnen, die in geselligem Verkehr nichts verloren, ist er viel schärfer.«

Doch es war an Broca, einem großer Verfechter Darwins, den überzeugendsten Beweis für die Hypothese zu liefern, dass das Riechen »in Vergessenheit geraten« sei. In seinem Labor in Paris sezierte Broca die Gehirne von Vögeln, Fischen, Schimpansen, Nagetieren, Ottern, Menschen und Meerestieren wie Delfinen. Er griff ein Muster auf: Während des Evolutionsprozesses vom Säugetier zum Primaten zum Menschen hat sich der limbische Lappen, ein bogenförmiger Bereich des Mittelhirns, den man damals für das Kontrollzentrum des Riechens hielt, »rückentwickelt und ist verkümmert«. Viele Jahre lang galt der limbische Lappen als Motor für unseren Geruchssinn, und man glaubte, dass er einen kleinen, eher unscheinbaren Gewebeklumpen an der Vorderseite des Gehirns enthielt – den Riechkolben. Wie seine Kollegen stellte auch Broca fest, dass der Riechkolben bei höheren Primaten im Verhältnis zur Größe des gesamten Gehirns geschrumpft ist. Er beobachtete – und Generationen von Lehrbüchern haben diese Beobachtungen seitdem wiederholt –, dass der Riechkolben bei Tieren mit ausgeprägtem Geruchssinn wie etwa Ratten und Hunde eine vergleichsweise große Fläche des Gehirns einnimmt. Im Gegensatz dazu ist der menschliche Riechkolben im Vergleich zu unserer grauen Hirnmasse nur ein winzig kleines Ding. Er hat ungefähr die gleiche Größe wie der Riechkolben der Ratte, während unsere gesamte Hirnmasse über achthundertmal so groß ist. Broca schlussfolgerte aus diesen Untersuchungsbefunden, dass »sich die Wichtigkeit der Riechfunktion verringert hat«, und zwar so weit, dass »die Feinheit des Geruchssinns … für den zivilisierten Menschen von keinerlei Nutzen mehr ist«.

In einem die Arbeit seines Kollegen lobpreisenden Werk

brachte der Chirurg Samuel Pozzi die Geschichte zu Ende. Er wiederholte den damals vorherrschenden Glauben, dass der Geruchssinn irgendwann dem Sehvermögen unterlag, als der Mensch sich vom Vierfüßler zum Zweibeiner entwickelt hat:

Die Tiere waren Vierbeiner und befanden sich demnach in einer für die Wahrnehmung des Geruchs geeigneten Position. Der Primat richtete sich auf, der Mensch hob seinen Kopf auf ewig immer mehr von der Erde weg und lenkte seinen Blick parallel zum Horizont. Die Hegemonie des Sehsinns wurde durch die des Geruchssinns ersetzt … Ist es nicht erstaunlich, dass der Anatom die Entwicklung des Frontallappens mit dieser ersten, scheinbar einfachen Tatsache in Verbindung bringen kann? Nicht minder erstaunlich ist es, im Gehirn des Menschen noch die Überreste dieses entthronten Organs, des limbischen Lappens, vorzufinden. Anstatt eine imposante Einheit zu bilden, reduziert er sich auf den Zustand von Fragmenten, die kaum miteinander verbunden sind; mit anderen Worten, eine Ansammlung von Trümmern.

Einfacher gesagt: Die Riechorgane sind Müll. Und je besser wir riechen, desto weniger entwickelt sind wir. Das war und ist seither die gängige Meinung. Und ist nach Ansicht der Experten auf der Konferenz – falsch.

»Der Gedanke, dass wir unseren Geruchssinn verloren haben, ist meiner Ansicht nach – Trommelwirbel – ein Mythos«, sagte Johan Lundström, der Neurowissenschaftler. In den Pausen zwischen den Vorlesungen unterhielten wir uns, und während wir an unseren Schinkenbrötchen knabberten, merkte Johan an, dass die Wurstscheiben noch schmackhafter wären, wenn sie eine hell leuchtende Farbe wie etwa Neongrün hätten. Lundström, der sich auf multisensorische Wahrnehmung und die chemischen Sinne spezialisiert hat, forscht abwechselnd am Monell Center in Philadelphia und dem Karolinska-Institut in Stockholm, das auch das Nobelkomitee beheimatet. (Eine Zeit lang war er außerdem wissenschaftlicher Mitarbeiter Hummels.) Eine seiner Hauptbeschäftigungen besteht darin, die Hirnaktivitäten von Menschen zu beobachten, während sie riechen oder schmecken.

Alles, was er gelernt hat, spricht dafür, dass Broca falschlag – falsch damit, dass die Olfaktion sukzessive ausstarb, als wir uns auf zwei Beine erhoben; falsch damit, dass der Mensch einen schlechten Geruchssinn hat; falsch damit, dass der Olfaktion in unserem »zivilisierten« Leben keine Bedeutung mehr zukommt.

Das ließ sich alles sehr gut an: Bislang hatte ich keinen einzigen Finger gerührt, und es kam mir trotzdem schon so vor, als ob sich mein Geruchssinn irgendwie verbessert hätte.

Es ist durchaus wahr, dass der Mensch im Vergleich zu anderen Tieren eine geringere Anzahl von funktionierenden Geruchsrezeptorgenen aufweist. (Diese kodieren und produzieren unsere Geruchsrezeptoren, die sich, wie Sie sich erinnern werden, mit den flüchtigen Duftmolekülen verbinden, um uns auf Aromen aufmerksam zu machen.) Wir besitzen eintausend dieser Gene, aber nur 350 davon sind tatsächlich aktiv – deutlich weniger als beispielsweise die tausend aktiven Geruchsrezeptorgene von Ratten und Mäusen. Broca und seine Kollegen wären hocherfreut, dass sich die Wissenschaftler des 21. Jahrhunderts der Logik des 19. Jahrhunderts bedienen, um dies zu erklären. Sie argumentierten nämlich, dass unsere Geruchsrezeptorgene bei der Entwicklung des Farbensehens im Wesentlichen ausgestorben seien.

Während unser geschrumpfter Gensatz und die geringe Größe unseres Riechkolbens vermuten lassen, dass unser Geruchssinn mies ist, beweisen jüngste Verhaltensstudien genau das Gegenteil. Unsere Nasen sind viel besser, als zuvor geglaubt, bemerkt Lundström, denn kein Mensch hat sich je die Mühe gemacht, unsere olfaktorischen Fähigkeiten systematisch zu bemessen, auch Broca nicht. Die Erklärung für unsere Riechschärfe steckt noch in den Kinderschuhen, aber eine der gängigen Theorien stützt sich im Wesentlichen auf die gleichen Beweise wie Broca, zieht dabei jedoch die gegenteilige Schlussfolgerung: Wir mögen nur ein paar Hundert Geruchsrezeptorgene und einen relativ kleinen Riechkolben haben, doch diese Ausrüstung wird von einem viel größeren, viel weiter entwickelten Gehirn gesteuert, das den Verlust an Größe locker wettmacht. »Anstatt sich auf einen winzigen Teil des Gehirns zu beschränken, nutzt die olfaktorische Verarbeitung komplexer Gerüche, wie sie von der menschlichen Kochkunst produziert werden, die erweiterte Verarbeitungskapazität des menschlichen Gehirns«, schreibt der Neurobiologe der Yale University, Gordon Shepherd, in einem Artikel für *PLoS Biology*.

Lundström brachte mir die Arbeit von Matthias Laska, einem Biologen an der Universität Linköping in Schweden, nahe. Seine Forschungen haben gezeigt, dass der Mensch einen besseren Geruchssinn hat als viele der Tiere, deren Nasen wir schon immer bewundert haben. Ratten, zum Beispiel, sagt man eine derartige Wundernase nach, dass sie in der Lage seien, Landminen und Tuberkulose auszuspionieren. »Eine solche Welt ist für uns kaum vorstellbar, so verarmt, wie unser Geruchssinn ist«, schwärmte eine Website für Rattenfans. Wir können sie uns aber sehr wohl vorstellen: Laska überprüfte alle verfügbaren Daten, die die Sensitivität des Menschen gegenüber niedrigen Geruchskonzentrationen nachverfolgen, und stellte fest, dass der Mensch oftmals die Spezies übertrifft, die lange Zeit als Meganasen des Tierreichs galten: Mäuse, Igel, Spitzmäuse, Schweine und Kaninchen sowie Ratten – bei einunddreißig der einundvierzig getesteten Gerüche haben wir sie besiegt. Bei fünf der untersuchten fünfzehn Gerüche haben wir sogar den Hund übertrumpft.

»Die meisten Tiere schlagen wir tatsächlich haushoch, wenn

wir unseren Geruchssinn mit ihrem vergleichen«, sagte Lundström.

Thomas Hummel präsentierte die Ergebnisse einer Studie, in der Studenten gegen gut ausgebildete Jagdhunde antraten und eine Duftspur verfolgen sollten, wie es der beste Freund des Menschen bei Fasanen und Hirschen tut. Hunde, die der Superschnüfflerkategorie von Tieren – genannt Makrosmaten – angehören, werden dafür gefeiert, dass sie Geld, Bomben und bestimmte Krebsarten riechen können, die wir nicht unbedingt mit einem Geruch in Verbindung bringen. Menschen hingegen können ohne Weiteres eine Woche lang ihre Lebensmittel im Küchenabfall verrotten lassen, ohne sie zu beseitigen. Die Forscher der Spürnasenstudie haben ihre Probanden so eingepackt, dass jeder ihrer Sinne außer dem Geruch verdeckt wurde. Langärmelige Overalls, Handschuhe, zugeklebte Schutzbrillen, Kopfhörer, graue Überschuhe und Knieschuhe mussten die Studenten tragen, während sie auf allen vieren mit der Nase am Boden und dem Po in der Höhe herumkrochen, wodurch sich der Komfort verbessert haben mag, aber nicht unbedingt ihre Würde.

Sie wurden auf einer Rasenfläche ausgesetzt, auf der die Forscher eine Duftspur aus Schokoladenessenz gelegt hatten, und sollten den Geruch bis zu einem bestimmten Endpunkt verfolgen. In seinem Vortrag stellte Hummel die Wege eines Hundes auf der Jagd nach einem Vogel einem Studenten auf der Jagd nach Schokolade gegenüber: Wie der Hund kreuzt auch der Mensch wiederholt die Duftspur, läuft zickzackartig nach links und rechts über den Schokoladenpfad bis zu seinem Ende. Eine Folgestudie ergab, dass sich die Studenten mit der Übung tatsächlich verbessert haben. Die Forscher kamen zu dem Schluss, dass »längerfristiges Training zu einer weiteren Geschwindigkeitserhöhung bei der Spurensuche führen würde« – und vielleicht zu einer neuen Art von Jagdbegleiter.

Genau wie Tiere sind wir außerdem in der Lage, Warnsignale in unserer Umgebung zu riechen. Der Geruchssinn, das

Alarmsystem unseres Körpers, ist ständig auf der Hut vor möglichen Bedrohungen und gibt unserem Verhalten die entsprechenden subtilen Schubser. So wurde beispielsweise gezeigt, dass der Duft weiblicher Tränen die sexuelle Erregung bei Männern mindert. Lundström hat zudem herausgefunden, dass wir Gesunde von Kranken auf der Grundlage ihrer Körpergerüche unterscheiden können, was sich womöglich so entwickelt hat, damit wir Infektionen vermeiden. Und natürlich können wir manche Gefahren riechen, bevor wir sie sehen, wie zum Beispiel Rauch oder Gas.

Über den Geruch tauschen wir des Weiteren soziale Informationen miteinander aus, obwohl wir das auf der bewussten Ebene weitestgehend ignorieren. Lundström stellte im Rahmen seiner Arbeit fest, dass Menschen zwischen den Körpergerüchen von Zwanzigjährigen und Achtzigjährigen, von Freunden und Verwandten sowie von Partnern und platonischen männlichen Freunden unterscheiden können. Geruch kann Menschen auch einander näherbringen. Seine Studie ergab, dass Frauen mit zunehmender Verliebtheit schlechter darin werden, die Körpergerüche anderer Männer zu erkennen: Romantische Liebe verändert den Geruchssinn der Frauen, um die Aufmerksamkeit »weg von potenziellen neuen Partnern« zu lenken und sie intensiver an ihren derzeitigen Partner zu binden. Gerüche verstärken die Anziehungskraft zwischen Müttern und Kleinkindern, durch deren natürlichen Geruch das Dopaminniveau in den Belohnungszentren des mütterlichen Gehirns ansteigt – »fast so, als ob sie eine Art Kokain schnieften«, sagte Lundström. Und dann wären da noch die Pheromone, flüchtige chemische Botenstoffe, die wir durch unseren Körper absondern. Inzwischen geht man davon aus, dass sie Paare überhaupt erst zusammenbringen. Im elisabethanischen Zeitalter, lange bevor die Wissenschaftler das Pheromonkonzept entwickelt hatten, schenkten Frauen ihren Liebsten »Liebesäpfel« – geschälte Äpfel, die sich die Frauen unter die Achseln gesteckt hatten und ihren Liebhabern dann schweißgetränkt zum Riechen gaben. (Das Liebeswerben hat es ganz schön weit gebracht: Heute gibt es »Smell Dating«, eine App für die Partnersuche, wo Fremde mehrere Tage in ein T-Shirt schwitzen und es dann mit potenziellen Partnern tauschen.)

Auch wenn der Geruch unser Verhalten wie ein unsichtbarer Marionettenspieler lenkt, unterschätzen wir unsere Nasen gerne (ein Grund dafür mag sein, dass unser Gehirn nicht so tickt, dass es großartig auf Gerüche achtet, sondern die meisten Gerüche unterbewusst verarbeitet. Im Gegensatz zu anderen Sinneseindrücken umgehen die Geruchssignale den Thalamus, den Teil des Gehirns, der uns die wahrgenommenen Reize bewusst macht). Neulich veranstalteten Lundström und seine Kollegen eine Party, bei der sie das taten, was in einem neurowissenschaftlichen Labor anscheinend als fröhlicher Festakt gilt: Lundström bat den Leiter seiner Abteilung, blind an zehn verschiedenen Ausdünstungen seiner Mitarbeiter zu schnuppern und dann zu raten, von wem sie stammen. Der Abteilungsleiter beharrte darauf, es sei nicht möglich. Versuchen Sie es einfach, ermunterte ihn Lundström. Bei jedem Geruch warf der Mann die Hände in die Luft und sagte, er habe keine Ahnung. Und jedes Mal ermutigte ihn Lundström, weiterzumachen und zu raten, von wem der Geruch stammen könnte. Versuchen Sie es einfach. Tun Sie, was Sie können.

Letztendlich hat der Abteilungsleiter sämtliche Körpergerüche bis auf zwei identifiziert. Und die beiden, die er durcheinandergebracht hatte, stammten von zwei Mitarbeitern, die gerade erst ein paar Wochen vorher bei ihm angefangen hatten.

Ich verspürte eine ziemliche Erleichterung, dass meine Nase besser war als angenommen. Denn um ehrlich zu sein, waren die Ratschläge, die ich in puncto Verbesserung meines Geruchssinns erhielt, ganz schön befremdlich.

»Sie an meiner Stelle, wenn Sie Ihren Geruchs- und Geschmackssinn verbessern wollten, was würden Sie tun?«, fragte ich Richard Doty, einen Kollegen Lundströms am Monell Center und international führenden Experten auf dem Gebiet der chemischen Sinne.

»Kokain«, antwortete er, ohne zu zögern.

Nicht unbedingt das, was ich erwartet hatte. Er schien es aber ernst zu meinen. Ich sagte, ich könne nicht ganz folgen.

Er überlegte neu. »Marihuana würde sie wahrscheinlich verbessern, meine ich.«

Ich stellte mir vor, wie ich mich nach ein paar Zügen an der Bong ans Weinprobieren machte. »Sie meinen, dass ließe mich besser schmecken?«, wollte ich wissen. »Oder hätte ich nicht einfach nur mehr Appetit?«

»Ahhhhh«, sagte er und nickte. »LSD könnte besser dafür geeignet sein. Ich habe es nie selbst getestet. Aber es verändert auf jeden Fall das Sehvermögen, also wahrscheinlich auch den Geruchs- und Geschmackssinn. Wenn wir die Mechanismen der Neurotransmitter mit Drogen beeinflussen, verändern sich wahrscheinlich eine Menge dieser Dinge.« Irgendetwas an meinem Gesichtsausdruck muss darauf hingedeutet haben, dass ich diesen Gedanken ernsthaft in Betracht zog, deshalb fügte er schnell hinzu: »Es gibt darüber allerdings noch keine verlässlichen Studien.«

Das mag stimmen, aber der Neurologe Oliver Sacks hat den Fall einer drogeninduzierten Supernase dokumentiert. In *Der Mann, der seine Frau mit einem Hut verwechselte* berichtet Sacks von einem zweiundzwanzigjährigen Medizinstudenten, der sich mit einem Cocktail aus Kokain, Amphetaminen und dem Halluzinogen PCP zudröhnte. Er träumte, er sei ein Hund, und erwachte »in einer Welt, in der sämtliche Sinne, obwohl sie stark geschärft waren, gegenüber dem Geruchssinn verblassten«. »Ich hatte nie eine besonders gute Nase, doch damals konnte ich jeden Geruch augenblicklich erkennen – und ich fand jeden einzelnen davon einzigartig, jeder einzelne beschwor Erinnerungen herauf, eine ganze Welt«, erzählte der Student. Er war in der Lage, Identität – und Laune – seiner Freunde und Patienten allein aufgrund ihres Geruchs zu bestimmten, und er konnte den Duft jeder Straße und jeden Geschäfts in New York City ausmachen. Drei Wochen später normalisierten sich seine Sinne wieder. Das nannte er »einen furchtbaren Verlust«.

Später am Nachmittag schrieb ich noch Elektroschocks auf die To-do-Liste meines Gaumentrainings. Beim Geruch handelt es sich um den plastischsten der Sinne. Gerüche können sehr schnell mit Bedrohlichem in Verbindung gebracht werden, und wenn das olfaktorische System erst einmal darauf sensibilisiert wurde, versetzt es den Körper bei jedem mit potenziellen Gefahren verknüpften Geruch in Alarmbereitschaft. In den neuesten von Lundström präsentierten Untersuchungen ließ er Probanden Rosenduft schnuppern, während ihnen geringe Elektroschocks verabreicht wurden. Am Ende der Konditionierung hatte sich ihre Empfindsamkeit für Rosenduft verbessert.

Das brachte mich natürlich zum Nachdenken. Würde ich meine Geruchsschwelle für, sagen wir, Pyrazin herabsetzen können und dann keinen einzigen Cabernet Sauvignon, Cabernet Franc oder Sauvignon Blanc mehr verfehlen? Ich konsultierte Lundström bezüglich meines Plans, mir beim Weintrinken Schocks zu verabreichen. Ob das wohl funktionieren würde?

»Wenn Sie ein bisschen empfindsamer dafür sein möchten, absolut«, meinte er zu mir. Dann machte er einen Alternativvorschlag. »Einer meiner Kolleginnen zufolge, die sich mit assoziativem Lernen und Konditionierung beschäftigt, lassen sich mitunter die besten Ergebnisse erzielen, wenn wir es während dem Sex tun.«

Als ich langsam mit den Konferenzvorträgen zu Themen wie »Dufträume« und »Was ist Moschus?« warm geworden war, studierte ich die Riechgewohnheiten der Experten um mich herum. Die Niederschriften der Vorträge enthielten oftmals hilfreiche Tipps, wie wir Ablenkungen reduzieren und die Sensitivität steigern können: eine Stunde vor dem Verkosten (oder Riechen) nichts essen; nur zweimal durch die Nasenlöcher einatmen, um den Gewöhnungseffekt zu vermeiden; im Sitzen, nicht im Liegen schnuppern; und die retronasalen Aromaeindrücke maximieren, indem wir nach dem Schlucken sanft über die Zunge ausatmen, sodass die Aromen vom hinteren Teil des Mundes in die Nasenhöhle getragen werden.

Noch faszinierender und aufschlussreicher waren die kurzen Zeitlücken zwischen den Vorträgen. Ich sah, dass die anwesenden Wissenschaftler wie Sommeliers ihre eigenen Regelwerke, die Riechen und Schmecken in den Mittelpunkt ihres Lebens stellten, total verinnerlicht hatten. Diese Leute waren mit großer Leidenschaft bei der Sache und neugierig auf alles Olfaktorische und Gustatorische. Und das war ohne Zweifel der erste Schritt hin zu einer besseren Sinneswahrnehmung.

Eine Wissenschaftlerin roch jeden Tag an ihren Kindern. Ein anderer brachte seinen Kindern das Identifizieren von Gerüchen bei. Paul, ein noch unvoreingenommener Student, testete sich im Rahmen einer Blindverkostung eines Abends beim Essen durch die teuersten und billigsten Weine, erklärte sie für nicht unterscheidbar und mischte sie dann zu einer Eigenkreation zusammen. Daran nippte er, während er uns erklärte, dass er jede Limo, jedes Bier, jeden Pudding und jeden Wein blind verkostet, um herauszufinden, ob das kostspieligere Markenprodukt tatsächlich besser schmeckt. »Wenn ich älter bin, werde ich mir schöne Weinflaschen kaufen und sie mit billigem Fusel auffüllen«, prahlte er.

Auf irgendeine Art und Weise konnte jedes Thema auf Geruch oder Geschmack zurückgeführt werden. »Stripperinnen verdienen mehr, wenn sie ihren Eisprung haben. Wobei nicht klar ist, ob es daran liegt, dass sie anders tanzen, oder daran, dass sie einen anderen Geruch absondern«, hörte ich jemanden während eines Umtrunks sagen. Oder: »Fliegen haben so ein Glück, die haben Geschmacksrezeptoren an ihren Füßen.« Und: »Wieso wir ausgerechnet zwei Nasenlöcher haben, ist bisher noch nicht bekannt.« Statt bei Fotoaufnahmen »Cheese« zu sagen, riefen die Wissenschaftler: »The action's in olfaction!« (Der Geruchsinn bringt's!)

Jeder Geruch, und sei er noch so abstoßend, hatte seinen eigenen Fanklub. Gegen Ende einer Kaffeepause am Nachmittag des dritten Tages kam eine auf Zungenbrennen spezialisierte Zahnärztin auf mich zugestürzt und wollte mir einen Parfümeur vorstellen. »Ich habe ihn gefragt, was momentan sein Lieblingsduft ist, und er meinte Urin«, sagte sie außer Atem und verschwand, bevor ich sie fragen konnte, ob ich sie falsch verstanden hätte.

»Ihr momentaner Schwerpunkt ist also … Urin?«, fragte ich die betreffende Person, Christian Margot, zögerlich, weil ich Angst hatte, ihn zu beleidigen.

»O nein«, sagte er kopfschüttelnd, als ob ich sie nicht mehr alle hätte. Er richtete sich ein wenig mehr auf. *»Abgestandenes* Urin!«, verkündete er triumphierend.

Er war Aromen- und Duftstoffentwickler für das Unternehmen Firmenich, das alles Mögliche von Erdbeeraroma im Eis bis zum Parfüm Acqua di Gio herstellte. Da Margot die psychologische Wirkung von chemischen Stimulanzien untersuchte, nannte er sich selbst einen »Psychochemiker«. Mit Betonung auf »Psycho«. Es bereitete ihm Vergnügen, den Geruch von abgestandenem Urin durch den Flur vor seinem Büro wehen zu lassen und die Reaktionen der Kollegen zu beobachten. Er beömmelte sich über die Tatsache, dass insbesondere Frauen komplett ausflippten. Da ich interessiert wirkte, ließ er mich wissen, dass er außerdem gerade an synthetischem Indol arbeitete.

»Das ist ein Fäkalgeruch. Der Geruch von Fäkalien!«, zwitscherte er.

»Wieso genau tun Sie das?«, fragte ich ihn.

»Er ist auch in Maiglöckchen und Lilien enthalten«, meinte er. Und dann hatte er anscheinend das Gefühl, er habe mich genügend aufgeklärt, und entschuldigte sich.

Erst am letzten Konferenztag präsentierte Hummels Forschungslabor die neuesten Untersuchungsergebnisse zum Thema olfaktorisches Training, worüber ich ja unbedingt mehr wissen wollte.

Hummel hatte mit seinen Untersuchungen vor beinahe einem Jahrzehnt begonnen, in der Hoffnung, er könne damit seinen Patienten mit Geruchs- und Geschmacksverlust helfen. In Deutschland leiden etwas fünf Prozent der Bevölkerung daran. Anosmie, wie dieses Leiden genannt wird, ist das olfaktorische Äquivalent von Taubheit oder Blindheit. (Als Ageusie bezeichnet man den vollständigen Geschmacksverlust.) Da für Anosmie kaum Heilmethoden bekannt sind, zucken die Ärzte gerne mit den Schultern, wie immer, wenn sie mit einem Problem konfrontiert sind, das sie nicht sehen oder nicht unbedingt heilen können und das außerdem keine offizielle Behinderung darstellt.

Selbst Hummel und seine chemosensorikaffinen Kollegen würden wohl zugeben, dass einen der Verlust des Riechempfindens nicht so sehr einschränkt wie Taubheit oder Blindheit. Im Rahmen einer inoffiziellen Umfrage von einem der Vortragenden war sich das Publikum mit überragender Mehrheit einig, dass sie sich für den Geruchsinn entscheiden würden, wenn sie einen ihrer Sinne aufgeben müssten. Wobei das noch lange nicht bedeutet, dass er keine große Rolle spielt. Hummel, der neben seiner Forschungstätigkeit auch eine Spezialsprechstunde »Riechen und Schmecken« an der HNO-Klinik Dresden leitet, sagt, die Geruchsblinden leiden eher »im Privaten«. »Ihr Leben ist gefährlicher. Insgesamt passieren bei ihnen mehr Unfälle im Haushalt«, berichtete er mir. »In vielen Situationen fühlen sie sich unsicher, weil ihnen bewusst ist, dass ihrem Körper eine Signalfunktion fehlt.« Einige seiner Patienten duschen sich zwei- bis dreimal am Tag und verwenden auf obsessive Art und Weise Deodorant, weil sie von einer Paranoia bezüglich ihrer eigenen Körpergerüche geplagt werden. Bestimmte Bedrohungen im Alltag, wie verdorbenes Essen, können sie nicht wahrnehmen. Depression und Isolationsgefühl steigen, da den sozialen Interaktionen die olfaktorischen Hinweise abhandengekommen sind. »Ich habe mich völlig abgekapselt gefühlt von der restlichen Welt«, schrieb eine Frau.

Um herauszufinden, ob seine Patienten das Verlorene wiedererlangen können, rekrutierte Hummel in seiner Anfangsstudie zu diesem Thema vierzig Menschen, denen das Riechempfinden teilweise oder völlig abhandengekommen war. Zwei Drittel der Probanden befolgten ein Trainingsprogramm, das aus dem zweimal täglichen Schnuppern an vier intensiven Düften bestand – Rose, Eukalyptus, Zitrone und Nelke –, und zwar drei Monate lang. Die andere Kontrollgruppe tat nichts. Nach Ablauf des Experiments befand Hummel, dass die entsprechend trainierten Personen »eine Verbesserung ihres Riechempfindens feststellten«. Ihre Sensitivität gegenüber den betreffenden Gerüchen war gesteigert worden. Das stand im Einklang mit früheren Untersuchungen, die ergeben hatten, dass wiederholtes Schnuppern eines Dufts die Geruchsschwelle sinken lässt.

Hummel ließ auch Patienten mit Parkinsonkrankheit dieses Trainingsprogramm durchführen, da auch sie oftmals an Geruchsverlust leiden. Ihr Riechempfinden verbesserte sich. Außerdem wendete er es bei Patienten an, die aufgrund einer Infektion oder Körperverletzung geruchsblind wurden, sowie bei Kindern mit normalem Geruchsempfinden. Auch bei diesen beiden Gruppen war eine Verbesserung auszumachen. Hummel befand, dass diejenigen Erwachsenen, die das Übungsprogramm befolgten und ursprünglich einen gesunden Geruchssinn hatten, ihr Riechvermögen ebenfalls behielten. (Kaum verwunderlich, wenn sie anfangs sowieso normal waren.) Radikal verändert hatte sich allerdings ihr Riechkolben: Sein Umfang hatte sich stark vergrößert. Die Datenlage war klar: In puncto Empfindsamkeit lässt sich das Riechvermögen durch relativ einfaches tägliches Üben verbessern.

Also arbeitete Hummel das Übungsprogramm weiter aus. Durch eine Reihe von Studien fand er heraus, dass sich intensiv duftende, hoch konzentrierte Düfte besser eigneten als milde. Noch weiter steigern lässt sich das Unterscheiden, Identifizieren und Ausmachen von Gerüchen, wenn wir die ursprünglichen vier Düfte nach mehreren Wochen gegen *neue* Düfte austauschen, das heißt, dann können wir Gerüche besser auseinanderhalten, besser benennen und geringere Konzentrationen davon erkennen.

Unser Geruchssinn ist insofern einzigartig, als er eine hohe Flexibilität und Anpassungsfähigkeit an den Tag legt. Die Anzahl visueller, auditiver und tastempfindlicher Rezeptoren im menschlichen Körper ist fix. Und auch die Geruchsrezeptor-*Arten* mögen fix sein, doch die Rezeptoren selbst regenerieren sich alle sechs bis zehn Wochen, da sie Staub und Giften in der Luft ausgesetzt sind. Alle zwei bis vier Monate wird unsere gesamte Brigade olfaktorischer Rezeptorneuronen sogar generalüberholt. Und dabei kann sich unser Geruchssinn mithilfe der richtigen Bemühungen verstärken. Wird ein Duft für uns relevanter, produzieren wir unter Umständen mehr Rezeptoren, um seine Aromen besser aufnehmen zu können.

Die neuesten Untersuchungen zum Thema Riechtraining aus Hummels Forschungszentrum stammen von seiner Kollegin Ilona Croy und liefern noch ein schlagkräftiges, damit in Verbindung stehendes Ergebnis: Die Unfähigkeit, bestimmte Gerüche zu erkennen, lässt sich umkehren.

Wenn Sie jemals die Nase in die Luft gehalten und sich

gefragt haben, was alle da angeblich riechen, sollten Sie sich Croys Untersuchungen zu spezifischen Anosmien anschauen. Damit ist die Unfähigkeit gemeint, bestimmte Gerüche wahrzunehmen, obwohl das Riechvermögen ansonsten normal ist. Während das einst als seltenes Phänomen galt, schloss Croy aus einer Studie mit 1600 Teilnehmern, dass jeder Mensch eine genetische Veranlagung zur »Geruchsblindheit« für verschiedene Düfte hat. Bei mir könnte das Sandelholz sein, bei Ihnen der moschusartige Schweißgeruch und bei Morgan Rotundon. Bei der spezifischen Anosmie handelt es sich also definitiv nicht um eine Störung, sondern um »die Regel, nicht die Ausnahme bei der Verarbeitung olfaktorischer Reize«, schreibt Croy. Und wir scheinen sie umkehren zu können. Vom Podest eines Hörsaals aus erzählte Croy, wie sie fünfundzwanzig Freiwillige rekrutiert hatte, die einen gesunden Geruchssinn und mindestens eine spezifische Anosmie aufwiesen, und sie dann Hummels olfaktorischem Übungsprogramm unterzog. Ihnen wurden »Riechfläschchen« mitgegeben, die wässrige Lösungen der Düfte enthielten, die sie nicht riechen konnten, und daran sollten sie zweimal täglich zehn Sekunden lang riechen, über einen Zeitraum von zwei bis vier Monaten.

Jeder einzelne Proband wies »eine verbesserte Wahrnehmung der jeweiligen Düfte auf«. Kein einziger war noch immer geruchsblind gegenüber einem der Düfte, die er vorher nicht hatte ausmachen können.

Die Schlussfolgerung lautet, dass olfaktorisches Training funktioniert, sogar bei Leuten mit ansonsten gesundem Riechvermögen. Unsere olfaktorischen blinden Flecken lassen sich korrigieren und lassen uns Gerüche »sehen«, die vorher die olfaktorische Version einer Tarnkappe aufhatten. Geruchsblinde könnten auf diese Weise womöglich Duftaromen zurück in ihre Welt bringen und Menschen mit normalem Riechempfinden ihre Wahrnehmung steigern. Und meine Wenigkeit könnte gute Karten haben, die Treffsicherheit bei den wichtigsten Weinaromen – wie etwa Pyrazin, das ich nur schwer erkannte, oder das Vanillin der Eichenfässer – zu erhöhen, ohne mich einer Elektroschocktherapie unterziehen oder an LSD-Blättchen lecken zu müssen.

»Schon enorm, zu was die menschliche Nase in der Lage ist«, sagte Hummel und lauschte dabei dem Applaus für Croys Vortrag. »Genau das wollte ich heute zeigen. Wenn wir trainieren, können wir Supersinne bekommen.«

Als ich am Dresdener Flughafen gerade in meinen Flieger zurück nach New York steigen wollte, rief mich meine Mutter an. Meine Großmutter war gestorben.

Wir beide standen uns extrem nahe. Ich fuhr beinahe jedes Wochenende mit der Bahn zu ihr an den obersten Rand der Upper West Side von Manhattan, um mit ihr zu kochen oder ihr von einer Story zu berichten, an der ich gerade saß, oder um Geschichten von ihrer Flucht aus Slowenien während des Zweiten Weltkriegs aus ihr herauszuquetschen. Wir hatten eine ganz besondere Verbindung. Ich habe sie sehr geschätzt.

Zurück in New York drängelte ich mich durch den Zoll und wollte mich so schnell wie möglich dem Verwandtschaftsgrüppchen anschließen, das sich in der Wohnung meiner Großmutter versammelt hatte. Wir redeten. Wir weinten. Und irgendwann war jeder gegangen bis auf meine Mutter und mich. Sie machte die Tür im Gästezimmer hinter sich zu, damit sie sich in Ruhe mit den Vorkehrungen für die Beerdigung befassen und herausfinden konnte, wie viel Zeit uns noch für die Wohnungsauflösung blieb. Die Frage stand im Raum, was wir mit den Hinterlassenschaften von neunzig gelebten Jahren tun würden. Möbel. Teegeschirr. Kleider.

Kleider. Ich ging ins Schlafzimmer und schob die Türen ihres Schranks auf. In den vergangenen paar Monaten hatte es keinen Tag gegeben, an dem ich nicht über den Geruchssinn nachgedacht hatte. Uns würden Fotografien bleiben, um uns an unsere Großmutter zu erinnern, und sogar Tonaufnahmen, die mein Cousin und ich heimlich gemacht hatten, wenn sie bei Verwandtschaftstreffen am Geschichtenerzählen war. Doch ihr Geruch …

Auf einmal wünschte ich mir sehnlichst, ich könne ihren persönlichen Duft bei mir behalten, diesen olfaktorischen Daumenabdruck, den auf dieser Welt nur sie allein hatte. Ich stand vor den Hosen, Röcken, Pullovern und Kleidern, die in ihrem Schrank hingen. Ich breitete die Arme aus und raffte so viele davon, wie ich konnte, zusammen, drückte sie an meine Brust und vergrub mein Gesicht darin. Ich schloss die Augen, hielt meine Nase an einen beigen Cashmerepullover und nahm einen tiefen, langen Atemzug. Und dann noch einen.

Der Duft war umwerfend. Ich wollte ihn mir fest einprägen. Ich versuchte, diese besondere Aromamischung in Worte zu fassen, in der Hoffnung, wenigstens diesen Teil von ihr zu bewahren, ihn mir ins Gehirn zu meißeln, damit ich ihn mir später ins Gedächtnis zurückrufen konnte, damit ich das Gefühl zurückbringen konnte, mit ihr zusammen zu sein, wie es nur der Geruch vermag. Ich nahm noch einen Atemzug. Er hatte etwas Weiches. Ich wusste, darin mussten Spuren ihres Parfüms Eternity enthalten sein sowie vielleicht auch ihrer Handcreme. Doch es fühlte sich an, als würde ich im Dunkeln tappen. Ich sog den unverwechselbaren *Nona*-Geruch ein und war sofort tief bewegt vom Gefühl ihrer Anwesenheit wie auch furchtbar frustriert von der Gewissheit, diesen Wohlgeruch – und so viel mehr – für immer zu verlieren. Da war ihr Duft. Er war am Verschwinden. Und bald für immer verloren.

Später ließ ich diese Erinnerung wieder regelmäßig hochkommen, nachdem der stechende Trauerschmerz ein wenig abgestumpft war und das Leben mich in den Alltag zurückgenörgelt hatte. Meine Erfahrungen in Dresden hatten mir einiges an Selbstvertrauen geschenkt: Meine Sinneswahrnehmungen würde ich tatsächlich steigern können, und sie waren sowieso schon gar nicht mal die schlechtesten. Dieser eine Moment in der Wohnung meiner Großmutter hatte allerdings eine Verständnislücke offenbart. Als ich da vor ihrem Schlafzimmerschrank stand und mich an ihre Kleidung schmiegte, war nichts an meinem Riechvermögen auszusetzen. Mein Gehirn wusste einfach nicht, was es mit diesen Informationen anstellen sollte. Um mich auf die sensorischen Signale einzustellen, würde ich nicht nur den unverarbeiteten Stimulus erkennen, sondern in Wissen umwandeln müssen. Wie genau würde das Signal Bedeutung erlangen? An welchen Fähigkeiten mangelte es mir? Ich stürzte mich auf eine lange Liste wissenschaftlicher Studien – mein einziges Souvenir aus Dresden – und suchte nach Hinweisen auf das, was Riechschärfe ausmacht.

Auf dem skeptischen Spektrum von Atheisten und Verschwörungstheoretikern ist auch ein nicht gerade kleines Trüppchen angesiedelt, für das so etwas wie Weinfachkenntnis schlicht nicht existiert. Für das Sommeliers keinen Deut besser riechen oder schmecken können als alle anderen. Für das der ganze Kram nur Humbug ist, also her mit dem Bier, und Ende. Dazu tischen sie uns für gewöhnlich zwei Studien auf, die diese Theorie beweisen sollen, und an beiden wirkte ein ehemaliger Professor der Universität von Bordeaux, Frédéric Brochet, mit. In einer davon wurden Brochets Önologiestudenten gebeten, den Geruch von zweierlei Weinen zu beschreiben: einem weißen und einem roten. Kinderspiel, mögen Sie meinen. Die Studenten sagten, der Weißwein schmecke wie die meisten Weißweine – »blumig«, mit Noten von »Apfel«, »Litschi« und »Grapefruit«. Den Rotwein beschrieben sie mit den rotweintypischen Begriffen wie »Schwarze Johannisbeere«, »Himbeere« und »Pflaume«. Wie sich anschließend herausstellte, hatten die Studenten an zwei Gläsern des exakt gleichen Weins geschnuppert, nur dass der eine Glasinhalt rot eingefärbt worden war. Brochet und seine Mitverfasser zogen aus diesen Ergebnissen Rückschlüsse auf unsere Sprache – dass wir einen Wein beschreiben, indem wir ihn mit Dingen vergleichen, die dieselbe Farbe haben wie der betreffende Wein. Der Rest der Welt schlussfolgerte, dass die sogenannten Experten nicht einmal zwischen Rot- und Weißwein unterscheiden können. Im Rahmen eines zweiten Experiments ließ Brochet die Önologiestudenten zwei Rotweine aus dem Bordeaux probieren und bewerten, wobei ihnen einer davon als einfacher Vin de table (Tafelwein) präsentiert wurde und der andere als prestigeträchtiger Grand Cru Classé. Letzteren befürworteten vierzig der siebenundfünfzig Verkoster als »guten« Wein, drei feierten ihn als »hervorragend«, und Dutzende lobten seine »ausgewogenen«, »komplexen« und »abgerundeten« Aromen. Als die gleiche Gruppe den Vin de table serviert bekam, würgten sie herunter, was sie als »kraftlos«, »flach« und »fehlerhaften« Wein bezeichneten. Wie Sie wahrscheinlich schon erraten haben, hatte Brochet den »Grand Cru« und den »Vin de table« aus ein und derselben Flasche mittelmäßigem Bordeaux gegossen. Zeitungen und Blogs erklärten die Weinverkostung zum »Bockmist« und zur »Pseudowissenschaft«. Und es führt kein Weg daran vorbei: Das wirft ein schlechtes Licht auf die »Experten«, die ihre Sinne täuschen ließen.

Bevor wir sie jedoch als Betrüger abkanzeln, sollten wir bedenken, dass es bei den sogenannten Weinprofis tatsächlich Unterschiede gibt. Als ich die in Dresden mitgenommenen Studien durchforstete, stellte ich fest: Was Weinfanatiker zu Weinfanatikern macht, ist ein wenig komplizierter, als unseren Nasen das Wahrnehmen winziger Aromaunterschiede beizubringen.

Da Weinprofis jedes Mal eine Flut von Schlagwörtern loslassen, wenn sie ihre Nase in ein Glas stecken, sollte man meinen, sie reagieren empfindlicher auf Gerüche als nichts ahnende Zivilisten. Nicht unbedingt. Die Anzahl einzelner Gerüche, die der Mensch in einer Duftmixtur ausmachen kann, scheint begrenzt. Selbst gestandene Fachleute, die sich einer Geruchsausbildung unterzogen haben, wie Parfümeure oder Sommeliers, können maximal zwischen drei oder vier Riechstoffen unterscheiden, wenn sie eine Mischung von Aromen erschnüffeln sollen – so viel wie Anfänger auch. Dieses Bukett aus kandiertem Ingwer, Pfirsich, Süßklee, Zitronenverbene und Yuzu, das Ihr Sommelier an Ihrem Chenin Blanc so schätzt, ist sehr wahrscheinlich das Produkt branchenspezifischer Gewohnheiten – wie die deduktive Verkostungsmethode des Courts –, die die Sommeliers darauf konditionieren, bestimmte Ausdrücke herunterzurasseln. Außerdem hilft diese Form der Poesie beim Verkaufen.

Und doch gibt es Gebiete, auf denen die Weinprofis besser abschneiden – und zwar sehr viel besser – als gewöhnliche Schnüffler. Hummel und andere haben gezeigt, dass Profis ihr Riechempfinden durch tägliches Üben steigern können. Und sie glänzen auch beim Unterscheiden zwischen verschiedenen Gerüchen – zwischen Koriander und Nelke zum Beispiel – sowie beim Aufspüren feiner Nuancen – hoher Alkoholgehalt im Vergleich zu niedrigem Alkoholgehalt zum Beispiel. Hinzu kommt, dass sich ihre Fähigkeit, Gerüche zu identifizieren und zu benennen, durch regelmäßiges Üben verbessert.

Solcherlei Üben verändert außerdem die Hirnstruktur auf drastische und messbare Art und Weise. Die überzeugendsten wissenschaftlichen Beweise dafür, dass Weinkompetenz existiert, lieferten mitunter Forscher, die das Gehirn von Sommeliers beobachtet haben, während diese Wein verkosteten. 2005 veröffentlichten Wissenschaftler in Italien die Ergebnisse einer Studie, die sie gemeinsam mit dem Professor für Neurowissenschaften Richard Frackowiak durchgeführt haben. Dessen mittlerweile berühmte Untersuchungen hatten erwiesen, dass das Gehirn von Taxifahrern strukturelle Veränderungen vollzieht, während sie sich eine stetig wachsende Kompetenz beim Navigieren von Londons Straßen erarbeiten. Die Forscher rekrutierten sieben Sommeliers und sieben Kontrollteilnehmer (Laien, die nicht viel von Wein verstanden) und ließen sie Wein aus einem Plastikschlauch süffeln, während sie in einem funktionellen MRT-Gerät lagen, das die Hirnaktivitäten mittels der Durchblutung misst. Die Teilnehmer probierten unterschiedliche Getränke, darunter rote, weiße und süße Weine sowie eine geruchlose Glukoselösung, und erhielten dabei Anweisungen, wann sie schlürfen und schlucken sollten. Währenddessen wurden ihre Köpfe gescannt.

Das brachte erstaunliche Ergebnisse zum Vorschein. Wenn die Kontrollteilnehmer die Weine probierten, zeigte ihr Gehirn lediglich ein paar verstreute Aktivitätspunkte, insbesondere in den Regionen, in der wir Gefühle verarbeiten. Die Hirne der Weinkenner jedoch gerieten außer Rand und Band. Sie wiesen mehr Aktivität auf und ließen Areale aufleuchten, die mit kognitiver Verarbeitung auf höchster Ebene zugange sind, wie dem Erinnern, Planen und dem abstrakten Denken. Kurz gesagt, wies die Gehirnaktivität einen besonderen Charakter auf, der die Experten von den Anfängern abhebt. »Unsere Ergebnisse deuten darauf hin, dass das Muster der Gehirnaktivierung bei erfahrenen Sommeliers wesentlich anders ist als bei Kontrollpersonen«, schrieb das italienische Team, das diesen Unterschied auf »die feinere Wahrnehmung« der Sommeliers von Geruch und Geschmack sowie ihre »analytischere« Bewertung von Wein zurückführte. Wie Alessandro Castriota-Scanderbeg, der Hauptautor der Studie, bemerkte: »Es gibt klare Hinweise darauf, dass sich die neuronalen Verbindungen des Gehirns durch Übung und Erfahrung verändern.« Mir kam ein Gedanke: War mein eigenes Gehirn im Begriff, sich zu verändern?

In Frankreich, wo man Italien nur äußerst ungern das letzte Wort in Sachen Wein gestatten möchte, wurde 2014 eine ähnliche Studie durchgeführt. Dort legte eine Gruppe Neurowissenschaftler des Universitätskrankenhauses von Besançon zehn

Sommeliers und zehn Amateurtrinker unter einen fMRT-Scanner – und kam im Wesentlichen zum gleichen Ergebnis.

Weinexpertise ist also definitiv kein Humbug. (Brochet, der Professor, dessen Studien als Beweis dafür angepriesen werden, dass die Weinverkostung »Bockmist« ist, wendete sich keinesfalls angewidert von der Welt der Önologie ab. Vielmehr verließ er die Hochschule, um sich der Weinherstellung in einem hübschen Château in Westfrankreich zu widmen.) Profiverkoster haben sich tatsächlich beigebracht, Wein auf andere Art zu erleben als die Amateure. Und die Düfte eines Glases Cabernet Francs kitzeln keineswegs die übrig gebliebene, primitive Seite unserer grauen Substanz, wie Broca es wohl vorhergesagt hätte. Genau das Gegenteil ist der Fall. Wein aktiviert nachweislich höher entwickelte, übergeordnete Teile des Gehirns.

Wie ist das passiert? Die Moral der Geschichte lautet, dass Geruchs- oder Geschmacksempfindlichkeit allein nicht ausreichen, um den Menschen aufmerksamer genießen zu lassen. Sommeliers vergleichen im Allgemeinen ihre Blindverkostungspraxis mit Sport, so, als ob das Stimulieren ihrer Nasen und Zungen einem Gewichtheber ähnelt, der sich beim Muskelaufbau einen abschwitzt. Das ist nicht ganz korrekt. Der Erwerb von Wein-Know-how ähnelt eher dem Erlernen einer neuen Sprache als dem Stemmen von Gewichten. Eine fremde Sprache erlernen wir nicht, indem wir unser Gehör verbessern und immer feinere Geräusche wahrnehmen können. Wir erlernen sie, indem wir unser konzeptionelles Wissen erweitern. Bevor ich anfing, Chinesisch zu lernen, war diese Sprache für mich nur Geräusche – *nihaowodemingzijiaobaobian*. Und deswegen musste ich noch lange nicht zum Ohrenarzt. Ich musste den Klängen Bedeutung verleihen (*wo* bedeutet »ich«). Ich musste diesen Klängen wieder und wieder begegnen (*wo, wo, wo*). Und ich musste einen größeren Rahmen entwickeln, in dem ich die Bedeutung dieser Klänge einordnen konnte. (»Ich« heißt *wo*, »du« heißt *ni*.) Mit der Zeit dröselte sich dieser akustische Wirrwarr zu *Nihao, wode mingzi jiao bao bian* oder »Hallo, ich heiße Bianca« auf.

Mit der Weinexpertise verhält es sich ähnlich. Um sie zu erlangen, müssen wir aufmerksam sein, klar in unserer Wahrnehmung, und dann müssen wir den Körperempfindungen Bedeutung verleihen. Mittlerweile geht man davon aus, dass der Sprache eine Schlüsselrolle bei der Unterscheidung von Duftstoffen zukommt. Profis verbessern ihre olfaktorischen Fähigkeiten, indem sie einem Geruch Name und Bedeutung beimessen (bei diesem sauren, roten Fruchtaroma handelt es sich um Johannisbeere), indem sie einem Geruch wieder und wieder begegnen *(Johannisbeere, Johannisbeere, Johannisbeere)*, und indem sie sich einen Rahmen zur Einordnung dieses Geruchs erarbeiten *(Johannisbeere* findet sich oft in toskanischem Sangiovese). »Ein Großteil des Weinprofikönnens besteht darin, eine Art Klassifizierungssystem aufzubauen und dann Wörter/Kategorien mit Gerüchen in Verbindung zu bringen«, sagte Tim Jacob, Geruchsspezialist und emeritierter Hochschulprofessor der Universität von Cardiff. Darin stimmt ein wissenschaftlicher Artikel in *Frontiers in Psychology* überein, worin es heißt, durch das Erlernen dieser Bezeichnungen und Schemata könnten wir »Wahrnehmungsfähigkeiten entwickeln, die denen eines untrainierten Menschen haushoch überlegen sind«.

Mit anderen Worten: Matt konnte sich seinen Superschmeckerstatus sonst wohin schieben. Um die Raffinesse eines Weins würdigen zu können, müssen wir also noch lange keine Superschmecker (oder Supernasen) sein. Ein Superdenker zu sein ist viel wichtiger. (Obwohl wir uns auch so am Wein laben können, indem wir einfach superentspannt sind, ein Glas Pinot gerade supernötig haben oder super sonst was sind.) Was ich brauchte, war eine konzeptionelle Struktur, damit ich die Aromen, die ich roch, einordnen und verstehen konnte.

Bewaffnet mit diesem neuen Wissen entschied ich mich, meine Ausbildung zu beschleunigen, indem ich sie sowohl körperlich als auch geistig anging. Meinen Tagesablauf habe ich so umgestellt, dass ich das von Hummel und seinem Team entwickelte Trainingsprogramm einbinden konnte. Ich habe in das Kit »Le Nez du Vin« investiert, das vierundfünfzig Aromaessenzen von Moschus bis Melone enthält, die häufig in Weinen vorkommen. (Einer der besten Sommeliers der Welt hält dieses Kit für »einen wertvollen Begleiter«.) Ich passte Hummels und Croys Methodik leicht an und wählte jede Woche fünf neue Fläschchen des Kits aus, um daran jeweils zweimal am Tag dreißig Sekunden lang zu riechen, während ich mich bemühte, mir Namen und Assoziationen einzuprägen. Safran, rezitierte ich und hielt dabei das fingerhutgroße Gläschen unter jedes Nasenloch. Safran, Safran, Safran. Wie von den Parfümeuren gelernt, versuchte ich, den jeweiligen Geruch mit Bildern in Verbindung zu bringen – ein orangefarbener Stern – und ihn mit Worten zu beschreiben – alkalisch, metallischer Unterton, paprikaartig. Ich versucht vergeblich, Morgan mit ins olfaktorische Trainingsboot zu holen, indem ich ihm versicherte, er könne dadurch seine Rotundon-Anosmie heilen. Er wollte es lieber auf die herkömmliche Art probieren.

Außerdem verdoppelte ich meine Anstrengungen beim Pauken der Weintheorie. Den Duft von Vanille, Dill und Kokosnuss richtig zu erkennen reichte nicht. Ich musste auch den nötigen Rahmen haben, um diesen Gerüchen Bedeutung beimessen zu können: Vanille, Dill und Kokosnuss deuten auf einen Wein hin, der in Fässern der amerikanischen Eiche gereift ist, was wiederum ein Markenzeichen von spanischen und argentinischen Winzern ist, insbesondere von denen in Rioja und Mendoza, die Wein aus der Tempranillo- bzw. Malbec-Beere herstellen. *Das* war Expertise.

Doch obwohl ich mittlerweile diesen eher wissenschaftlichen Ansatz zur Verbesserung meiner Verkostungsfähigkeiten verfolgte, war ich mir darüber im Klaren, dass ich dadurch niemals lernen würde, wie ich es dem Gaumen anderer Leute recht machen kann. Sommeliers verfeinern ihre Sinne schließlich nicht nur zum eigenen Vergnügen, sondern um ihren Gästen besondere Geschmackserlebnisse zu ermöglichen. Um mehr darüber zu erfahren, wie ich anderen beim Schmecken würde helfen können, brauchte ich Zugang zu Zivilisten. Ich brauchte ein Restaurant.

# 5 DAS ZAUBERREICH

Als ich mir den Serviceleitfaden des Court of Master Sommeliers ansah, fand ich besorgniserregende Hinweise darauf, dass der Job einer Sommelière einiges mit einem Verhandlungsführer bei Geiselnahmen gemeinsam hatte. Die Richtlinien des Courts klangen so, als ob Somms sich mit labilen Fremden auseinandersetzen müssten, die in der nächsten Sekunde eine krasse Tat begehen würden. »Geben Sie gut auf Resonanz, Sprechweise und Körpersprache des Gastes acht«, lauten die offiziellen Richtlinien bezüglich des »Auftretens des professionellen Sommeliers«. »Halten Sie Augenkontakt mit den Gästen, soweit angemessen.« »LÄCHELN.« *Keine plötzlichen Bewegungen,* wollte ich noch hinzufügen.

Das war ein klares Warnsignal. Während sich meine Verkostungskompetenz gestützt von wissenschaftlichen Erkenntnissen ganz gut entwickelte, waren meine Kellnerfähigkeiten quasi nicht vorhanden. Martin Witt und seine Eimer voller Gehirne würden mir hier kaum weiterhelfen. Eines Abends übte ich daheim, Wein über einer Kerze zu dekantieren, und versengte dabei mit Erfolg den Küchenschrank. Die Prüfung zum Certified Sommelier konnte ich unter diesen Umständen vergessen, und das Arbeiten als Restaurantbedienung auch.

Um den Serviceteil zu bestehen, führt kein Weg an praktischer Arbeitserfahrung im Restaurant vorbei. Die meisten Sommeliers heften sich während ihrer Laufbahn an die Fersen ihrer

Kollegen, damit sie mit den unterschiedlichsten Weinkarten und auch etwas förmlicheren Rahmenbedingungen umgehen lernen. Ein paar Wochen vor einer Court-Prüfung möchte der Kellner eines Happy-Hour-Ladens sein Wissen bestimmt mal in einem total vornehmen Restaurant auffrischen und ein paar Abende lang vierzig Jahre alte Brunellos mit Degustationsmenüs kombinieren. Eine andere fordert vielleicht einen Gefallen ein und arbeitet einen Abend lang als Weinkellnerin unter Beobachtung einer Meistersommelière, die sie nach Dienstschluss beurteilt. Wir US-Amerikaner nennen dieses Prozedere wie die Franzosen, nämlich *Stage,* das *Staahsch* ausgesprochen wird. Dabei geht es meist darum, den eigenen Servicekompetenzen den letzten Schliff zu verleihen.

Ich brauchte dringend eine *Stage,* obwohl es in meinem Fall nicht um das Verfeinern von Fähigkeiten, sondern um deren Aneignung ging. Für meine Prüfung war es von entscheidender Bedeutung, dass ich mir ein motorisches Gedächtnis für die Vorschriften des Weinservice zulegte. Und außerdem wollte ich mir Sommeliers von höchstem Rang bei ihrer Arbeit im Restaurant anschauen, damit ich die Unterschiede zwischen der Weinkellnerei im echten Leben und den Lehrbüchern des Courts abschätzen konnte. Natürlich hatte ich dadurch auch eine gewisse Chance, mich als Anhängsel des Personals – Networking für Sommeliers – mit irgendjemandem so gut zu verstehen, dass er oder sie mir einen Job verschaffen würde.

Als ich mich gerade in den letzten Zügen meines viermonatigen Daseins als Kellerratte befand, hatte ich Joe überredet, mich an Laras Fersen heften zu dürfen, während sie Wein ausschenkte. Joe überlegte es sich in allerletzter Sekunde dann doch anders, und ich war zum Glück nicht allzu niedergeschmettert deswegen, weil ich schon etwas weit Besseres in Aussicht hatte.

Auf dem Weinfestival Wine Bar War, wo ich mit Morgan verabredet gewesen war, hatte ich auch das Weinwunderkind

Victoria James kennengelernt, die all das verkörperte, was ich gern sein wollte. Mit vierundzwanzig war sie die wohl jüngste Sommelière der Stadt, und sie arbeitete bereits im *Marea,* einer von New Yorks heiligen Stätten der Haute Cuisine. Es war mein absoluter Traum, an diesem Ort eine *Stage* zu machen. Nachdem ich sie ein paar Wochen lang bedrängt und meine Tätigkeiten im *L'Apicio* großzügig aufgebauscht hatte, erklärte sich Victoria bereit, ihre Chefs zu überreden, mich an ihre Fersen heften zu dürfen.

Wenn Manhattan ein »Spielplatz für die Reichen« genannt wird, kommt einem sofort das *Marea* in den Sinn. Das Markenzeichen des Küchenchefs Michael White sind Osietra-Kaviar (328 Euro pro 30 Gramm) und Crudo der Pazifischen Languste, die er ganz in der Nähe der sogenannten Billionaire's Row (Milliardärsstraße) am Central Park serviert. Die Gegend hat die wohl weltweit höchste Konzentration von Michelinsternen vorzuweisen. Eine Straße weiter vom *Marea* (zwei Sterne) liegen das *Jean-Georges* (drei Sterne), das *Per Se* (drei Sterne) und das *Masa* (drei Sterne). Von den Kellnern wird diese Art des Speisens »high-stakes« (hoher Einsatz) genannt. Die Gäste kennen das Beste vom Besten, erwarten das Beste vom Besten, und bei den Summen, die sie zahlen, kommt nichts anderes infrage. Drei Sommeliers stolzieren jeden Abend im Restaurant umher und verkaufen dabei Wein im Wert von insgesamt 17 000 bis 30 000 Euro. »Unter 13 000 Euro liegen wir nie«, meinte Victoria. »Außer, als der Hurrikan Sandy zugeschlagen hatte.« Bevor sie eine Reservierung annehmen, müssen die Angestellten jeden einzelnen Gast googlen, auch wenn der schmeichlerische Oberkellner bereits sämtliche Angehörige der feinen Gesellschaft kennt und ein Talent dafür besitzt, miteinander verfeindete Prominenz so im Speiseraum zu platzieren, dass sie sich nicht ins Gehege kommen. *Mareas* Auge für die Feinheiten der Gastlichkeit ist bereits mit dem James Beard Award ausgezeichnet worden und war einer der beiden Gründe, warum ich mich unbedingt in Victorias Schlepptau begeben wollte. Der andere Grund war der, dass im *Marea* jeden Abend gut dreihundert Gäste bewirtet werden, im *Masa* hingegen gerade mal fünfunddreißig. Das bedeutete Nobelservice bei Großkantinenmengen und war deshalb in meinen Augen hervorragend geeignet, um die platonischen Bewirtungsideale auf ihre Tauglichkeit fürs echte Leben hin zu überprüfen. Zusätzlicher Bonuspunkt waren die unfassbar edlen Tropfen, die ich würde probieren dürfen. Es mag dem eigenen Bauchgefühl widersprechen, dass sich ausgerechnet in den besten Restaurants der Erde die Sommeliers am Wein der Gäste bedienen, bevor diese ihn probieren dürfen. Doch die Benimmregeln an Lokalitäten von *Mareas* Kaliber sehen vor, dass die Sommeliers jede Flasche Wein probieren, bevor sie diese ausschenken, nur um sicherzugehen, dass alles in Ordnung damit ist. Dieses kleine Schlückchen in Ehren ist die reine Serviceleistung, so das Argument, denn dadurch kommt garantiert kein fehlerhafter Wein auf den Tisch. Wobei kein Sommelier leugnen würde, dass ihnen das Nippen an den feinen Weinen, die sie aus dem Keller holen, einen Kick gibt. Ich für meinen Teil freute mich schon sehr darauf.

Außerdem war ich gespannt auf die Perspektive einer Frau im Sommelierberuf, der lange einer Herrenriege vorbehalten war. Die ersten Edelrestaurants Amerikas hatten nämlich nicht nur Europas Glanz und Gloria rund um den Wein übernommen, sondern auch die Tradition einer rein männlichen Belegschaft. Der früheste bekannte Hinweis auf Sommeliers in New York City stammt aus dem Jahr 1852. Dabei handelt es sich um eine Jobanzeige, in der passenderweise eine Adresse unweit der Wall Street genannt wurde. Erst 1943, also ein ganzes Jahrhundert später, wurde in der *New York Times* die erste und damals einzige Weinkellnerin vorgestellt. Diese »hat – zum Neid vieler Frauen – den Bogen heraus, respektvoll und doch nicht unterwürfig zu sein; ihren Kopf durchzusetzen, ohne die männliche

Eitelkeit zu verletzen«, schrieb die *Times,* die außerdem berichtete, dass diese Frau so gut mit Männern auskam, weil sie »sich auf die Dinge beschränkt, von denen sie etwas versteht«. »Ein Mann bekommt von mir niemals Ratschläge zu Hochprozentigem«, wird die Sommelière zitiert. »Hierbei braucht kein New Yorker Hilfe. Die meisten kennen ihre eigenen Vorlieben. Manchmal nur zu gut.« Bis 1970 waren ganze zweiundneunzig Prozent der Bedienungen weiblich, und doch stellten Frauen im Weinkeller noch immer eine Seltenheit dar. »Als ich anfing, gab es kaum andere Frauen«, sagte Madeline Triffon, die 1987 die erste weibliche Meistersommelière wurde. Selbst heute noch sind sechsundachtzig Prozent der Meister Männer.

Wenn irgendjemand diese Männerherrschaft würde durcheinanderwirbeln können, dann Victoria. Sie erinnerte mich an eine Femme fatale aus einem alten Film noir: eine klassische Schönheit mit runden Augen und elfenbeinfarbener Haut, die sich von niemandem etwas sagen ließ. Aufgewachsen ist sie mit vier Geschwistern auf der Upper West Side von Manhattan. Das Geld war knapp, und so fing sie mit nicht einmal dreizehn an, von vier Uhr mittags bis zwei Uhr morgens im Raucherbereich eines griechischen Imbisslokals zu kellnern, das sich wenig um die Jugendarbeitsschutzgesetze scherte. Victoria schrieb sich an der Fordham University für ein Psychologiestudium ein, vermisste aber die fiebrige Energie der Gastronomie. Drei Jahre bevor ihr die US-amerikanischen Gesetze den Alkoholkonsum erlaubten, stand sie also hinter der Bar eines kleinen Italieners in der Nähe des Times Square und besuchte nebenher heimlich Weinseminare. Bald darauf nahm sie eine Arbeit als Kellerratte an und hängte ihr Studium an den Nagel. Als sie schließlich einundzwanzig wurde, beschaffte sie sich einen Job als Sommelière im *Aureole* und war Morgan damit nur um ein paar Jahre voraus. Kein mir bekannter Mensch hat die Karriereleiter schneller erklommen als sie, und der Wein stellte für sie Beruf, Berufung, Hobby, Leidenschaft und alles andere dazwischen dar. Sie pflanzte Pinot Noir auf ihrem Austritt zur Feuerleiter an und sammelte in ihrer Freizeit Wildkräuter, um Kräuterlikör daraus zu machen und ihn in einem Fass in ihrer Küche reifen zu lassen. »Wein bedeutet Freiheit«, erklärte sie mir. »Er schenkt uns die Freiheit, Leute kennenzulernen, die wir sonst nicht treffen würden, an Orte zu fahren, die wir sonst nicht besuchen würden, und Dinge zu kosten, die wir sonst nicht probieren würden.«

Ich selbst würde nun bald Zugang zu einer Welt erhalten, die nur wenige zu Gesicht bekommen und in der noch weniger Menschen arbeiten dürfen. Auf mich zumindest traf Victorias Aussage schon mal zu.

An einem Donnerstagnachmittag um drei erschien ich im *Marea* in einem Outfit, das Victoria auf Herz und Nieren geprüft hatte. Das mag einem leicht übertrieben vorkommen – was kann man mit einem schwarzen Blazer und einem schwarzen Rock schon falsch machen? Restaurants vom Rang des *Marea* stellen allerdings an ihre Angestellten im vorderen Bereich die allerhöchsten Ansprüche – darunter die Sommeliers, die Kellner, die Speisenträger, die Geschirrabräumer –, deshalb konnte ich nicht vorsichtig genug sein. (Der hintere Bereich des Restaurants gehört dem Küchenchef, den Souschefs, den Chefs de Partie, den Tellerwäschern und anderen Küchenmitarbeitern.) Dass ich meine Garderobe überhaupt selbst wählen durfte, war gemessen an den Standards des *EMP* schon lax, denn dort tragen die Sommeliers einheitliche Anzüge von Victorinox. Und das Restaurant *Per Se* ist bekannt dafür, seinen Angestellten von eigens dafür angeheuerten Balletttänzern anmutige Bewegungen beibringen zu lassen. *Jean-Georges* hingegen hat Richtlinien für Bewegungsstil *und* Kleidung. Das Restaurant händigt seinen Mitarbeitern Anweisungen in puncto Lippenstiftfarbe, Schmuckstil, Nagellack und Nagellänge aus und spart auch nicht mit Ratschlägen zu einer guten Körperhaltung. Die Woche erst hat Victoria ihr langes braunes Haar auf einen kinnlangen Bob stutzen lassen, weil ihr Chef diese Frisur für »angemessener« hielt. Als ich sie traf, trug sie ihren eigenen schwarzen Blazer zu flachen schwarzen Ballerinas und einem strengen schwarzen Kleid. Schmuck trugen wir beide keinen – damit wir bloß keinem Gast die Show stahlen – und auch kein Parfüm. Mir war zu Ohren gekommen, dass eine Sommelière wegen ihres stark duftenden Shampoos abgemahnt worden war.

Victoria ging mit mir die Hausordnung des *Marea* durch. Die Serviceabläufe wurden oft frisiert, um Zeit, Geld oder Platz zu sparen oder um nicht dem Verhaltenskodex des Courts zuwiderzulaufen. Öffne die Weinflasche nicht am Tisch – das ist so was von »bistromäßig«, wies mich Victoria an. Das sollte außerhalb der Sichtweise des Gastes passieren, bei der Anrichte – Pardon, *Credenza* – im hinteren Bereich des Restaurants. Bringe den Korken nicht mit an den Tisch, es sei denn, du wirst darum gebeten. »Das ist so, als würdest du den Gästen Abfall präsentieren.« Der Wein gehört auf jeden Fall probiert, bevor du ihn servierst, damit du hundert Prozent sichergehen kannst, dass er in Ordnung ist. Immer zuerst den Frauen einschenken und dann den Männern. »Oh, halt, die Geistlichen!«, korrigierte sich Victoria. »Die Götter haben Vorrang.« Die Einzelheiten dessen, was einen guten Service ausmacht, unterscheiden sich von Restaurant zu Restaurant. Über allem steht jedoch das, was die Meistersommeliers von TopSomm mir eingeschärft haben: Jede Handlung sollte Eleganz anstreben. Und unser höchstes Ziel war es, einfach zu verschwinden. »Wenn die Gäste bei uns eine schöne Zeit haben, sollten sie sich nicht an die Gesichter des Personals erinnern«, sagte Victoria. »Alles soll wie von Zauberhand vor ihnen auf den Tisch fallen.«

Sie führte mich am Podest des Oberkellners vorbei, den Speiseraum hindurch und schließlich zum Sommelierbereich ganz hinten im Restaurant in der Nähe der Küche. Uns gegenüber befand sich eine Regalwand, in der die unterschiedlichsten Gläser in allen Größen schimmerten. Victoria zeigte auf ein bauchiges Modell, das wie eine durchsichtige Grapefruit auf einem Sockel aussah. Es war für Roten Burgunder und andere »aromatische« Weine gedacht. »Denn je mehr Oberfläche, desto mehr hat die Nase zu riechen«, erklärte sie mir. »Rieslinge und Dessertweine werden in den niedrigeren, schmaleren Gläsern dort drüben serviert.« Die großen, beinahe doppelt so hohen Gläser, die so riesig und sperrig aussahen, dass sie wie Goldfischgläser auf Glasstielen wirkten, waren für Cabernet Sauvignon, Syrah und Nebbiolo gedacht.

Für den echten Weinkenner verdient das Kombinieren von Wein und Glas genauso viel Sorgfalt und Beachtung wie das Kombinieren von Wein und Essen. Im *Alinea* werden für jeden Wein erst drei Gläser getestet, bevor die Sommeliers das eine Glas finden, das die gewünschten Eigenschaften des Weins unterstreicht. Die Glashersteller behaupten, dass die Form des Kelchs jeweils unterschiedliche Aromen und Texturen eines Weins betont – teilweise angeblich dadurch, dass sie steuert, auf welche Zungenregion der Wein zuerst trifft oder wie viel Luft auf die Weinoberfläche gelangt. Riedel, eines der führenden Unternehmen dieser Branche, geht sogar so weit, dass es über ein Dutzend rebsortenspezifische Gläser im Angebot hat, darunter ein Glas für »Bordeaux Grand Cru« (für hundertzehn Euro das Stück) und eines für »Mature Bordeaux« (für sechsundachtzig Euro das Stück). Der arme Bauerntölpel, der den Chablis entweiht, indem er ihn in Riedels »Alsace«-Glas gießt. Sofort werden pseudowissenschaftliche Erklärungen auf ihn niederprasseln, die jeden Bockmistdetektor ausschlagen lassen sollten – nehmen Sie das birnenförmige Glas von Riedel, um die Birnenaromen zu betonen! –, und dennoch schwören die Anhänger darauf, dass eine sorgfältig austarierte Kurve einen großen Unterschied beim Trinkgenuss machen kann.

Lassen Sie mich hier einen Moment innehalten und klarstellen: Wie so oft beim Wein handelt es sich auch dabei nur teilweise, nicht insgesamt, um Bockmist. Da ich mich schon immer gefragt hatte, ob die Leute um den Durchmesser des Glasrandes und die Form des Kelchs zu Recht ein Tamtam veranstalteten, grub ich mich schließlich durch die erstaunliche Fülle an wissenschaftlichen Untersuchungen zu diesem Thema. Die kurze Antwort lautet: Ja, das tun sie zu Recht. (Und nein, Plastikbecher sind keine Alternative.) Fünf unterschiedliche Studien sind zu dem Ergebnis gekommen, dass die Form des Glases die Weinaromen auf subtile und dennoch merkliche Weise abschwächen oder verstärken kann, wenn auch nicht auf die konkrete Art, wie Riedel, Zalto und andere Glashersteller es behaupten. Allgemein gesprochen, unterstreichen solche Gläser, die in der Mitte breit sind und nach oben hin schmaler werden, die Intensität der Aromen mehr als andere Formen. Eine der Studien ergab, dass dadurch sogar die Fruchtigkeit des Weins hervorgehoben wird. Um dies zu erklären, verwendeten die japanischen Wissenschaftler eine Apparatur mit dem reizenden Namen »Schnüfflerkamera«. Sie stellten fest, dass die Wölbung des Weinglases die Ethanoldämpfe zu den Seiten lenkt und damit den Bereich in der Mitte freihält. Dadurch lässt sich der Wein ohne die aromavernichtende Wirkung des sich verflüchtigenden Alkohols erschnüffeln. In Martinigläsern und Longdrinkgläsern können sich die Ethanoldämpfe kreuz und quer verteilen.

Ich folgte Victoria in den ersten der drei »Keller« vom *Marea*. Genau genommen, handelte es sich dabei nur um einen hohen Kühlschrank, der zwischen zwei schweren Doppelschwingtüren eingeklemmt war, die beim Auf- und Zugehen nur so viel Platz übrig ließen, dass nicht einmal ich dazwischenpasste. Eine davon führte in die Küche, wo ein Männertrio einzelne Weingläser zu schimmernder, fingerabdruckloser Perfektion abdampfte. Die zweite Schwingtür war aus dunkel glänzendem Holz und öffnete sich in den Speiseraum. Jemand flog mit einem

Tablett schmutzigen Geschirrs an mir vorbei, und ich warf mich auf Victoria, damit mich die schaukelnden Pforten des Todes nicht zermalmten. »Das sind senkrechte Guillotinen«, wurde ich von Victoria nur ein klein wenig zu spät gewarnt.

Sie erläuterte mir, dass der Keller des *Mareas* etwa 1400 verschiedene auf über zehntausend Flaschen verteilte Weine beherbergten, die sich auf einen Gesamtwert von etwa 700 000 Euro beliefen. Die meisten Weine auf der Karte waren ungefähr drei Mal so teuer wie der Einkaufspreis: Die teureren Weine hatten einen geringeren Preisaufschlag, die billigeren meist einen höheren. Victoria stellte mir gerade den Weinträger vor, der die georderten Flaschen aus dem Kellergeschoss holte, als mir die schwere Holztür zu meiner Rechten auf die Schulter knallte, und zwar ordentlich. Ich versuchte, so zu tun, als sei sie mir nicht ausgerenkt worden. »Vorsichtig, ja?«, sagte der Weinträger und schaute mich besorgt an. Von Victoria wurde ich misstrauisch beäugt, so, als ob ihr gerade erst klar wurde, dass ich vielleicht doch mehr Ärger als Nutzen bedeutete. Sie drehte sich um und bahnte sich einen Weg in die Küche.

»Das wirst du nicht überleben«, rief sie mir über die Schulter hinweg zu.

Restaurants wie das *Marea* sind Disneylands für Multimillionäre. Von den einheitlichen Krawatten der Kellner bis zu den Stoffservietten auf den Toiletten – nicht der winzigste Fehltritt darf die Fantasie eines Zauberreichs verderben, in dem die Bestellung eines Risottos mit einer hundertdreißig Euro teuren Portion gehobelten weißen Trüffels nicht nur etwas Gutes, sondern das absolut Richtige ist. Wie bei allen gut gemachten Vergnügungsparks ist das gesamte Areal minutiös durchgeplant, damit der Traum zum Leben erwacht. Die Sitzbänke des Restaurants sind mit glatt poliertem ostindischem Palisanderholz von schokobrauner Farbe eingefasst. Die quer durchs Restaurant verlaufende Wand hinter der Bar besteht aus honigfarbenen Onyxfliesen, die durch die Beleuchtung von hinten golden glänzen. Man möchte unbedingt etwas anfassen, und zwar am liebsten etwas Teures und Seltenes. Die Fensterbänke sind mit vergoldeten Muschelhörnern gesäumt, als Anspielung auf die maritime Speisekarte des *Marea*. Der gesamte Speisesaal könnte als Innenbereich der Jacht eines Oligarchen durchgehen, daher kommt es vielen der Gäste sicherlich vertraut vor. Das Ganze hat einen Hauch von Cinderella, so, als ob die Speisenden zu Weltherrschern würden – sofern sie es nicht sowieso schon sind –, sobald sie sich in einem der Lederschalenstühle niederlassen. Die zuvorkommenden und ehrerbietigen Angestellten, das Funkeln der Gläser – das alles verleiht den Eindruck, dass hier im *Marea* wenigstens diese zwei Stunden lang die Welt in Ordnung ist, selbst wenn außerhalb des Restaurants das Chaos toben mag. Dass man es verdient hat. Alles davon. Einschließlich des Osietra-Kaviars.

Diese perfekt inszenierte Fiktion geschmackvoller Ordnung und elitären Gleichstellungsdenkens brach bereits zusammen, bevor der Service fürs Abendessen überhaupt begonnen hatte. Sie war nichts weiter als eine Fassade, worunter sich eine chaotische Welt aus Schreien, Wundblasen und schmierigen Geschäften verbarg.

Um siebzehn Uhr, eine halbe Stunde vor der ersten Reservierung, kam ich mit dem restlichen Personal zur täglichen Aufstellung vor Dienstbeginn zusammen. Michael, der stellvertretende Oberkellner, beäugte Victorias schwarze Ballerinas, während wir uns setzten. »Die zeigen ganz schön viel von deinem Fuß«, bemerkte er stirnrunzelnd. Ich setzte mich neben Victoria und die anderen beiden Sommeliers, die heute Abend Dienst hatten. Das waren Liz, eine Frau in den Dreißigern mit aufgedonnerter Frisur und schmallippigem Lächeln, und *Mareas* Getränkemanager Francesco, ein feiner, zierlicher Mann aus New Jersey mit italienischen Wurzeln.

Der Küchenchef stellte die fünfzehn Zentimeter langen, geteilten Knochenmarkscheiben als Speisekartenneuerung vor. Eine Konditorin referierte über die Petit Fours, die sie an diesem Abend servieren würde. Michael bat die Angestellten nachdrücklich um einen vorsichtigeren Umgang mit den Olivenölfläschchen. Die Hauptattraktion jedoch war George, der Oberkellner.

»Auf sechs fünfzehn haben wir heute Octavia Sansone, Wein-PX«, bellte er. »Adesh Patel, einer unserer Stammgäste. Mr Bennett Davis, Wein-PX. Miss Georgina Wilde plus eins an sechs dreißig – ebenfalls Wein-PX. Alex Wang, noch ein Wein-PX.«

PX, so erklärte mir Victoria, ist die Abkürzung für *Personne extraordinaire, Mareas* Codewort für »gibt ordentlich Geld aus«. Sie wird Reservierungen von spendablen Gästen, Freunden des Besitzers, zahlfreudigen Stammgästen und Ehrengästen wie dem Chefkoch Daniel Humm vom *Eleven Madison Park,* der an diesem Abend um acht Uhr erscheinen würde, hinzugefügt. Sie müssen um jeden Preis verhätschelt, verwöhnt und belustigt und zu noch mehr Geldausgeben animiert werden. Das *Marea* führt über seine Gäste Buch – was sie auf die Palme bringt, ihre Schrullen, ihre vorherigen Bestellungen sowie ihre Bedeutung für das Restaurant – und kommuniziert die Infos per *Soignés,* also mittels kleiner Zettel, die ausgedruckt werden, sobald die betreffenden Personen Platz genommen haben. So wissen die Bediensteten ganz genau, wie sie das jeweilige Grüppchen zu behandeln haben.

Manche Restaurants begnügen sich mit »VIP« oder »PX« oder »BLR«, der Abkürzung für »Baller«, also Basketballstar. Die ehrgeizigeren Speisetempel nehmen ihre Gäste allerdings beinahe so genau unter die Lupe wie das Essen, das sie an die Tische schicken. Je mehr eine Person ausgeben kann – oder will –, desto gründlicher wird sie untersucht und gegebenenfalls bereits lange vor ihrem Besuch als lukrativ gekennzeichnet. Die Buchstaben »LTG« auf einem Soigné bedeuten »laut Google«, so wie »LTG Anlagenanalyst bei Barclays Capital«. Im *Marea* wird die Kundschaft unter anderem in folgende Schubladen unterteilt: »gelegentliche Wein-PX«, »ehemalige Wein-PX« und »PPX« *(Personne particulièrement exceptionnel)*. Und es gibt »F/V«, also »Freund von« – »F/V Francesco«, »F/V George«, »F/V Besitzer«. Sie können als »Stammgast«, »Blogger«, »Presse« und »Reklamierer« bezeichnet werden. Ein Wutanfall beschert Ihnen den Hinweis »MVB« (»mit Vorsicht behandeln«), was andere Restaurants mit »RAN« (»Riesenansprüche«) und die Kellner mit »Dieser Vollidiot ist letztes Mal *komplett* ausgerastet« beschreiben. Wenn Sie sich extrem danebenbenehmen, heißt es »86 KEINEN EINLASS GEWÄHREN«. Wenn Sie sich extrem gut – und verschwenderisch – benehmen, kürt man Sie zu »NICHTS ABSCHLAGEN«.

George spulte noch ein paar mehr Namen ab, bis er zum Höhepunkt gelangte, der »großen Wein-PX an Tisch acht« – eine Sitzecke, die einen der begehrtesten Tische im *Marea* darstellt. »Señor Peralta aus Brasilien«, führte er aus. »Wohlhabender Brasilianer.«

Ich folgte den Sommeliers zurück zur Credenza und fragte sie, wie man denn Wein-PX würde.

Liz schaute mich an, als wäre ich geistig behindert. »Die … geben … viel Geld aus«, sagte sie extrem langsam.

Ich überlegte mir etwas, das ich für eine krasse Summe Geld für eine Flasche Wein hielt, und meinte: »Also so was wie zweihundertsechzig Euro?«

Einer der Kellner, ein kahl werdender Mann namens George, zwinkerte mir zu. Er tauschte Blicke mit Liz. »Pro … Person?«

»Pro Flasche«, stellte ich klar.

Er lachte laut heraus. »Das ist der *Durchschnitt.*«

»Also, wenn jemand über vierhundertfünfzig Euro« – pro Flasche – »ausgibt, dann langt er *wirklich* in die Tasche«, erklärte mir Liz. »Dann schreibe ich wahrscheinlich auf, was er getrunken hat, denn wenn er das nächste Mal anruft und reservieren möchte und wir diese Notiz sehen, werden wir auf jeden Fall versuchen, ihm einen Platz für zwei um sieben anzubieten, auch wenn wir eigentlich gar keinen haben. Weil er beim letzten Mal so wahnsinnig viel Geld lockergemacht hat. Als Weinteam bekommen wir nämlich jährliche und monatliche Verkaufsziele vorgegeben. Außerdem wirkt sich das natürlich auf den Abendumsatz aus, und da wir das Trinkgeld in einen gemeinsamen Topf werfen, bedeutet die höhere Rechnung ein höheres Trinkgeld für alle.«

Darüber schien sie sich ziemlich zu freuen, und sie sah sich daraufhin auch gleich im Speiseraum um. »Ich mach mal einen kleinen Rundgang«, sagte sie und tänzelte davon.

Anders als in anderen Restaurants üblich, wurden Liz keine speziellen Bereiche zugeteilt. Das *Marea* legte derart viel Wert auf die PX und die persönlichen Beziehungen zu ihnen, dass es seine Sommeliers nach Belieben im Speiseraum herumflattern und die ihnen gut bekannten Stammgäste verhätscheln ließ, egal, wo sie saßen. Jene Wein-PX hatten sich um eine Sonderbehandlung verdient gemacht, die weit über eine persönliche Note beim Service oder einen Vorrang beim Reservieren hinausging. Ein Wein-PX, Stammgast und Stammsäufer, hatte bereits im Speiseraum gekotzt, sich einen ganzen Fisch unters Hemd gestopft und sich damit vergnügt, den Kellnerinnen obszöne Anzüglichkeiten ins Ohr zu flüstern. Ihm wurde nicht der Zutritt verwehrt – nur der Service seitens weiblicher Bediensteter.

»Er gibt *so* viel Geld hier aus«, meinte eine von ihnen zu mir. »Die können ihm *unmöglich* den Zutritt verweigern.«

Im Speiseraum war es noch relativ leer. Es war eben noch »die Zeit der Amateure«, zu der die unerfahrenen Gäste zum Essen kamen, wie mir erklärt wurde. »Wer geht schon um fünf Uhr Abendessen?«, wunderte sich Victoria. Sie überflog die Tische, um zu sehen, wer die Weinkarte geöffnet hatte und wer sie bereits gelesen und wieder zugemacht hatte.

Sie steuerte auf zwei Frauen an der Bar zu. Eine von ihnen war Stammgast und trank gerne Weißburgunder aus Chablis und Mersault. Sie wusste noch nicht, was sie wollte. Victoria erblickte ein älteres Paar auf der Sitzbank unter dem Fenster mit Blick auf den Central Park.

»Guten Abend, wie geht es Ihnen?«, sagte Victoria.

Die Gattin, die in den Siebzigern war und die Weinkarte in der Hand hielt, musterte Victoria von oben bis unten. Dann blickte sie sich forschend im Speiseraum um, als ob sie auf jemand anderen warten würde. »Sind Sie die Wein… – die Weindame? Die zuständige Person für den Wein?«

Victoria bejahte. Die Frau bat sie um die Empfehlung eines kalten, frischen Weins wie Chablis oder Sancerre. Das sind zwei angenehm zitrusartige Weine, die dank ihres hohen Säuregehalts dem Geschmack scharfer Ecken ähneln könnten. Victoria stellte ein paar Fragen und ging dann in den Keller, um von dort eine Flasche Wein zu holen, der laut Victoria der italienischen Version eines üppigen, buttrigen Chardonnay gleichkäme. Das war komplett unlogisch: Das war, als hätte der Gast gefragt, welchen Salat er bestellen solle, und hätte sich anschließend auf den Geburtstagskuchen eingelassen.

»Manchmal möchten die Leute etwas ganz anderes als das, was sie sagen«, flüsterte mir Victoria mit der offenen Flasche auf dem Weg zurück zum Tisch zu. Sie goss einen Schluck zum Probieren ein.

»Oh!«, rief die ältere Dame, nachdem sie davon gekostet hatte. Sie lächelte Victoria an. »Schmeckt mir ausgezeichnet.«

Mehr konnte ich nicht hören, denn in dem Moment wurde ich von Victorias Chef Francesco nach hinten gezerrt, weg vom Tisch, in Richtung Wand.

»Könntest du dich bitte im Hintergrund halten? Weil, ganz ehrlich, die Gäste sind teilweise sehr speziell und neugierig und wegen lächerlicher Kleinigkeiten verärgert«, sagte er. Ich musste an die Leitlinien des Courts denken. *Geben Sie gut auf Reaktion, Redeweise und Körpersprache des Gastes acht.* Kommen Sie dem Käfig nicht zu nahe. »Halte doch bitte ein paar Schritte Abstand oder laufe ein bisschen herum – und tue so, als ob du niemandem zuschaust …«

Sobald Victoria den Tisch verlassen hatte, versuchte ich, sie einzuholen. Sie beherrschte die Kunst, sich extrem schnell zu bewegen und dabei so auszusehen, als ob sie normal gehen würde, und ich mühte mich ab, mit ihr Schritt zu halten. Ich wollte wissen, was ich bei ihrem Gespräch mit den älteren Herrschaften alles verpasst hatte.

»Die wollten nur über ihre Reisen reden. Was sie alles Ausgefallenes machen«, antwortete Victoria, als wir wieder hinunter ins Kellergeschoss klapperten.

Das teilte sich in zwei Kühlbereiche auf, einen für teuren Wein und einen für extrem teuren Wein. An der Tür hing ein goldenes Hinweisschild, in das NICHT SPUCKEN eingraviert war. »Wenn man sich's genau überlegt, sind wir die Diener dieser Leute. Der Wein ist nur das Medium, mittels dessen wir sie bedienen. Wir müssen sie umschmeicheln und ihnen Anerkennung schenken, und sie sollen sich dank uns hier wie zu Hause fühlen – wohlfühlen, bestätigt fühlen.« In diesem Fall hatte Victoria lächeln und nicken müssen, während ihr das Paar von seiner Reise nach Piedmont erzählte.

Victoria hielt mit dem Gastgeber eines Achtertischs japanischer Geschäftsmänner Rücksprache, holte ihnen die zwei Magnumflaschen des 1997er Renaissance Cabernet, lieferte bei Tisch fünfundzwanzig einen Korken ab, hüpfte wegen eines Espressos kurz in die Küche und schenkte an einem Tisch Wein nach, weil dies der Kellner, dessen Aufgabe das eigentlich gewesen wäre, offensichtlich vergessen hatte. Das notierte ich mir: volle Gläser = guter Service. Außerdem wurden die Gäste mithilfe beständigen Nachschenkens durch ihre Flasche Wein und in ihre zweite hineingedrängelt. Denn wenn sie bei der Vorspeise nicht schon bei Flasche zwei sind, heißt es: Ende Gelände.

Während wir darauf warteten, dass sich eine Gruppe Männer durch die Weinkarte geackert hatte, dechiffrierte Victoria mir die manchmal irrationalen Aussagen der Gäste. Jeden Abend tat garantiert irgendein Gast seine Vorliebe für trockene Rotweine kund, obwohl nahezu jeder Rotwein trocken ist. »Korrigieren darf man das nicht, aber schauen, was dahintersteckt«, meinte Victoria. »Wenn die Leute das sagen, möchten sie einen Wein, der ihren Mund austrocknet. Tannine heißt das Zauberwort.« Das wären dann ein Brunello di Montalcino oder ein Chianti Classico aus Italien. Oder die Leute fragen nach einem Wein, der so klingt wie das, was sie denken, dass sie bestellen sollten. Sie schmachten nach etwas, das wie Cabernet schmeckt, möchten es aber unbedingt »Pinot« nennen. Sie behaupten, sie hassen Chardonnay, und verlangen dann einen Chablis, der beinahe ausschließlich aus – richtig geraten – Chardonnay hergestellt wird. Die Gäste lehnen Weine aus Gründen ab, die nichts mit dem Geschmack zu tun haben. Pinot Grigio ist piefig, Sauvignon Blanc hingegen trendig. Cabernet ist altmodisch. Eine Frau in der Nähe der Bar meinte zu Victoria, sie liebe die Weißweine aus dem Burgund und hasse frische, grüne oder mineralische Weine – was alles Eigenschaften waren, die den Weißweinen aus dem Burgund zugesprochen werden. Victoria versuchte, der Sache näherzukommen, indem sie die Frau nach ihren Lieblingswinzern fragte. Da sie keinen einzigen nennen konnte, »trinkt sie wahrscheinlich nicht unbedingt grottenschlechte, aber *gewöhnliche* Weine aus der ganzen Welt im Stil von Weißburgunder. Das hier«, Victoria schwenkte die Flasche, die sie in der Hand hielt, »sollte also genau das Richtige für sie sein.«

Wenn Sie jemals Wein in einem Restaurant bestellt haben, wissen Sie, wie qualvoll das Prozedere sein kann. Zuerst kommt das unangenehme Gespräch darüber, worauf jeder Lust hat.

Dabei möchte keiner eine Meinung kundtun, aus Angst, etwas auszusuchen, das keinem schmeckt oder das ihn wie einen nichts ahnenden Banausen dastehen lässt, der … äh … Pinot Grigio bestellt. Und dann wäre da noch der Preis. Das zieht wieder undeutliches Nuscheln nach sich – keiner möchte etwas in die Waagschale werfen. Da Sie die Karte in Händen halten, dürfen Sie entscheiden. Na, toll. Wenn Sie endlich Ihre Wahl getroffen haben, fühlen Sie sich entweder wie ein Geizhals oder wie ein texanischer Ölmilliardär und werden so oder so von dem Gefühl beschlichen, dass Sie der Runde die Laune verdorben haben. Und dann hängt Ihnen auch noch die Sommelière im Nacken, beobachtet Sie, wartet auf Sie und atmet, obwohl Sie keine Ahnung haben, was Sie sagen sollen. Die Namen der burgundischen Winzer, die Sie am liebsten mögen? Sie wissen ja noch nicht einmal, ob Roten oder Weißen.

Was schwer genug für Sie ist, ist doppelt so schwierig für die Sommelière. Tief in Ihrem Innern wissen Sie wenigstens, was Ihnen schmeckt und was Sie dafür ausgeben wollen. Die Antwort darauf wissen Sie, sobald Sie vor Ihnen steht. Victoria hingegen muss sich abstrampeln, um eintausend Optionen auf drei Vorschläge zu reduzieren, die Ihrem Gaumen und Geldbeutel angenehm erscheinen, obwohl Sie wahrscheinlich keinen der beiden Aspekte artikulieren können. Höchstens drei Fragen darf Victoria Ihnen stellen. Mit diesen Informationen muss sie sich dann auf eine Region und Stilrichtung einschießen, drei Flaschen in drei völlig unterschiedlichen Preisklassen empfehlen – achtzig, zweihundert und vierhundertfünfzig Euro –, damit Sie sieht, bei welchem Sie zusammenzucken. Und nebenbei muss Victoria noch erspüren, was der Wein in Ihnen auslösen soll, damit sie beim Anpreisen des Weins darauf anspielen kann.

Da sie so viel in so kurzer Zeit zusammentragen muss, wollte ich von Victoria wissen, ob sie ihre Gäste in Schubladen steckt.

»Auf jeden Fall«, antwortete sie. In der Sekunde, in der sie einen Tisch anvisiert, beginnt sie mit dem Taxieren der Gäste.

Tisch 46 mit den japanischen Geschäftsmännern: Die asiatischen Gäste trinken am Anfang einer Mahlzeit gerne heißes Wasser mit Zitrone, daher muss der von ihr empfohlene Wein mindestens genauso säurehaltig sein, sonst schmeckt er flach. An Tisch 27 saßen nur Anzugträger, was auf ein Geschäftsessen schließen ließ. Das konnte entweder eine Deckelung von hundertachtzig Euro pro Flasche bedeuten oder »es läuft gerade rund, und sie wollen Tausender springen lassen«. Das junge Pärchen auf der Sitzbank und das Pärchen am Tisch in der Mitte hatten gerade ein Date. Sie würden etwas Langweiliges bestellen, damit sie bloß nichts falsch machten. Der alte Geldadel – Tisch 22 im Rollkragenpulli – wird etwas Klassisches ordern. Tisch 9 wird angeben wollen. Das waren Victoria zufolge »Neureiche«, die etwas bestellen würden, das »mich beeindrucken soll«.

Während die Korkenzieher aus den Flaschen hinein- und hinausflogen, erwähnte ich einen Somm vom *Le Bernadin* (drei Sterne), der sich Luxusuhren für Männer eingeprägt hatte, damit er eine Jaeger-LeCoultre erkennen und dementsprechend kostspieligen Wein empfehlen könnte. Seine Kollegin befasste sich mit Ringen, Edelsteinen, Taschen und Schuhen, um abschätzen zu können, in welchen schwindelerregenden Höhen ihre Weinempfehlungen liegen dürften.

Anfängerfehler, darüber waren sich Liz und Victoria einig. Statussymbole seien etwas Trügerisches.

»Hier kommen jede Menge Neureiche her, das heißt zum Beispiel eine Familie in Jogginghosen, und die bestellen dann einen dreitausend Euro teuren Wein«, sagte Liz. »Gehe also besser nicht nur nach den Klischees. Da gibt es nämlich auch solche wie das Mädel an der Bar. Sie trägt Chanel und hat riesige Klunker an den Händen und sagt so was wie –«

Der Kellner George streckte die Hüfte zur Seite und wechselte in ein nasales Falsett: »HAM SIE VIELLEICHT ANANASSAAAAAFT?«

»Ja! Sie so: ›Wo bleibt mein Prosecco?‹ Und du willst einfach nur sagen: ›*Was, bitte?* Du kannst dir doch echt was Besseres leisten.‹«

Victoria war sich aber genauso bewusst darüber, dass die Gäste sie selbst auch nach Klischees beurteilten. Bei den älteren Herrschaften war sie deshalb besonders ernst und zuvorkommend. »In dem Moment, in dem sie mich sehen, denken sie: ›Wer ist das Mädel da? Wieso zur Hölle will die uns Wein empfehlen? Um uns abzuzocken? Die hat doch keine Ahnung‹«, sagte sie. »Als Allererstes muss man denen also Respekt zollen. Jederzeit.« Den älteren Gästen bot sie deshalb nie »Hilfe« bei der Weinauswahl an. Sie fragte lieber, ob sie ihnen etwas »bringen« dürfe. »Pass bloß auf, dass es nicht so aussieht, als ob du ihnen etwas beibringen willst. Diese Leute sind wer, so um die siebzig. Die brauchen keinen Unterricht.«

Die Ehefrauen bargen besondere Explosionsgefahr für eine junge, attraktive Sommelière wie Victoria. Als sie im *Marea* anfing, hat ihr Chef sie gleich davor gewarnt. Und sie sind in der Tat schon ein Problem für sie gewesen. Im *Morini, Mareas* Schwester an der Upper East Side, hatte sie sich eine vernichtende Onlinerezension eingehandelt, weil eine Ehefrau argwöhnte, Victoria hätte sich an ihren Mann herangemacht. Inzwischen achtet sie darauf, dass sie die Dame anlächelt. Dass sie demonstrativ fragt, was *sie* denn gerne trinken würde. Dass sie fragt, ob *sie* gerne probieren möchte. »Dass ich die Bluse höher ziehe, damit der Ausschnitt nicht zu tief sitzt.«

Liz stimmte ihr voll und ganz zu. »Besonders bei einem Paar muss man auf die Frau zugehen und sie anlächeln – ›Hallo, guten Abend, wie geht es Ihnen?‹ –, damit es nicht heißt: ›Wer ist die Schlampe, die meinem Mann hier das Geld aus der Tasche ziehen will?‹«

Die Männer waren gegenüber Victoria extrem empfänglich. Und das wusste sie ordentlich auszunutzen. »Ich gehe auf die Männer zu und weiß, dass sie mich sowieso als Sexobjekt betrachten, da steh ich einfach drüber«, meinte sie. »Wenn ich an einen Tisch mit jungen Kerlen komme, hängen sie an meinen Lippen. Ich kann ihnen das Blaue vom Himmel erzählen. Es interessiert sie garantiert immer. Vielleicht, weil sie mit mir ins Bett wollen, vielleicht aber auch einfach nur deshalb, weil sie mehr auf meiner Wellenlänge liegen.«

Das Wichtigste sei letzten Endes aber, zu erfassen, was die Gäste sich von dieser Interaktion erhofften, und es ihnen zusammen mit dem Wein zu liefern. Das ältere Paar wünscht sich ein Publikum, das seinen Jetset-Lifestyle bewundert. Und Männer wollen oft einfach nur verehrt werden.

»Klingt furchtbar, aber die Männer suchen Anerkennung«, sagte sie. »Das Ego ein bisschen streicheln. Super Idee. Sie haben einen tollen Gaumen. Gratulation, Sie haben einen wirklich großen Penis. Das ist ein hervorragender Wein.«

Ich fing im Zuge dessen an, mehr auf Victorias Wortwahl zu achten, auch wenn das bei all dem Lärm und der sicheren Entfernung von den Tischen ziemlich schwierig war. Mittlerweile hatten wir nach neunzehn Uhr, und die Tische waren längst zum zweiten Mal belegt. Das Restaurant war voll, doch die Stoßzeit stand uns noch bevor. Die Preise der Flaschen, die wir aus dem Keller holten, gingen nach oben: 2012er Miani Ribolla Gialla (zweihundertzwanzig Euro), 2004er Dauvissat Premier Cru Chablis (zweihundertvierzig Euro), 2011er D'Angerville Premier Cru Volnay (dreihundertfünfzig Euro), 2011er Quilceda Creek Cabernet Sauvignon (vierhundertsechzig Euro). Victoria und ich kosteten von jedem Wein, den wir aufmachten, und wir schwelgten in diesem Querschnitt von Klassikern. »Hier bewirten wir keine Reichen, sondern Millionäre, und die bestellen wirklich alles«, sagte sie mit einem Grinsen. Von Francesco ergaunerte ich einen Spritzer des Bordeaux für seinen Tisch – einen 2004er Château Léoville Las Cases (vierhundertvierzig Euro) –, während er darüber meckerte, dass die

Leute ihn nicht dekantiert haben wollten, obwohl man das seiner Meinung nach hätte tun müssen, damit er sich öffnet. (Nicht jeder stimmt darin mit ihm überein: Émile Peynaud protestierte dagegen, weil es ihm zufolge die zarten Aromen des Weins zerstört, während der von Lebensmittelwissenschaft besessene Nathan Myhrvold, Autor von *Modernist Cuisine,* zum »Hyperdekantieren« von altem Bordeaux rät, indem man ihn im Mixer schaumig schlägt.) Im weiteren Verlauf des Abends wurden die Gäste irgendwie weicher, um es mit einem Wort zu beschreiben. Ihre gesamte Kleidung schien aus Kaschmir und Seide und der Haut von Tierwelpen. Vom Umhang einer Dame rieselte Strass herab.

Ich sah zu, wie Victoria eine zweihundertsechzig Euro teure Flasche Wein in den Abfluss goss. Sie hatte Kork – die chemische Substanz Trichloranisol hatte den Korken der Flasche kontaminiert, weshalb der Wein nach nasser Pappe stank. Ein anderer Gast hatte hundertsiebzig Euro für zwei Gläser Château d'Yquem gezahlt, einen lieblichen Wein aus dem Bordeaux. Die Privatgesellschaft im Untergeschoss bestellte eine Runde Pappy Van Winkle Whiskey im Wert von US-amerikanischen Studiengebühren für ein ganzes Semester. Ich musste an das Bad in Morgans Apartment denken. Dort machte sich der Schimmel an den Wänden breit, und an der Toilette war der Griff kaputt, sodass ich zum Spülen in den Wassertank hineingreifen musste. Victoria wohnte an der Upper, Upper, *Upper* West Side, einem Viertel von Manhattan, das ein Großteil des Klientels des *Marea* höchstens vom Fenster seines Wagens aus zu sehen bekam, mit dem sie zum Westchester County Flughafen chauffiert wurden, einem Drehkreuz für Privatjets.

»Ganz schön schräg hier mit diesen ganzen Leuten, die in einer Stunde eine Monatsmiete verjubeln«, dachte ich laut nach, als wir vom Keller wieder nach oben stiegen.

Liz rollte die Augen. »Wir sind in *New York.*«

Tatsächlich war es so, dass sich Liz und die anderen Kellner eher ärgerten, wenn die Leute wenig ausgaben, und sich freuten, wenn das Gegenteil der Fall war. Jedes Mal, wenn die Sommeliers zum Flaschenöffnen an der Credenza zusammenkamen, debattierten sie darüber, wer einen »spannenden« Wein bestellt hatte – einen »teuren Wein« also, wie Liz für mich übersetzte. Für Victoria war »spannend« jedoch nicht unbedingt gleichbedeutend mit kostspielig. Es konnte genauso gut ein ungewöhnlicher Wein sein, den sie nicht so oft zum Probieren bekam.

»Stell dir vor: An Tisch 14 wird nicht getrunken. Sie ist schwanger«, setzte Victoria Liz in Kenntnis. Die beiden tauschten einen langen Blick.

Trotzdem konnte man nicht sagen, dass alles mit reiner Geldgier zu tun hatte. Die Sommeliers waren Verkäufer, keine Raubtiere. Sie wollten ihre Arbeit machen und dem Restaurant Geld einbringen. So hielt sich das *Marea* über Wasser und konnte die Gehälter bezahlen. Für einen Teller Nudeln kann ein Restaurant nur eine bestimmte Summe verlangen; und mittels der Weine kann es wie bei einem progressiven Steuersatz zwischen den Gästen unterscheiden. Gleichzeitig wollten Victoria und die anderen Somms die Gäste beglücken und ihr Vertrauen gewinnen, was auf lange Sicht viel lukrativer war. Bittet der Gast um eine Flasche Wein um die zweihundert Euro, wird Victoria ihn auf eine Flasche lenken, die weit darunter liegt, damit er sieht, dass sie ihn nicht melken will wie eine Kuh. Dadurch gewinnt sie hoffentlich sein Vertrauen und kann später am Abend oder später im Jahr eine zweite Flasche Wein empfehlen. Und ja, sie schmierten den Wein-PX Honig um den Bart. Doch welcher Stammgast, der Tausende Euro in einem Laden gelassen und ihm jahrelang die Treue gehalten hat, erwartet das nicht?

Es ging um die Karriere, und da gab es Wichtigeres als den gemeinsamen Trinkgeldtopf am Ende des Abends. Manchen Sommeliers (nicht im *Marea*) wird ein festes Gehalt gezahlt, also haben die Preise der von ihnen verkauften Weine nichts mit dem persönlichen Einkommen der Sommeliers zu tun. Doch selbst wenn dem nicht so ist, zählt der Wein in den meisten Fällen mehr als Geld. Den Sommeliers geht es in erster Linie darum, ihren Gästen einen guten Tropfen zu servieren. Wein ist zum Genießen da. Wein soll eine Offenbarung sein und gemeinsam getrunken werden. Selbst im *Marea* ließ sich der Status einer Wein-PX auf mehr als eine Art erreichen, und eine offene, offensichtliche Neugier war schon mal ein guter Anfang.

Im weiteren Verlauf des Abends verlor ich zusehends das Zeitgefühl. Die Intervalle wurden nun anhand geöffneter Flaschen, nicht anhand von Minuten gemessen. Ich wurde in den Strudel, das Spektakel, den Adrenalinrausch des Speiseraums hineingerissen. Flaschen mussten eingesammelt, Korken geborgen, Sedimente herausgefiltert werden. Ich legte Untersetzer auf die Tische und holte Weine aus dem Keller. Unsere kleine Ecke im hinteren Speisebereich pulsierte mit manischer Energie. Ruhig und gefasst sollten wir sein, sollten lächeln und katzbuckeln. Wir nehmen uns alle Zeit der Welt für Sie, Sir. Obwohl wir in Wahrheit nur zwei unentschlossene Tische davon entfernt waren, dass diese ganze Illusion in den Flammen zorniger Wein-PX aufging.

Immer mehr Leute reihten sich vor der Eingangstür. Der Oberkellner wies keinen von ihnen ab. Die Bediensteten hatten ein Flackern in den Augen. Ich konnte nicht sagen, ob es sich dabei um das Glänzen verängstigter, gehetzter Tiere oder um das Schimmern von Jägern auf der Pirsch handelte. Das alles machte mich irgendwie high. Ich war wie elektrisiert. Auf einmal wollten vier Tische gleichzeitig Wein bestellen, an Tisch 57 ging er allmählich aus, an 25 konnte man sich nicht entscheiden, der Wein für die 31 befand sich unten im Keller, und die Flasche für Tisch 12 hatte oxidiert, und es gab keine zweite. Ich bemühte mich, mit Victoria Schritt zu halten, die von den japanischen Geschäftsmännern zum Tisch mit den schönheitsoperierten Frauen, von dort zum Vierertisch mit den Spaniern und wieder zurückglitt, mit geübter Leichtigkeit. Ständig war ich jemandem im Weg. Das High hatte mich vor den Kopf gestoßen. Ich war gefangen in dem Tanz, der um mich herum stattfand, wurde an Wände gedrückt, duckte mich durch die Sitze, wich übereinandergestapelten Gläsern auf einem Tablett aus. Sobald ich irgendwo haltmachte, blaffte es: »Hinter dir!« Dann bewegte ich mich woandershin und spürte, wie jemand in Richtung meiner Oberschenkel griff, um mich wegzuschubsen. Ich hatte den Griff zum Besteck versperrt. Eine Kellnerin stieß mich mit dem Ellbogen zur Seite, um an die Wasserflaschen zu gelangen. Tabletts mit Essen stürzten auf mich zu. »Hinter dir!« Flaschen kamen an den Tisch, Teller gingen. Ich trat einen Schritt zurück, um einem Tablett mit sechs Burgundergläsern auszuweichen, doch bevor ich meinen Fuß absetzen konnte, schwang ich wieder nach vorn, um nicht mit den Fusilli aus der Küche zusammenzuprallen. Dazu die ständige Bedrohung dieser Schwingtüren. Ich zog mich zur Credenza zurück, wo Gläser aus den Regalen geschnappt und wieder zurückgestellt wurden. Nie war ich mir meiner Körpergröße derart bewusst. Hier war nicht genügend Platz für niemanden. Michael erblickte eine mächtige Frau, die sich mit ihrer bombastischen Jacke, ihrer riesigen Handtasche sowie zwei elefantösen Einkaufstaschen gerade zur Bar schlängelte. »Oh, oh, da sehe ich ein Problem«, sagte er, während er zu ihr hinüberschritt. »Die muss weg hier.« Michael versuchte, sie in eine ruhige Ecke zu lenken, und brachte ihre Taschen derweil zur Garderobe.

Einen Platz für meinen Körper fand ich, indem ich mich in eine zwanzig Zentimeter breite Lücke zwischen einem silbernen Fußlauf und der Seitenkante der Credenza zwängte. Die Kellner und Sommeliers strömten herbei und wieder hinfort, um Bestellungen aufzugeben oder Gläser an den Tisch zu bringen. Ich flüchtete mich an den Fußlauf und lauschte, wie das Personal sich besprach.

»Die hier sind für 46, aber das ist Roter, also wollen sie ihn dekantiert haben.«

»Zwei Bordeaux und ein Untersetzer für 58, bitte.«

»Kann ich bitte den Wein für 57?«

»Bringt ihr der 28 bitte die Hybridrebe? Oder nein – doch besser den Bordeaux?«

»Bitte die Pasta auftischen.«

»Ich geh auf gar keinen Fall mehr an Tisch 5. Die hat sie nicht mehr alle.«

»Bordeaux für Tisch 30. An 3 sitzt ein starker Raucher.«

»Tequila-PX. Hab sie gefragt, ob ich ihr Limettensaft dazu bringen soll, und sie antwortet: ›Seh ich wie ein Barkeeper aus? Den Drink bereiten gefälligst Sie zu.‹ Nett.«

»Ich hab hier den Cloudy Bay. Platz 1 oder 2?«

»Wow. Vielen Dank für dieses scheißmiese Trinkgeld.«

»Der Kerl hier stinkt total nach Sex.«

»Wenn ich gleich ausraste, dann nur, weil *die* am Ausrasten sind.«

»Ich sag nur: Neu. Reich.«

»Die ist gerade richtig scheiße ausgetickt. Sie so: ›Sie hatten nur diese eine Aufgabe.‹ Ich kann nicht mehr – die werden sich nie ändern.«

George, der Oberkellner, schüttelte einem F/V die Hand und glitt an mir vorbei. Er hielt kurz an und machte mich auf ein junges Paar an der Bar aufmerksam. Sie, Typ Schmollmund, trug eine Lederjacke, er ein weißes T-Shirt, dazu eine gesunde Bräune. Sie hatten keine Reservierung, aber George wollte ihnen trotzdem einen der besten Tische geben – 2 oder 8, die Ecktische mit Blick auf den gesamten Speiseraum.

»Die Leute sollen sich umdrehen und sagen: ›O mein Gott! Dieses Pärchen da in der Ecke ist ja bildhübsch!‹«, raunte er mir zu. »Man muss das Restaurant zu kleiden wissen.«

Victoria hat das Rennen mit Liz um den Tisch von Spitzenkoch Humm gewonnen. Für *Mareas* Personal war Humm ein viel spannenderer Promi als ein Schauspieler oder Politiker. Als George ihn an seinen Tisch führte, war aufgeregtes Flüstern zu hören, und Liz ging einfach davon aus, dass Francesco als ranghöchster Sommelier die Ehre haben würde, ihn zu bedienen. Francesco aber war gerade mit einem Stammgast beschäftigt, und schon schnappte ihn sich Victoria. Humm feuerte seine Bestellung eines Rotweins ab. Er zeigte ihn ihr auf der Weinkarte ohne ein einziges Wort der Diskussion.

Auch bei dem wohlhabenden Brasilianer war Victoria die Erste – dem großen Wein-PX an Tisch 8. Victoria lächelte seine Begleitung an, dann ihn. Die Frau holte ihr Handy heraus, also pirschte sich Victoria an den Herrn heran, um die Barolos zu besprechen. Ich hatte gehört, dass Frauen berüchtigte »Korkblocker« seien, die ihren Männern stets die spannenden Weine ausreden wollten. (»Pass auf, dass die Weinkarte nicht in die Hände der Frauen fällt«, riet mir ein Sommelier. »Der Typ soll gefälligst seine scheiß Asche auf den Tisch legen.«) Da sie nicht wusste, dass Victoria bereits vor ihr da gewesen war, schaute Liz auch noch an Tisch 8 vorbei und ging davon aus, dass ihr reicher Brasilianer seine übliche PPX-Flasche verlangen würde. Stattdessen bestellte er ein einziges Glas – *ein einziges Glas!* – Weißburgunder. Und dann noch nicht einmal Grand Cru, sondern mickrigen Village, stellt euch das nur vor. Liz war fast am Hyperventilieren, als Victoria und ich mit seinem Wein zurückkamen. Victoria präsentierte seine Bestellung: einen 1997er Bruno Giacosa Barolo für sechshundertsechzig Euro. Die Welt war wieder in Ordnung. Er wollte mit einem Glas Weißwein beginnen und sich dann nach oben arbeiten.

Victorias psychologischer Hintergrund erwies sich als einigermaßen nützlich. Einen erstaunlich kleinen Teil ihrer Zeit verbrachte sie mit dem Wein selbst – mit dem Dekantieren, Kühlen, Öffnen und Filtern. Den Großteil ihrer Zeit versuchte sie, die Menschen zu lesen. Sie musste die Worte der Gäste dechiffrieren, wenn diese nicht mehr den Wein beschrieben, den sie trinken wollten, sondern die Person, die sie gerne sein würden – wuchtig, männlich, stark –, und dementsprechende Empfehlungen machen. Victoria wandte sich einem Tisch mit vier Kerlen mit festgeknöpften Hemdkragen und Slippern zu. Wahrscheinlich Banker, dachte sie.

»Ich hätte gerne einen vollen, schweren Wein – den üppigsten, den Sie haben«, wies einer der Kerle sie an. Sie empfahl drei verschiedene Weine. Sie einigten sich auf einen Amarone, einen roten Italiener, der Hustensirup am nächsten kommt. Er passt zu Wildschwein und Steak, nicht zu Seezunge und Seeigel, aber sie hatten ihn trotzdem bestellt. Nachdem Victoria ihnen die Flasche gebracht hatte, behielten die Männer sie länger bei sich am Tisch als nötig. Ob die sie anbaggern wollten? »Ich bin mir nicht sicher«, meinte sie. »Ich meine, sie tragen Eheringe, aber ganz ehrlich: Das hat noch nie jemanden abgehalten.«

Mir kam es so vor, als ob Victoria eine Extralast zu tragen hatte, wenn sie Männern im Restaurant behilflich war. Morgan musste nur Autorität ausstrahlen. Victoria musste Autorität ausstrahlen und gleichzeitig verführen. Nicht, dass sie mit den Bankern ausgehen wollte. Doch sie musste sie bauchpinseln, indem sie den Eindruck erweckte, dass sie rein theoretisch nicht ganz abgeneigt war, musste auf ihre Annäherungsversuche zumindest so lange eingehen, bis die Rechnung kam. Eine Sommelière hat es etwas drastischer formuliert: »Die Typen sollen ruhig das Gefühl haben, dass sie mich aufreißen können. Dass sie dafür aber eine Menge verdammter Kohle auf den Tisch hauen müssen.«

Der Vierertisch mit den festgeknöpften Kragen hatte den Amarone vertilgt, und Victoria kehrte zurück. Die Gesellschaft war um zwei Gäste angewachsen. Einer der Männer fragte Victoria, was sie zu ihrem Essen trinken würde. Nicht den Amarone, gestand sie. Sie führte ihm einen völlig andersartigen Wein vor – den 2011er Domaine Jamet, einen schlankeren Syrah, der trotzdem noch üppig und ausreichend schwer sei, versprach sie. Das war ihr Lieblingswein auf der Karte. Mit dem ersten Wein hatte sie die Kerle für sich gewinnen können, also willigten sie ein. Mit zweihundertsechzig Euro war er hundert Euro billiger als die zuerst bestellte Flasche.

Ihre Aufrichtigkeit überraschte mich, wenn man bedenkt, was die Leute sich insgeheim von den Sommeliers wünschen – und was sie ihnen für gewöhnlich auch geben: Bestätigung. Sämtliche Sommeliers, die ich traf, hatten einen nichtssagenden, bekräftigenden Standardsatz auf Lager, mit dem sie der garstigen Weinwahl des Gastes schmeichelten, ohne sie gleich aufrichtig zu loben. Victoria griff auf die Fakten zurück: Der Amarone stammt aus Venetien, er ist eine Cuvée der Rebsorten Corvina, Corvinone und Rondinella. Andrea vom *Jean-Georges* wich aus auf: »Erfüllt genau den Zweck, den er erfüllen möchte.« Jane, eine Sommelière bei *Del Frisco's,* murmelte in diesen Fällen: »Sehr, sehr zeitlos.« Morgans dünn verschleierte Reaktion lautete: »Ein sehr angenehmer Wein« oder »Äußerst trinkbar« oder »Ein schöner Wein fürs Picknick«.

Von meinem Sitzplatz hinter den Kulissen aus konnte ich sehen, wie die höfliche Fassade von Victoria und den anderen verschwand, sobald sie sich von den Tischen der Gäste zurück zur Credenza bewegten, sodass die einstudierte Gefälligkeit manipulativ, wenn nicht gar hinterhältig wirken konnte. »Wenn du mich fragst, sind die Sommeliers bloß Lügenmäuler«, platzte es aus Michael heraus, als Liz, Francesco und Victoria außer Hörweite waren.

Nur dass sie nicht wirklich logen. Sie logen genauso, wie ein Schauspieler bestimmte Emotionen vortäuscht, während er Shakespeare rezitiert, oder wie eine Ballerina vorgibt, ihr täten nicht die Füße furchtbar weh, wenn sie in *Schwanensee* die strapaziösen Pas de bourrées absolvieren muss. Die Sommeliers bedienten sich der Höflichkeiten und lächelten beständig, um ihre Gäste in einer Scheinwelt zu halten, in der alles elegant, glatt gebügelt und erbaulich sein soll. Wo der Gast stets recht hat. Und clever und stilvoll und gebildet und distinguiert ist. Victoria und die anderen halfen für kurze Zeit mit, den Gast für eine schlechte Ehe oder einen erniedrigenden Boss zu entschädigen. Sie waren der vorübergehende Ausstieg aus einem gewöhnlichen oder unspektakulären Leben. Mit einem Mut machenden Lächeln linderten sie den Schmerz krimineller Kinder oder missglückter Geschäfte. Ins *Marea* kamen die Gäste nur teilweise wegen des Essens und des Weins. Ein Eiersandwich in Morgans Lieblingsdiner hätte ihren Hunger ebenso befriedigt wie der in Butter pochierte Hummer aus Nova Scotia. Die Seele – oder vielmehr das Ego – hätte es hingegen lange nicht so gesättigt.

»Das soll hier wie in einem Zauberreich sein«, sagte Victoria, sobald sie verschnauft hatte. Sie betrachtete es als ihre Pflicht, den Gästen Freude zu bereiten. Das ließe sich als unnötiger Luxus erachten. Genauso gut aber auch als größter Gefallen, den ein fremder Mensch einem anderen Menschen erweisen kann. Wenn ihr das missglückte, war Victoria am Boden zerstört. »Ich bin in die Gastro gegangen, weil ich die Leute glücklich machen will. Ich bin gerne Gastgeberin, und ich kann die

Leute mit Wein und Essen glücklich machen. Das ist das, was ich am besten kann. Am schwierigsten ist es, wenn es nicht gelingt – wenn die Leute mich nicht mögen oder sich von mir nicht helfen lassen möchten oder ich mich einfach falsch bei ihnen anstelle«, erzählte sie mir. »Das ist wie in einer Beziehung, in der ich den anderen liebe und für immer mit ihm zusammen sein möchte und er einfach nicht das Gleiche für mich empfindet. Das ist ätzend. Und dass mir das Herz quasi andauernd gebrochen wird – das ist das Härteste an diesem Job.«

*Mareas* Gäste machten keine Anstalten zu gehen. Die sechs Finanzheinis bestellten eine weitere von Victoria empfohlene Flasche Wein. Und noch eine. Mitternacht war im Anmarsch. Die meisten Gäste waren davongetrudelt, aber Spitzenkoch Humm und die Banker waren geblieben.

Die drei übrig gebliebenen Kellner schlossen Wetten darüber ab, wer von ihnen am längsten würde ausharren müssen. Während sie den letzten paar Gästen beim Verweilen zuschauten, unterhielten sie mich mit Restaurant-Horrorgeschichten. Katy wurde ins Gesicht geboxt, als sie einen Mann davon abhalten wollte, Ryan Seacrest zu fotografieren. Einmal kam eine Dame hereinspaziert, die fürchterlich nach Pisse stank, also hat Oberkellner George um ihren Sitzplatz herum großzügig sein Chanel-Parfüm versprüht. An einem anderen Abend brauchte ein Achtzigjähriger viel zu lange für sein Essen, und da George den Tisch für die nächsten Gäste fertig machen musste, fütterte er den Herrn, damit es schneller ging. Darnelle, einer schlanken Schwarzen, die in einem Meer aus überwiegend weißen, überwiegend älteren Gästen arbeitete, hat man schon öfter übel mitgespielt. Ein Gast blaffte sie an, sie solle sich gefälligst mal beruhigen, schließlich sei *ihr* Präsident Obama gerade im Amt; ein Gast meinte zu ihr, sie sähe aus wie diese Schauspielerin, die gerade den Oscar für ihre Darbietung als Sklavin bekommen hatte; und einer sagte, sie habe »wohl ziemliches Pech gehabt«, in Haiti aufwachsen zu müssen.

Die Banker standen auf und wollten gehen, und Darnelle ging den nicht ausgetrunkenen Wein und die unterschriebene Rechnung holen. Sie fing laut an zu lachen, als sie an den Tisch kam. Einer von ihnen hatte »Ruf mich an« auf die Quittung geschrieben, war aber zu betrunken gewesen, um einen Namen zu hinterlassen.

Ein Drittel des Domaine Jamet Syrahs war noch in der Flasche. An anderen Abenden und in anderen Restaurants wären die Reste aufgehoben worden, um sie als Tagesempfehlung im offenen Ausschank anzubieten oder sie einem Gast einzuschenken, der Wein zu seinem Degustationsmenü bestellt hat. Nicht ein Cent wurde dort verschwendet. Doch dieser Tropfen war zu gut, um ihn einzusparen.

»O mein Gott. Den *müsst* ihr probieren«, sagte Victoria, während sie sich ein paar Gläser schnappte und jedem der Kellner einen Schluck eingoss. »Das ist der beste Wein der Welt. Mein absoluter Lieblingsrotwein. Ohne Frage. Den müsst ihr probieren.«

Darnelle war angehende Weinkennerin, und während die anderen Kellner bereits nippten, ließ sie sich alle Zeit der Welt. Obwohl sie von so viel großartigem Essen und Wein umgeben war, hatten sich die Freuden für sie noch nicht abgenutzt. Sie hatten sich eher noch vergrößert. So liefen die Dinge: Auch wenn sie mit der Maschinerie hinter den Kulissen vertraut waren, sehnten sich die Kellner und Sommeliers, die die Illusion von Eleganz und Magie aufrechterhielten, nach genau dieser Erfahrung, wenn sie ausgingen. Die Show war derart überzeugend und bezaubernd, dass sich sogar die Schauspieler darauf freuten, einmal im Publikum sitzen zu dürfen. Ihre freien Abende verbrachten sie in Schalenstühlen in Leder in genau der gleichen Position wie die Menschen, die sie bedienten. Sie tranken die im Eichenfass gereifte Brause. Morgan süffelte sie allein zu seinen Degustationsmenüs.

»Bevor ich in der Gastro anfing zu arbeiten, dachte ich, *Olive Garden* sei der Kracher. Dort bin ich sonntags mit meiner Familie hingegangen«, sagte Darnelle, während sie den Syrah in ihrem Glas herumwirbelte. »Und jetzt sag ich: ›Hey, lasst uns doch ins *Ai Fiori* gehen!‹« – das andere Sternerestaurant von Michael White. »Das macht mich einfach glücklich, wisst ihr? Du gehst irgendwohin, setzt dich an die Bar, bekommst etwas Köstliches gekocht, du trinkst etwas, und du denkst: ›Hey, wie gut, dass ich am Leben bin und ich sein darf.‹«

»Sobald du nur das Wort ›Sommelier‹ erwähnst, sind die Leute eingeschüchtert. Wenn ich aber in ein Restaurant gehe, so pleite, wie ich bin, will ich als Erstes den oder die Somm sehen. Dann sag ich: »Hey, ich kann nur siebzig Euro ausgeben. Alles klar. Das hier ist ein schöner Wein. Okay, gib mir den schönsten Roten, den du hast, und ich bin zufrieden«, sagte sie. »Wenn die Leute sich nicht in so ein Restaurant trauen, weil sie nicht viel Geld haben, würde ich am liebsten sagen: ›Nein, wir sind auch nicht alle reich. Na los, trauen Sie sich, sagen Sie mir, wie viel Geld Sie ausgeben können.‹«

Schließlich führte sie den Wein zur Nase und sog die Luft ein. Sie dachte über die Eindrücke nach und brachte ihn endlich an die Lippen. »Mein erster Schluck, und ich denke: ›Ooohhhhmmm.‹« Ihre Stimme ging eine Oktave tiefer. Sie gab ein kehliges Summen von sich. »Der schmeckt *soooooo* gut.«

Darnelle schloss die Augen und nahm noch einen Schluck. Sie wog ihre Hüften. »Mein zweiter Schluck, und ich will einfach nur tan-zen!« Sie tänzelte zum Rhythmus einer lautlosen Musik und rollte die Schultern im Takt. Sie hielt die Augen geschlossen und roch erneut am Wein. »Ich schwöre«, flüsterte sie, »sobald du dieses kleine bisschen hier probiert hast, fängt diese kleine Geschmacksknospe zu wachsen an. Dann gibt es kein Zurück mehr.«

# 6 DIE ORGIE

Ich war zwar keine Wein-PX, aber ich trank allmählich wie eine. Ich probierte mehr Weine als je zuvor, und ich probierte bessere Weine. Neben meinen Verkostungsgruppen bescherten Morgan und Victoria mir Einladungen zu allen möglichen Events: Händlerverkostungen, Weinseminare, Partys, Mittagessen. Es schockierte mich, wie viel großartigen Wein ich für umsonst, oder beinahe umsonst, zu trinken bekam. Und wann immer es mir möglich war, verkostete ich ihn blind.

Ich verbesserte mich zusehends. Wenn ich nun bei der Blindverkostung an der Reihe war, verhielt ich mich nicht mehr so, als ob ich gerade einen Schlaganfall erlitten hätte – tschilpte nicht mehr halb fertige Worte heraus und drehte nicht mehr durch, weil ich rein gar nichts riechen konnte. Jetzt versuchte ich, die Botschaft des Weins zu entziffern. Pfirsichjoghurt sagte mir »Zinfandel«; Karamell-, Toffee- und Backgewürzaromen deuteten auf einen in französischen Barriquefässern ausgebauten Wein hin. Es gab Momente, da erkannte ich mein eigenes Hirn kaum wieder. Da stieß ich beispielsweise auf einen Chardonnay mit Joghurt- und Butterpopcornnoten und dachte: »Aah, malolaktische Gärung.« Es gab Zeiten, da hätte ich dieses Wort nicht einmal buchstabieren, geschweige denn erklären können, dass es sich dabei um eine Weinherstellungstechnik handelt, bei der die in vergorenen Trauben enthaltene Apfelsäure in Milchsäure und (das gerne für künstliche Butteraromen verwendete) Diacetyl umgewandelt wird. Dank meines zweimal täglich stattfindenden Übungsprogramms bestehend aus Erschnüffeln und Benennen von ätherischen Ölen konnte ich solche Düfte wie Himbeere oder Tabak wie bekannte Gesichter auf einer Party ausmachen. Schlechte Blindverkostungstage, an denen ich dachte, dass mit meinem Körper irgendwas nicht stimmte, gab es noch immer. An den guten Tagen aber, und die kamen mittlerweile häufiger vor, traf ich bei ein oder zwei der sechs Weine den Nagel auf den Kopf – Jahrgang, Rebsorte, Anbaugebiet. Bei ungefähr vier Gläsern kam ich in die richtige Richtung – meist traf ich die Rebsorte, aber nicht das Anbaugebiet – und haute nur bei einigen wenigen völlig daneben. Kurz zuvor hatte ich mich einer Verkostungsgruppe wieder angeschlossen, die ich einige Monate lang nicht besucht hatte, und die Sommeliers waren am Staunen. »Mit wem hast du geübt?«, fragte eine von ihnen. »Wer es auch sein mag, du musst uns die Nummer geben.«

Ein Glas Wein war nicht mehr länger nur gut oder schlecht, leer oder voll. Es hatte viel Säure oder wenig; war womöglich ein Pinot Noir oder vielleicht ein Cabernet Franc; typisch oder ein verblüffender Sonderfall. Jede Flasche stellte die Chance dar, Muster wiederzuerkennen bezüglich der üblichen Erwartungen an Anbaugebiet oder Rebsorte. Ich trank nicht, weil ich Durst hatte, sondern weil ich zum ersten Mal in meinem Leben Neugierde auf den Wein verspürte, der mir begegnete. Hielt dieser hier, was Morgans Getöse versprach? Brachte dieser Winzer so köstliche Weine hervor, wie jemand behauptet hatte? Das Ganze war ein großes Rätsel. Ich ging die Regale nach Winzern durch, von denen die Sommeliers gesprochen hatten, auf der Suche nach der Erfahrung, die für meine Wahlgesellschaft das war, was Beyoncés neue Single für die breite Öffentlichkeit darstellte. Ich hatte das Gefühl, ich begriff allmählich nicht nur, *was* mir schmeckte, sondern auch *wieso*.

Endlich besaß ich die Worte und das Wissen, um genau die

Aromen zu bestellen, nach denen es mir verlangte, sodass ich mich mit meiner Wahl bestimmten Erinnerungen annähern konnte. Manchen Weinen gelang es, meine Laune oder meinen Gemütszustand zu verändern, und zwar nicht nur aufgrund des Alkoholgehalts. Eines trostlosen, verregneten Morgens in Manhattan steckte ich meine Nase in ein Glas Weißwein und wurde in den Juli und eine Autofahrt mit Matt zum Strand zurückkatapultiert. Die Fenster hatten wir heruntergekurbelt und Stevie Wonder aufgedreht, und so flogen wir vorbei an grünen Wiesen voller gelber, sich im warmen Wind wiegender Wildblumen. Mithilfe des Geruchssinns, dem Wächter und Verwalter unserer Erinnerungen, bin ich zur Zeitreisenden geworden, die mehr als je zuvor ihr Ziel bestimmen konnte: Ich suchte mir einen Duft oder Wein aus und versetzte mich im Handumdrehen in eine bestimmte Zeit, ein bestimmtes Gefühl oder an einen bestimmten Ort. Wie ich erfuhr, tat Andy Warhol etwas ganz Ähnliches. »Wenn ich ein Parfüm drei Monate lang getragen habe«, schrieb der Künstler, »zwinge ich mich dazu, es nicht mehr zu benutzen, selbst wenn ich das gerne tun würde … Wenn ich es dann irgendwann wieder rieche, wird es mich an diese drei Monate erinnern.« Duftstoffe umgingen mein rationales Gehirn und schlugen dann gewaltig ein. Rosmarin transportierte mich zurück zu den langen Spaziergängen mit meiner Großmutter, als ich noch klein war, und Viognier war der Duft meiner Mittelstufen-Strandurlaube. Hedonismus war keineswegs etwas, das lediglich fernab des Alltags existieren konnte – in einem Vientsternerestaurant oder nach einer strapaziösen Reise an die Amalfiküste. Mithilfe von Geruch und Geschmack konnte ich mich um des Genusses willen in Genusswelten flüchten, und diese Möglichkeit bot sich mir überall, wo ich offen für sie war.

Auch meine Beziehung zum Essen entwickelte sich weiter. Früher war Kochen für mich eine lästige Pflicht, inzwischen aber ein Experiment. Ich schmiss meine Rezepte weg und warf die Zutaten so zusammen, wie mich die Logik des Wein-Pairings anwies: Gegensätze ziehen sich an. Restsüße Weine spielen sehr schön mit scharfen Speisen; säurebetonte Weine mit fettigen Speisen; bittere, gerbstoffreiche Weine mit Salz. Der Honig-Pflaumen-Soße meines Hühnchens gab ich also Chilis bei; Cremesuppen Zitronenzeste; und dem geeisten Kaffee meiner Freundin versetzte ich eine Prise Salz. (Ich hatte gehofft, das würde die bittere Note abmildern. Tat es aber nicht.) Und ich gestehe: Ich wurde auch unbequemer. Im Restaurant ließ ich Weine zurückgehen, die nicht anständig gekühlt waren, und akzeptierte keine Gläser, die nach irgendetwas anderem als Luft rochen. »Das sieht total arschig aus, wenn du deinen Wein so herumwirbelst«, ließ mich mein Freund Chris eines Abends beim Essen wissen.

Trotzdem war ich noch meilenweit von Morgan und den wahren Weinfanatikern entfernt. Das ganze Geld, das im *Marea* für »spannenden« Wein in die Hand genommen wurde, hatte mich nur noch neugieriger gemacht, was ernsthafte Weinliebhaber aus dem Rebsaft ziehen. Ist das Beste am Wein, wie er die Sinne kitzelt? Dem Ego schmeichelt? Den Geist benebelt?

Wie das bei den Zivilisten war, konnte ich nicht beurteilen, doch für Morgan und die anderen Somms ging ein großer Wein weit über den körperlichen Genuss hinaus – er bewegte sie sowohl auf intellektueller als auch spiritueller Ebene.

Eines Abends bekam ich eine kleine Ahnung davon, als Morgan mich vor einer Party der Guild of Sommeliers zu Dana zum Vorglühen einlud. Nun, ich weiß, dass ich hier Klischees bemühe, aber wenn mich zwei Junggesellen zum »Vorglühen« einladen, sind meine Erwartungen ans Essen äußerst niedrig. Niedrig im Sinne von schalen Chips und alten Dips. So niedrig, dass ich instinktiv vierzig Euro für Molkereiprodukte und Cracker lockermachte, nachdem Morgan mich darum gebeten hatte, Käse mitzubringen. Ich dachte, das solle das Abendessen sein.

Schnitt. Und vor mir steht ein Drei-Gänge-Menü, das Dana ganz allein in seinem Sous-vide-Garer in einer Küche von der Größe einer Flugzeugtoilette zubereitet hat. Noch vor dem Wolfsbarsch mit Semmelstoppelpilz und Herbsttrompete in Topinambur und Ancho-Chili-Brühe; den einzeln portionierten Scheiben vom Thunfischbauch auf einem Bett aus Brunnenkresse, Frühlingsknoblauch, Kartoffel, Dashi und Abrieb von Meyers Zitrone; dem perfekt gewürzten Schweinekotelett und einer Gastrique aus selbst gepresstem Apfelsaft, Rum, deutschem Riesling, Cider, Honig, Sternanis, Nelken, Pfefferkörnern und Essig – noch vor all diesen Speisen wurde meinem Käse augenblicklich die Schau von Danas hausgemachtem Entenprosciutto gestohlen, den er perfekt geräuchert und in seinem Weinkühlschrank hatte trocknen lassen. Für seine geräucherten Schweinebäckchen und seine Pickles – *natürlich* mit Milchsäurebakterien vergoren, nicht in Essig eingelegt – kam ich knapp zu spät. »Pickles gehören nun mal vergoren. Aus. Ende«, sagte er im Brustton der Überzeugung, der normalerweise in Bezug auf das Verbot von versteckten Waffen an den Tag gelegt wird. Dana verwöhnte uns mit selbst gemachtem Tonicwater, dann machten er und Morgan sich daran, meinen Käse blind zu verkosten. Den französischen Brillat-Savarin und den Piemonteser Schafsmilchkäse erkannten sie richtig. Ich hatte mich im Vorhinein etwa eine halbe Stunde mit der Entscheidung abgemüht, welchen Käse ich kaufen soll – versuchen *Sie* doch mal, Essen für einen Menschen auszusuchen, der darüber streitet, ob dieses Bein vom Mangalica-Schwein nun als Prosciutto oder Jamón eingestuft werden sollte –, und ich glühte vor Stolz, als Morgan mich dafür lobte, dass ich die Käse auf Zimmertemperatur hatte anwärmen lassen. »Gute Sache!«, sagte er. »Langsam kommst du dahinter, wie das Leben gelebt werden will!«

Wenn das erst der Käse war – welcher Prüfung würden sie den Wein erst unterziehen? Wir hatten bereits drei Flaschen getrunken und erörtert, als Dana den Fine de Bourgogne, einen Brandy und einen vierzig Jahre alten deutschen Eiswein hervorholte. Letzterer wurde aus Trauben erzeugt, die man am Rebstock hatte gefrieren lassen, damit die Kälte den Zuckergehalt konzentriert. Den Eiswein hatte Dana für eine besondere Gelegenheit aufbewahrt, und er wollte ihn zur Guild-Party mitnehmen. Ich als Einzelkind fragte ihn natürlich gleich, wieso er nicht lieber wartete, bis weniger Leute da waren, damit er mehr davon abbekäme.

»Weil das hier Leute sind, die den Wein verstehen und zu schätzen wissen«, erklärte mir Dana zu den Guild-Gästen.

»Weil das hier Leute sind, die für solch einen Wein das nötige Rüstzeug vorweisen können«, warf Morgan ein.

»Mindestens fünf bis zwölf von denen, die diesen Wein heute probieren, werden sagen: ›Heiliger Bimbam, ich bin rekontextualisiert worden. Meinen Platz in diesem Universum und den Menschen, der ich bin, und meine Beziehung zu dem Produkt, das ich tagtäglich verkaufe, das alles sehe ich in einem neuen Kontext.‹«

Das war der Gipfel dessen, was ein Wein für einen Menschen tun konnte. Philosophen wie Kant oder Burke haben behauptet, dass Geruchs- und Geschmackssinn nicht in der Lage seien, »große Empfindungen« auszulösen oder ästhetische Erfahrungen hervorzubringen, wie es Sonaten oder Stillleben taten. Morgan erschien diese Einstellung völlig daneben. Für ihn war Wein eine transformative Erfahrung. Er hatte verändert, wie er die Welt und sich in ihr betrachtete.

»Ich hatte Erlebnisse mit Wein, bei denen ich mich so klein gefühlt habe wie im Angesicht von Modiglianis *Liegendem Akt*. Wenn ich dieses Gemälde sehe, denke ich: ›Es gibt noch etwas da draußen, das größer ist als ich‹«, erklärte mir Morgan. »Für mich stellt Wein lediglich einen Kontaktpunkt mit einer weiter gefassten Weltsicht dar: dass ich unbedeutend bin. Dass ich nur ein Sack voller Wasser und Organe bin, der – wenn ich Glück habe – achtzig Jahre auf der Erde wandeln wird. Und dass ich mir besser überlege, wie ich etwas aus diesen Jahren mache.«

Ein Schluck Wein weckte in Morgan kein wildes gefesseltes Tier. Gab man ihm ein Glas Condrieu zu trinken, so dechiffrierte er mittels des Geschmacks die vielen Anstrengungen und Hoffnungen der Weinleser, Winzer und Abfüller, die in diesen Wein geflossen sind. Die menschliche Mitwirkung und die naturbedingten Metamorphosen, die in der Handwerkskunst dieser Flasche steckten, nahm er sehr genau wahr, ebenso die moralischen und historischen Dimensionen von beidem. »Ich verstehe genau, wie es den Leuten geht, wenn ich ihren Wein verkoste«, sagte er.

Dana und Morgan nach zu urteilen waren nicht alle Menschen für die Offenbarung, die gewisse vergorene Trauben herbeiführen konnten, bereit. Sich solcherlei Weine leisten zu können hieß nicht zwangsläufig, dass man sie auch verdiente.

An diesem Abend sah ich zum ersten Mal, wie Sommeliers sich als Hüter solch seltener Weine begriffen. Morgan, Dana und andere hatten das Gefühl, sie müssten diese Flaschen beschützen. Sie glaubten, sie müssten aufgehoben werden für die Menschen, die sämtliche Facetten der Weinpracht erfassten. Wenn man diese besonderen Flaschen Menschen zu trinken gab, die noch nicht bereit dafür waren oder sie einfach nicht zu schätzen wussten, konnte man sie genauso gut in den Abfluss schütten. Sie waren ein Sakrileg. Doch im richtigen Mund konnten sie ruhmreiche Dinge vollbringen. Aus diesem Grund gehen die Somms beim richtigen Kunden bei teurem Wein sogar ein wenig mit dem Preis herunter. Es ist ihnen mehr wert, dass der Wein von jemandem getrunken wird, der ihn in Ehren hält.

Morgan gestand, dass er sich bei ganz besonderen Weinen, von denen es im *Aureole* nur sehr wenige gab, die Trinker selbst aussuchte, nicht andersherum.

»Ich will nur sichergehen, dass der Wein in guten Händen ist«, meinte er. »Ich trage quasi eine größere Verantwortung, weil diese Weine eine transformative Erfahrung nach sich ziehen könnten. Du servierst ihn jemandem, und die Person findet ihn einfach nur hammermäßig geil und ist komplett umgehauen davon.«

Morgan und Dana schwelgten in Erinnerungen an Weine, von denen sie selbst komplett umgehauen worden waren: der 69er Château Musar Blanc, der 90er Noël Verset Cornas, der 98er Jean-Louis Chave Hermitage Blanc – »eine Offenbarung«, »eher eine geistige Angelegenheit als eine rohe hedonistische«. Die beiden steigerten sich in ihre Verkostungserlebnisse hinein, und Dana schnappte sich seinen Laptop, um die Weinkarten seiner letzten fünf Geburtstagspartys hervorzukramen, die er selbst organisiert hatte. Er und Morgan stimmten darin überein, wie tragisch es war, dass diese Weine von Menschen getrunken worden waren, die ihre Botschaft nicht wirklich goutieren konnten. »Es zerreißt einem das Herz«, fand Morgan.

Ich war gespannt, wie die beiden beurteilen wollten, ob eine Person vom Wein ergriffen wurde – also, wirklich richtig ergriffen –, während ich mich gleichzeitig daran zu erinnern versuchte, wie ich selbst beim Verkosten der Weine heute Abend reagiert hatte. Wie konnten sie sicher sein, dass ein Wein nicht gebührend honoriert wird?

»Weil«, sagte Morgan, ganz berauscht vom Chablis, »es dann nicht so aussieht, als sei ihnen eine scheiß *Harpune* ins verdammte *Herz* gerammt worden, als sie das scheiß Zeug getrunken haben.«

Als Sommelier bestand Morgans Aufgabe nicht darin, seinen eigenen Platz in der Welt zu rekontextualisieren. Nein, er sollte Weine finden, die das bei seinen Kunden tun. Aber wollten sie das überhaupt? Begehrten weinverrückte Zivilisten manche Sorten, weil sie sich unbedingt wie ein Sack voller Wasser und Organe fühlen wollten? Ich fragte mich, wie eine Wein-PX wohl diese Welt sah und welche Freuden sie wohl aus dem Rebsaft zog.

Den Großteil meines Wissens bezüglich dieser Elite hatte ich aus zweiter Hand, von Sommeliers. Ich wusste, dass sie dankbar für diese Prasser waren, deren kostspieliger Geschmack und dicke Konten den Somms Gelegenheiten zur Verkostung von Weinen boten, von denen sie sonst gerade mal lesen könnten. Fast alle von ihnen arbeiteten in Restaurants wie dem *Marea,* in denen sie die Flaschen vor dem Servieren erst probierten. Und so, wie Victoria ihren Lieblingssyrah mit den Kellnern teilte, hielten auch sie nach Gelegenheiten Ausschau, ihre Liebe zum Wein zu verbreiten, in dem Wissen, dass man an die wirklich guten Tropfen kaum herankam. Nach einer Blindverkostung im *EMP* am Dienstag überraschte uns Jon mit einer Flasche 1989er Spätlese Trimbach Clos Ste. Hune Hors Choix, einem 1550 Euro teuren Riesling aus dem Elsass, die an einem Zweiertisch am Abend vorher nicht ganz ausgetrunken worden war. »Eine der autorisierten Rekordabfüllungen«, sagte Morgan und leckte sich die Lippen. »Davon gab es lediglich zwei Jahrgänge; 59 und 89. Ich habe noch nie eine Flasche davon zu Gesicht bekommen.« Abgesehen von ihren verstohlenen Toilettenaufenthalten, um ein paar Lines Kokain zu ziehen, waren die zwei Männer, die den Wein erstanden hatten, die idealen Gäste. Sie haben 3500 Euro für Essen und 1200 Euro für Wein ausgegeben und nicht ein einziges Mal über Geld geredet. »Reiche Leute sind genial.« Jon strahlte, als er jedem von uns ein Schlückchen eingoss. Die Sommeliers mit ihrer größtenteils bürgerlichen Herkunft hatten keineswegs Verachtung für die Zügellosigkeit dieser zahlfreudigen Kundschaft übrig. Sie machten sich vielleicht über sie lustig, wie etwa über die bekloppte feine Dame, die mit ihrem eigenen, in einer Reißverschlusstasche umherschwappenden Wein ins *Jean-Georges* spazierte, weil sie dachte, wenn sie ihn selbst mitbrächte, müsste sie kein Trinkgeld zahlen. Letzten Endes aber waren sie ihren PX-Kunden zugetan und entwickelten im Zuge all der Stunden, die sie sich jeden Abend um sie kümmerten, sogar eine gewisse Bindung, ähnlich wie die Mundschenke zu den Pharaonen längst vergangener Tage. (»Robert De Niros Geld ist doch gar kein echtes Geld«, hörte ich einen Sommelier spotten, der damit einem des Geldes überdrüssig gewordenen Investment Banker ähnelte.) Im besten Fall teilten reiche Zivilisten die Obsession der Somms mit großartigem Wein. Im schlimmsten Fall finanzierten sie das Personal. Die einzige Sorte Mensch, die sich um die volle Verachtung der Somms verdient macht, sind die Knauser, die über neunzehn Euro für einen Salat jammern, weil sie es nicht in ihren dummen Schädel kriegen, dass dieser Preis nicht nur die paar Blätter Salat, sondern auch noch die Kosten für Miete, Versicherung, Nebenkosten, Gehälter, Wäscherei, Toilettenpapier und so weiter beinhaltet.

In Wirklichkeit trinken die Sommeliers zwar in rauen Mengen Wein – und bezeichnen sich sogar als »funktionierende Alkoholiker« –, sind aber nicht diejenigen, die das Geschäft mit den feinen Weinen aufrechterhalten. Das tun nämlich die Menschen, die von ihnen bedient werden. Es gibt Sammler, die Zehntausende Flaschen in ihrem Keller anhäufen, mehr, als sie in ihrem Leben jemals trinken werden. Die teuerste Flasche Wein der Geschichte wurde 2010 für 266 515 Euro verkauft. Mit dem in diesen 1947er Château Cheval Blanc investierten Geld hätten sie ein Haus, zwei US-amerikanische Collegeausbildungen oder fünf Porsche SUVs finanzieren können. Der Wein mag die »pure Perfektion« sein, letzten Endes aber wird er vernichtet und in extrem kostspieligem Urin wieder ausgeschieden werden. (»Das ist das Schöne und Vergängliche daran!«, insistierte Morgan einmal. »In vier Stunden wird alles ausgepinkelt worden sein.«) Der Geschmack dieser Weine kann Riesen zu Tränen rühren. Ich habe auf ABC News ein Interview mit Milliardär Bill Koch gesehen, während dessen ihm beim Gedanken an seinen Keller beinahe die Tränen in die Augen stiegen – und das ist ein unsentimentaler Ölmagnat, der sich einen brutalen zwanzigjährigen Rechtsstreit mit seinen eigenen Brüdern geliefert hat. »Kann ein Wein tatsächlich 25 000 oder 100 000 Euro die Flasche wert sein?«, wird Koch darin von einem Pressevertreter gefragt. »Jeder normale Mensch würde sagen: ›Auf gar keinen Fall!‹«, antwortet Koch. »Doch für mich hat die Kunst« – an diesem Punkt räuspert sich Koch – »das Handwerk« – seine Stimme versagt ihm bei der letzten Silbe, und er blinzelt ein paarmal, um die Tränen zu unterdrücken. Er bemüht sich um ein schmallippiges Lächeln. »Verzeihung.« Dann räuspert er sich erneut, hustet und wirft die Hände gen Himmel, als ob er sagen wollte: Wie kann mir bloß so etwas passieren? Der Pressevertreter wirkt peinlich berührt und versucht, ihm auszuhelfen. »Das Thema scheint Ihnen am Herzen zu liegen«, meint er. Koch erhebt sich kurz und rutscht dann in seinem Stuhl herum. *»O ja.«*

Damals habe ich nicht ganz begriffen, wieso Weinliebhaber dafür so viel Geld auf den Kopf hauen und bestimmten Etiketten hinterherjagen, doch ich wollte es gerne. Dazu musste ich allerdings mit diesen Leuten trinken und mich in ihren Kopf begeben. Und mit einer Vielzahl von ihnen zu sprechen ist streng genommen nicht gerade einfach. Man kann nicht einfach ins *Marea* oder *EMP* spazieren, die Sommeliers nach den Wein-PX fragen und diese dann mit Fragen über ihre Weingewohnheiten überhäufen – es sei denn, man verspürt das brennende Verlangen, sich ein Hausverbot in diesen Läden einzuhandeln.

Während wir Danas Entenprosciutto verspeisten, hatten Dana und Morgan ein bevorstehendes Event namens La Paulée de New York erwähnt, bei dem die Weine aus dem Burgund gefeiert wurden und das auf einer jahrhundertealten französischen Tradition gleichen Namens fußt. Von den meisten Somms, Händlern, Journalisten und Importeuren der Stadt wurde diese Veranstaltung ebenfalls ziemlich gehypt. Die Liebhaber des Burgund, das als eine der besten Weinregionen der

Welt gepriesen wird, müssen derart viel Zeit und Geld investieren, dass es sich nur die hartgesottensten – und wohlhabendsten – Weinfanatiker leisten können. La Paulée galt diesbezüglich als die extravaganteste Zusammenkunft der Erde. Im Rahmen des einwöchigen Festivals fanden ein Dutzend Dinner und Verkostungen statt, wovon der Gipfel das große Finale darstellte: eine Gala mit 1300 Euro Eintritt, bei der die Gäste angewiesen wurden, »Kostbarkeiten aus ihrem Keller« mitzubringen. (Ja, Sie haben richtig gelesen: Der Eintritt beinhaltet keinerlei Alkohol bis auf ein Glas Champagner »gratis«.) Weine im Gesamtwert von etwa einer Million Euro würden an diesem letzten Dinner zutage gefördert, hieß es. Allein die Spuckeimer würden weggeschleuderten Pinot und Chardonnay im Wert von etwa 200 000 Euro fassen. »La Paulée ist so ein Ding, das landesweite Revolutionen entfachen kann«, meinte ein Sammler, der in den vergangenen Jahren teilgenommen hatte.

Die Nachfrage ist derart groß, dass sich der Einlass nicht erkaufen lässt. Man muss die richtigen Leute kennen. Allein das Ausschenken dort ist bereits ein Privileg, und die Sommeliers klappern verzweifelt sämtliche ihrer Beziehungen ab, um in den Speisesälen vom La Paulée ausschenken zu dürfen. Sie wissen, dass dieses Engagement ihnen Probierschlückchen von Weinen im Wert eines Wochenlohns bescheren wird. Dana erzählte Morgan und mir, dass er sich mithilfe eines Viererdates mit dem Chefsommelier von La Paulée einen Platz angeln wollte. Der Typ bestimmte darüber, welche Somms ausschenken dürfen. »Du kleine Schlampe«, sagte Morgan voller Bewunderung.

In der Hoffnung, solche Taktierereien zu umgehen, wandte ich mich direkt an die Spitze. Ich rief Daniel Johnnes an, den Begründer von La Paulée de New York, der außerdem Burgunder importiert und als Weinleiter der Restaurantgruppe Daniel Boulud tätig ist.

»Das wäre ausverkauft, das hier ist ausverkauft – das ist seit Monaten ausverkauft«, sagte er, während er sich durch das

Domaine Michel Lafarge Rare Wine Dinner (1300 Euro pro Person), das Mittagessen mit den Winzern Jean-Marc Roulot und Christophe Roumier (1050 Euro) sowie das Legends Dinner bei Daniel Boulud inklusive Weinen von Domaine Leflaive und Domaine de la Romanée-Conti (6350 Euro) klickte. Es gab Hoffnungen auf einen Platz bei einer Verkostung abseits des Festivals – mit 83 Euro Eintritt vergleichbar mit einer Geschenktüte. Keiner wollte auf die Veranstaltungen abseits des eigentlichen Festivals. Alle wollten ran an die kostbaren Schätze. Nach einigen weiteren Verhandlungsrunden, in denen ich einen Artikel in einem Luxusreisemagazin sowie meinen Stolz verschacherte, trug Daniel meinen Namen in die Liste zweier verschiedener Verkostungen und – nach noch mehr Flehen – des Galadinners ein.

Das Burgund gilt als eine der komplexesten Weinregionen der Erde, und genau das lieben seine Anhänger daran. Man beschließt nicht einfach, ein Burgunderfan zu sein. Man muss es sich verdienen. »Denken Sie daran, dass es sich beim Durchdringen dieser Region um eine lebenslange Aufgabe handelt«, warnt die Guild of Sommeliers in ihrem Leitfaden für diese »scheinbar unbezwingbare« Ecke von Frankreich. Sommeliers empfinden einen widerwilligen Respekt für Zivilisten, die das Burgund zu ihrer Mission machen, und es ist per defintionem eine Mission, kein Interesse. »Die Leute, die ihren Blick auf das Bordelais richten, sind Geschäftsleute«, sagte ein Sommelier meiner dienstäglichen Verkostungsgruppe. »Die Leute, die ihren Blick auf das Burgund richten, sind passioniert.«

Allein die Namen der Weine wirken einschüchternd. Wenn Sie an *Mareas* Bar spazieren und die Weinkarte nach einem Glas aus dem Burgund durchsuchen, bekommen Sie eine harte Nuss zu knacken:

CHASSAGNE-MONTRACHET 1ER CRU, *LES CHAMPS GAINS* F. & L. PILLOT (BURGUND, FR.) 2013 26

Lassen Sie uns das entschlüsseln. Zuerst das Naheliegende: Dieser Wein stammt aus dem Burgund, einer Region im östlichen Zentrum Frankreichs mit einer Fläche, die fast so groß ist wie Nordrhein-Westfalen. Die 26 bezieht sich auf den Preis pro Glas, 2013 auf den Jahrgang des Weins. So weit, so gut. Bei anderen Regionen gibt es keine näheren Angaben, doch hier haben wir es mit dem Burgund zu tun. Chassagne-Montrachet ist der Name des Dorfs, in dem der Wein erzeugt wurde; der Name ergibt sich aus der Stadt Chassagne und dem darin gelegenen Grand-Cru-Weinberg Montrachet. Premier (1er) Cru ist die Qualitätsstufe, die zweithöchste von vier burgundischen Weinkennzeichnungen. Les Champs Gains ist der konkrete Weinberg von elf Hektar Größe, auf dem die Trauben angebaut wurden. Und F. & L. Pillot ist die Abkürzung für das Weingut Domaine Fernand & Laurent Pillot. Die Preisfrage lautet: Ist der Wein rot oder weiß? Und aus welcher Traube wurde er gemacht? Wenn Sie zu den Burgund-Verrückten gehören, wissen Sie, dass Chassagne-Montrachet legendär für seine Weißweine ist, und wegen der Bezeichnung Premier Cru muss es ein Chardonnay sein. Wenn Sie das nicht wissen, nun ja, dann haben Sie womöglich aufgegeben und einen Gin Tonic bestellt.

Der Fairness halber muss man sagen, dass die Region Burgund in gewisser Hinsicht einfacher ist als andere. Die Weißweine aus dem Burgund werden bis auf wenige Ausnahmen aus Chardonnay gekeltert und die Rotweine aus Gamay oder Pinot Noir, einem wählerischen Schwächling einer Traube, die weit delikater und krankheitsanfällig ist als ihr unbekümmerter Cousin Cabernet Sauvignon.

Da hört es mit den einfachen Aspekten des Burgunds aber auch schon auf. Wo das Bordelais seine besten sechzig Weingüter in eine qualitative Hierarchie von Premiers Crus (die

Besten der Besten) bis Cinquième Crus (die Schlechtesten der Besten) bringt, unterwerfen sich die burgundischen Weine keiner solchen Logik. Ausmachen lassen sich vier Klassifizierungen (Grand Cru, Premier Cru, Village und Bourgogne, in absteigender Reihenfolge); fünf unterschiedliche Anbaugebiete (Yonne, Côte d'Or, Côte Chalonnaise, Mâconnais und Beaujolais) sowie um die hundert unterschiedliche Appellationen. (Schlagen Sie diese gerne nach.) Der Ruf jeder Appellation hilft uns allerdings nur bedingt weiter, denn auch die Weinlage *innerhalb* dieser Appellation ist von Bedeutung. (Es existieren allein um die sechshundert Premier-Cru-Weinberge, versuchen Sie also besser erst gar nicht, sie auswendig zu lernen.) Und innerhalb dieses Weinbergs kann die Qualität von sagenhaft bis so lala schwanken, je nachdem, in welchem Teil des Weinbergs wir uns befinden und wer den Wein aus diesen Reben macht. (Mehrere Winzer teilen sich einen Weinberg.) Auch auf den Ruf eines Weinguts können wir uns nicht verlassen. Ein einziger burgundischer Winzer – und es gibt Tausende – kann bis zu zwanzig verschiedene Weinsorten erzeugen, und jede davon entstammt unterschiedlichen Weinbergen, Appellationen und Klassifizierungen. Oh, und versuchen Sie erst gar nicht, diese um exklusive Tipps zu bitten, sie besprechen ihre Weine nämlich nicht besonders gern mit Außenstehenden.

Einige der teuersten Weine der Welt stammen aus dem Burgund. Und auch einige der flatterhaftesten kommen von dort. »Pinot aus dem Burgund ist solch ein Hurenbock«, klagte Morgan. »Wie ein Freund, der seine Freundin die meiste Zeit wie Dreck behandelt und dann im richtigen Moment mit Blumen und Pralinen vor der Tür steht. Von vier Flaschen werde ich bei zweien denken: ›Wow, echt gut, aber auch ganz schön teuer.‹ Bei einer: ›Fuck, wie deprimierend. So viel Geld für einen total miesen Wein.‹ Und beim vierten Wein dann: ›ICH WILL NIE WIEDER ETWAS ANDERES TRINKEN!‹« Ich habe noch nie gesehen, dass jemand eine Flasche angeblich außergewöhnlichen Weins ohne eine Spur von Grauen im Gesicht geöffnet hat. Die Weine oxidieren, sind in mittelprächtigen Jahrgängen wankelmütig und durchlaufen unangenehme Phasen im Mund. Die Leute, die für diese Weine schwärmen, haben oft eine leicht masochistische Ader, und wer einen Burgund-Fan kennenlernt, fängt notgedrungen an zu rätseln, welches Trauma – haben sie nicht genügend Liebe abgekriegt als kleines Kind? – sie oder ihn dazu gebracht hat, diese Region meistern zu wollen.

Nichts bereitet einen besser auf eine lange, versoffene Nacht mit großartigem Burgunder vor als ein langer, versoffener Morgen mit großartigem Burgunder, deshalb fand La Paulées Grand Tasting am Morgen des Galadinners statt. Jeder Erzeuger bekam einen eigenen tuchbedeckten Tisch zugeteilt, vor dem sich ein Knäuel Arme wand, das sich um ein Probeschlückchen rangelte und sich den Somms entgegenstreckte. Ein Glücklicher hob sein Glas für einen Trinkspruch. *»À toutes les jeunes filles!«,* frohlockte er, während er sein Glas an dem seines Kumpels abprallen ließ. *»À les jolies jeunes filles!«,* gab sein Freund grinsend zurück. Die meisten waren »wohlgenährt« – das war Morgans Euphemismus für betuchte Zivilisten –, und mit meinen unter dreißig Jahren, mit meinen Brüsten und mit meinem vollen Haupthaar war ich definitiv in der Minderheit. Ich schlich in dem Saal herum und drängte die Leute, sich mit mir darüber auszutauschen, was ihre Weinbesessenheit entfacht hat.

Ich lernte einen Mann kennen, der seine eigenen Weingläser aus Los Angeles mitgebracht hat, weil er fand, dass La Paulées Stielgläser den subtilen Burgunderaromen nicht gerecht wurden. Für ihn war die Weinprobe mit Weingütern, die er gut kannte, wie das Vorbeischauen bei alten Bekannten. Er spürte eine emotionale Verbindung zu den Weinen. »Diese Flaschen sind für mich Persönlichkeiten.«

Bei anderen war der Wein das Mittel ihrer Wahl, um mit leibhaftigen Menschen in Verbindung zu treten. Ein Pärchen in den späten Zwanzigern – er aus der Finanzwelt, sie Innenarchitektin – hatte im Burgund geheiratet. Lustig, dass ich sie zu ihrem Weinhobby befragte – der Gatte hatte just an diesem Morgen Flaschen auf einer Auktion ersteigert. Sie hielten Händchen, wobei sie mit der jeweils freien Hand ihre Gläser herumwirbelten. Wieso ausgerechnet Wein? »Das ist unser gemeinsames Interesse«, sagte die Frau. »Und einer meiner Kollegen ist ein großer Sammler«, sagte der Mann.

Manche waren auch am Gewinn interessiert, wie etwa der runde deutsche Gastronom, der Fussel von meinem Pullover klaubte, während er meine Fragen beantwortete. Er war wegen der Verkostung des 2012er-Jahrgangs hier, weil er gerade sechzigtausend Flaschen für seine zukünftige Weinbar in Berlin zusammensammelte. Wieso er Gefallen an Wein fand? »Da könnte man genauso gut fragen: Wieso findet man Gefallen an Sex?«, sagte er. »Wein gehört einfach zu meinem Leben dazu. Ohne ihn kann ich nicht leben.« Wieso aber ausgerechnet Wein und nicht so etwas wie schnelle Autos? »Ja, na gut, okay, für schnelle Autos habe ich, ehrlich gesagt, auch ein Faible. Wenn ich mich allerdings zwischen meinem Weinkeller und meiner Autosammlung entscheiden müsste, dann würde die Wahl auf meinen Weinkeller fallen.«

Andere sammelten Erfahrungen. Eine Israelin, die Karten für die neun extravagantesten Veranstaltungen von La Paulée erworben hatte (12 700 Euro), war Anfang des Monats wegen des Weinfestivals La Festa del Barolo nach New York gekommen. Anstatt danach gleich nach Hause zu fliegen, wollte sie noch drei Wochen dableiben, damit sie bloß nicht La Paulée verpasste. »Das ist Kunst«, sagte sie über die Weine. »Das ist wahrhaftig Kunst. Die Weinkenner, die zum Verkosten hierherkommen, kosten von der Kunst der Weinbereitung.« Sie hatte alle der ungefähr hundert Weine probiert, die bei dem Grand Tasting zu haben waren, doch Spucken kam für sie nicht infrage.

»Beim Spucken brennt mir der Gaumen. Außerdem bringt nur das Schlucken das echte Erlebnis. Ich habe deswegen jedenfalls ein großes Alkoholproblem.«

Auf der Suche nach einem alten La-Paulée-Hasen, der mir zeigen konnte, wo es hier langgeht, quetschte ich mich an Tischen, Flaschen und Blazern vorbei und machte neben einem großen, glatzköpfigen Mann in einem Hahnentrittjackett halt. Seine Art zu spucken hatte mich magisch angezogen. Sie war fantastisch: Er konnte einen akkuraten Strahl Pinot in einen knapp einen Meter unterhalb seines Mundes und dreißig Zentimeter nach rechts befindlichen Eimer spucken, ohne sich vornüberzubeugen. In der Annahme, dass derart elegantes Auswerfen das Resultat jahrelanger Praxis sein musste, stellte ich mich vor. Sein Name war Robert, und er hat La Paulée gewissenhaft Jahr für Jahr besucht, seit es 2000 ins Leben gerufen worden war. Er und seine Frau Cassandra – er winkte eine Dame mit hüftlangem schwarzem Haar herüber – beherbergten sogar den diesjährigen Ehrengast, den Winzer Michel Lafarge. Robert torkelte von dannen, um Michel zu suchen und noch ein bisschen mehr zu trinken. Ich blieb zurück mit Cassandra, die um einiges jünger war als Robert, wenn auch nicht so viel jünger, dass man die Stirn hätte runzeln müssen. Sie trug eine Barbourjacke, Jeans, einen Ring von der Größe eines Chihuahuas und machte ein gelangweiltes Gesicht. Sie hatte schon versucht, sich davonzustehlen, und sagte, ihr Gaumen sei am Ende – ab-so-*lut* am Ende!

»Das kann ich nicht jeden Tag machen«, sagte sie mit einem Seufzer, als ob es eine realistische Option darstellen würde. »Wir folgen diesem ganzen Kreis. Einmal im Jahr reisen wir ins Burgund. Dann gehen wir noch auf besondere Veranstaltungen. Letztes Jahr waren wir zum Beispiel auf einem 450. Geburtstag, und das war jenseits von Gut und Böse … Es war der 450. Geburtstag von – irgendwas. Ich weiß es nicht. Ich bin aus dem Flugzeug gestiegen und war …« Sie wedelte mit der Hand vor ihrem Gesicht und wollte signalisieren: *sternhagelvoll.* »Das war ein siebenstündiges Mittag-Abendessen. Wir waren *alle* da. Alle Erzeuger aus dem Burgund. Jen-seits von Gut und Böse war das. Viele der Erzeuger kamen aus Ii-tah-lien« – bei dem Land versuchte sie sich in einem französischen Akzent. »Wir sind wortwörtlich direkt vom Flieger in dieser Jahrhundertka-tas-*tro*-phe gelandet! Die Ladys konnten ihre Ehemänner nicht mehr finden! Am nächsten Morgen entdeckten sie drei von ihnen schlafend in einem Feld des Châteaus! Kom-*plett* besoffen!« Bei dem Gedanken daran musste sie kichern. Robert kam mit einem Schluck Clos de la Roche Grand Cru vorbei. Cassandra schluckte ihn hinunter und zog ein Gesicht. »O schau mal!« Ihr Gesicht hellte sich auf. »Mein Gott, das sieht wie ein Château aus, das wir letztes Jahr besucht haben! Das ist es wahrscheinlich! Keine Ahnung, welches das ist. Ich weiß nur, dass wir gelandet sind und es irgendwo außerhalb des Burgund liegt. Es ist *phä*-no-menal.« Sie hielt zwei Bekannten die Wange hin, die sich für einen Luftkuss nach vorne gebeugt hatten. Der eine war von der Rockefeller-Stiftung. Den Namen des anderen hatte ich auf vielen Großbaustellen hängen sehen. »Wir sind in vielen Weingesellschaften«, fuhr Cassandra fort. »Wir sind in Weinfreakverbänden, Klubs. Wir nehmen an Weindinners in Klubs teil. Sämtliche unserer Klubs sind in der Stadt. Und eine Menge Leute wie Brian« – sie wackelte mit den Fingern, um jemanden auf der anderen Seite des Saals zu begrüßen – »und andere, wir folgen diesem ganzen Dinnerding gemeinsam. Côtes du Rhône, Bordeaux und das Burgund. Die Commanderie de Bordeaux. Nächstes Wochenende findet noch ein Dinner in einem unserer Klubs in Tuxedo Park statt«, im New Yorker Hinterland also. Jemand mit Namen Michael umarmte Cassandra. »Oh, es ist *wirklich* anstrengend! Ich war gerade zehn Tage in Paris. Nur um mal zu schlafen. Zu. *Schlafen.*« Sie staunte über das Durchhaltevermögen ihres Mannes. »Gestern waren sie bis drei Uhr morgens unterwegs gewesen. Jeder hat beim Abendessen im *Dan*-jell zugeschlagen« – ich nehme an, es handelte sich dabei um das Legends Dinner – »und dann haben sie noch bis drei Uhr morgens weitergefeiert. Irgendwann sagen deine Adern doch stopp! Wenn ich gestern so lange mit dabei gewesen wäre, hätte ich es heute nicht hierher geschafft. Ich hätte es definitiv nicht zum SoulCycle geschafft. Ich hab das alles schon gemacht, und ich hab's übertrieben, und ich werde auch weiter mitmachen und es manchmal übertreiben, deshalb weiß ich, wann es Zeit ist aufzuhören. Und jetzt ist es absolut Zeit. Ich bin zufrieden. Ich bin gesättigt. Wenigstens bis heute Abend.«

Ich entschuldigte mich und ging. Das Grand Tasting neigte sich dem Ende, das Galadinner würde in ein paar Stunden beginnen, und ich hatte noch nicht ansatzweise etwas parat, das in die Nähe einer Kostbarkeit kam. Ich hatte es so lange wie möglich herausgeschoben, einen Wein zu kaufen, den ich zum Abendessen mitbringen konnte, besonders nachdem Morgan mir geraten hatte, mindestens vierhundertfünfzig Euro, wenn nicht sogar das Doppelte, für eine Flasche auszugeben. Zuerst dachte ich, er würde übertreiben, doch die Israelin brachte mich dann ins Grübeln. »Tragen können Sie, was Sie wollen«, meinte sie zu mir. »Welchen Wein Sie mitbringen, *darauf* kommt es an.«

Ich stiefelte zur Burgundy Wine Company, einem praktischerweise ganz in der Nähe befindlichen Laden, und sagte dem Verkaufsleiter, dass ich einen Wein für La Paulée bräuchte. »Was ist Ihre *absolute* Höchstgrenze?« Der mitgebrachte Wein sei so etwas wie meine Visitenkarte, erklärte er mir. Während des Abendessens gehen die Leute herum und schenken sich gegenseitig Probeschlückchen ein. Wenn ich bei den Wein-PX mitmischen wolle, müsse ich mit etwas Anständigem antanzen. »Sie müssen Ihre Muskeln spielen lassen«, riet er mir. Bei La Paulée laute die goldene Regel: Alle bringen das Bestmögliche mit. Egal, ob Hedgefonds-Generaldirektor oder arbeitsloser Journalist – allen sollte es ein kleines bisschen wehtun.

Anderthalb Stunden verbrachte ich heftig schwitzend in diesem Weinladen, beriet mich abwechselnd mit dem Verkaufsleiter, simste Morgan und schaute mir die Kritiken im Internet zu jeder einzelnen Flasche in meinem Budgetrahmen an. Nach einem kleinen Schubser von Morgan entschied ich mich für den 1990er Louis Latour Corton-Charlemagne, einen Weißwein, der beinahe so alt war wie ich. Es lag durchaus im Bereich des Möglichen, dass er schon gekippt ist, wurde ich von Morgan gewarnt. Er kostete mich zweihundertvierzig Euro. Von meiner Warte aus betrachtet, handelte es sich dabei um einen Schatz.

Ein paar Stunden später erschien ich beim Galadinner, drückte mir die Flasche an die Brust wie die kostbare Fracht, die sie nun mal war. Ich schlängelte mich an den schwarzen SUVs vorbei, die in doppelter Reihe am Bordstein geparkt waren, und stieg die verschrammelten Stufen des Metropolitan Pavilion hinauf, einem wenig charmanten Veranstaltungsort, der normalerweise eher für Musterverkäufe und Hochzeitsmessen genutzt wird. Man hatte sich nur minimal bemüht, ihn etwas aufzuhübschen: Die weißen Wände waren mit bodentiefen Fotos burgundischer Weinberge behängt worden. Das Highlight sollten also definitiv die Weine sein, nicht das Dekor.

Ein Mann in Anzug bot mir an, den Wein für mich aufzubewahren, und ich händigte ihm widerwillig meine Flasche aus.

»Seit elf Uhr morgens habe ich mich in Galerien herumgetrieben«, sagte ein Mann, der in der Garderobenschlange hinter mir stand.

»Ohne einen anständigen Tropfen könnte ich mich da nicht herumtreiben«, entgegnete sein Freund.

»Na, lieber nicht«, gab Ersterer zur Antwort, »dann würde ich einfach nur reingehen und sagen: ›Ach, ich kauf einfach alles.‹«

Die vierhundert Teilnehmer des Galadinners waren auf Tische verteilt worden, die mit den Namen von Weinbergen gekennzeichnet waren. Die Grand-Cru-Leute – Promis oder wichtige Sammler oder wichtige Winzer –, wurden an die Grand-Cru-Tische gesetzt.

Meine Tischkarte erspähte ich zwischen Namen wie Jay McInerney und Neil deGrasse Tyson, die beide dem Romanée-Conti-Tisch zugeteilt worden waren.

Ich nahm Platz. Zu meiner Rechten saß Suzanne, eine Blonde in den Vierzigern, die mit ihrem Ehemann zum sechsten Mal teilnahm. Zu meiner Linken saß Laurent, ein französischer Winzer und La-Paulée-Jungfrau wie ich.

Das Licht wurde gedimmt, und Daniel Johnnes sprang auf die Bühne, um die Sommeliers des heutigen Abends vorzustellen. Als er bei den Branchenberühmtheiten Rajat Parr, Patrick Cappiello und Larry Stone angelangt war, ging ein Raunen durch die Menge.

»Oooooh Maaaaann«, sagte Suzanne und grinste ihren Mann an.

Daniel übergab das Mikro einem euphorischen Winzer, dessen Trinkspruch »Auf einen gewaltigen Rausch!« lautete. »Das ist alles, was ich Ihnen für den heutigen Abend wünsche!«, jubelte er und reckte sein Glas in die Höhe. Der Saal jubelte zurück. An dieser Stelle bemerkte ich, dass es hier keine Fenster gab. Und das schien mir eine weise Voraussicht. »Ab elf ist hier die Hölle los«, flüsterte Suzanne vielsagend.

Wir hatten acht Uhr, und das Chaos war längst ausgebrochen. Sommeliers machten mit kleinkindgroßen Weinflaschen die Runde. Daniel wurde auf der Bühne von einer Truppe rundlicher Franzosen mit weißen Schnauzern, einheitlichen Pagenmützen und großen Rotweingläsern abgelöst. Sie schmetterten *Ban Bourguignon,* die burgundische Version eines Trinklieds, zu dem auch ein Tanz gehörte, der einer abgespeckten Version von *Hokey Pokey* gleichkam: Du streckst den rechten Arm aus und drehst dich im Kreis; du streckst den linken Arm aus und drehst dich im Kreis und wieder von vorn, mit kurzen Unterbrechungen, wenn du das Glas in deiner Rechten zum Mund führst.

Keiner scherte sich großartig ums Essen. Ich warf trotzdem einen Blick auf die Speisekarte. Sechs Kochberühmtheiten, sechs Gänge. Den Anfang machte Tête de Cochon (Schweinekopf), als letzten Gang gab es Goldenes Ei (ich konnte auch nur raten). Laurent tippte mich an, und ich drehte mich in dem Augenblick um, als er mir einen Brotteller herüberreichte. Meine Erinnerung an diesen Abend ist dunkel, doch ich bin mir ziemlich sicher, dass ich nach Luft rang. Auf dem Teller stapelte sich gehobelter Burgundertrüffel auf einem Bett von noch mehr Burgundertrüffel. Ich muss verwirrt ausgesehen haben, denn Laurent machte eine Kopfbewegung in Richtung Tischende. Dort saß ein breitbrüstiger Franzose, der selbst wie ein Trüffel gebaut war, und hielt einen Trüffel von der Größe eines Baseballs in der einen pummeligen Faust gepackt sowie einen silbernen Hobel in der anderen, den er von zu Hause mitgebracht haben musste. Mit seinem roten, runden Gesicht und dem um einen Sack Trüffel geschlungenen kräftigen Arm sah er aus wie ein Pilz-Nikolaus.

Als die Somm-Armee ihre Runden zu drehen begann, füllten sich die sechs Weingläser vor mir ziemlich schnell. Meinen Notizen zufolge handelte es sich beim ersten Wein um einen 1988er Joseph Drouhin Clos des Mouches Premier Cru. Mittelkräftige bis kräftige Säure, mit Noten von Himbeere und feuchter Erde.

Das ist alles, was ich Ihnen zu den Weinen, die ich an diesem Abend trank, sagen kann. Genuss? Ich hatte kaum Gelegenheit zum Schlucken. Zuerst versuchte ich, mir zu jedem Wein Notizen zu machen. Dann bemühte ich mich, wenigstens den Namen aufzuschreiben. Irgendwann waren es nur noch Zahlen – 2008, 1993, 1962. Und am Ende machte ich einfach einen Strich pro Wein. Bei sechsundzwanzig verließen sie mich.

Suzanne konnte ihre Geschichte über die Privatgesellschaft von Ferran Adrià im Eleven Madison Park nicht zu Ende erzählen, ohne zweimal von eifrigen Somms unterbrochen zu werden. Der Mann neben Suzanne konnte *seine* Geschichte über den Keller seines Ferienhauses auf den Bahamas nicht zu Ende erzählen, ohne von noch mehr Nachschenken unterbrochen zu werden. Die Flaschen kamen schneller auf uns zu, als wir verkraften konnten, und uns gingen ständig die Gläser aus. Schlürf, weg, schlürf, weg, schlürf, weg – während der ersten Verkostung kippte ich den Wein auch schon wieder weg, damit Platz war für das, was der Sommelier in Händen trug. Ich fand meinen Lieblingswein des Abends und hatte keine Ahnung, was es war.

»Gibt es einen Wein, der besser ist als Sex?«, hörte ich den Hedgefonds-Direktor neben Laurent seine Begleiterin fragen.

»Vega Sicilia«, antwortete sie, ohne zu zögern. »Eine Freude für die Welt.«

Keiner spuckte, also tat ich es auch nicht. Mir wurde allmählich ganz schön warm. Die Sänger erhoben ihre Stimmen und stampften mit den Füßen. *»La la la lalalalalère«,* grölten sie im Chor. Laurent ließ sein Notizbuch mit den Verkostungsnotizen fallen und scherte sich nicht weiter darum.

»Was für ein Fressrausch!«, schrie hinter uns ein Auktionär, während er sein Glas erhob. »Wir geraten in einen Strudel, sind wie Blut im Wasser und *naahcknaahcknaahcknaahcknaahck-naaahhhhhhhck«* – er machte eine Knirschbewegung mit dem Mund – »wir vernichten eine Tonne Wein. Das ist so herrlich! Und so traurig!«

Her mit dem Wein!

»Das ist die reinste Orgie!«, schrie der Hedgefonds-Direktor. »Wie soll man sich da in sein Date verlieben!«

Weißwein, Rotwein, orangefarben gereifter Wein. Ich sagte zu allem Ja. Die anderen auch. Immer her damit. Her damit! *Lalalalalère!*

Mein Gesicht glühte, und die Tänzer sahen irgendwie verschwommener aus als vorher. Der Tanz war albern. Wie spaßig! Laurent und ich übten uns im abgespeckten *Hokey Pokey.* Der für uns zuständige Sommelier brachte meine Flasche an den Tisch, endlich. Er wiegte sie vorsichtig. Ob ich ihn eingießen wolle oder lieber er? »Nimm sie!«, brüllte irgendjemand, ich glaube, Suzanne. Ich goss ein, wir stießen an, wir tranken. Fühlte sich an wie geschmolzene Butter und Seidenunterwäsche. Suzanne rollte genießerisch mit den Augen. Ich ging herum und hielt Flasche und Glas vor mir ausgestreckt wie eine Signalleuchte. Frauen in glänzender Kleidung und Männer mit glänzendem Haar und Sommeliers mit glänzenden Gläsern. Meine Augen trafen sich mit denen eines weißhaarigen Händlers mit flauschigem Schnauzbart, dessen Spitzname »Walross« hätte sein können. Es war zu *lalalala*-laut, um etwas zu verstehen. Er küsste mir die Hand und schenkte mir Champagner ein. »Französisches Alka-Seltzer! Champagner reinigt den Gaumen!« Ein gebräunter Typ aus Connecticut bettelte die Sommeliers nach Selfies an. »Jane! Jane! Mach ein Foto mit Wasserman!«, brüllte der Hedgefonds-Direktor, während er auf den Importeur Paul Wasserman zeigte. Die Sänger bellten. Die Männer bellten. Der Wein floss in die Gläser. Der Wein floss in uns hinein. Walross und ich streckten die rechte Hand raus und drehten uns im Kreis, streckten die linke Hand raus und drehten uns im Kreis und führten die rechte Hand zum Mund und tranken.

Verkostungsnotizen vernahm ich keine, nur ungebetene Kommentare über meine Wenigkeit. »Du lieber Himmel! Der Unterschied zwischen deinem falschen und deinem echten Lachen ist gewaltig. Das falsche ist weniger gut«, verkündete ein Mann namens Lenny. Ein anderer: »Ich mag, wie dir das Haar in die Augen fällt.« Ein mir unbekannter Mann stellte mich den Leuten als »seine zukünftige Exfrau« vor. »Ich brauche sie mal eben elf Minuten lang. Zehn davon zum Kuscheln«, grölte er anderen mir unbekannten Menschen zu. Drei unterschiedliche Männer wollten wissen, ob zu Hause jemand auf mich wartete. War ich verheiratet? Wie lange? Nicht mal ein Jahr? Meine Antworten schienen die Männer eher zu ermuntern, statt sie abzuschrecken. Wein und Sex gehören seit jeher zusammen, versicherte ich mir. Uralte Tradition. Die Römer und ihre Sommelierliebhaber. Ich habe gelesen, dass Dionysos, der Gott des Weins, mannigfache Aufgaben hatte: Er war der Gott des »Wilden, Sonderbaren, Exotischen; der Gott der Ekstase, des Sexes und der Fruchtbarkeit; der Gott des Mysteriums, der Tollheit und der Unvernunft; der Gott der Leidenschaft, des Lustspiels und der Tragödie; der Gott der blutigen rohen Gelage und heimlichen Initiationsriten …«.

Ja, es war auf seine Art tatsächlich eine Orgie. Ein Bacchana*lalalalala*. Es war krank. Es war zügellos. Es war unschön – »fast eine Tonne Foie gras haben die sich reingeschaufelt«, brüllte mir einer der Sommeliers, der mit Morgan bekannt war, ins Ohr. Wir waren gierig. Wir wollten alles vernichten. Wir hatten keinen Hunger, aber unersättlichen Appetit. Es war zu viel des Guten, und wir hatten viel zu tief ins Glas geschaut.

Doch da war auch eine Offenheit. Die Leute hier waren empfänglich für das rohe Erleben, wie ich es in einer Stadt wie New York nie zuvor erlebt hatte, wo jede Spur von Aufregung normalerweise mit einem Achselzucken à la »Kenn ich schon« abgetan wird. Die Leute wollten gekitzelt werden. Sie wollten die anderen kitzeln. Laurent und ich waren uns einig, dass mein Latour perfekt zum gehobelten Burgundertrüffel passte, und wir stolperten im Saal herum und ließen die Leute unsere perfekte Kombi probieren. *»Tiens, goute ça et ça«,* sagte Laurent, während er Trüffel auf die Zunge eines Mannes namens Pierre legte und ich den Latour in Pierres Glas goss. *»La densité, la profoundeur …«* Wir alle, die wir zu den Klängen von *Ban Bourguignon* Wein herunterkippten, hatten uns in der gemeinsamen Faszination für das Körperliche vereint. Joe Campanale fand mich und schob mich in Richtung eines besonderen Weins; mein Sommelier-Bekannter vom *EMP* kam mit einem 1959er Jahrgang, den ich unbedingt probieren musste, zu mir geeilt. Jeder stellte irgendetwas mit dem Körper eines anderen an; jeder wollte sinnliche Freuden in einem anderen hervorrufen. Ein Mann in Anzug fütterte einen anderen Mann mit Käse. »Buttrig«, stöhnte dieser. »Köstlich.« Fremde Menschen steckten einander Dinge in den Mund. »Kannst du im Stehen zum Orgasmus kommen?«, fragte mich ein Mann, während er mir Wein einschenkte. Lenny stellte drei Flaschen Wein verschiedener Jahrgänge in einer Reihe auf. »Ich werde jetzt schräge Sachen mit dir machen«, sagte er. Cassandra reichte mir ihr Glas. »Allein der Geruch.« »O mein Gott, Jane, wie dekadent ist das denn«, sagte der Hedgefonds-Direktor zu seinem Date. »Scheiße noch eins«, sagte sie und nahm den von ihm dargebotenen Wein. »Scheiße noch eins, das ist total verrückt.«

Ich fand eine herrenlose Flasche Domaine de la Romanée-Conti La Tâche, ein legendärer und angeblich göttlicher Wein. Ich versuchte, mir etwas davon einzuschenken. Leer. Ich stellte mir vor, wie himmlisch er geschmeckt haben muss. Kaum hatte ich meiner Flasche den Rücken zugekehrt, war sie auch schon verschwunden. Die Leute schnappten sich Teller des goldblättrigen Desserts von fremden Plätzen. Die *Lalalalère* wurde von Megahits der Rolling Stones ersetzt. Die Köche kamen aus der Küche gehechtet, um eine Ehrenrunde durch den Saal zu drehen. Daniel Humm, Michel Troisgros, Dominique Ansel. Leute in Anzügen stiegen auf ihre Stühle und reckten die Fäuste in die Luft. Wir alle winkten mit unseren Servietten. Die Männer mit ihren Krawatten. »Das sind nicht nur die besten Köche der Welt, nein, DIE SIND CRAYZEEEEEEE!«, schrie der Koch Daniel Boulud, bevor die anderen Köche ihn sich über die Schulter warfen. Er machte Crowdsurfing. Dann machte Daniel Johnnes Crowdsurfing. Ein Serviettenwedler machte einen Bauchklatscher mit seinen Tischnachbarn. *New York, New York* ertönte.

»Komm noch mit auf die Afterparty«, schrie mir mein zukünftiger Exmann zu. Sinatra gab alles. Wir gaben alles. Arme auf den Schultern, Krawatten in der Luft, den Songtext herausbrüllend, wollten wir alle in der Stadt, die niemals schläft, erwachen.

*And find I'm A-number-one, top of the list,*
*King of the hiiiilllll, Ayyyyyeeeee numberrrrr ooooooonnnnnnne …*

Nachdem sich mein Kater gelegt hatte, musste ich wohl oder übel versuchen, mir auf das Erlebte einen Reim zu machen. Auf der einen – ganz klar ersichtlichen – Seite war das die Darbietung eines entsetzlichen Exzesses gewesen. Ich bin zu La Paulée gegangen in der Annahme, dass ich dort auf eine Gruppe Connaisseurs treffen würde, die die sinnliche Erfahrung des Weins zu genießen weiß. Stattdessen kippten wir Flaschen hinunter, die in anderem Kontext der beste Wein des Jahres für uns gewesen wäre. Wir reckten unser Glas nach mehr, bevor wir auch nur ein klein wenig innehielten, um den Wein zu würdigen.

Dennoch wurde mir irgendwann klar, dass ich trotz der ganzen Verschwendung und der Völlerei genau die sinnlichen Connaisseurs gefunden hatte, die mir vorgeschwebt waren. Nur musste ich eben meine Definition von Geschmack und Genuss ein wenig weiter fassen.

Die Paulée-Gänger wussten diese Weine zu genießen, wenn auch nicht unbedingt mit ihren Nasen und Zungen. La Paulée war in gewisser Weise ein Labor, das unter Beweis stellte, dass sich Geschmack nicht nur via Nase und Mund vermittelt. Wir genießen auch mit unserem Verstand.

Der Preis ist die wichtigste Zutat von allen, und mit unseren 1300 Euro teuren Tickets waren wir von Anfang an darauf eingeschossen, sämtliche Weine zu probieren und zu lieben. Und diese anekdotische Erfahrung ist auch wissenschaftlich erwiesen: An der Standford University und dem California Institute of Technology haben Forscher die Probanden in ein funktionelles MRI-Gerät gelegt und sie fünf verschiedene Cabernet Sauvignons von vier bis achtzig Euro probieren lassen. Wie zu erwarten, verrissen die Probanden die vier bis neun Euro teuren Weine und applaudierten den kostspieligeren dreißig, vierzig und achtzig Euro teuren Weinen, die das Lustzentrum des Gehirns vor Freude durchdrehen ließen. Was die Probanden nicht wussten: Die vier Euro teure Flasche war ein zweites Mal serviert worden, und zwar getarnt als vierzig Euro teurer Wein, und der Neuneurowein ist aus der Achtzigeuroflasche gegossen worden. Das Supermarktgesöff schmeckte abscheulich, wenn es vier Euro kostete, und göttlich, wenn es mit vierzig Euro etikettiert worden war.

Die wissenschaftliche Schlussfolgerung lautete, dass unser Hirn nicht nur aus dem reinen Erleben Befriedigung zieht – aus den aromatischen Molekülen, die unsere Nasen und Zungen kitzeln. Auch unsere *Erwartung* dessen, was wir gleich wahrnehmen werden, versetzt uns in Entzücken. Mit anderen Worten: Die sorgfältige Betrachtung von Aromen, Reifung und Jahrgang wird bei manchen Verkostern von der Behauptung überschattet, der Vierzig-Euro-Chardonnay sei in Wahrheit ein Zweieurofusel. Das Wissen um die hohen Kosten meines Latours hat seinen Geschmack womöglich genauso verfeinert wie die Eichenfässer, in denen er ausgebaut worden war.

Von der Exklusivität zu den teuren Eintrittsgeldern – La Paulée war perfekt geschaffen, um hohe Erwartungen in uns zu wecken. Das Galadinner betreten zu dürfen – eine der Weinelite vorbehaltene Veranstaltung – und auch noch »Kostbarkeiten« aus den besten Weinkellern der Stadt versprochen zu bekommen hatte zur Folge, dass wir noch vor dem ersten Schluck überzeugt von der Köstlichkeit der Weine waren, ganz egal, ob sie fehlerhaft oder vorgetäuscht gewesen sein mögen. Tatsächlich war La Paulée einst das Revier von Rudy Kurniawan, einem verurteilten Weinfälscher, dem diese psychologischen Mechanismen wohlbekannt gewesen sind, als er auf Galadinnern freigiebig von seinen Kellerschätzen probieren ließ und womöglich im Allerheiligsten der Burgund-Kennerschaft seine Fälschungen durchbrachte. »Es war ein spektakulär guter Wein, und ich habe noch immer keine Ahnung, ob er authentisch war«, gestand ein Weinexperte, der eines von Kuriawans Schätzchen gesüffelt hatte. »Es spielte ehrlich gesagt auch keine Rolle.«

Neben den Luxuspreisen könnte der Geschmack der Weine an diesem Abend auch vom Kaliber der Sommeliers, der Farbe der Tischtücher, ja sogar von der gespielten Musik beeinflusst worden sein. Zwar stellen wir uns unsere Sinne als verschieden und getrennt voneinander vor, doch wir sind von Natur aus multisensorische Wesen, und unsere Sinne beeinflussen sich in hohem Maße gegenseitig. Charles Spence, Professor für Experimentelle Psychologie an der Oxford University, hat in zahlreichen Studien zeigen können, welche Auswirkungen Farben auf den Geschmackssinn, Geräusche auf den Geruchssinn und visuelle Wahrnehmungen auf unsere Berührungsempfindungen haben. Der Geschmack ist nicht nur abhängig von dem, was wir schmecken und riechen, sondern auch von dem, was wir sehen, hören und fühlen. Er behauptet, es gäbe so viele Überlappungen bei unseren Sinnen, dass »wahrscheinlich zwischen *allen* möglichen Sinnesmodalitäten kreuzmodale Wechselwirkungen bestehen«. Seine Forschungsergebnisse deuten darauf hin, dass ein und dasselbe Glas Rioja fruchtiger riecht, wenn es in einem rot beleuchteten Raum zu Legato-Musik gesüffelt wird, und in grünem Licht bei einem Staccato-Soundtrack einen »frischeren« Charakter annimmt. Die Kombination aus Karamellbonbon und »süßer« Musik – ein Stück mit hohen Klaviernoten – verleiht dem Bonbon einen süßeren Geschmack, der bitterer erscheint, wenn es in der Gegenwart von »bitterer« Musik gegessen wird – ein tieferes Werk mit Bass und Posaune. Der MIT-Forscher Coco Krumme fand heraus, dass der Geschmack einer Flasche Wein eher marmeladig oder eher erdig erscheinen kann, je nachdem, ob die Trinkenden ihre Verkostungsnotizen auf dunkelrot gefärbtem Papier mit Obstabbildungen (marmeladig) oder grün gefärbten Karteikarten mit Blätterzeichnungen (erdig) gemacht haben.

Wenn derart viele Faktoren unsere Wahrnehmung beeinflussen, scheint eine objektive Beurteilung von Wein beinahe unmöglich. Ist doch nicht weiter schlimm, sagen einige Experten. Die Objektivität sei gar nicht sonderlich erstrebenswert, behauptet Neurowissenschaftler Daniel Salzman von der Columbia University, ein Weinfanatiker und ehemaliger La-Paulée-Teilnehmer. »Der Wein würde uns wahrscheinlich weit weniger schmecken«, meinte er zu mir. »Das Wissen darum, welchen Wein wir gerade trinken, ist Teil des Vergnügens.«

Ein Teil von mir strebte noch immer nach einer objektiveren Trinkerfahrung. Da wir dazu neigen, den Geschmacks- und Geruchssinn klein zu halten oder sogar zu übergehen, kann der Kontext unsere Wahrnehmung nur allzu leicht an der Nase herumführen. Ich wollte unbedingt wissen, inwiefern ich meine Geschmackswahrnehmung an meine dominanteren Fähigkeiten wie etwa das Sehvermögen auslagerte. Allerwenigstens wollte ich den Einfluss von lauten Geräuschen (schwächt den Geschmackssinn) oder der Farbe Grün (evoziert Säure) verstehen, damit ich deren Einfluss in den Griff bekommen konnte, wenn ich es gerade auf eine reinere, kritischere Wahrnehmung anlegte. So habe ich beispielsweise gelernt, bei der Form von Speisen auf der Hut zu sein, nachdem ich von einem Skandal, der die Welt der Schokolade erschüttert hat, erfahren habe. Im Vereinigten Königreich hatten Fans der Cadbury's-Dairy-Milk-Schokolade eine Unterschriftenaktion gegen einen »Akt des kulturellen Vandalismus« ins Leben gerufen: Das Unternehmen habe am Schokoladenrezept herumgedoktert und sie dadurch »süßer«, »übersüß«, »künstlich« und »etwas nussiger« gemacht, schimpften die Schokoholics. In Wahrheit hatte sich lediglich die Form geändert. Die rechteckige Schokotafel mit den geraden Kanten und dem Gitter quadratischer Stückchen hatte man abgerundet und zu einer einzigen Reihe glatter, ovaler Stücke umgeformt. Dies hat den Geschmack gewandelt, weil wir »Süße mit Rundheit und Eckigkeit mit Bitterkeit assoziieren«, erklärte Spence. Seine Forschungsergebnisse und die von anderen legen nahe, dass ein Getränk fruchtiger riecht, wenn es rot gefärbt statt durchsichtig ist, und dass Wein süßer und fruchtiger schmeckt, wenn er bei roter Beleuchtung getrunken wird. Ich machte mir also eine innere Notiz, dass ich bei der Blindverkostung auch auf Farbe achten musste. Wirklich alles ist eine Frage des Kontexts. Wissenschaftler fertigten eine Mischung aus Isovaleriansäure und Buttersäure an, die nach Käsefüßen und Kotze stank, und gaben sie ihren Probanden zu trinken. Wurde ihnen erzählt, dass sie gerade Parmesan rochen, schnitt der Geruch ähnlich gut ab wie etwas so Angenehmes wie frische Gurke. Wenn sie noch einmal riechen sollten und ihnen erzählt wurde, es handele sich dabei um den Geruch von Erbrochenem, waren die Probanden angewidert und verringerten die Punkte um mehr als die Hälfte.

Ich gestand durchaus ein, dass Daniel nicht ganz unrecht hatte. Da wir nun einmal wissen, dass unser Geschmacksinn von Erwartungen und Kontext durcheinandergebracht wird, können wir mit dieser Tatsache genauso gut Frieden schließen und sämtliche Einflussfaktoren – Etikett, Kosten, Farben, Musik – als Teil des Geschmackserlebnisses willkommen heißen. In unzähligen Artikeln werden Sommeliers als Schwindler dargestellt, weil sie auf Weinfälschungen hereinfallen oder einen Grand Cru so lange in den höchsten Tönen loben, bis er sich als lausiger Tafelwein entpuppt. Womöglich lautet der springende Punkt ganz einfach: Na und? Die Freude, die der Wein den Menschen bereitet, ist echt, was sie auch hervorgerufen haben mag. Ich habe sie verspürt. Die Leute bei La Paulée haben sie verspürt. Die Stanford-Wissenschaftler haben sie gesehen: Die Preisschilder haben echte, messbare Glücksgefühle im Gehirn ihrer Probanden hervorgerufen.

Sommeliers und Weinhändler sprechen beim Wein von einem sogenannten Flitterwocheneffekt. Sagen wir, Sie haben einen Wein während Ihrer Flitterwochen in Südfrankreich getrunken und ordern denselben phänomenal guten Wein irgendwann später noch einmal. Er wird Sie enttäuschen. Ohne Frage. Kein Wein wird jemals wieder so köstlich schmecken wie auf dem Weingut, als irgendein geschmeidiger Winzer Sie durch den zweihundert Jahre alten Keller seiner Familie geführt und Ihnen Käse von seinen eigenen Ziegen dargereicht hat. Sei es La Paulées Illuminati-Image oder die französische Landschaft – all das und noch viel mehr macht den Geschmack aus, obwohl es nicht in der Flasche selbst enthalten ist. Und so wenig der Geschmack eines Weins auf den Inhalt der Flasche beschränkt ist, so grenzenlos ist das Vergnügen der Weinprasser an dem Objekt ihrer Begierde. Woran sich einige der La-Paulée-Teilnehmer ergötzten, hatte nur ansatzweise mit dem dargereichten Pinot Noir zu tun. Sie hätten genauso gut Barolo oder Martini trinken können. Den Wein wussten sie insofern zu schätzen, als er mit einem Lifestyle verbunden war, der ihnen das Gefühl gab, etwas Besonderes zu sein.

Morgans Intuition war richtig gewesen: Wir lieben den Wein am meisten, wenn wir entsprechend vorbereitet sind. Und die subjektive Wahrnehmung müssen wir womöglich gar nicht fürchten oder kleinreden. Bücher lesen wir schließlich auch nicht »blind«. Wenn wir uns in Hemingway vertiefen, machen wir uns genauso wenig frei vom Kontext – dem Namen des Autors, dem Jahr und den Umständen, in denen es geschrieben wurde – und analysieren es in einem literarischen Vakuum. Mit der Kenntnis um Hemingways Leben und die Epoche, in der er schrieb, stehen die Chancen besser, dass wir die Geschichte zu würdigen wissen. Und das betrachten wir als etwas Gutes. Warum sollte das beim Wein nicht auch so sein? Wenn wir wissen, dass eine Flasche von einem achthundert Jahre alten Weingut stammt, so viel kostet wie ein Pkw und der Lieblingswein der Mätresse von Ludwig dem XV. war, können wir besser abschätzen, ob der Wein seinem Ruf und Bestreben gerecht wird – wie bei jedem schöpferischen Werk. Wenn wir den Wein in all den Facetten erfassen, mit denen er uns präsentiert wird, genießen wir ihn vielleicht noch mehr.

Ich sollte bald Gelegenheit bekommen, diese Logik einem Test zu unterziehen. Ein gemeinsamer Bekannter hat mich einem Weinsammler – einem Sammler auf dem Niveau von PPX, NICHTS ABSCHLAGEN – vorgestellt, den ich hier nach seinem französischen Lieblingswinzer benennen möchte: Pierre. Die Finanzmärkte meinten es sehr gut mit Pierre. Pierre meinte es sehr gut mit sich selbst. Und neulich hat Pierre es auch sehr gut mit mir gemeint.

Er ernannte sich zu meinem Gaumengönner, und im Laufe eines langen Wochenendes schloss ich mich Pierre an und folgte ihm in Winzer-Séparées, die sich unter dem Gewicht der Seidenbrokatgardinen nach unten zu senken schienen. Wir wurden von französischen Dienstmädchen in französischen Dienstmädchenuniformen bedient und thronten auf dick gepolsterten Stühlen, die so hoch waren, dass meine Füße kaum den Boden berührten. Ich hatte genug über Priming und Wahrnehmung gelesen, um allen Freuden, die die von Pierre selektierten Weinlegenden mir bescheren würden, skeptisch gegenüberzustehen. Erwartungen können das sinnliche Erleben drastisch verändern – ja, ja, schon kapiert. Dank meiner Flashkarten verfügte ich zudem über ausreichend Wissen, um zu honorieren, dass die ausgeschenkten Weine ganz große Nummern waren. Sie mögen mir meine Prahlerei verzeihen: Es waren ein 1893er Château Montrose, ein Deuxième Cru aus Bordeaux; ein 1967er und ein 1974er Château Cheval Blanc, von einem der vier berühmten Weingüter in Saint-Émilion, die die höchste Klassifizierung Premier Grand Cru Classé A erhielten; sowie drei Jahrgänge – 1989, 1942 und 1921 – des Château d'Yquem. Bei all diesen Weinen hatte ich das Gefühl, als sei mir eine »Harpune ins verdammte Herz gerammt worden«, um es mit Morgans Worten zu sagen. Im Verlauf meines Studiums des Weinkanons hatte allerdings insbesondere der Château d'Yquem bei mir beinahe den Status eines Mythos eingenommen. Dieser edelsüße Wein wird in Sauternes, einem Weinbaugebiet des Bordeaux, hergestellt und trägt den Spitznamen »Nektar der Götter«. Die Anforderungen an ihn sind derart hoch, dass die Winzer bei mieser Ernte lieber ein Jahr Arbeit in die Tonne kloppen und gar keinen Wein freigeben. (Ironischerweise liegt das Geheimnis der Zubereitung dieses »Nektars« in komplett vergammelten Weintrauben: Er setzt auf den Schimmelpilz Botrytis cinerea, der die befallenen Sauvignon-Blanc- und Sémillon-Beeren dehydriert, zusammenschrumpft und ihren Zuckergehalt ansteigen lässt.) Der teuerste jemals verkaufte Weißwein war ein Château d'Yquem. Der zweitteuerste? Ebenfalls. Thomas Jefferson war ein Fan von ihm, und er hat extra einen bestellt, um ihn mit George Washington zu teilen.

Das alles ging mir im Kopf herum, als ich den Yquem probierte. Ich könnte lügen und behaupten, dass mich diese Flaschen kaltließen oder dass sie völlig überbewertet waren. Und mein Leben wäre einfacher, wenn das der Fall gewesen wäre – dann würde ich jetzt nicht den Geistern von Geschmäckern hinterherjagen, die ich nie wieder schmecken werde.

Die Wahrheit aber lautet: Die Weine waren unfassbar gut. Jeder Schluck war eine Offenbarung. Die jüngeren Weine rochen nach Orange, Grapefruit, Karamell, Safran und Vanille; die älteren hatten eine nussige Note und die Üppigkeit und Herzhaftigkeit, die im Laufe der Jahre entstehen. Solch eine nüchterne Beschreibung kommt an die Wirkung dieser Weine jedoch lange nicht heran. Wie der beratende Önologe des Château d'Yquem, Denis Dubourdieu, wetterte, als ich mit ihm sprach: »Mein Großvater hätte seinen innig geliebten Wein niemals mit kleinen Früchten verglichen, die es für drei Francs auf dem Markt zu kaufen gibt. Das hätte er extrem trivial gefunden! Geradezu vulgär!« Der Château d'Yquem schmeckte wie die Sonne. Er schmeckte wie eine Erfahrung, die ich kein zweites Mal haben würde, bei der ich zusehen sollte, dass ich sie genieße, mich ihr hingebe und ihr mit wachem Geist begegne. Die Weine haben mir eine derartige Präsenz abverlangt, dass mir die winzigsten Details des Abends ins Gedächtnis eingebrannt sind. Ich spüre noch immer das raue Gewebe des hellbraunen Leinentischtuchs an meinen Fingern, höre noch die Witze meines Sitznachbarn über Botrytis: »Ein echter Zauberpilz!« Wo der Geschmack des d'Yquem und die Vorstellung von seinem Geschmack anfangen und aufhören, kann ich unmöglich sagen. Im damaligen Moment verblasste diese Frage im Angesicht des intensiven Genusses und dem Drang, diese Aromen in mich aufzunehmen.

Allerdings warf diese Begegnung eine weitere Frage auf: Wenn wir die Unterschiede zwischen den Weinen nicht wirklich beurteilen können und wir uns derart leicht von äußeren Faktoren beeinflussen lassen, worin genau bestehen diese Unterschiede dann? Wieso hätte ich bei La Paulée nicht genauso gut mit einer Dreiundzwanzig-Euro-Flasche vom Laden an der Ecke erscheinen können?

Als ich noch einmal meine Notizen vom Abend des Grand Tastings überflog, fiel mir ein Kommentar ins Auge, den ich vergessen oder vielleicht sogar verdrängt hatte. Er stammte vom Verkaufsleiter der Burgundy Wine Company, und er ließ ihn los, als ich am Bezahlen war. Es war so ungefähr das Letzte, was ich nach dieser Stange Geld hätte hören wollen.

»Natürlich«, sagte er, »hat die Weinbranche auch ein schmutziges Geheimnis. Die Flasche für eintausend Euro ist vielleicht nur zwei Prozent besser als die Flasche für fünfzig Euro. Und manchmal nicht einmal das.«

# 7 DIE QUALITÄTSKONTROLLE

Lei Mikawa leitet einen der wenigen Weinbetriebe in Napa, die keinen Besuch empfangen möchten. Ehrlich, er ist kaum zu finden. Zumindest ich hatte mich hoffnungslos verirrt.

Ich war ins kalifornische Weinland gefahren und hatte mich auf der Route 218 verirrt, und zwar im übertragenen Sinn. Seit ich die Yquems und die anderen Weine, die wir nur einmal im Leben zu trinken bekommen, erbeutet hatte, tat ich mich mit der Antwort auf eine Frage schwer, die mir anfangs einigermaßen simpel vorkam: Was zeichnet einen »guten« Wein aus? In meinen Blindverkostungsgruppen lernte ich, zwischen klassischen Chenin Blancs und klassischen Pinot Gris zu unterscheiden. Dabei ging es um die Art der Weine, nicht um ihre Qualität, und ich war mir nicht sicher, welchen Maßstab ich anlegen sollte, um abzuschätzen, ob sie etwas taugen. Wenn man bedenkt, wie sehr die Somms sich über eine Flasche zanken, lässt sich wohl davon ausgehen, dass die Bestimmung eines Weins viel weniger kontrovers als ist als die Bestimmung seiner Qualität.

Während der glücklosen Suche nach Mikawas Forschungslabor vollführte ich beinahe eine halbe Stunde lang Kehrtwendungen. Die Sensorikwissenschaftlerin Mikawa analysiert dort, was gewöhnlichen Menschen – keine Kritiker oder Sommeliers – am Wein gefällt. Sie arbeitet als »Sensory Insights Manager« (Leiterin sensorische Erkenntnisse) bei den Treasury Wine Estates, einer der größten Weinfabriken der Welt, die über siebzig Marken managt, die insgesamt mehr als dreißig Millionen Weinkisten im Jahr hervorbringen – vom schicken Syrah, den der Onkel zum Weihnachtsfest kredenzt, bis zu den Miniplastikflaschen Pinot Grigio, die im Flugzeug hinuntergekippt werden. Ich interessierte mich eher für Letztere. Und ich war weit von den Kostbarkeiten bei La Paulée entfernt.

Die meisten Weinliebhaber würden die preiswerten Treasury-Weine wohl als »schlecht« bezeichnen. Treasury selbst nennt sie »kommerziell« – wenn sie acht Euro oder weniger kosten – oder »masstige« – ein Mischwort aus »Masse« und »Prestige« –, wenn sie unter achtzehn Euro kosten. Dieser Rebsaft ist es, der am häufigsten in den US-amerikanischen Mägen landet. 2015 wurde auf Weinauktionen weltweit ein Umsatz von insgesamt 303 Millionen Euro mit Weinen wie dem Château d'Yquem an Käufer wie Wein-PX Pierre erzielt. Im selben Jahr haben die Nordamerikaner beinahe 1,75 Milliarden Euro für gerade mal fünf »schlechte« Weine ausgegeben: Barefoot, Sutter Home, Woodbridge, Franzia und Yellow Tail – die Verkaufsschlager von Treasurys größten Konkurrenten. Der durchschnittliche Preis, den die Amerikaner bereit sind, für eine Flasche zu zahlen, erreichte 2015 ein Rekordhoch von 8,53 Euro.

Die Bezeichnungen »kommerziell« und »masstige« orientieren sich nur grob am Preis. Ein vierzehn Euro teurer Verdelho vom biodynamischen, komplett ohne Maschinen betriebenen Weingut der Familie Barberani in Umbrien könnte im Prinzip »masstige« sein. Doch der Ausdruck wird eher für Großkonzerne verwendet, die eine ganz bestimmte Sorte Kommerz- und Masstige-Wein produzieren: nicht nur billig, sondern auch so ausgebaut, dass er Jahr für Jahr gleich schmeckt, die breite Masse anspricht und in gigantischen Mengen lieferbar ist. Diese Weine für den Massenmarkt begegnen einem in jedem US-amerikanischen Liquor Store und Kettenrestaurant. Sie haben für gewöhnlich irgendwelche Viecher auf dem Etikett oder Wortwitze, die für Kichern in der Kaffeeküche im Büro sorgen (»Marilyn Merlot«, »Seven Deadly Zins«). Und sie treiben Weinliebhaber zur Verzweiflung. Weine wie Yellow Tail seien ungefähr so delikat wie »Himbeer-Motoröl«, schimpfte der biodynamische Winzer und Weinbaustar Randall Grahm in einem seiner Newsletter. In den Augen der Elite ist das alles übermanipulierter, Anlage-schlägt-Umwelt, fabrikmäßig hergestellter Horrorwein. Die Weinversion eines Softdrinks. Was, wie ich herausfinden sollte, mehr oder weniger auch die Idee dahinter ist.

Statt irgendwem aufs Wort zu glauben, wollte ich meine eigene Metrik entwickeln, um beurteilen zu können, weshalb diese Weine schlechter waren – falls das überhaupt der Fall war. Für einen scharfsinnigen Gaumen schien es von wesentlicher Bedeutung, vom Geschmack eines Weins nicht nur ableiten zu können, um welchen Wein es sich handelt, sondern auch, ob er gut oder großartig oder schlecht ist – und das dann noch zu artikulieren. Jeder vernünftige Mensch sollte verstehen wollen, wieso er beim Auswärtsessen hundertfünfzig Euro für eine Flasche Wein zahlt, wenn er für fünfzehn Euro die gleiche Menge vergorenen Traubensafts bekäme, und wie das Getränk überhaupt zu beurteilen ist. Und jeder anständige Sommelier sollte ihm das auch erklären können.

Doch die mir bekannten Somms haben bislang kaum bis gar nicht artikulieren können, woran sie die Qualität eines Weins festmachen. Ein großer Wein, so meinten sie, sei »wie wenn man sich kaltes Wasser ins Gesicht spritzt« oder »wie wenn man oben auf einem Berggipfel steht«. Er sei »intensiver«, »ausdrucksstärker«, »weiniger«.

Selbst Morgan, der meiner Neugier normalerweise mit Geduld begegnet, echauffierte sich, als ich das Thema Qualität bei einer Händlerverkostung ansprach. Eine gut tausend Euro teure Flasche Rousseau Clos de Bèze hatte ihm untypischerweise die Sprache verschlagen. Ich fragte ihn, wodurch der Wein sich von einem der vorherigen, der nur ein Zwanzigstel gekostet hatte, unterschied. »Wieso kann die Antwort nicht sein, dass es keine verdammte Antwort gibt?«, brach es aus Morgan heraus. »Ich meine, Herrgott noch mal, Amerika, HALT DEINE KLAPPE. Es braucht keine Antwort auf diese Frage, weil: Kann nicht mal irgendwas auf dieser Welt ausnahmsweise ein scheiß Geheimnis bleiben? … Man spürt es im Herzen. Das ist was Spirituelles. Das lässt sich nicht quantitativ bestimmen. Und ich bin heilfroh, dass es in einer Welt, in der alles gemessen und in Zahlen ausgedrückt wird, noch irgendwas gibt, das ganz und gar dem Vorgang und dem Rätselhaften und dem Ästhetischen unterworfen ist.«

Ich ging mal davon aus, dass »Halt deine Klappe, kann nicht mal irgendwas auf dieser Welt ein scheiß Geheimnis bleiben?« bei wissbegierigen Gästen in den meisten Restaurants nicht sonderlich gut ankäme. Und mich hat es ebenso wenig zufriedengestellt. Also begab ich mich auf die Suche nach Antworten.

Zu fragen wie, wo und wann ein Wein erzeugt wurde, stellt eine der ältesten Methoden zur Beurteilung eines Weins dar. Die alten Ägypter hatten die Jahrgänge im Auge – 1272 v. Chr. war angeblich »nfr-nfr«, sehr gut also –, und die alten Römer, die wussten, welche Reben in welchen Böden und Klimata gediehen, schenkten der Herkunft eines Weins große Beachtung. Für sie lieferte das Herstellungsverfahren wichtige Hinweise auf den Geschmack. Das wird noch heute so gehandhabt. In meinen Arbeitshilfen der Guild of Sommeliers wird beteuert, dass die besten Chablis-Weinberge auf dem Kimmeridgium liegen – einem Mischgestein aus grauem Mergel und Kalk, das teilweise reich an fossilen Überresten einer kleinen Austernart ist. Morgan lernt Jahrgangstabellen auswendig, damit er weiß, in welchem Jahr die deutschen Reben versengt (2003) oder durchtränkt (2014) wurden, denn beide Witterungsverhältnisse wirken sich wohl auf den Geschmack aus. Und Weinerzeuger auf der ganzen Welt verlassen sich auf Güteklassifikationen wie Italiens DOCG, um zu zeigen, dass sie bei der Herstellung bestimmte Regeln eingehalten haben, die für hochwertigere Weine sorgen. Das Zurückschneiden der Reben beispielsweise, damit sich das Aroma in den übrig gebliebenen Beeren konzentriert, oder das Reifen der Weine, wenn sie in ihrer Jugend zu herb schmecken. Die spanischen Weine mit dem Gran-Reserva-Etikett werden mindestens ein Jahr länger in den Holzfässern gelagert als die Weine mit Crianza-Klassifizierung. Dadurch werden die Tannine etwas abgemildert und komplexere Aromen erzeugt. Fast alle Regionen haben ihre eigene Qualitätshierarchie. In Frankreich schlägt die AOC (Appellation d'Origine Contrôlée) den einfacheren Vin de France. In Deutschland übertrumpft der Qualitätswein den Deutschen Wein. Sommeliers wie Zivilisten lassen sich von diesen Begriffen leiten, die Qualität und Stil eines Weins kennzeichnen.

Klingt ziemlich einfach, oder? Im Grunde können wir uns also darauf verlassen, dass uns das Weinetikett verraten wird, ob der Flascheninhalt exzellent, gut oder so lala ist. Easy. Alles geklärt. Was soll der ganze Wirbel?

Immer schön langsam. Ganz so unkompliziert ist die Sache leider nicht. Obwohl es schon sehr lange existiert, ist auf dieses Klassifikationssystem oftmals kein Verlass. Zwar sollen die Namen auf den Etiketten für Qualität stehen, doch in der Praxis schlägt nicht jeder Grand Cru einen Premier Cru und noch nicht einmal unbedingt immer einen Village. (Der Village des einen Winzers kann um ein Vielfaches kostbarer sein als der Grand Cru eines anderen.) Einige der modernsten Winzer Italiens warfen das Regelwerk über Bord und kreierten preisgekrönte Weine wie den Sassicaia, einen Verschnitt französischer

Rebsorten, der offiziell jahrelang als einfacher Vino de tavola, Tafelwein, galt. Bordeaux-Fans beschreiben mit dem Spitznamen »Super Seconds« herausragende Deuxième-Cru-Weine, die es mit den angeblich höherwertigen Premier Crus in jeder Hinsicht aufnehmen können. Und außerdem: Sollten wir den Erfolg eines Weins nicht danach bemessen, was im Glas passiert – wie er schmeckt und riecht und welche Gefühle er in uns auslöst –, statt daran, was im Weingut vor sich ging?

Den Klassifizierungen konnte ich demnach also nicht vorbehaltlos trauen. Als Nächstes fasste ich den Preis ins Auge. Den handfesten, quantifizierbaren Preis. Ein sechzig Euro teurer Wein schmeckt weit besser als ein sechs Euro teurer Wein und weit schlechter als ein sechshundert Euro teurer Wein – oder etwa nicht? Wieso sollten wir sonst so tief in die Taschen greifen?

Diese Frage stellte ich dem Weinökonomen Karl Storchmann, einem Professor an der New York University, der das *Journal of Wine Economics* leitet und als echter Weinliebhaber selbst auch jede Woche Blindverkostungen mit seinen Freunden macht. Mit meiner einfachen Logik stimmte er überein: Die Qualität wird vom Preis abgebildet – aber nur bis zu einem bestimmten Punkt. Unter einer gewissen Preisschwelle ist er vermutlich fabrikmäßig hergestellt worden; ab einem bestimmten Preis wahrscheinlich von Hand; und über einer dritten, noch höheren Obergrenze wird der Wein zum Statussymbol. Ein guter Wein schmeckt wahrscheinlich besser – und kostet uns mehr Geld –, weil mehr und kostspieligerer Aufwand bei der Herstellung betrieben wurde. Ein einziges Fass aus hochwertiger französischer Eiche kann bis zu neunhundert Euro kosten. Ein Hektar Land im Napa Valley – wo die Weintrauben mit genau der richtigen Mischung aus Sonne und Regen verwöhnt werden – kostet um die 265 000 Euro, das ist ein Vielfaches der Kosten für einen Hektar im Bag-in-Box-Weinland im sengend heißen Central Valley. Auch die jahrelange Kellerlagerung eines Weins, damit er altern und reifen kann, summiert sich. Sämtliche dieser Unkosten werden an den Konsumenten weitergegeben.

Storchmanns Schätzungen zufolge bewegt sich die Qualität eines Weins bis etwa fünfundvierzig oder fünfundfünfzig Euro pro Flasche stetig nach oben. Danach wird der Preis durch Markennamen, Ruf und Knappheit nach oben getrieben, und zwar in dem Maße, dass »die physischen Eigenschaften eines Weins, der fünfundvierzig Euro kostet, und eines Weins, der hundertdreißig Euro kostet, vermutlich die gleichen sind«, meinte Storchmann zu mir. Die Domaine de la Romanée-Conti kommt im Jahr auf etwa achttausend Weinkisten, wohingegen die zu den Treasury Wine Estates gehörenden Beringer Vineyards um die 3,5 Millionen Weinkisten abpumpen. Dank des Gesetzes von Angebot und Nachfrage kann die Domaine siebenhundertfünfzig Milliliter vergorenen Traubensafts für einen Preis verkaufen, der normalerweise als Anzahlung eines Eigenheims aufgerufen wird. Wenn eine Flasche Wein den dreistelligen Bereich erreicht hat, sagt das mehr über ihren Wert als Vermögensanlage oder Erbstück aus als über ihre Köstlichkeit. »Bei allem über vierhundertfünfzig Euro geht es gar nicht um den Wein. Dann erwerben wir keinen Wein. Dann erwerben wir ein Sammlerstück«, sagt Orley Ashenfelter, Professor der Ökonometrie an der Princeton University und Mitarbeiter beim *Journal of Wine Economics*. Spekulation und ideeller Wert beiseite, was den Geschmack eines Weins anbelangt, so »gibt es keine Rechtfertigung für eine vierhundertfünfzig Euro teure Flasche. Ich garantiere Ihnen, ich kriege eine für neunzig Euro, bei der Sie keinen Unterschied schmecken«, meinte er. »Manche Leute kaufen einem jeden Mist ab.«

Ihr Argument, das auf der erdrückenden Beweislast wissenschaftlicher Studien fußte, war ziemlich überzeugend. Doch diese Kaiser-ohne-Kleider-Einstellung erschien mir auch irgendwie einseitig. Schließlich hatte ich eine Menge Leute kennengelernt, die ihr Leben und ihre Karriere – sowie ihr Vermögen – für die Idee aufs Spiel gesetzt hatten, dass es sehr wohl einen Unterschied gibt. Und mir war vor Augen geführt worden, dass der Preis Einfluss auf unsere Realitätswahrnehmung hat und sie nicht einfach nur widerspiegelt.

Dieser Gedanke brachte mich zurück zur Wissenschaft. Sie könnte das Gegenmittel zum Gelaber der Leute darstellen. Vielleicht hatten die hochpreisigen Weine ja auf chemischer Ebene irgendetwas Einzigartiges?

Enologix zufolge, einem Weinberatungsunternehmen in Sonoma, war das sehr wohl der Fall. Mithilfe ihrer eigens entwickelten »Software zur Qualitätserkennung« will Enologix die chemische Zusammensetzung eines Weins analysieren und damit Geschmack und Qualität gemessen an einflussreichen Instanzen wie dem *Wine Spectator* oder Robert Parkers *Wine Advocate* vorhersagen. Sie erzählen den Weinerzeugern, wie sie ihren Wein ernten und ausbauen müssen, damit sie die Zielvorgaben für die etwa hundert Komponenten erreichen, die Enologix als entscheidend für eine hohe Bewertung ausgemacht hat. Und das ist ein reges Geschäft. Unter den bemessenen chemischen Substanzen befinden sich sowohl die Klassiker Alkohol, Zucker, Säure als auch Exoten wie Terpene, Anthocyane und Polyphenole.

Doch auch hier gibt es ein großes Aber: Viele Weinerzeuger reklamieren, dass Enologix' Qualitätsindex darauf abgestimmt ist, einen gewissen schweren, fruchtigen Weinstil hervorzubringen, den nicht alle Konsumenten mögen. Mit anderen Worten: Enologix' Schema bringt nur für einen speziellen Gaumen die »besten« Weine hervor. Darüber hinaus können wir den Expertenbewertungen als Maßstab für die Güte eines Weins sowieso nicht blind vertrauen – wenn wir unter Güte einen Wein verstehen, den »die Leute gerne trinken«. Das Marktforschungsinstitut Tragon – heute Curion –, das Unternehmen bei der Entwicklung von Weinhits unterstützt, kam zu folgendem Ergebnis: Die Übereinstimmung von Weinen, die von den Kritikern sehr gut bewertet werden, und Weinen, die von den Endverbrauchern gern getrunken werden, ist gleich … null. Punktzahlen »spiegeln KEINERLEI Vorlieben einer demografischen oder anderen Bezugsgruppe wider«, hieß es in einem Bericht von Tragon.

Eine 2015 von der University of California, Davis – das »Harvard für Önologie« –, veröffentlichte Studie legt nahe, dass zwischen der Qualität eines Weins und der Chemie eines Weins kein eindeutiger Zusammenhang besteht. Die Wissenschaftler haben die chemische Zusammensetzung von siebenundzwanzig kalifornischen Cabernet Sauvignons untersucht, die sich unter anderem durch Preis (8,99 Euro bis 62 Euro) und Punktzahl (82 bis 98 Punkte von 100) voneinander unterschieden. Dabei wurden einige Tendenzen ersichtlich: Flaschen, die die Elemente Europium, Barium und Gallium aufwiesen, wurden beispielsweise eher höher bewertet. Insgesamt betrachtet, ist es den Forschern allerdings nicht gelungen, bestimmte chemische Komponenten auszumachen, um damit die Qualität eines Weins vorhersagen zu können. Und selbst wenn es ihnen gelungen wäre – bei den etwa einhundert unterschiedlichen Komponenten eines Weins hätte das wahrscheinlich sowieso nicht viel gebracht. Eher unwahrscheinlich, dass wir einen Wein lieben, weil er eine Spur Gallium enthält. Dass wir van Goghs *Sternennacht* so mögen, weil das Gemälde einen Klecks Kobaltblau enthält, ist ungefähr genauso fraglich. Und viel Glück, wenn Sie im Restaurant einen Wein mit einer Spur Barium und Untertönen von Europium verlangen. Selbst wenn diese Studie die Chemie von Qualität decodiert hätte, wäre dies bei Tisch nicht unbedingt hilfreich.

Vergessen wir nicht, dass die Wissenschaft festgestellt hat, wie unterschiedlich wir einen Geschmack beurteilen. Das wirft die Frage auf, ob die Definition eines »guten« Weins nicht völlig subjektiv ist.

Ein Sommelier würde sie wahrscheinlich mit Ja beantworten. Die Relativisten behaupten, dass sich die Richtgrößen für Qualität von Mensch zu Mensch unterscheiden, teilweise sogar von Zeit zu Zeit bei einem einzigen Mensch. Da sich mein eigener Geschmack dramatisch verändert hatte, wusste ich, dass da etwas dran sein musste. In den Anfängen meines Gaumentrainings verwarf ich meinen geliebten Weißwein mit starker Gezuckerte-Kondensmilch-Note – einen 12,99 Euro teuren Chardonnay aus Kalifornien – und steigerte mich zu einem schmerzhaft hippen Vin Jaune aus dem französischen Jura. Dieser Weinstil schmeckt im besten Fall nach einer Mischung aus Meerwasser und gammeligem Martinelli's Cider. (Schmeckt absolut köstlich, ehrlich. Probieren geht über Studieren!)

Doch es gibt einen kleinen, feinen Unterschied zwischen einem Wein, der *mir* gut schmeckt, und einem guten Wein. Punkt. Während wir uns unsere Lieblingsweine selbst aussuchen können (und sollen), versuchen die Experten, die Qualität anhand gewisser objektiver Standards zu bemessen. Diesen Kriterien zufolge kann ein Wein auch dann großartig sein, wenn die Konsumenten ihn nicht mögen. »›Gut‹ ist nicht zu verwechseln mit persönlichen Vorlieben«, schreibt der Kritiker Matt Kramer im *Wine Spectator*. Jamie Goode, der Autor von *The Science of Wine*, pflichtet ihm bei und erklärt, die Qualität eines Weins sei »›außerhalb von uns‹ angesiedelt. Bei der Beurteilung eines Weins bedienen wir uns quasi eines ästhetischen Systems oder einer ästhetischen Kultur, die jenseits unserer Vorlieben liegen.«

Das klingt vielversprechend. Vielleicht ist dieses »ästhetische System« also des Rätsels Lösung. Auch wenn viele Kritiker ihre eigene Interpretation dieses »Systems« haben, lassen sich doch drei Hauptmerkmale ausmachen, die von den Profis regelmäßig in Augenschein genommen werden: die Ausgewogenheit, die Komplexität und der Abgang. Bei einem unausgewogenen Wein stechen bestimmte Aromen auf plumpe und unangenehme Art hervor – womöglich brennt der Alkohol nach dem Hinunterschlucken, oder die Frucht wird von der Säure erschlagen –, während bei einem ausgewogenen Wein die verschiedenen Komponenten ein harmonisches Ganzes bilden. Mit Komplexität ist die Fähigkeit eines Weins gemeint, uns mit mehreren Schichten, mit Tiefe und Vielfalt bei der Stange zu halten. Und der Abgang beschreibt die Dauer, für die der Geschmack eines Weins nach dem Spucken oder Schlucken noch im Mund bleibt. Ein mittelmäßiger Wein hat einen kurzen Abgang, ein guter Wein bleibt eine Weile im Mund. Diese Checkliste soll den Konsumenten helfen, die innewohnende, objektive Güte eines Weins zu beurteilen, die sich in der Punktzahl widerspiegelt. Die Bewertung vonseiten eines Kritikers soll darauf schließen lassen, ob ein Wein superbe oder nur mittelprächtig ist, egal, wie sehr dem Gutachter der Wein persönlich gefallen hat oder auch nicht. Die Punktzahl 92/100 benotet den Wein, sagt aber nichts darüber aus, wie gut dem Kritiker der Wein geschmeckt hat.

Doch wenn diese Merkmale tatsächlich einen objektiven Maßstab für Qualität darstellen, wieso sind die Gutachter sich dann oft so uneins – teilweise sogar mit sich selbst? Wenn Qualität einem Wein tatsächlich innewohnte und dieses »ästhetische System« sie ausmachen könnte, dann sollten gleiche Weine mit den gleichen (oder wenigstens annähernd gleichen) Punktzahlen bewertet werden. Zumindest von den gleichen Kritikern sollten sie doch die gleichen Punktzahlen bekommen.

Die Realität sieht aber anders aus. In einer im *Journal of Wine Economics* publizierten Studie ist untersucht worden, wie zuverlässig die Bewertungen der Weinkritiker bei einem großen kalifornischen Weinwettbewerb im Laufe von drei Jahren waren. Bei jedem Wettkampf verkosteten etwa siebzig Preisrichter jeweils dreißig Gläser Wein, die teilweise dreimal aus derselben Flasche stammten, und verliehen ihnen Gold, Silber, Bronze oder gar keine Medaille. Das Ergebnis war im besten Falle peinlich: Nur bei zehn Prozent der Richter stimmten die Bewertungen desselben Weins überein. Die meisten gaben den Gläsern aus derselben Flasche jeweils eine völlig andere Punktzahl. Einer der Richter verlieh einem Wein neunzig Punkte (Silber), als er ihn das erste Mal probierte, achtzig Punkte (keine Medaille), als er ihn ein paar Minuten später noch einmal probierte, und beinahe die volle Punktzahl, sechsundneunzig (Gold), als er ihn ein drittes Mal verkostete. »Es lässt sich davon ausgehen, dass ein Wein, der *irgendeine* Medaille gewinnt, in einem anderen Wettbewerb *irgendeine andere* Medaille oder sogar überhaupt keine gewinnt«, hieß es folglich.

Das fördert nicht gerade das Vertrauen in ein »ästhetisches System«, das angeblich eine verlässliche Definition von »gut« ermöglichen soll. Insbesondere, weil diese Studie von vielen anderen Studien bestätigt wird. Im Rahmen eines anderen Gutachtens hat man die Bewertungen von viertausend verschiedenen Weinen in einem Dutzend Wettstreits nachgehalten und herausgefunden, dass über eintausend dieser Weine in manchen Wettstreits die Goldmedaille nach Hause holten und in anderen überhaupt keine. Der Autor und Physiker Leonard Mlodinow berichtete im *Wall Street Journal* davon, wie ein Winzer bei einem einzigen Wettbewerb denselben Wein mit drei verschiedenen Etiketten einreichte. Zwei der Flaschen wurden komplett abgelehnt (einmal als »ungenießbar«), und eine gewann tatsächlich eine doppelte Goldmedaille.

Wie diese Studie herausfand, gab es allerdings ein Szenario, in dem die Bewertungen der Richter übereinstimmten: Wenn sie einen Wein so gar nicht mochten. Qualität ist schwer zu fassen. Mieser Wein aber entgeht uns nicht.

Diese Konzepte von gutem Wein schwirrten mir im Kopf herum, als ich von San Francisco nach St. Helena fuhr, wo Mikawa ihr Labor hat. Da »guter« Wein sich einer einheitlichen Darstellung verweigert, wollte ich dem Epizentrum des »schlechten«

Weins – oder besser gesagt, des Massenmarktweins – einen Besuch abstatten, um zu schauen, ob sich Qualität wohl besser über ihre Abwesenheit definieren ließe.

Die Straße war gesäumt von Probierstuben in Queen-Anne-Villen, deren Gärten ungefähr genauso zurechtgemacht waren wie geschorene Pudel. Die meisten Weingüter, an denen ich vorbeifuhr, machten sich eher um ihre Punktzahlen im *Wine Spectator* Gedanken oder darüber, wie sie bei solchen Wettbewerben, die das *Journal of Wine Economics* zerrissen hatte, abschnitten. Wohingegen sich Produzenten wie Treasury Wine Estates bei Abfüllungen für die breite Masse normalerweise mehr um ihren »Magenanteil« als um ihre Punktzahl sorgen. Ihr Ziel bestand darin, die Konsumenten von Bud Light und Wodka Soda wegzulocken. Während Mikawas Anstellung hatte Treasury sich mit dem Sledgehammer (Vorschlaghammer) um testosterongesteuerte Bierliebhaber bemüht, eine Rotweinlinie, die prahlt: »Gibt deinen Geschmacksknospen auf die Zwölf!« (Das Motto, das auf der Website neben einer aus einem Feuerball auferstandenen Flasche Zinfandel zu lesen ist, lautete: »Meat. Wine. Good.«) Auch die Skinnygirl-Margarita-Fraktion versuchte Treasury abzuwerben, und zwar mit Be., einem Label, das die Damen mittels Persönlichkeitstests à la *Cosmopolitan* wahlweise mit seinem Pink Moscato (genannt »Be. Flirty«) oder Riesling (»Be. Radiant«) paart, je nachdem, ob sie meterhohe Stöckelschuhe oder flache, gepunktete Ballerinas lieber mögen. In einer Pressemitteilung feiert Treasury »Be.« als die erste Weinlinie, »die für die immer einflussreichere weintrinkende Bevölkerungsschicht der Millennialfrauen konzipiert wurde«. Lassen Sie sich das auf der Zunge zergehen: Der Wein wurde nicht »erzeugt«, sondern »konzipiert«. An anderer Stelle wurde von den Weinen im »Be.«-Stil als »entwickelt« gesprochen, und mir kam in den Sinn, dass dies das erste Mal nach meiner Zeit in der IT-Welt war, dass jemand das Wort »entwickeln« als Synonym für »erschaffen« verwendet hat.

Mikawas Forschungslabor habe ich schließlich doch noch gefunden. Es ging von einer Nebenstraße ab, war umgeben von Farmhäusern und lag in einem senfgelben Bürogebäude hinter einer Zeile niedriger Lagerhäuser in Betonkonstruktion. KEINE VERKOSTUNGEN ODER FÜHRUNGEN warnte ein Schild am Eingang, so, als ob dieses Parkplatzgelände irgendetwas Verführerisches hätte.

Mikawa war Anfang dreißig und hatte ihre Weinlanduniform aus Jeans und Carhartt-Jacke gegen ein schwarzes Kleid mit schwarzen Strumpfhosen und schwarzen Wildlederstiefeln getauscht. Sie führte mich eine mit Teppich belegte Treppe nach oben ins Labor, einen karg eingerichteten, hellen Raum, in dem ein Assistent Pilze aus der Dose, schwarzen Pfeffer und Cranberrys in eine Reihe mit Rotwein gefüllter Gläser auf einem Resopaltresen gab. Entlang der einen Zimmerseite stand eine Reihe hell beleuchteter weißer Kabinen, die gerade breit genug für einen Stuhl, einen Menschen und eine winzige Einbautheke waren. Hierher brachte Mikawa ihre Probanden für die Weinverkostung, und die sterilen Kabinen sollten potenzielle sensorische Ablenkungen wie vereinzelte Gerüche oder grelle Farben ausmerzen. Eine in der Nähe der Tür befestigte Buchstabenkette bildete das Wort PARTYTIME.

Bevor sie 2010 zur Treasury kam, hatte Mikawa fünf Jahre lang für die Fast-Food-Firma Jack in the Box gearbeitet und bei ihrer Suche nach der leckersten Frittiererei von Pommes bis Chicken Nuggets transfettfreie Speiseöle ausprobiert. Das Arbeiten mit Wein sei »beinahe das Gleiche« wie die Entwicklung von Fast Food, meinte sie. Diese Aussage überraschte mich. Die Kritiker spötteln, dass die auf Massenverkauf konzipierten Weine wie Sledgehammer keinen Deut besser seien als die Softdrinks der Schnellrestaurants. Trinkbar, aber übermäßig süß. Einheitlich, aber langweilig. Fabrikmäßig hergestellt. Machte Mikawas Arbeit den Wein tatsächlich zu einer Art alkoholischer Cola, wie manche behaupteten? »Sieht so aus, als ob es darauf hinausläuft.« Sie zuckte mit den Achseln. »Vor ein paar Jahren war Moscato total beliebt. Der schmeckte beinahe wie ein Softdrink.« Treasurys Forschungslabor für Sensorik war bei seiner Eröffnung 1989 das erste seiner Art für einen Weinbetrieb. In Teilen lautete sein Grundsatz, dass Wein mehr mit Snacks und Limonade zu tun hat, als es scheint. Kein Unternehmen würde jemals eine neue Geschmacksrichtung bei Kartoffelchips oder Energydrinks herausbringen, ohne vorher Marktforschung, Verbrauchertests und eine sensorische Beurteilung durchgeführt zu haben. Sie wollen Daten, Zahlen, Auswertungen. Wieso sollte das beim Wein irgendwie anders sein? Das von Mikawa übernommene Forschungslabor wurde unter Aufsicht von Beringer Vineyards, einem legendären kalifornischen Weingut, das älter ist als die amerikanische Prohibition, ins Leben gerufen und gehörte zum damaligen Zeitpunkt noch Nestlé. (Seit 2011 gehört Beringer zu Treasury.) Nestlé hat natürlich reichlich Erfahrung mit der Herstellung von Grundnahrungsmitteln aus dem Supermarkt, daher willigten die höheren Mächte ein, als Beringers Team vorschlug, ihre Weine sensorischen Analysen zu unterziehen. Dahinterkommen zu wollen, was den Konsumenten an einem Roten oder Weißen gut gefällt, erschien völlig logisch.

Und doch ist Wein noch nie auf diese Weise gehandhabt worden. Die Weingüter verlassen sich üblicherweise auf ein von einem Winzer angeleitetes kleines Expertenteam, um einen Wein hervorzubringen, der ihrer Vorstellung von »gut« entspricht. Die Flaschen, die Morgans Platz auf der Welt rekontextualisieren, werden fast alle auf diese Weise hergestellt, werden kunstvoll von Önoartisten gefertigt, die auf ihre Intuition vertrauen. Das Zurateziehen der Konsumenten wäre in etwa so, als würde Monet mithilfe von Gruppendiskussionen entscheiden, welche Farben er auf seine nächste Leinwand brächte.

Beringer – und nun Treasury – wandten sich also vom Altbewährten ab und nahmen sich begeistert der Weinherstellung gemäß Gutachten an. Fortan versuchten sie, sich bei den Profilen ihrer Kommerz- und Masstige-Weine von den Geschmäckern der Amateure, nicht der Profis leiten zu lassen, und diese Herangehensweise ist auch schon von den Winzern angewendet worden, die Beringers erlesene Weine erzeugen. (Und ist nur eine weitere Zutat im Erfolgsrezept.) Die sensorische Analyse stellte eine neue radikale Philosophie dar: Anstatt den Menschen den Wein nahezubringen, wie er ist, brachten die Hersteller die Leute, so wie sie waren, zum Wein. Diese Herangehensweise wurde auch von anderen Branchenriesen übernommen, darunter Ernest & Julio Gallo (berühmt für André, Carlo Rossi und Barefoot) und Constellation Brands (zu denen unter anderem Woodbridge, Robert Mondavi und Ravenswood gehören). Beide führen derzeit Abteilungen für sensorische Forschung. Und Tragon bietet Weingütern, die sich kein eigenes Labor leisten können, ähnliche Dienstleistungen an.

Mikawa hatte mich eingeladen, der ersten Phase bei der Entwicklung eines Weins, der »vom Endverbraucher her gedacht wird«, beizuwohnen. Kurz nach meiner Ankunft begab sich eine Gruppe Freiwilliger – alles Treasury-Angestellte – in einen Konferenzraum, um die vierzehn Weine aus Mikawas derzeitiger Studie zu trinken und zu beschreiben. Die Namen der Flaschen wollte Mikawa zwar nicht preisgeben, aber höchstwahrscheinlich handelte es sich dabei um eine Mischung aus bereits existierenden Treasury-Produkten, neuen Prototypen sowie Kassenschlagern der Treasury-Konkurrenz, deren Profile Mikawa und ihre Kollegen eventuell nachahmen wollten. In dem von mir besuchten Meeting sollten die Freiwilligen diskutieren, mit welchen Worten sie jeden der Weine beschreiben würden. Um sicherzugehen, dass jeder die gleiche Vorstellung von »fruchtig« und »erdig« hatte, wurde den Leuten der Wein mit Cranberrys und Pilzen dargereicht, falls sich jemand eines Dufts vergewissern wollte. Bei den Testpersonen – Mikawas »sensorischen Messinstrumenten« – musste es sich nicht um

Wein-Connaisseure handeln. Sie sollten nur die Unterschiede bei ihrem Essen einigermaßen gut wahrnehmen können, was lange keine Selbstverständlichkeit war. Laut Tragon können etwa dreißig Prozent einer jeden Bevölkerungsgruppe »kaum besser als zufällig Unterschiede bei den Produkten, die sie regelmäßig konsumieren, feststellen«.

In ein paar Tagen würden sich die Angestellten dann in die Kabinen begeben, um den Charakter eines jeden Weins zu beurteilen. Im Anschluss würden mehr als hundert Amateurtrinker (keine Treasury-Mitarbeiter) bewerten, wie gut ihnen jede der vierzehn Weinproben geschmeckt hat. Durch das Vergleichen dieser beiden Datenmaterialien – das sensorische Profil der Weine und welches davon den Konsumenten am besten gefiel – würde Mikawa wissen, worauf ihre Zielgruppen Appetit haben. Auf violette Weine mit Brombeeraroma und wenig Säure vielleicht. Oder vielleicht geht der neueste Weintrend in Richtung pinke Farbe, nicht im Eichenfass gereift, mit niedrigem Alkoholgehalt und einer Spur Süße. Was es auch war, die Weinerzeuger der Treasury-Gruppe würden ihre Rezepturen auf den Gaumen der Endverbraucher abstimmen können. Verschnitt, Reifeprozess, Hefestamm, Erntezeitpunkt, Pflanzungen, Wurzelstock oder den Gebrauch von Eichenfässern würden sie dementsprechend anpassen. »Wenn wir sehen, dass Wein A viel besser bewertet wird als Wein B, und Wein A einen viel höheren Zuckergehalt hat, dann wissen wir, dass wir einfach ein wenig mehr Zucker hinzufügen müssen«, erklärte Mikawa. Die Konsumenten finden opake Weine von dunkler Farbe meist leckerer als blasse, durchsichtige Weine wie Pinot Noir, was Treasury dazu veranlassen könnte, die Farbintensität ihrer Weine hochzujagen. Die Amateurweinkäufer haben den Experten in der Vergangenheit gerne mal das ein oder andere in Sachen bevorstehende Weintrends gelehrt. In den Neunzigern, den Blütejahren der üppigen, buttrigen Chardonnays, wurden die damals angesagten Barrique-Stile von einem der Marktforschungs-Geschmacksgremien abgelehnt. Die Tester stellten einen 3,50 Euro teuren Wein, der nicht im Eichenfass gelagert worden war, vor alle anderen von ihnen verkosteten Flaschen. Als das Forscherteam seinem Kunden jedoch nahelegte, eine nicht im Eichenfass gelagerte Weißweinlinie zu konzipieren, wurden sie vom Weingut, das die Studie in Auftrag gegeben hatte, hinausgeworfen. »›Ihr habt sie nicht mehr alle. Raus aus meinem Büro!‹, hieß es damals«, erinnerte sich Rebecca Bleibaum, die Sensorikchefin bei Tragon. Heute sind die schlanken, nicht im Eichenfass gereiften Chardonnays ganz schwer in Mode.

Ich nippte an den Weinen, die Mikawa ihren Probanden zu trinken gab. Sie hatten tatsächlich etwas Supermarktartiges und erinnerten mich an Heidelbeersmoothies, die mit einem Schuss Wodka und etwas Sirup vermischt worden waren. Ich wollte mich ihnen aber auf keinen Fall verschließen. »Der Preis ist heiß«, sagte ich mir. »Sei nicht so versnobt.« Um ehrlich zu sein, wollte ich sie lieber nicht austrinken. Der zweite Schluck brachte auch nichts Neues. Die Weine waren üppig, sirupartig und schwer.

Somit entsprachen sie dem Geschmack der Kommerz- und Masstige-Weinkäufer, die meist süße und fruchtige Weine bevorzugten, die wenig adstringierend, wenig bitter und wenig komplex waren. Dadurch entsprachen sie so ziemlich dem Gegenteil von dem, was die Wein-Cognoscenti für »gut« befinden würden. Das rief mir eine Blindverkostungsrunde ins Gedächtnis, bei der eine Sommelière vom *Jean-Georges* von ihrem Entsetzen berichtete, das sie als Hochzeitsgast angesichts der dort servierten Beringer-Weine verspürte. »Meine Freundin und ich wagten uns an den Chardonnay heran und dachten nur: Iiiigitt!«, beschwerte sie sich und erntete mitfühlendes Nicken. »Ich hab an diesem Abend eine Menge Scotch und Soda getrunken.« Leis Weine hatten ungefähr so viel mit Morgans 1050 Euro teurem Rousseau gemeinsam wie Snickers mit gebratenen Wachteln.

Auch wenn Morgan sich sämtlichen von Mikawas Mustern verweigern würde, hat die »vom Endverbraucher her gedachte« Weinherstellung die Freude der Menschen am Wein grundlegend verändert. 2007 erreichten nur vereinzelte sledgehammerartige Flaschen die minimal benötigte Punktzahl, mit der sie sich Tragons Einschätzung nach am Markt behaupten können. Die Trinker kippten diese Weine hinunter und bewerteten sie ebenso schlecht wie Spinat oder Tiefkühlerbsen. Erträglich, aber absolut nicht wohlschmeckend. Inzwischen treffen die Weine für den Massenmarkt den Geschmack der Konsumenten schon eher, und die Diskussionsteilnehmer geben ihnen regelmäßig die gleiche hohe Punktzahl wie Nobeleismarken à la Häagen-Dazs. »Viele Weine schaffen es in die Kategorie Hochgenuss, für die man schwärmt«, sagte Bleibaum. »Bei der Blindverkostung werden sie von den Leuten *geliebt.*« Säurehaltiger Bordeaux, bei dem sich der Mund zusammenzieht, ist eher etwas für Kenner. Yellow Tail oder Sledgehammer mit ihrer intensiven Fruchtnote und ihrem süßen Abgang machten sich bei den Endverbrauchern, die sich wie so viele von uns recht zuckerreich ernähren, gut. Das Motto von Menschen wie Mikawa und Bleibaum lautet: »Marketing bringt dich dazu, einen Wein einmal zu kaufen. Die Sensorik bringt dich dazu, ihn noch ein zweites Mal zu kaufen.« (Von John Thorngate, dem Leiter der Sensorikabteilung bei Constellation, werden wir gewarnt, dass sich diese Logik nicht auf das Luxussegment anwenden lässt. Diese Konsumenten verhielten sich nämlich völlig irrational: »Leute, die Screaming Eagle trinken« – den Sie für den lächerlichen Preis von 880 Euro den Ihren nennen dürfen – »und ihn *nicht* mögen, werden ihn trotzdem weiter trinken, weil er ihnen ein gutes Gefühl gibt.«)

Das lieferte nun auch keine klaren Antworten auf meine Qualitätsfrage. Entgegen meiner eigenen Intuition schmeckte »schlechter« Wein anscheinend *gut,* zumindest einer beträchtlichen Anzahl Weintrinker.

Hersteller wie Treasury haben sich eine Definition von Güte zu eigen gemacht, die weit simpler ist als die von Robert Parker oder dem Court of Master Sommeliers: Für sie ist ein Wein dann gut, wenn ein Haufen Leute ihn intuitiv mögen, ohne dass sie unbedingt etwas von Ausgewogenheit oder Abgang verstehen. Diese »schlechten« Weine sind auf maximale Genießbarkeit getrimmt, damit sie die Menschen auch ohne Bedienungsanleitung erfreuen und die natürlichen Neigungen der Konsumenten ansprechen. Und was ist daran schon schlimm? Ähnliches lässt sich bei Musik, Mode, Film und Kunst beobachten, wo E und U eine friedliche Koexistenz führen. Felix Mendelssohn würde kein Mensch auf einem Rave hören wollen, und das Gleiche gilt für *Wrecking Ball* von Miley Cyrus für den Gang zum Altar.

Da ich schon in Kalifornien war, entschloss ich mich, einen kleinen Umweg zu fahren, um mich mit Tim Hanni zu treffen, einem ehemaligen Angestellten von Beringer und einem der beiden ersten US-Amerikaner, die die höchste Auszeichnung des Institute of Masters of Wine verliehen bekamen, den Master of Wine. Trotz dieses schicken Titels hat man Hanni den »Wein-Antisnob« getauft, weil er seine Kollegen dazu bringen möchte, dass sie die Regeln der Weinbeurteilung überdenken. Um genau zu sein, sollen sie den bisherigen Kodex komplett über Bord werfen. Die Gesetze des Food and Wine Pairings werden von ihm verächtlich abgetan, Weine, die von den Connaisseurs nicht mit dem kleinen Finger angefasst würden, bekommen von ihm Goldmedaillen (»Kirschtrüffel« gefällig?), und er findet es töricht und herablassend, den Weintrinkern beizubringen, einen Grand Cru mehr zu schätzen als einen Sledgehammer. In einem Starbucks unweit von Mikawas Labor erklärte mir Hanni, dass die Weinliebhaberdefinition von »gutem« Wein nichts mit dessen Geschmack oder Herstellungsweise zu tun hat. Sie sei viel eher das Ergebnis von Gruppenzwang und Herdentrieb. Weil sie von der Weinszene akzeptiert werden möchten, imitieren die Möchtegernsnobs den Geschmack der Snobs, wodurch deren Vorlieben immer weiter nach unten sickern. Wenn Sie nicht viel von Wein verstehen, könnten Sie denken, Sie seien ein unbeschriebenes Blatt und völlig unvoreingenommen. Dann denken Sie an das Wort »Bordeaux«. Wenn Ihnen nun doch irgendetwas dazu einfällt – Schlösser vielleicht oder reiche Leute oder Tradition –, dann, weil irgendein Artikel oder beiläufiger Kommentar einer Freundin irgendwann einmal das geprägt hat, was Sie für guten Geschmack erachten.

Um den von den Kritikern gefeierten Weinen etwas abgewinnen zu können, »müssen wir unsere natürlichen Vorlieben und Neigungen aufgeben und die kollektiven Wahnvorstellungen über das Wesen des Weins übernehmen«, sagte Hanni. Und das kommt von jemandem, der vor dem Bewältigen seiner Alkoholabhängigkeit mehr als genug Klassiker verkostet hatte. Hanni behauptet, dass jeder von uns eine einzigartige Geschmackswahrnehmung besitzt und diese uns zu den Weinen führt, die uns gefallen. Von Weinkennern wird erwartet, dass sie sich für tanninreiche, bittere Barolos begeistern, obwohl es uns als Kinder instinktiv nach Süßem gelüstet und wir bei bitteren Geschmäckern das Gesicht verziehen, was eine evolutionäre Abwehr gegen die Aufnahme giftiger Nahrung darstellt. Wenn wir dann eine Liebe zu Barolo entwickeln, »ist unser Gaumen nicht etwa ›gereift‹; er hat sich wider die Natur entwickelt«, meinte Hanni. »Wir schieben unsere angeborene Vorliebe für Süßes und so weiter beiseite und lernen sogar, Gesichter zu schneiden. Nicht nur wegen der Weine, sondern auch wegen der Leute, denn das ist Teil der Kritik. Wir lernen, was wir mögen sollen, und wir lernen, was wir *nicht* mögen sollen und *wen* wir nicht mögen sollen aufgrund dessen, was wir nicht mögen sollen. Wir lernen, nicht nur den verdammten Wein zu kritisieren, sondern auch die verdammten Leute, die ihn trinken.«

Hannis Argumentation ist nicht neu. Sie erinnert an eine Theorie des französischen Soziologen Pierre Bourdieu in seinem 1979 veröffentlichten Werk *Die feinen Unterschiede: Kritik der gesellschaftlichen Urteilskraft*. Bourdieu behauptet, dass wir bestimmte Dinge – Golf, dünne Arme, die Oper, Champagner – nur aufgrund des sozialen und kulturellen Kapitals beurteilen, das wir erwerben, indem wir diese bestimmten Dinge begrüßen oder ablehnen. Bourdieu zufolge ist der Geschmack nichts Angeborenes oder Individuelles. Bei der Interaktion mit unserem sozialen Umfeld nehmen wir Hinweise darüber auf, was wir feiern – oder eben nicht feiern – sollen, um von unseresgleichen akzeptiert zu werden. Letzten Endes bewundern wir genau das, was uns bewundernswert macht. »Geschmack klassifiziert – nicht zuletzt den, der die Klassifikation vornimmt«, schreibt Bourdieu. Das Lechzen nach einem Domaine de la Romanée-Conti erscheint einem mit diesem Blickwinkel doch etwas willkürlicher – und sogar ein wenig düster. Ein »guter« Wein ist demnach das, was eine bestimmte soziale Gruppe einen »guten« Wein getauft hat, und zwar aus Gründen, die gegebenenfalls nur wenig mit dem Inhalt einer Flasche selbst zu tun haben. Und wir machen uns die Weinbeurteilung der Leute zunutze, um die Leute selbst zu beurteilen. Das gibt dem Sommelierberuf einen wenig schmeichelhaften Dreh: Wenn sie die Gäste zu den Qualitätsweinen führen, helfen sie im Grunde genommen den oberen Gesellschaftsschichten dabei, sich mithilfe dieser eher willkürlichen Auffassung von »gut« vom gemeinen Volk abzuheben.

Hanni hat meiner bösen Vorahnung eine Stimme verliehen, die meine Faszination über das Thema Wein teilweise überhaupt erst ausgelöst hat. Zwar glaubte ich nicht an irgendeine große Geheimverschwörung, die der Welt die Geschmäcker diktiert. Doch es erschien mir durchaus möglich, dass sich selbst die Experten dazu bekennen mussten, Weine nicht deshalb zu würdigen, weil sie gut waren, sondern weil ihnen die entsprechende Beurteilung der Weine beigebracht wurde. Was sie als ihre Lieblingsweine aussuchen, spiegelt ihre Identität wider. Ich fand es äußerst vielsagend, dass die Sommeliers nicht wie alle anderen Selfies auf Instagram hochladen, sondern Aufnahmen der von ihnen getrunkenen Flaschen. Diese Etiketten sagten etwas über sie als Mensch aus, und viele beendeten ihren abendlichen Dienst mit dem Posten von »Bestbotteofthenight«-Fotos, weil sie damit angeben wollten, was sie alles Tolles gekostet hatten. Morgan gestand, dass ihn der Zwang des jeweils angesagten Geschmacks frustrierte. Er meckerte darüber, dass Somms teilweise Leute attackieren, für die der neueste trendige Champagner nicht unbedingt der beste Schaumwein seit der Erfindung des Korks ist. »Die legen dabei eine krasse Frömmigkeit an den Tag«, beschwerte er sich. »Und da wäre noch das Ding, dass sie niemals zugeben würden, den Wein nicht zu mögen, für den sie dreihundert Euro ausgegeben haben.«

Vielleicht war »schlechter« Wein doch gar nicht so furchtbar schlecht. Allerwenigstens öffnete er den Menschen die Türen, die sonst niemals ein Weinglas in die Hand genommen hätten. »Viele Leute fangen mit einem lieblichen Wein an, wenden sich dann irgendwann davon ab und gehen zum Luxussegment über und werden zum Weinsammler oder Weintrinker oder Weinsnob«, meinte Mikawa. Sie verstand ihre Flaschen als Stützräder für Weinliebhaber in spe. Diejenigen, die heute ihren Sledgehammer lieben, sind womöglich nur ein paar Flaschen davon entfernt, ein Snob zu werden, der genau diesen Wein zerreißt.

Bevor ich Mikawas Labor verließ, fiel mir eine kleine Plastikpackung auf ihrem Büroregal ins Auge. Der Inhalt sah aus wie eine Art Gewürz für Weine. BUTTERTOFFEE- & SCHOKOSTÄBE MUSTER stand auf dem Etikett.

Nach alldem war es wohl etwas heikel, die Weine für die breite Masse nur basierend auf ihrem Geschmack als »schlecht« abzustempeln. Aber war womöglich die Art, wie sie hergestellt – oder vielmehr konzipiert – wurden, ein wenig problematisch?

Vierzehntausend Weinerzeuger und Weinanbauer strömen jedes Jahr ins Kongresszentrum von Sacramento, um die Fachmesse Unified Wine & Grape Symposium zu besuchen. Verkauft werden dort Aromastoffe, Enzyme, Entsalzungsanlagen, Fässer, Flaschen, Farbstabilisatoren, Korken, Kapseln, Konzentrate, Pumpen, Stöpsel, Schläuche, Traubensortieranlagen, Tanks, Weinpressen, Zentrifugen. Das einzige Haupterzeugnis, das dort nicht zum Verkauf stand: Romantik.

Mikawa und Hanni würden beide dort sein. Ich also auch. »Wenn du nicht auf diese Messe gehst, hast du im Weinbusiness nichts zu suchen«, wurde ich von einem Tragon-Mitarbeiter informiert.

Als Mikawa mir beschrieb, wie die Treasury ihre Weine auf den Geschmack des Endverbrauchers anpassen kann, erschien mir dieses Maß an Kontrolle im Weinherstellungsprozess beinahe unmöglich. Farbe, Bitterkeit, Tannine, sogar Brombeer-, Kirsch- und Pflaumenaromen konnten je nach Wunsch des Konsumenten hoch- oder heruntergeschraubt werden. Es schien, als ob die Weinerzeuger jede einzelne Eigenschaft des Weins ganz genau einstellen könnten.

Und das können sie tatsächlich. Mir war nicht klar gewesen, wie das mit solch einer Präzision möglich ist, bevor ich mich den Männerherden in Fleecewesten und Arbeitsstiefeln auf dem Ausstellungsgelände anschloss. Die Produkte, an denen ich vorbeikam, trugen futuristische Namen, die eine Science-Fiction-artige Geschmacksmanipulation nahelegten: Accuvin, UberVine, Dynamos, Nutristart, Turbicel, Zyme-O-Clear, Thor.

Zyme-o-Clear und Thor kommen in den Geschichten vom Wein nicht wirklich vor. Die traditionsgeschwängerte, total stereotypische, null differenzierte Erzählung, woher der Wein kommt, lautet in den Läden und Weingütern in etwa so: Zuerst pflanzt der Winzer seine Reben auf einem Stück Land mit dem idealen Terroir für die von ihm gewünschte Sorte an. Weil er ein Bauer ist und eine gute Ernte von gutem Wetter abhängt, verflucht er Sonne / Wolken / Regen / Himmel, weil es zu heiß / kalt / verregnet / trocken ist und die Trauben zu süß / sauer / verschimmelt / vertrocknet für den perfekten Wein sind. Letztendlich erntet er die Weintrauben, selektiert sie, presst sie und gießt die Mischung in irgendeine Art Container wie etwa einen Edelstahltank. Die in der Traubenhaut enthaltene oder separat zugefügte Hefe setzt den Gärprozess in Gang. Die Pilze fressen den Zucker der Früchte und sondern ihn dann unter anderem als Alkohol, Kohlendioxid und die Aromaten, die zum Duft des Weins beitragen, wieder ab. Sobald der Traubensaft vergoren ist, füllt der Winzer ihn vielleicht in Barriquefässer um, damit kleine Mengen Sauerstoff durch die poröse Oberfläche des Holzes dringen oder der Wein vom Holz aromatisiert wird. Vielleicht belässt er ihn aber auch im Edelstahltank, um seine Frische und Fruchtigkeit zu bewahren, oder er bringt ihn in einen eierförmigen Betontank, der dem Wein irgendetwas zwischen Eichenfass- und Edelstahleffekt beschert. Zum Schluss füllt er den Saft ab und bringt ihn auf die Reise.

Die Trinker stellen sich ihren Wein, egal, woher er stammt und was er kostet, gern als Produkt solcher landwirtschaftlichen Abläufe vor. Das kann man ihnen kaum verdenken, denn die Weinerzeuger betonen diesen handwerklichen Aspekt gern, obwohl er in Wahrheit kaum zum Tragen kommt. Auf den Etiketten der Sutter-Home-Flaschen ist das idyllische Bild von Weinreben, die sich an ein viktorianisches Haus schmiegen, zu sehen, und darunter: FAMILY VINEYARDS SINCE 1890 (Familienweingut seit 1890) und FAMILY OWNED IN THE NAPA VALLEY (Familienbetrieb im Napa Valley). Das suggeriert einen ganz persönlichen Mama-und-Papa-Betrieb. Von unserer Familie für Ihre Familie. Auch wenn das Weingut jedes Jahr großindustriemäßige hundertzwanzig Millionen Flaschen ausstößt, genug, um jede Familie in den fünfzig US-Staaten mit ein paar Flaschen zu versorgen.

Die Realität der Weinerzeugung im 21. Jahrhundert hat weniger mit *Unsere kleine Farm* als mit *Gattaca* gemein. Das gilt insbesondere für die industriellen Betriebe, die gigantische Mengen an Kommerz- und Masstige-Weinen auswerfen, aber auch für hochwertigere Weine bis in den Dreißig-Euro-Bereich. Nicht bei allen kostengünstigen Weinen hat ein chemischer Eingriff stattgefunden. Doch bei Weingütern, die auf niedrige Preise und hohe Produktionsmengen setzen, hat die Natur nicht mehr das letzte Wort in Sachen Geschmack.

»Anstatt die Beeren darüber entscheiden zu lassen, in welche Richtung sie gehen wollen, fertigen – oder besser gestalten – sie einen Wein, der den Geschmack des jeweiligen Winzers trifft«, erklärte mir ein Vertriebler am Stand der American Tartaric Products (Amerikanische Weinprodukte). »Und das ist keine Schummelei«, sagte er von sich aus, so als ob er meine Gedanken gelesen hätte. »Das bringt einfach nur ein besseres Produkt hervor.«

Es gibt keinen Fehler, der sich nicht mit irgendeinem Puder korrigieren ließe; kein Merkmal, das sich nicht mithilfe einer Flasche, Schachtel oder Tüte konzipieren ließe. Der Wein ist zu gerbstoffreich? Dann schönen Sie ihn mit Ovo-Pure (Eiweißpulver), Fischleim (aus Fischblasen gewonnenes Granulat), Gelatine (die meist aus Kuhknochen und Schweinehaut hergestellt wird) oder, wenn es sich um einen Weißwein handelt, merzen Sie die lästigen, eine Trübung verursachenden Proteine mithilfe von Puri-Bent (das ist die Hauptzutat von Katzenstreu: Bentonit) aus. Der Wein ist nicht gerbstoffreich genug? Dann vergessen Sie die neunhundert Euro teuren Fässer und nehmen Sie einen Beutel Eichenchips (kleine Klumpen, die für mehr Aroma vorher noch geröstet wurden), »Tank Planks« (lange Eichenstäbe), Eichenstaub (das, wonach es klingt) oder ein paar Tropfen Eichentannin (Sie haben die Wahl zwischen »Mokka« und »Vanille«). Oder Sie simulieren die Textur von im Barrique ausgebautem Wein mit Tanninpulver und können dann doppelt so viel verlangen. (»Im Normalfall lässt sich eine sieben bis zehn

Euro teure Flasche auf dreizehn bis siebzehn Euro hochsetzen, weil sie dann eine Barrique-Note hat … Sie bereiten den Wein auf«, erklärte mir ein Handelsvertreter.)

Der Wein ist zu dünn? Sorgen Sie mit Gummiarabikum für ein volleres Mundgefühl (eine auch in Zuckerguss und Wasserfarben verwendete Zutat). Zu schaumig? Geben Sie ein paar Tropfen Antischaummittel bei (Silikonöl in Lebensmittelqualität). Senken Sie den Säuregehalt mit Kaliumkarbonat (ein weißes Salz) oder Kalziumkarbonat (Kreide). Setzen Sie ihn hoch mithilfe von Weinsäure (besser bekannt als Weinstein). Erhöhen Sie den Alkoholgehalt, indem Sie den Most mit süßem Traubenkonzentrat mischen, oder fügen Sie einfach Zucker bei. Reduzieren Sie den Alkoholgehalt mit der Schleuderkegelkolonne von ConeTech, mit der Umkehrosmoseanlage von Vinovation oder einfach mit Wasser. Täuschen Sie einen gereiften Bordeaux mithilfe von Hefe und Hefederivaten von Lesaffre vor. Verstärken Sie die »Frische Butter«- und »Honig«-Aromen, indem Sie die Designerhefe CY3079 aus einem Katalog bestellen oder Rhône 2226, falls Sie »Cherry-Coke« wünschen. Oder Sie wenden sich an den »Hefeflüsterer«, einen Mann am Lallemand-Stand mit dicken Koteletten, um das beste Hefepulver zu finden, das den von Ihnen »anvisierten Weinstil« trifft. (Einen Sauvignon Blanc mit Zitrusaromen erzielen Sie mithilfe von Uvaferm SVG. Birne und Melone mit Lalvin Ball. Maracuja mit Vitilevure-Elixir.) Töten Sie Keime mit Velcorin ab (aber seien Sie vorsichtig, es handelt sich dabei um Gift.) Und machen Sie das Ganze haltbar mit Schwefeldioxid.

Wenn Ihnen der Wein am Ende noch immer nicht gefällt, können Sie ihm das gewisse Etwas mit ein paar Tropfen Mega Purple verleihen – ein dickflüssiges Traubenkonzentrat, das gerne mal als »Zaubertrank« bezeichnet wird. Dieser kann den Wein muskulöser machen, ihm einen süßeren Abgang oder eine intensivere Farbe bescheren, Grüntöne verschleiern, den Pferdegestank des Weinfehlers Brett kaschieren und die Fruchtaromen explodieren lassen. Keiner will es verwendet haben, und doch landet es jedes Jahr in fünfundzwanzig Millionen Flaschen Rotwein. »Es kommt in so gut wie jeden Wein«, hat der Präsident eines Weinguts in Monterey County der Zeitschrift *Wines and Vines* erzählt. »Zumindest in die Flaschen unter siebzehn Euro. In die höherpreisigen wahrscheinlich weniger.«

Mehr als sechzig Zusatzstoffe sind in den USA beim Wein erlaubt. (Das EU-Recht ist hier deutlich strenger.) Eine Vertreterin am Stand von BSG Wine, die flüssige Eichenextrakte ausstellen, lachte hämisch, als es um die Vermeidung chemischer Eingriffe ging. »Mutter Natur hat einen eigenartigen Geschmack«, warnte sie mich. »Klar erschafft Gott einen Wein. Nur wird er uns nicht unbedingt schmecken.« Wissenschaftliche Tüfteleien erschaffen auch einen Wein, und der wird genauso wenig allen schmecken. Das Endergebnis schmeckt zum Beispiel so wie das, was ich bei Mikawa getrunken habe. In Korkflaschen abgefülltes Root-Beer-Eiscreme-Sodawasser. Für die Weinliebhaber ist diese Art der »kontrollierten« Weinerzeugung wie eine Art Auto-Tune oder Photoshop für den Gaumen und bringt blitzsaubere, seelenlose und schlicht *zu* perfekte Weine hervor.

Lässt sich also behaupten, dass schlechter Wein mittels Hightechbefehlen hergestellt und bei gutem Wein nicht eingegriffen wird? Bingo, würden die Verfechter von Naturwein sagen. Die Naturwein produzierenden Winzer lehnen die Maschinen, Klärmittel, Designerhefen und Enzyme, die »überreifen, übermanipulierten und überzogenen Weine« ab, wie sie von der Journalistin Alice Feiring, der Schutzheiligen dieser Bewegung, bezeichnet werden. Verarbeitete Weine werden von ihr als önologisches Äquivalent von verarbeiteter Nahrung hingestellt, wenn nicht sogar als noch größeres Übel. In ihrem Blog schrieb sie über eine »Tragödie« am Silvesterabend, an dem sie gezwungen war, industriell gefertigten Champagner zu trinken: »Er schmeckte zynisch. Er schmeckte falsch. Er war ein Verräter«, klagte sie. Naturwein, so Feiring, sei »nichts zugefügt, nichts weggenommen«, und sie präsentiert den vergorenen Rebsaft angeblich so, wie Gott ihn schuf: nuanciert, ehrlich und herrlich unperfekt. Dieser Wein ist gut. Auch wenn er manchmal, nun ja, schlecht schmeckt – wie eine »trübe, nach Algen riechende Seltsamkeit, die von ungewaschenen französischen Hobbits gemacht worden zu sein schien«, um es mit den Worten von Ray Isle, dem Chefredakteur von *Food & Wine,* zu sagen.

Man muss nicht zu den »militanten Veganern der Weinwelt« gehören (ihr eigener Ausdruck), um zuzugeben, dass ein mit Eiklar und Schwefeldioxid behandelter Mix aus vergorenen Beeren und Hefekot nicht gerade wie ein Leckerbissen klingt. Und doch trifft diese Beschreibung, so unappetitlich sie auch klingt, sowohl auf Supermarktgesöff als auch auf die berühmtesten Flaschen der Welt zu. Château Margaux wird bei der technischen Intervention strenger sein als die Treasury Wine Estates bei einem Wein wie Sledgehammer, die Qualität der verwendeten Materialien wird besser sein und die gewünschten Aromen völlig andere. Außerhalb des militanten Veganercamps jedoch ist es nicht unbedingt das chemische Frisieren des Weins selbst, was guten von schlechtem Wein unterscheidet. Bei der Weinerzeugung wurden Kunst und Wissenschaft schon seit langer Zeit verschmolzen, auch wenn das den meisten Konsumenten nicht verraten wird. Die Boderlaiser Familien schönen ihren Wein seit Jahrhunderten mit Eiklar, und auch Schwefeldioxid ist für sie kein Fremdwort, es wurde schon in der Antike zur Haltbarmachung von Weinen eingesetzt. Selbst die Holzfässer, die uns wie der Inbegriff von Tradition erscheinen, waren einst hypermoderne Technik für die Römer, nachdem sie ihren Wein seit Jahrtausenden in Tongefäßen, den sogenannten Amphoren, gelagert hatten. Manche Winzer schmücken sich mit »vorindustriellen« Methoden, die jegliche Zusatzstoffe ablehnen – ungeachtet der Tatsache, dass schon die alten Römer ihren Wein mit Schweineblut, zerstoßenem Marmor, Meerwasser und sogar Blei für die Süße schönten. Obwohl der Zusatz von Chemikalien besorgniserregend klingt, dürfen wir nicht vergessen, dass auch Dinge wie Weinsäure von Natur aus im Wein enthalten sind. Bei Weinen, die mithilfe der Wissenschaft »manipuliert« wurden, ist der Unterschied zwischen gut und schlecht eine Gratwanderung, eine Generalisierung ist nicht möglich.

Die gesteuerte Weinbereitung hat die Qualitätsprüfung ziemlich erschwert. Vorher konnte man die schlechten Weine leicht erkennen. Sie waren einfach handwerklich schlecht gemacht. Fehlerhaft, mangelhaft, verkorkst. Dank der Brettanomyces-Hefen in kontaminierten, nicht sterilen Fässern rochen sie nach Pferdestall und gebrauchtem Wundpflaster. Sie müffelten nach Essig, wenn sie zu viel Sauerstoff abbekommen hatten, oder nach Sauerkraut und faulen Eiern, wenn das Gegenteil der Fall gewesen war. Die Pumpen und Pülverchen haben diese Mängel beinahe komplett ausgemerzt. »Weniger als ein Prozent aller auf dem Weltmarkt erhältlichen Flaschen weisen einen Weinfehler auf«, schreibt die Weinkritikerin Jancis Robinson in ihrem Buch *How to Taste*. In gewisser Hinsicht haben wir womöglich schlicht vergessen, wie schlechter Wein wirklich schmeckt. Die Schere zwischen »schlechtem« und großem Wein ist ebenfalls kleiner geworden, denn die Winzer wollen mithilfe der Chemie nicht nur grobe Schnitzer vermeiden, sondern auch die Spitzenweine nachahmen – den Barrique-Effekt für einen Bruchteil der Kosten echter Eichenfässer replizieren, schlechte klimatische Bedingungen ausgleichen und die Qualität auch bei lausigen Jahrgängen hochhalten. »Es ist äußerst ironisch«, schreibt Robinson, »dass der Preisunterschied zwischen der billigsten und der teuersten Flasche Wein so groß wie nie zuvor ist, gleichzeitig der Qualitätsunterschied zwischen den beiden aber noch nie so gering war.« In den Weingütern hat die industrielle Revolution tatsächlich die Demokratisierung anständigen Weins herbeigeführt.

»Jemand an der Central Coast« – der Hochburg des US-amerikanischen Billigweins – »kann mithilfe dieser Produkte einen

Cab machen, der einem Cab aus dem Napa Valley ziemlich nahekommt«, prahlte ein Messeverkäufer, der an einem Glasschaukasten voller weißer, brauner und gelber Pülverchen lehnte. Dann trat er auf mich zu und flüsterte: »Die Nobelwinzer drehen durch.«

Bei meiner Landung in New York hatte ich etwas mehr Mitgefühl für die Sommeliers, die wenig hilfreiches Zeugs stammelten, als ich von ihnen wissen wollte, was einen guten Wein ausmacht. Vielleicht gab es einfach nicht die eine richtige Methode, mit der sich Qualität bemessen lässt. Und doch wollte ich unbedingt selbst ein paar Richtlinien dafür haben. Preis, chemische Zusammensetzung, das »ästhetische System« der Kritiker – das alles schien zu eng gefasst, war fehlerhaft und widersprüchlich. Und ich wollte auch nicht einsehen, dass die Art und Weise, wie ein Wein gemacht wird, seine Qualität bestimmt. Genauso wenig, wie ich akzeptieren würde, dass jeder Song der Beatles toll war, bloß weil die Beatles ihn geschrieben haben. Ich glaubte vielmehr, dass die Antwort mit dem Augenblick zu tun hat, in dem der Wein auf unsere Lippen trifft. Ich konnte mit Sicherheit sagen, dass die von mir probierten Weine von Mikawa und die Yquem jeweils in einer anderen Liga spielten. Selbst die Freunde von mir, die nicht wussten, dass »Shiraz« und »Syrah« ein und dasselbe waren, konnten kommerziellen von kunstvoll gefertigtem Wein unterscheiden. So brachte ich zwei Flaschen australischen Shiraz zu einem Abendessen mit – einen Yellow Tail für 6,99 Euro und einen Jauma-Ökowein für 34,99 Euro – und füllte beide um, sodass keiner die Etiketten sehen konnte. Vom Yellow Tail tranken alle genau einen Schluck. »Du hast meine Geschmacksknospen für alle Ewigkeiten ruiniert«, beschwerte sich Matt. Es gab definitiv einen klaren Unterschied, daran hatte ich keinen Zweifel. Ich wusste nur nicht, wie ich ihn artikulieren sollte.

Spaßeshalber schrieb ich Paul Grieco eine E-Mail. Er war der selbst ernannte »Riesling Overlord« New Yorks und Mitbegründer der Weinbarkette Terroir, wozu auch das *Loch-in-der-Wand* gehörte, in das Morgan mich bei unserem ersten Treffen geführt hatte. Trotz seiner langen, hoch angesehenen Laufbahn bei einigen klassischen Gourmetrestaurants von Manhattan wurde Paul weithin für durchgeknallt gehalten. Hinter vorgehaltener Hand wurde er (liebevoll, schätze ich) als »geisteskrank« bezeichnet. Sein Weinbusiness führte er nach seinen ganz eigenen Regeln. Und da die Traditionalisten der Weinbranche mir bislang nicht weiterhelfen konnten, setzte ich auf diesen Rebellen.

Beim Thema Wein hatte er eine klare Meinung, und er war sich nicht zu schade, seine Kunden damit zu schikanieren. Im *Terroir Murray Hill* überfiel er sie am Heavy-Metal-Montag zu Ehren der Weine metallreicher Böden mit Black Sabbath und Motörhead. Er ließ Klebetattoos mit Weinmotiven drucken und bepflasterte damit jeden, der lange genug stillhielt. Die Weinkarte der Terroir-Bars, die Paul als »Das Buch« bezeichnete, machte auf einundsechzig Seiten einen Riesenterz, war eher Manifest als Getränkeverzeichnis – und absolut absichtlich undurchdringlich. Sie »zeigt den Gästen den Stinkefinger«, hat er einmal stolz gesagt. Er rief den Summer of Riesling ins Leben, um sich für diese seiner Meinung nach ungerechtfertigt verstoßene Weintraube zu engagieren. Fünf Sommer lang weigerte er sich klipp und klar, irgendeinen anderen Weißwein als Riesling zu verkaufen. Sie wünschen einen Sauvignon Blanc? Sie können mich mal, hier ist ein Riesling. Einen Chardonnay? Sie können mich mal, probieren Sie diesen Riesling. Die Kunden haben sich umgedreht und sind gegangen. Pauls (mittlerweile Ex-)Geschäftspartner hat getobt. Aber Paul selbst fand, der Verlust des einen oder anderen Kunden war es wert, den Segen des Rieslings in die Welt zu tragen. Was ich persönlich besonders zu schätzen wusste: Zum großen Entsetzen der Weinsnobs stand der Supermarktramsch Blue Nun direkt neben dem 1700 Euro teuren Sassicaia auf der Weinkarte, und obendrein noch ein Bag-in-Box-Wein. Da ich irgendwann erkennen musste, dass es keine objektiven Kriterien für einen »guten« Wein gibt, zollte ich der Tatsache Respekt, dass Paul bei »schlechtem« Wein nicht die Nase rümpfte. Er *mochte* Blue Nun nicht. Und doch wusste er den historischen Wert dieses Weins zu würdigen, da er die Amerikaner zur Rieslingtraube gebracht – und wieder davon abgebracht – hat.

Als ich mich mit Paul im *Terroir Tribeca* traf, was einem hippen, sehr gemütlichen Verlies gleichkam, machte er einen etwas verstörten Eindruck. Ein dünner Schnauzer schlängelte sich entlang der Konturen seiner Oberlippe, so dünn, dass ich ihn mit einem Edding hätte nachzeichnen können, und ein schwarzer Zottelbart kroch seiner Brust wie Dschungelmoos entgegen.

Selbst wenn man mit ihm völlig einer Meinung ist, klingt Paul oftmals so, als würde er mit einem streiten. Schnell war klar, dass keiner von uns sich um das prätentiöse Gehabe schert, das mit einem Glas Sancerre gerne einhergeht. Und trotzdem fing er an, mich anzuschreien.

»Das ist nichts anderes als scheiß Traubensaft mit Alkohol! Ein Freudentrunk! Im Endeffekt nicht mehr und nicht weniger!«, brüllte er. »Ich meine, du solltest die ganze Weinbranche in der Luft zerreißen und uns sagen, dass wir nur *Scheiße* labern. Bei dem ganzen Gerede, bei der ganzen Fokussierung, bei dem ganzen Gelerne, bei dem ganzen hochgestochenen Getue haben wir die Leute noch immer nicht dazu gebracht, Mehr! Wein! Zu trinken!« Wir kauerten auf hohen Metallhockern, und Paul knallte nach jedem Wort mit beiden Händen auf den Tisch – Mehr! Knall. Wein! Knall. Zu trinken! Knall. »Als Noahs Arche vor achttausend Jahren auf dem Mount Everest landete, was war das Erste, das Noah tat? Er pflanzte den Rebstock, zog die Trauben heran, machte Wein, besoff sich und schlief nackt ein! Wenn wir also die Zivilisation dorthin zurückführen könnten – und warum verdammt noch mal auch nicht? –, wir hatten von Anbeginn an Wein! Warum also« – er streckte den Finger in meine Richtung – »fällt es uns so verdammt schwer, die Leute dazu zu bringen, mehr Wein zu trinken und uns einfach locker zu machen?«

Paul wollte die Welt verändern. Und für ihn bedeutete das, die Leute dazu zu bringen, mehr Wein zu trinken und sich einfach locker zu machen. »Die Weinwelt sollte – um es mit den Worten von Thomas Friedman zu sagen – flach sein. Flach und scheißriesengroß«, schrie er. Paul glaubte, dass Wein uns »transportieren« sollte. Und er hasste die Leute, die »diese kleine Weinwelt immer noch zu etwas Kostbarem erheben«. »Jeder soll in Oklahoma City oder sonst wo in den nächsten Lebensmittelladen gehen und dort ein Sixpack Budweiser für – was kostet das? –, sagen wir, sechs Euro stehen sehen. Und direkt nebendran ein Sixpack mit der Aufschrift ›Terroir Pinot Grigio‹. Für sieben oder acht Euro. Ein bisschen mehr, aber nicht so viel, dass man nicht sagen würde: ›Hmm … Die Familie kommt zu Besuch.‹ … BUMM! – Knall! – ›Ich nehm den Pinot Grigio.‹«

Paul wurde von einem Händler unterbrochen, der vorbeigekommen war, um ihn von einem griechischen Wein probieren zu lassen. Während Paul daran nippte, lenkte er die Konversation bewusst vom Wein fort und zur allgemeinen Lage Griechenlands hin. Anders als Joe und Lara vom *L'Apicio* wollte Grieco keine Geschichten übers Weingut oder seinen Winzer hören. Es ging ihm um den Wein an sich – nicht um seine Vorstellung davon oder den träumerischen Blick, den man vom Weinberg aus hat. Nur darum, wie der Wein bei ihm einschlug. Er war bekannt dafür, bei Verkostungen wie ein Flüchtiger aufzutauchen – Brille, ins Gesicht gezogener Hut, kein Augenkontakt –, um bloß keinen Small Talk führen zu müssen, der ihn von den Weinen ablenkt.

Als der Händler weg war, fragte ich Paul, was er von einem Wein erwartet.

»Lecker soll er schmecken.«

Das war ganz schön vage. »Gibt es irgendwelche bestimmten … Kriterien für das, was lecker ist?«, wollte ich wissen.

»Ein Schluck führt zum nächsten Schluck«, erwiderte er. »Ein Glas führt zum nächsten Glas. Eine Flasche führt zur nächsten Flasche.«

In dem Moment kam eine langbeinige Deutsche auf einen Aperitif hereingestiefelt, und während Paul versuchte, sie zu einem Glas Sherry zu überreden, dachte ich über seine Worte nach. Ein Schluck führt zum nächsten. Diese Definition von Qualität, von dem, was einen »guten« Wein ausmacht, schien so offensichtlich. So einfach. So … wahr?

Mir gefiel, dass sie offen dafür war, dass auch schlechte Weine im richtigen Moment großartig schmecken können. Ich musste an einen vierten Juli an einem Strand in Massachusetts denken. Dank einer Flasche faden, billigen Kaugummi-Rosés unerklärlicher Herkunft hatte sich der Abend von gut zu genial gemausert. Dieser Wein war zweifelsohne mit einem Designerhefestamm aus dem Katalog und einer langen Liste Zusatzstoffe hergestellt worden. Und nichts in der Welt könnte mich davon überzeugen, dass Morgans kostbarer Rousseau in irgendeiner Weise besser gewesen wäre. Er hätte von den gegrillten Marshmallows abgelenkt, von den Leuten, von den Hummern, die wir auf sandigen Papiertellern aufgeknackt haben. In dieser Situation wäre jener große Wein ein schlechter Wein gewesen. Es gibt Zeiten, in denen es niemanden nach dem Rousseau oder irgendeinem anderen der »Großen« verlangt, in denen ihre Erhabenheit schlicht zu überzogen ist. Ein Schluck des manipulierten Rosé-Fusels hatte zum nächsten geführt und dann zu einer zweiten Flasche, denn zu diesem bestimmten Zeitpunkt war dies der perfekte Wein.

Pauls Definition war allerdings auch offen dafür – und spielte vielleicht auch darauf an –, dass Wein durchaus mehr sein konnte. Dass ein Schluck zum nächsten führte, weil der Wein

Freude machte, spiegelte nur einen der vielen Gründe wider, die Wein in uns hervorrufen kann. Große Weine machen aus einem Glas ein zweites, weil der erste Schluck ein Gefühl von Staunen und Neugier hervorbringt. Bei großen Weinen wollen wir nicht deshalb mehr Schlucke – und mehr Gläser – trinken, weil wir durstig sind, sondern weil sie etwas an sich haben, das wir beim ersten Mal nicht ganz verstanden haben. Sie faszinieren uns. Sind rätselhaft.

Gleichzeitig erkannte »ein Schluck führt zum nächsten« an, dass Wein ein Prozess ist. Wein ist dann gut, wenn er uns auf eine Reise zu neuen Abenteuern lockt. Das erste Glas des einen Weins könnte zum zweiten Glas eines anderen Weins führen. Der mag besser sein oder vielleicht auch schlechter, aber er wird definitiv eine neue Erfahrung mit neuen Dimensionen darstellen.

»Na«, fragte ich Paul, als er zurückkam, »fandest du den griechischen Wein lecker?«

Er hob die hellrote Brille so an, dass das Gestell unter seiner dunklen Igelfrisur auf seinen Augenbrauen balancierte, und schaute mich lange an. »Ich dachte, ich hätte dir bereits gesagt, dass es für mich darum geht, ob ein Schluck zum nächsten führt. Du hast ja gesehen, dass ich einen zweiten Schluck genommen habe.«

Ich schaute nach unten. Er hatte das Glas ganz ausgetrunken.

»Yeah. Da hast du's also: lecker.«

Vielleicht geht es bei Größe genau darum: Sie wehrt sich gegen jegliche Formeln und Schablonen. Wie Morgan bereits meinte, ist sie von etwas Mysteriösem umgeben – so, wie kein einzelner Akkord einen Pianoriff vom Melodiösen zur tief bewegenden Erfahrung erhebt und keine einzelne Farbe bedingt, welches Gemälde die Welt für uns zum Stillstand bringt. Wenn Größe sich in eine Schablone pressen ließe, würde sie zum Trivialen verkommen. Doch wir erkennen sie am Geschmack. Und daran, wie die Erinnerung fortbesteht.

# 8 DIE ZEHN GEBOTE

Im Laufe meiner Lernerei, meiner Verkostungen und meiner Zeit im Restaurant wuchs mein Wortschatz auf ungeahnte Weise an – er »entfaltete« sich, wie die Sommeliers es bei einem älteren Wein sagen würden, dessen »Duft« sich zu einem »Bukett« gewandelt hatte.

Als ich begann, mich unter die Sommeliers zu mischen, hatte ich die Hälfte der Zeit über keine Ahnung, von was sie eigentlich sprachen. Meine Notizbücher waren übersät mit Fragezeichen. Dort habe ich den Fachjargon hineingekritzelt, um ihn später daheim nachzuschlagen. Oder ich bin ins Gespräch gegrätscht und habe um eine Erklärung gebeten. Letzteres war bei Morgan ein wenig riskant, führte es doch dazu, dass ich noch mehr Wörter bei Google eingeben musste.

Doch im Laufe der letzten paar Monate ist mir der Weinsprech in Fleisch und Blut übergegangen. Und dieser Wandel war nirgends offensichtlicher als in meinem Arsenal aus Verkostungsnotizen, diesen wörtlichen Beschreibungen von Duft und Haptik, die sich mehr an Geruch und Aroma als am Geschmack orientierten. Mein Repertoire an Worten war vollmundig, üppig, kernig und ja, manchmal auch ein wenig gefühlsduselig geworden. Paul mag sich mit »lecker« begnügen. Ich nicht.

Die Sommeliers, die Wissenschaftler in Dresden und mein Parfümeur-Coach Jean Claude Delville haben alle betont, dass eine intelligente Wahrnehmung das sichere Benennen von

Gerüchen voraussetzt. Die Sprache hilft uns beim Kategorisieren und Abrufen zurückliegender Erfahrungen. (Manche Fachleute vermuten sogar, dass wir manche Ereignisse in unserem Kleinkindalter deshalb vergessen, weil wir in diesem zarten Alter noch keine Worte bilden können.) Wenn wir einem Geruch einen Namen verleihen, wird er dadurch intensiver, leichter erkennbar und emotionsgeladener. »Wir konkretisieren dadurch unser Gedächtnis«, meinte einer der Wissenschaftler zu mir. Verfügen wir nicht über das notwendige Vokabular, um ein Erlebnis zu beschreiben, so korrumpiert dieses Ringen um Worte – und ein Ringen wird es sein – unsere diesbezüglichen Eindrücke. Dieses Phänomen nennt sich »verbale Überschattung«. Bittet man die Menschen um die Beschreibung eines Weins, werden diejenigen, die nicht über die entsprechenden Fachbegriffe verfügen, den gleichen Wein später viel schlechter erkennen als diejenigen, die nicht nach Worten suchen mussten. Wenn den Menschen die benötigte Fachsprache zur Verfügung steht, sind sie von der verbalen Überschattung weniger betroffen.

Ich ließ mich von dieser Logik leiten und häufte mir mithilfe meiner blinden Aromaessenz-Schnüffelei gierig einen Geruchswortschatz an. Ich schnupperte blind an meinen Kochzutaten und sagte die mich umwehenden Gerüche auf meinen Wegen durch die Stadt laut vor mich hin. Ein umfangreicher Wortschatz war von entscheidender Bedeutung für meine Prüfung beim Court of Master Sommeliers, die unausweichlich und bedrohlich näher rückte. Ein ordentlicher Vorrat an Vokabeln würde mir dabei helfen, mir im Geiste ein Konzept der von mir blind verkosteten Weine zu erstellen, und außerdem gewährleisten, dass ich sie würde beschreiben können, ohne durcheinanderzugeraten.

Im offiziellen Verkostungsraster des Court of Master Sommeliers sollen die Somms die Weine anhand relativ banaler Schlagwörter beschreiben, die in die breiten Kategorien »fruchtig«, »nichtfruchtig« und »erdig/mineralisch« fallen. Streberhaft, wie sie sind, denken sich die Sommeliers gerne Degustationsbegrifflichkeiten aus, die weit über »Apfel« und »Pilz« hinausgehen. Erdig? Wie wär's stattdessen mit »süße, seifige Saftigkeit mit Aromen von sich zersetzendem, nassem Holz, Trüffel und Komposterde«. Bei jeder Blindverkostung, sei es im *EMP,* dem Büro von Union Square oder mit meiner alten Queensbande gewesen, konnte ich etwas Neues auf meine Liste esoterischer Beschreibungen setzen, die den Leuten eingefallen sind, nachdem sie ihre Nase in ein Glas Wein gesteckt haben. Sie klangen wie die Rezepturen in einem Buch für Liebeszauber: »Walderdbeerenwasser«, »gedörrte *und* rehydrierte dunkle Beeren«, »Apfelblüte«, »Hummerbrühe mit Safran«, »sich zersetzender Holzscheit«, »Jalapeño-Haut«, »altes Aspirin«, »versengte Haare«, »Säuglingsatem«, »Schweiß«, »mit Schokolade überzogene Minze«, »Kompost vom gemahlenen Kaffee«, »Veilchenkonfekt«, »Erdbeerleder«, »Kunstleder«, »frisch gebauter Dildo«, »Sattel- und Zaumzeug«, »staubige Straße«, »Zitronenschale«, »Nagellackentferner«, »abgestandenes Bier«, »frisch gepflügte Erde«, »roter Waldboden«, »Birnentropfen«, »Kuhhaut«, »gedörrte Erdbeere« sowie »Hustensaft«.

Jedes Mal, wenn ich an der Reihe war, verspürte ich den Druck, mir ebenso obskure Schlagworte einfallen zu lassen. Mir kamen Sachen aus dem Mund, die ich geschworen hatte, niemals für einen Wein zu verwenden. Ein gedörrtes Granatapfelkernchen? Von mir aus gern. Falls ich etwas Erdbeerartiges roch, könnte das doch abgefülltes Erdbeerwasser gewesen sein? Bei Basilikumaromen warf ich auch noch Kerbel rein, obwohl ich mir nicht hundert Prozent sicher war, ob es sich dabei um ein Küchenkraut oder ein Küchengerät handelte. Ich bemühte mich, auf dem Boden der Tatsachen zu bleiben, aber vier Minuten können eine Ewigkeit dauern, wenn man als Einzige redet. Außerdem wollte ich zeigen, dass ich mich verbessert hatte. Also griff ich weiter nach Worten, um meine Verkostungspartner zu beeindrucken. Mit Worten verdiene ich ja schließlich mein Geld, es ist Teil meines Berufs, mir abwegige Beschreibungen auszudenken. Wenn ich auf irgendeinem Gebiet in die direkte Konfrontation mit den Somms gehen konnte, dann beim Erstellen eines absonderlichen Lexikons.

Als ich mich dem verbalen Wettrüsten anschloss, beschlich mich die Sorge, dass diese Verkostungsnotizen im Grunde das Erlebnis nur verschleierten und sogar irgendwie unehrlich waren. Wenn ich mir den Kram aus der Nase zog, wie konnte ich wissen, dass das die anderen nicht auch taten? Um das Erlebte korrekt verarbeiten zu können, würde ich es mit den richtigen Worten erfassen müssen. Ich war mir nicht sicher, ob ich über diese richtigen Worte verfügte. Ich war mir nicht einmal sicher, ob ich wusste, wie die richtigen Worte überhaupt aussahen.

Wenn es Leute gibt, die nicht zur Schaumschlägerei tendieren, dann die Ökonomen. In dem Wissen, dass das *Journal of Wine Economics* im Laufe der Jahre beständig die Fakten der Weinbranchensitten geprüft hat, vergrub ich mich in seine früheren Ausgaben, um dort etwas zum Thema Verkostungsnotizen zu finden. Wie lautet die wissenschaftliche Diagnose? Der Weinjargon steckt in der Krise.

Verkostungsnotizen sollten den Konsumenten ursprünglich zu den für ihn richtigen Flaschen lenken und neugierig auf den Inhalt machen. Mittlerweile lassen sie aber genau diese Konsumenten schwer im Stich. Im Rahmen einer Studie im Jahr 2007 hat man Laienweintrinkern zwei verschiedene Weine plus zwei verschiedene Profibewertungen in die Hand gedrückt und sie dann vor die Aufgabe gestellt, die Verkostungsnotizen dem korrekten Glas Wein zuzuteilen. Die Probanden süffelten zwei deutsche Rieslinge und sollten erraten, welchen der Experte einen »lebendigen« Wein mit »einer Dosis dichtem mineralischem Charakter« und welchen »äußerst raffiniert, mit einer auffälligen Spur Schiefer, welche die ohnehin starke Konkurrenz zwischen erdig und fruchtig zusätzlich intensiviert« genannt hatte. Theoretisch hätte diese Aufgabe ein Leichtes sein sollen, die Beschreibungen sind schließlich so verfasst worden, dass sie den jeweils spezifischen Geschmack des Weins einfangen. Trotzdem waren die Probanden ratlos und stellten sich keinen Deut besser an als die Probanden, die Wein und Verkostungsnotiz wahllos kombinieren sollten.

Und das kann man ihnen weiß Gott nicht vorwerfen. »Die Behauptung, dass wir all diese Geschmäcker und Aromen wahrnehmen können, ist absoluter Humbug, und nur ein Lügenkönig wird so tun, als ob er dazu in der Lage wäre«, erklärte der Wirtschaftswissenschaftler Richard Quandt in einem Artikel für das *Journal of Wine Economics*. Er ist zu dem Ergebnis gekommen, dass die Verkostungsnotizen der Kritiker weder in sich stimmig noch informativ sind. Dass wir allerdings »diese Bewertungen gerne lesen, weil wir von der Qualität eines Weins größtenteils keine Ahnung haben«.

Sogar die Profis selbst geraten durcheinander, teils weil Verkostungsnotizen solch abstrakte Begriffe wie »Mineralität« beinhalten, ein Modewort aus den Neunzigern, das inzwischen jede Ausgabe des *Wine Enthusiast* spickt. Um die »Zitrusnoten« in einem Wein zu verstehen, der angeblich »durchzogen von Grapefruit und Mineralität ist«, müssen wir nur eine Grapefruit hernehmen. Wie wir allerdings »Mineralität« mal probeschnuppern sollen, ist nicht mehr ganz so einfach. Einen Stein hernehmen? Ein nasses Metallteil? Wie sich herausstellte, herrscht keine Einigkeit darüber, was dieses Wort eigentlich bedeutet. Im Rahmen einer weiteren Studie, die auf einer Konferenz der American Association of Wine Economists herangezogen wurde, befragten französische Wissenschaftler Winzer und Weintrinker aus Chablis als weltweit führende Experten in Sachen Mineralität, wie sie den Begriff definieren würden. Diese Anbauregion ist nämlich berühmt für ihren schlanken Chardonnay, den die meisten Sommeliers als »mineralisch«

bezeichnen. Das Ergebnis war ein konfuses Durcheinander von »Gunflint« (ein Felsmassiv im Westen Ontarios) bis »Mineralwasser«.

Meine Vertrauenskrise bezüglich dessen, ob wir uns unter den von uns verwendeten Begriffen eigentlich alle das Gleiche vorstellen, spitzte sich weiter zu, als ich eines Samstagmorgens an der Reihe war, eine meiner Verkostungsgruppen anzuleiten. Neben der obligatorischen Flasche Wein für jeden Somm brachte ich auch eine Übung fürs blinde Erschnuppern mit: sechs Plastikbecher, die ich mit verschiedenen Kräutern befüllt und anschließend mit durchlöcherter Aluminiumfolie bedeckt hatte. In einem Becher war Kerbel, da er häufig in unseren Verkostungsnotizen auftauchte. Wenn die Somms Kerbel im Wein rochen, würden sie Kerbel doch sicher auch in einem Becher mit Kerbel riechen. »Gras?«, vermuteten sie, als sie daran schnupperten. »Pilze?« »Sellerie?« Irgendwann gab endlich einer zu: »Ich habe nicht die leiseste Ahnung.« Ich stellte mit Bestürzung fest, dass nicht einmal meine Vorbilder, die besten Sommeliers von New York, wirklich wussten, wovon sie sprachen.

Die Verkostungsnotizen ganz aufzugeben war keine Option. Den Sommeliers dienen sie als Grundlage zum Verkaufen eines Weins. Die Konsumenten ziehen sie zurate, um die Aromen eines Weins vorhersagen zu können. Und ich persönlich würde das blinde Verkosten – oder das sachkundige Schmecken – nicht ohne Worte meistern können. Und doch fragte ich mich, ob uns nichts Besseres als »Petroleum« und »Mineralität« einfiele. Sind wir bei der Sprache unpräzise, sind wir auch beim Verkosten unpräzise und bei unseren Erinnerungen. Dieser Mangel an Präzision – den andere als Schwachsinn bezeichnen würden – ist allgegenwärtig. Die Exaktheit und Intensität meiner Wahrnehmung war nur so gut wie die Worte, mit denen ich sie artikulieren konnte. Ging das nicht besser?

An einem knackig kalten Mittwochmorgen, als ich noch immer in Kalifornien war, lud ich einen Mietwagen mit Einkaufstüten voll, die lauter Zutaten für die ekligste Dinnerparty des Landes enthielten: Karamellbonbons, eine grüne Paprika, getrocknete Aprikosen, Limettensaft, Dosenspargel, Cassissirup, Erdbeermarmelade und zwei Bag-in-Box-Weine von Franzia, die gegen die Rücksitze rumsten, während ich die Hügel von San Francisco hinauf- und hinunterschlingerte. Irgendwann wichen die Betonkurven langsam den Schreibwarenläden, Restaurantketten und Mietlagern. Und als ich mich meinem Ziel in Davis näherte, wurden die Vorstadtladenzeilen zu flacheren, mattfarbigen Farmen. Auf den Reklametafeln warb man für TIERKLINIK GRATIS-KOSTENVORANSCHLAG und KOPFJUCKEN? BESUCHEN SIE UNSER LÄUSE-STUDIO. Ich fuhr an einem Steakhouse und den Neonschilder-Überbleibseln des *Milk-Farm-Restaurant* (wo einst der All-you-can-drink-Milchwettbewerb stattfand) vorbei, bis ich zu Ann Nobles niedrigem braunem Eckhaus gelangte. Hierhin hatte mich meine Suche nach den Ursprüngen der Verkostungsnotizen geführt, zu einem von Hühnerskulpturen und buddhistischen Gebetsfahnen umgebenen Haus.

Das Gerede vom Wein als ein Gemisch aus Gewürzen, Pflanzen, Früchten und anderen Dingen mit spezifischem Geruch ist mittlerweile derart in unserem Kopf verankert, dass wir ganz leicht dem Glauben verfallen, es sei schon immer so gewesen. Dass die Weinliebhaber Tutanchamun, Ludwig XIV. und Benjamin Franklin zu ihrer Zeit auch den Wein gegurgelt haben, um herauszufinden, ob er Aromen der Späten Traubenkirsche, Sauerkirsche oder Maraschinokirsche hat. Genau genommen, ist dieser naturalistische, nahrungsbasierte Wortschatz in etwa so traditionell wie Discomusik. Er etablierte sich in den Siebzigern, und Noble hat ihn erschaffen.

Die Griechen und Römer der Antike, die Zucht und Anbau der Weinrebe so umfassend dokumentiert hatten, bewerteten ihre Weine nur kurz und knapp mit »Daumen hoch« oder »Daumen runter«. Sie sahen offenbar kaum Veranlassung dafür, sich in die Geschmacksnuancen hineinzuvertiefen. In seinem Werk *Das Gastmahl der Gelehrten* rühmt der griechische Rhetoriker Athenaios den setinischen Wein ganz markig als »erstklassig« und den Caecubum als »edel«, während Horaz den sabinischen Wein in den *Oden* mit »demutsvoll wertlos« resümiert. Ihre Rezensionen hatten im Blick, wie sich der Wein auf ihr körperliches Befinden, nicht auf ihre Geschmacksknospen auswirkt. Der setinische Wein ist »nicht sonderlich geeignet, einen Mann betrunken zu machen«, stellt Athenaios fest. Die Weine aus Pompeji »rufen Kopfschmerzen hervor, die bis zur sechsten Stunde des nächsten Tages andauern«, mault Plinius der Ältere. Er befürwortet den setinischen Wein als den Liebling vieler Kaiser, »die aus Erfahrung wissen, dass diese Flüssigkeit nicht die Gefahr von Magenverstimmung und Flatulenzen birgt«. Stellen Sie sich vor, wie viel nützlicher die Weinkritiken heute sein könnten, wenn sie in dieser Tradition weitergeführt worden wären.

Über eintausend Jahre später waren die Weinsnobs noch immer verhältnismäßig still, wenn es um die Geschmäcker und Gerüche des Rebsaftes ging. Samuel Pepys, ein hochrangiger Offizier der Königlichen Marine Großbritanniens, brauchte nur einen läppischen Halbsatz, um einen Château Haut-Brion zu beschreiben, den er 1663 degoutierte: Es handelte sich dabei um »einen guten und überaus ungewöhnlichen Geschmack, der mir noch nie untergekommen ist«. (Spulen wir dreihundert Jahre vor, und Robert Parkers Bewertung eines 1983er Haut-Brion würde noch sechs Sätze weitergehen.)

Im 18. und 19. Jahrhundert sorgten bessere Herstellungstechniken für eine höhere Weinqualität. Zusammen mit dem wachsenden Einfluss von Restaurants und Sommeliers wurde so aus einem gewöhnlichen Getränk ein kultureller Prüfstein und gesellschaftliches Gütesiegel. Da die Würdigung eines feinen Burgunders oder Bordeaux zu einem sozialen Marker geworden war, wollten sich die Leute natürlich davon erzählen, wie sehr sie diesen kultivierten Zeitvertreib genossen, und so entwickelten sie eine neue Sprache, um von ihren Pinot Noirs und Merlots zu schwärmen. Die frühen Kritiker sprachen von den Weinen anfangs so, als tratschten sie über Freunde und Bekannte, und ließen sich weitschweifig über ihren Charakter, nicht ihren Geschmack, aus. In seinem 1920 veröffentlichten Werk *Notes on a Cellar-Book,* in dem sich George Saintsbury über die Weine seines eigenen Kellers auslässt, applaudiert er einem roten Hermitage, dessen Alter »alles Ungestüme der Männlichkeit seiner Jugend abgemildert und geschliffen hatte«, und erklärte ihn zum »männlichsten französischen Wein, den ich jemals getrunken habe«. In den darauffolgenden vierzig Jahren oder so hauten die Kritiker in eine ähnliche Kerbe. Der Schriftsteller Frank Schoonmaker beispielsweise bejubelte die »beachtliche Vornehmheit und echte Klasse« eines französischen Muscat. Die Eigenschaften, die Weintrinker an ihrem Rebsaft zu schätzen wussten, waren die gleichen, die sie auch bei Menschen achteten: Aufrichtigkeit, Anmut, Charme, Raffinesse.

In den 1970ern beschloss eine Gruppe Wissenschaftler an der University of California, Davis, dass solch unklare Sprache aus ihrem erneuerten Fachgebiet verbannt gehört. Sie waren dabei, wissenschaftliche Strenge in die Weingüter hineinzutragen, daher benötigten sie wissenschaftliche Terminologie, um die Ergebnisse zu erörtern. In den damaligen Glossaren schimpften sie auf »die in der Boulevardpresse so häufig vorkommenden … abstrusen Begrifflichkeiten« und baten ihre Kollegen inständig, von Worten wie »elegant« abzusehen.

Doch als Noble 1974 an der Universität aufkreuzte, um dort einen Kurs zur sensorischen Bewertung von Weinen zu geben, war sie erschüttert, wie gering die Fortschritte beim Aufbau eines Verkostungsvokabulars waren. Sie wohnte einem Unterricht für angehende Winzer bei, die reihum an einem Glas Wein schnuppern und auflisten sollten, welche Gerüche sie dabei wahrgenommen hatten. Sie konnten es nicht. »Sie brachten kaum ein Wort heraus« und »klammerten sich an irgendwelche Strohhalme«, erinnerte sich Noble.

Als sie den Kurs übernahm, kämmte Noble daheim sämtliche Schränke nach alltäglichen Gerüchen wie Brombeermarmelade, Vanilleextrakt und Hundefell durch und packte Proben davon in Gläser. An diesen ließ sie ihre Studenten mit verbundenen Augen schnuppern und als »Standards« verinnerlichen. Bis heute stellt dieses Verfahren einen Pflichtkurs für die einheitliche Kennzeichnung von etwa hundertfünfzig Düften dar. (In der Abschlussprüfung werden die Kursteilnehmer mit einer Palette Weine und Aromen konfrontiert, die in schwarze Gläser gefüllt wurden, damit ihre Farbe nicht ersichtlich ist, und die sie allein aufgrund des Geruchs identifizieren sollen. Das klingt einfacher, als es ist: In vierzig Jahren hat kein einziger diesen Test mit Bravour bestanden.) Dem Aufbau eines solchen olfaktorischen Wörterbuchs hat man den Spitznamen »Nasenkindergarten« verliehen, und Noble hat das Vokabular irgendwann in ein offizielles Kreisdiagramm mit zweiundsiebzig Deskriptoren gebracht, das sie das Wein-Aromarad getauft hat. Sie beobachtete die Profis und schrieb auf, mit was ihre Studenten von sich aus aufkamen, und entwickelte daraus eine kurze Liste mit Begriffen. Dann verbannte sie sämtliche Wörter, die entweder »vage« (adé »wohlriechend«) oder »hedonistisch« (auf Wiedersehen »elegant«) waren, sodass alle übrig gebliebenen »spezifisch und analytisch« waren. Die Aromen teilte sich in breite Kategorien wie »würzig« (darunter »Lakritze«, »Pfefferkörner« und »Gewürznelke«) und »Nüsse« (darunter »Walnuss«, »Haselnuss«, »Mandeln«). Weinerzeuger, Weintrinker und Weinkritiker konnten nun zum allerersten Mal eine einheitliche Sprache sprechen, und das Aromarad wurde zur Lingua franca der Weinbranche, welche die heute verwendeten naturalistischen Bezüge festlegt. »Den Leuten, die heute etwas über Wein lesen, ist kaum klar, in welchem Ausmaß nahezu alle wichtigen Autoren oder Blogger sich dieser Begrifflichkeiten bedienen«, schrieb der Önologieprofessor Roger Boulton in einem Artikel über Nobles Bedeutung für die Weinwelt. Ein Wissenschaftler der Burgundy School of Business in Dijon hat Noble sogar mit einem modernen Moses verglichen: Er sagte, das Aromarad »ist wie die Zehn Gebote«.

Die seit 2002 pensionierte Frau Noble machte mir die Tür in lila Jogginghosen auf. Ihre Wangen waren gerötet, und ihr kurzes graues Haar stand ihr in wilden Büscheln vom Kopf ab wie der Flaum eines Kükens. Beim Betreten ihres Hauses klopfte ich mir innerlich auf die Schulter, dass ich den Hundegeruch noch vor dem Kennenlernen ihres Schäferhundmischlings wahrgenommen hatte. Mosel hatte sie ihn getauft, nach der Pfälzer Weinregion, und er war auf die Haustiere Pinot Noir, Riesling und Zinfandel gefolgt. »Mosel, heute stinkst du aus dem Mund«, verkündete Noble. Ich schnüffelte ein paarmal und versuchte, die Spur aufzunehmen.

Die Sommeliers in meinen Blindverkostungsgruppen lebten in einem lexikalischen Universum, das Noble erschaffen hatte, und doch waren sie und ihre Arbeit den wenigsten bekannt. »Wen genau besuchst du?«, rätselte ein Meistersommelier, als ich damit prahlte, sie kennenzulernen. Für mich war das ein rotes Tuch. Es hieß, dass sie nicht unbedingt innegehalten und über ihre Verkostungsnotizen kritisch nachgedacht haben. Auch sie haben einfach das wiedergegeben, was sie bei anderen gehört haben, und damit die gleichen schlechten Angewohnheiten wiederholt. Es war, als sei die Weinbranche in einem riesengroßen Stille-Post-Spiel gefangen und aus der Botschaft ein unlesbares Chaos geworden.

Wenn wir sagen, dass ein Wein nach Brombeeren riecht, so riechen wir keine echten Brombeeren. Die von uns verkosteten

Weine enthalten niemals Brombeeren – oder Himbeeren, Ananas oder Petroleum. (Mitte der Achtziger gab es in Österreich einen Skandal, weil man dort Frostschutzmittel im Wein entdeckt hat, aber das war illegal, und es hat garantiert keiner Lobeshymnen auf diesen speziellen Duft gesungen.) Dass wir »Brombeere« sagen, wenn unsere Nase im Glas steckt, ist im Grunde unsere Art zu kommunizieren, dass wir einen Geruch wahrgenommen haben, den *andere* in der Vergangenheit als Brombeere bezeichnet haben. Die Verkostungsnotizen folgen einer gewissen Norm und Einheitlichkeit. Auch wenn manch ein Syrah tatsächlich ganz eindeutig nach Speck und Oliven riecht und manch ein Tempranillo nach Leder, gibt es einen maßgebenden Begriffsrahmen, den wir diesen Rebsorten zuordnen. In den Prüfungen des Courts und in den Wettbewerben wird erwartet, dass wir diese Schlagworte bei einem Glas Syrah (oder dem, was wir dafür halten) wiederholen, um zu zeigen, dass wir im Bilde sind. Morgan ist geruchsblind für Rotundon, der chemischen Substanz, die Syrah den Duft nach schwarzem Pfeffer schenkt. Trotzdem hält ihn das nicht von der *Behauptung* ab, Rotundon zu riechen, wenn alles auf Syrah hindeutet. Es würden ihm sonst Punkte abgezogen. Bei dem Versuch, Verkostungsnotizen in andere Sprachen zu übertragen, wird einem klar, wie bildhaft diese Begriffe sind. Morgan könnte zum Beispiel sagen, dass der Rotwein in der Nase Aromen von gekochtem Fleisch, Speck, Brombeerkonfitüre, Pflaume und Vanille zeigt. In China, wo jedem dieser Deskriptoren ein einheimisches Äquivalent zugeordnet wurde, würde ein Sommelier bei ein und demselben Wein die Aromen von chinesischer Wurst, gesalzenem Schweinefleisch, getrockneten Weißdornbeeren, Kaki und Pinienkernen loben.

Noble hatte sich bereit erklärt, ihren »Kindergarten für die Nase« mit mir durchzugehen. Wer würde meinen Weinwortschatz besser verfeinern können als die Person, die an seiner Erfindung maßgeblich beteiligt war? Ich wollte meine eigene

Terminologie für die Weinbewertung überprüfen und wissen, ob ich tatsächlich die Aromen identifizieren konnte, die ich vorgab, im Wein wahrzunehmen. Außerdem wollte ich unbedingt das gleiche Geruchstraining bekommen, dem Noble die Winzer unterzog. So würde ich sichergehen können, dass mein Duftsprech eine solide Basis hatte und ich nicht einfach nur die anderen nachäffte.

Bereits nach kurzer Zeit wird klar, dass Noble die sie umgebenden Aromen so beschreibt, als würde sie uns Menschen vorstellen, die gerade das Zimmer betreten haben. »Riechst du das – das ist der Vanilleduft von Pappkartons«, sagte sie, während sie eine Schachtel mit Weingläsern aufmachte. Ein paar Dutzend davon reihte sie auf ihrem Küchentresen auf und begann, die von mir mitgebrachten Einkäufe darauf zu verteilen. In jedes der Gläser goss sie um die hundert Milliliter roten oder weißen Bag-in-Box-Wein und fügte anschließend noch jeweils eine Zutat wie Spargelsaft, Sojasoße oder klein gehackte Orangenschale bei. Über den Inhalt der Gläser führte sie einen laufenden Kommentar. »Bei diesen handgefertigten Karamellbonbons ist es so, dass sie vanillig und butterig riechen ... Oooooh! Hier schreit mich ein Duft geradezu an ... Abgesehen von der Schwefelnote sind diese getrockneten Aprikosen viel besser als gewöhnlich ...«

»In meiner Welt dominiert der Geruchssinn«, erklärte mir Noble. »Hör auf deine Nase! Mein Mantra lautet: Hör auf deine Nase.«

Nobles Freund Hoby Wedler, ein achtundzwanzigjähriger Chemiestudent an der University of California, Davis, tauchte kurz nach dem Mittagessen mit dem Geschenk eines ungewöhnlichen Dufts auf. Er ließ ein Tütchen mit Paradieskörnern herumgehen, das er bei einem Gewürzhändler in Chicago erstanden hatte. Es roch irgendwie nach Pfeffer und Ingwer. »Voll der Trip, oder?«, johlte er. Hoby ist blind, wie Nobles Ehemann auch, und er teilt Nobles Leidenschaft für Düfte.

»Eine meiner Lieblingsbeschäftigungen ist es, im Napa oder Sonoma Valley eine dieser tollen Straßen entlangzufahren, die Fenster herunterzukurbeln und sie einfach stundenlang unten zu lassen und das Land aromamäßig zu erkunden«, sagte Hoby. »Die Gerüche hauen einen um.« Er empfahl den Highway 101. Der I-5 sei »olfaktorisch gesehen öde«.

»Nein, nein, nein! Du hast die Fressplätze für die Rinder vergessen!«, protestierte Noble. »Die Fressplätze wecken einen wieder auf.«

»Das tun sie wohl«, räumte Hoby ein.

»Als sie in Dixon noch Alfalfa getrocknet haben und der Wind von Süden her kam, da roch es, als ob sie ein Marihuananest ausgehoben hätten.«

Als Kind tat Noble etwas, was nur wenige von uns jemals tun: Sie übte das Benennen der Düfte, die sie wahrnahm. Wenn sie in der Nachbarschaft umherradelte, hob sie olfaktorische Sehenswürdigkeiten hervor, nicht visuelle. Frisch gewaschene Wäsche. Ein Rosenstock. »Wenn es anfängt, räucherig zu riechen, bitte rechts abbiegen«, so erklärt Noble noch heute den Weg zu sich nach Hause. Ihr »Kindergarten für die Nase« heißt teilweise auch deshalb so, weil er eine Bildungslücke füllt, die eigentlich schon damals hätte angegangen werden sollen, als wir noch Trinkpäckchen schlürften und Mittagsschlaf machten. Die Eltern ermuntern ihre Kinder zwar häufig, visuelle und auditive Reize zu benennen, wie etwa die Farbe Blau oder das Bellen eines Hundes. Olfaktorischen Reizen aber wird kaum Beachtung geschenkt. Die meisten von uns eignen sich deshalb nie einen einheitlichen Aromawortschatz an, mit dem wir Gerüche identifizieren und diskutieren können. (Die Franzosen bilden dabei die ruhmvolle Ausnahme: Da sie neben Grammatik und Mathematik auch einen klugen Gaumen als wichtige Lebenskompetenz erachten, rief die französische Regierung 1990 in den Grundschulen des Landes den »Geschmacksunterricht« ins Leben. Darin geht es um das Beschreiben von Gerüchen, um die retronasale Aromawahrnehmung und um die Würdigung des unverwechselbaren Charakters französischer Käsesorten.)

»Das ist genau, wie wenn wir Kindern die Farben beibringen: Wir zeigen ihnen Rot und sagen: ›Das ist Rot‹«, meinte Noble. Sie gab mir ein Glas Weißwein mit Spargelsaft aus der Dose zum Riechen. »Das ist Spargel«, unterrichtete sie mich. Ich sog die Luft ein und bemühte mich, ihre Anweisung zu befolgen, dass ich nicht nur schnüffeln, sondern wirklich *riechen* sollte. »Hör auf deine Nase. Das ist meine seltsame Art, zu sagen, dass dein Gehirn sich *nur* auf den Geruch konzentrieren soll«, erklärte sie mir. »Das ist ein bisschen wie beim Zen-Buddhismus, weil wir nur auf das Hier und Jetzt achtgeben sollen ... Das Wichtigste ist, sich zu konzentrieren. Und beim Konzentrieren geht es darum, sich in die Gegenwart zurückzubringen.« Konzentrieren. Ich schloss die Augen. Ich versuchte, die Geräusche von Nobles Uhr auszublenden, die jede volle Stunde Vogelgezwitscher von sich gab. »Denke nicht an Mosels Atemgeräusche und seinen Mundgeruch«, sagte ich mir. Ich holte erneut Luft, ganz tief, wie Jean Claude es mir beigebracht hatte. Einen Moment lang hielt ich sie an, dann atmete ich durch die Nase wieder aus. Ich dachte über Nobles Ratschlag nach, den Gerüchen Worte zu verleihen, damit sie mir besser im Gedächtnis blieben. »Wenn du die Information nicht so abspeicherst, dass sie spezifisch und wieder abrufbar ist«, sagte Noble, »wird sie eine amorphe Form annehmen und ebenso amorph wieder zurückkommen.« Der Spargel roch holzig. Ein bisschen grün und irgendwie moderig. Mit einem minikleinen Hauch von Knoblauch.

Jeden der Geruchsstandards haben wir nacheinander analysiert, uns von Anis und Vanille zu Butter und Ananasscheiben durchgearbeitet. Hoby fiel es schwer, zwischen dem Dosenspargel und den grünen Bohnen in der Dose zu unterscheiden.

»Mit grünen Bohnen geht man nicht ganz so brutal um«,

erklärte Noble, während sie den Spargel hochhielt. »Und sie sind auch nicht in diesem dosenhaften grünen, schwefelartigen Zustand.«

Als Nächstes waren Litschis an der Reihe. Noble zufolge besitzen sie zitrusartige, vegetabile und blumige Noten. Doch selbst »blumig« ist ein schwammiger Begriff. Der Duft von sogenannten Frischblumen wie Rosen und Lavendel ist trocken und sauber und hält nicht lange an, der Duft von »weißen« Blüten wie Jasmin und Gardenie hingegen schwer, berauschend und süß mit einer Spur von Tier und Fäule. Die Natur, die ultimative Parfümeurin, hat ihrem betörenden Bukett Spuren von Indol beigemischt, einer chemischen Substanz, die auch im menschlichen Kot und Schamhaar vorkommt, wie Sie sich sicher erinnern werden. Das hat etwas wahrlich Poetisches: Zeitlose Schönheit erwächst aus dem komplexen Zusammenspiel des Übelriechenden und des Göttlichen.

Das Benennen von Gerüchen ist eine derartige Herausforderung, dass die Wissenschaftler gemutmaßt haben, diese Fähigkeit übersteige die menschlichen Kapazitäten – die Verdrahtung unseres Gehirns mache es schlicht unmöglich. Zeigen Sie einem Dutzend Menschen auf der Straße ein Bild mit Gras und fragen Sie nach der Farbe, und ich wette lebenslange Mähdienste darauf, dass sie alle das gleiche Wort gebrauchen werden: grün. Dann lassen Sie diese Menschen an frisch gemähtem Gras schnuppern und fragen sie, wonach es riecht. Obwohl sie es millionenfach gerochen haben, kommen sie mit allen möglichen Vermutungen, von »zitronig« bis hin zu »wie der Pausenhof in der fünften Klasse«. Im Fachblatt *Cognition* machte ein Linguist die Feststellung, dass die Leute »zum Arzt geschickt würden«, wenn sie sich beim Benennen von Anblicken so schwertun würden wie beim Benennen von Gerüchen. »Es scheint fast so, als hätten wir ein neurologisches Defizit, wenn es um das Benennen von Gerüchen geht«, hat der Neurowissenschaftler Jay Gottfried einmal bemerkt.

Die jüngsten Forschungen legen nahe, dass unsere Gehirnstruktur sehr wohl dafür ausgelegt ist, Gerüchen Worte zu verleihen. Das eigentliche Problem stellt gemäß Nobles Theorie zu Kindheit und Gerüchen unsere gesellschaftliche Konditionierung dar. Um herauszufinden, ob Anlagen oder Umwelt die Schuld an unserer olfaktorischen Stummheit zu geben ist, wurde von niederländischen Sprachforschern eine Studie mit englischen Muttersprachlern und Angehörigen des Jahai-Stammes durchgeführt. Letztere sind Bewohner der malaiischen Halbinsel, Jäger und Sammler, und sie verfügen über einen großen Wortschatz für Gerüche. Im Rahmen der Studie sollten beide Teilnehmergruppen eine Reihe Gerüche auf einer Duftkarte identifizieren. Die Stammesangehörigen, die während des Aufwachsens über Düfte gesprochen haben, wie es die meisten Westler mit Farben tun, konnten die Aromen schnell, einheitlich und ohne Probleme benennen, sie brauchten dafür jeweils etwa zwei Sekunden. Die englischen Muttersprachler stocherten ungefähr dreizehn Sekunden pro Duft herum. Und selbst dann gelangten sie zu keiner rechten Antwort. Als man einem von ihnen (wohl kaum exotischen) Zimt zum Riechen gab, faselte er: »Ich weiß nicht, wie ich sagen soll, süß, ja; dieses Kaugummi hab ich doch schon mal probiert, Big Red oder so, es schmeckt wie, was will ich eigentlich sagen? Mir fällt das Wort nicht ein. Mein Gott, das riecht wie dieses Kaugummi, so was wie Big Red. Kann ich das sagen? Okay. Big Red. Big-Red-Kaugummi.«

»Die lange vertretene These, dass Menschen Gerüche nur schwer benennen können, ist nicht allgemeingültig.« So lautete das Fazit der Forscher. »Düfte lassen sich sehr wohl in Worte fassen, vorausgesetzt, man verfügt über die richtige Sprache.«

Die Jahai scheinen hier klar im Vorteil zu sein, denn in ihrer Sprache existieren über ein Dutzend Begriffe für ganz spezifische Geruchskategorien. So steht das Wort »plʔin« für »den blutigen Geruch, der Tiger herbeilockt«, der zerstoßenen Kopfläusen und Eichhörnchenblut zugeschrieben wird und nicht mit »pʔih«, dem Blutgeruch rohen Fleisches, zu verwechseln ist. »Sʔ~in« bezieht sich auf den Geruch »menschlichen Urins, Dorfboden«, und, schlimmer noch, »haʔe~t« ist der Gestank von »Fäkalien, gammeligem Fleisch, Garnelenpaste«. Die Englischsprachigen hingegen kamen lediglich auf eine Handvoll Begriffe, die nur bestimmte Gerüche betreffen, so wie »moderig« und »duftend«. Unser Allzweckwort für das, was die Jahai in »plʔin«, »pʔih«, »sʔ~in«, »haʔe~t« und anderes unterteilen, lautet in der Regel »stinkig«.

Und doch stimmt es nicht, dass wir Westler über keine Duftsprache verfügen. Noble hatte einen Wortschatz erschaffen, und ich stand gerade davor: einunddreißig Weingläser, wovon jedes eine Mischung aus Rot- oder Weißwein zusammen mit einer Frucht- oder Gemüsesorte, einem Kraut oder einem Gewürz enthielt. Da waren Zimt, schwarze Oliven, Gewürznelken, Birne, getrocknete Aprikose, Brombeermarmelade, Cassis, Vanille und Anis – und sie alle hatte ich in meine Vorratskammer an Ausdrücken gepackt. Sie bezogen sich nicht auf bestimmte Gerüche – wie etwa »stinkig«. Aber sie funktionierten. Zumindest taten sie das bereits eine Zeit lang.

Bei meinen Nachforschungen zur Evolution der Verkostungsnotizen wurde ich davon überrascht, wie alltäglich dieses Begriffslexikon doch ist. Noble hatte das Aromarad größtenteils auf Dinge, die sich in jedem Supermarkt finden lassen, beschränkt. Unser »Kindergarten für die Nase« hatte passenderweise nur solche Bestandteile, die jedes Kindergartenkind kannte. Der esoterischste Bezug? Froot Loops. Mit ihm wurde das Aroma von Riesling, Muscat und Gewürztraminer abgebildet.

Wenn Sie kürzlich im Weinladen waren, wissen Sie, dass sich gekünstelte Schlagwörter wie *Pain grillé* in den einst geradlinigen Wortschatz geschlichen haben. Für das Entziffern der Beschreibung eines Wein des Jahres im *Wine Spectator* könnte ein französisches Kochdiplom nicht schaden: »Paté de fruit, Hoisin-Sauce, warme Ganache und ordentlich geröstetes Apfelbaumholz.« Manche Weine fangen an, irgendwie schmerzhaft zu klingen, wie zum Beispiel der provenzalische Rotwein, der »mit getrockneten Anis- und geflämmten Wacholderbeernoten gespickt ist« und »im Abgang einen tief sitzenden Eisenbolzen hat«. Und kaum vorstellbar ist außerdem, dass sich Robert Parker nicht irgendwelche illegalen Substanzen eingeworfen hatte, als er einen kalifornischen Cabernet als »ohne scharfe Ecken und Kanten« anpries, der dessen ungeachtet eine »hochausartige Textur« besitze *und* »einem wie ein makellos geschneidertes Haute-Couture-Kleid aus Paris« vorkomme.

Da sie unter Druck stehen, unterhaltsam und unverwechselbar schreiben zu müssen, haben die Weinprofis bei ihrer Suche nach undurchsichtigen und luxuriösen Schlagwörtern landestypische Küchen, botanische Gärten, die Baukunst und Arzneischränke geplündert. Adrienne Lehrer, die Sprachforscherin und Autorin des Buchs *Wine and Conversation* (Wein und Konversation), erzählte mir von einem Weinkritiker, der nach einer Signierstunde auf sie zukam. Er beichtete ihr, dass er in seinen Bewertungen häufig ein subtiles Quittenaroma hervorhob – nicht, weil er den Apfel-Birnen-Duft dieses Obsts wahrgenommen hat, sondern weil das Wort einfallsreich klang. »Ich habe mir überlegt, dass niemand das infrage stellen kann, weil niemand weiß, wie Quitte riecht«, gestand er. »Und ich weiß es auch nicht.« Diese ausgeklügelten Verkostungsnotizen bergen das Risiko, angehende Weinliebhaber zu verprellen, die in der Bewertung »geflämmte Wacholderbeernoten« lesen und dann denken, dass entweder der Wein oder ihre Nase kaputt sein muss, wenn sie dieses Feuerwerk nicht selbst wahrnehmen.

Und auch eine gewisse Voreingenommenheit hat sich in der Weinbranche breitgemacht. Studienergebnissen zufolge, die bei einem Treffen der American Association of Wine Economists präsentiert wurden, heben die Weinkritiker sich die erlesene, kunstvolle Sprache für die teureren Weine auf – diese »eleganten«, »rauchigen« Flaschen beschwören »Tabak« und »Schokolade« herauf – und knallen dem billigeren Gesöff einfache, 08/15-Worte vor die Füße – Lust auf ein Gläschen von diesem »guten«, »sauberen«, »saftigen« Wein? Dahinter steckt eine gewisse Logik: Blumige Ausdrücke leiern den Käufern wohl eher viel Geld aus der Tasche. Wer möchte schon mehrere Hundert Euro für »Froot Loops« oder »Dosenspargel« ausgeben? Wein mit »eleganter Pflaume«, »rauchigem Cassis« und *»Framboise«* klingt doch viel eher nach verschwenderischem Genuss.

Vonseiten der Akademiker, Sommeliers, Kritiker und Weinerzeuger kamen schon mehrere Vorschläge, wie sich Disziplin und Genauigkeit wieder zurück in die Verkostungsnotizen bringen lassen. Matt Kramer argumentiert in seinem Buch *True Taste* (Echter Geschmack), dass sich die Hauptmerkmale eines Weins in nur sechs Worten zusammenfassen lassen: »Harmonie«, »Textur«, »Mehrdimensionalität«, »Raffinesse«, »Verblüffung« und »Zwischentöne«. Eric Asimov, Weinkritiker bei der *New York Times,* setzt noch einen obendrauf und schlägt gerade einmal zwei Wörter vor: »würzig« und »süß«. Seiner Meinung nach »lässt sich damit mehr über das Wesen eines Weins aussagen, als es die schwülstigsten, ausführlichsten Analogien jemals könnten«. Die Professorin an der Cornell's School of Hotel Administration Kathy LaTour übertrumpft sie beide, wenn sie vorschlägt, dass wir Verkostungs*notizen* ganz vergessen und stattdessen zu Verkostungs*skizzen* übergehen sollten. Ihre Forschungen ergaben, dass wir Worte auslassen und den Geschmack eines Weins vielmehr mit Farben, Wirbeln, Linien und Gekritzel darstellen sollten. Neulinge könnten sich dadurch ihnen unbekannte Weine leichter einprägen und die unterschiedlichen Stile besser begreifen sowie die Auswirkungen der verbalen Überschattung umgehen.

Weinmenschen sind aber eher von der redseligen und wortreichen Sorte und nicht unbedingt bereit, ihr üppiges Vokabular für eine bloße Handvoll Worte oder ein Bildchen aufzugeben. Ihr neuestes Heilmittel für Verkostungsnotizen entsprang erneut einem wissenschaftlichen Labor.

Ich hatte meinen Besuch bei Noble so geplant, dass ich mich auch mit Alexandre Schmitt würde treffen können, wenn er sich gerade auf seiner jährlichen Pilgerreise von Bordeaux nach Kalifornien befände. Da Schmitt es gleich jedem auf die Nase bindet, werde auch ich Sie augenblicklich davon in Kenntnis setzen, dass er früher als Parfümeur gearbeitet hat und zum Wein gekommen ist, als er Privatunterricht vom Winzer des Château Pétrus bekam, dem berühmten Weingut bei Bordeaux, dessen Flaschen ein Vermögen kosten. Die beiden einigten sich auf einen Handel: Schmitt, der Hochschulabsolvent des angesehenen Institut Supérieur International du Parfum in Versailles ist, würde Jean-Claude Berrouet von Pétrus alles über den Geruchssinn beibringen und dafür von Berrouet sämtliches Wissen über Wein vermittelt bekommen. Das erinnert einen an Anna Wintour, die sich einst als Mentorin eines aufstrebenden Modedesigners angeboten hatte, und für Schmitts Karriere bedeutete diese Partnerschaft in etwa den gleichen Erfolg. Es dauerte nicht lange, da heuerten die Haute-Couture-Läden der Weinbranche – Pétrus, Château Margaux, Château Cheval Blanc, Château d'Yquem, Opus One, Harlan, Screaming Eagle – Schmitt an, um ihrem Winzerteam das Riechen und das Beschreiben des Geruchs beizubringen. »Ich mache denen ordentlich Dampf unterm Hintern«, prahlte Schmitt. Er rühmt sich damit, 1500 Aromen ausmachen zu können. Um diese Zahl in Relation zu setzen, schätzt er, dass ausgebildete Weintester achtzig bis hundert verschiedene Gerüche zuordnen können. Und der Durchschnittsmensch schafft gerade einmal zwanzig.

Schmitt bietet »Geruchsseminare« für Gruppen von bis zu zwanzig Teilnehmern an, die ihm zufolge bei siebenhundert Euro pro Platz regelmäßig ausverkauft sind. Damals gab er gerade ein Seminar im Wine Business Center in St. Helena, und dort habe ich mich mit ihm getroffen.

»Wenn wir einen Wein verkosten, erwähnen wir gern eine Menge Aromen«, dozierte er vor größtenteils einheimischen Weinerzeugern. »Wenn wir diese allerdings nicht wirklich kennen, ist das nur Schwärmerei oder Poesie. Es ist nicht objektiv, nicht rational.«

Anstatt der Dosenbohnen gab es bei Schmitt Dutzende durchsichtiger Glasfläschchen mit industriell gefertigten Aromaessenzen. Sein ganzer Schreibtisch war voll davon. In jedes einzelne tauchte er einen schmalen weißen Papierstreifen und ließ diesen dann bei den Kursteilnehmern reihum gehen. Das Duftmenü an diesem Morgen beinhaltete Indol und Caryophyllen β, eine in Nelkenöl vorkommende Substanz.

Leute wie Schmitt hätten gerne, dass die Profis ihre Gastropoesie gegen die Präzision der Chemie eintauschen. Er verlangte von uns, dass wir die verwendeten Worte mit genormten Aromen in Laborqualität in Verbindung bringen, damit unsere Vorstellung von »Erdbeere« in exakt derselben Essenz verankert ist. Daran gemessen wäre es unpräzise, sich auf eine physische Erdbeere zu berufen, wie Noble es getan hatte. Handelt es sich um eine frische Erdbeere, um eine gefrorene oder um eine Erdbeermarmelade? Ist sie bio oder nicht bio? Und von welcher Sorte ist sie?

Das ist die erste Stufe einer größeren Bewegung, die die Verkostungsnotizen gerne mit der chemischen Zusammensetzung eines Weins verknüpfen möchte, indem sie die Verkoster die spezifischen, für die Düfte verantwortlichen Komponenten benennen lässt. Dabei geht es um den Unterschied zwischen riecht *wie* und riecht *nach:* Ein Grüner Veltliner riecht *wie* Grapefruit, aber riecht *nach* Thioalkohol, der zu diesem Grapefruitaroma beiträgt. Gemäß diesem wissenschaftlicheren System sollen die Verkoster »Vanille-« und »Haselnussnoten« als »Laktone« beschreiben; »Erdbeer-« und »Himbeeraromen« als »Ester« und Düfte wie »Rote Bete« und »Erde« als »Geosmin«. In vielen Fällen bestätigt der Fachjargon jedoch den Vergleich mit bestimmten Lebensmitteln. Nach Nobles Bewertungsschema riecht ein Gewürztraminer wie Litschi und Rose. Der neuen Methode zufolge würde man von einem »hohen Anteil an Terpenen« sprechen – deren Vertreter sowohl in Litschis als auch in Rosen zu finden sind und für deren charakteristischen Duft sorgen.

Um den skurrilen und möglicherweise verwirrenden Verkostungsnotizen eine Form zu geben, hat die Guild of Sommeliers die Somms angewiesen, dieses Fachvokabular wenigstens im Gespräch mit anderen Experten zu verwenden. (Vermutlich hat sich Morgan deshalb über seine Anosmie gegenüber »Rotundon« statt »schwarzem Pfeffer« aufgeregt.) Für Geoff Kruth, Meistersommelier und Geschäftsführer der Guild of Sommeliers, sind Verkostungsnotizen »im besten Falle sinnlos und ausschweifend«. Ihm geht es bei dieser neuen Sprache darum, »eine Verbindung herzustellen zwischen dem Verständnis der objektiven, dem Wein innewohnenden Faktoren und der Kompetenz, diese zu beschreiben«.

Für diese fachwissenschaftliche Herangehensweise müssen wir wissen, welche chemischen Substanzen einem Wein sein besonderes Aroma verleihen. Wie der Zufall es wollte, war ein Teil dieser Methode, die diesen neuen Weinsprech möglich machte – indem sie Licht auf die chemische Zusammensetzung der Weine warf –, just in einem Labor unterhalb von Schmitts Kursraum am Laufen.

Nachdem Schmitt das Seminar für den heutigen Tag beendet hatte – »Okay, ich hab genug von euch. Wir hören besser mal auf« –, statteten einige von uns den ETS Laboratories im Erdgeschoss einen Besuch ab. Wir stapften einem ihrer Wissenschaftler hinterher und kamen an Schreibtischreihen mit brodelnden Bechern und Waagschalen obenauf vorbei. Durch das Rauschen der Pieptöne, Ventilatoren und surrenden Motoren klang es wie auf einer Intensivstation, und viele der Maschinen waren tatsächlich Krankenhausgerätschaften mit Anschaffungskosten im sechsstelligen Bereich. Sie funktionieren bei einem Cabernet genauso gut wie bei einer Blutprobe. Weinerzeuger aus den Staaten Kalifornien, Oregon und Washington schicken Proben ihrer halb fertigen Weine für ein önologisches Check-up an die ETS. Sie wollen sichergehen, dass ihr Rebsaft richtig am Vergären oder frei von schädlichen Bakterien ist, die zu Weinfehlern führen. Die ETS gehen sogar so weit, dass sie beim Imitieren von Weinen der Konkurrenz behilflich sind. Sie können den Weingütern einen Leitfaden an die Hand geben, wie der eigene Wein vergoren und ausgebaut werden muss, um einen anderen nachzuahmen. »Einige Winzer sind ganz schön abhängig davon«, meinte unser Führer mit einem Schmunzeln.

Während ich mit Indol überzogene Papierstreifen in der Hoffnung einatmete, mich in einen vertrauenswürdigen Riechapparat zu verwandeln, war ich völlig ahnungslos, dass die Gerätschaften der ETS mich längst geschlagen hatten. Wir schauten an einem GCMS-System vorbei, einem mit einem Massenspektrometer gekoppelten Gas-Chromatografen. Es sah aus wie das uneheliche Kind eines Kopierers und einer Klimaanlage. Mit diesem Apparat haben die Wissenschaftler seit den späten Achtzigern analysiert, wie die Aromakomponenten eines Weins – insgesamt etwa mehrere Hundert – im Zusammenspiel das Bukett ergeben. Das Schnüffeltalent dieser Maschine hat bei der Entwicklung des neuen chemischen Lexikons insofern geholfen, als damit ermittelt wurde, welche Komponenten für das charakteristische Aroma der verschiedenen Weintrauben verantwortlich sind.

Unser Laborführer war stolz darauf, dass sein Team und er mithilfe dieser Maschine erst neulich enträtseln konnten, was genau es ist, das bestimmten Weinen aus Kalifornien den kühlen, grasigen Duft verleiht. Vorher hieß es, die Weine hätten »eine gewisse Frische« oder »ein bisschen was Minziges«, erklärte er. Dank des GCMS würden sie sich nie wieder so vage ausdrücken müssen. Sie würden die exakte chemische Substanz benennen können, die diesen Duft erzeugt: Cineol.

Dieser Chemiegrundkurs-Wortschatz macht Verkostungsnotizen angeblich objektiver. Als ich dieses neue Lexikon jedoch im Kontext der langen Geschichte des Weinjargons betrachtete, erschien dieser zukunftsweisende Bruch mit dem »Quatschgelaber« der Vergangenheit allmählich weniger außergewöhnlich: Verkostungsnotizen haben schon immer genauso viel über die Weintrinker wie den Inhalt des Glases ausgesagt, und die neueste Iteration macht dabei keinen Unterschied. Beim Beschreiben der Weine reden wir gern von unserem idealen Selbst. Was wir in einem Wein zu riechen behaupten, spiegelt die aktuellen Werte und Vorurteile wider. Anfang bis Mitte des 20. Jahrhunderts, als die Klassenhierarchien noch ausgeprägter waren, pries man einen köstlichen Sauternes für seine »große Vornehmheit und Rasse«, wohingegen ein enttäuschender Burgunder, der eher wie ein Bordeaux schmeckte, »dem Geblüt seiner Sippschaft nicht wirklich gerecht wurde«. Nobles volkstümlicher Speisejargon etablierte sich unter der Schirmherrschaft wissenschaftlicher Strenge gerade dann, als die USA von einem gesunden Lebensstil besessen waren, und die Komponenten des Aromarads ließen den Wein ungefähr so nährstoffreich wie Salat erscheinen. »Der mit den Gaben der Natur sämtlicher vier Jahreszeiten komponierte Wein übt auf die älter werdenden Babyboomer eine unwiderstehliche Anziehungskraft aus, weil sie derart mit ihrem körperlichen Wohlbefinden beschäftigt sind«, schreibt Sean Shesgreen in einem Essay zum Thema Verkostungsnotizen für den *Chronicle of Higher Education*. Die fitnessbesessene Aerobic-Ära der Achtziger brachte eine Welle neuer Wörter für den Körper eines Weins mit sich, passend zu unserer zunehmenden Fixierung auf unseren eigenen Körper. Damals waren die Weine »fleischig«, »breitschultrig«, »sehnig« und »grazil«. In jüngerer Zeit sind unsere Lieblinge so etwas wie trinkbare Wochenmärkte, Füllhörner exotischen Obsts und Gemüses, die der Vision eines kunsthandwerklichen Back-to-Basics-Lifestyles zuspielen. Der Verweis auf »Wachsbohnen« und »Walderdbeeren« ist Ausdruck unserer derzeitigen Euphorie für alles in Kleinserie, alles in bio. Und das Drängen auf »Rotundon«? Auch das schien einem jüngeren Trend gerecht zu werden: Wir vertrauen einer Sache nur dann, wenn wir sie quantitativ bestimmen können. Wir wollen Zahlenmaterial zu unserer Fitness, unseren Liebhabern, unserem Hedonismus.

Eigentlich hatte ich erwartet, dass ich die Exaktheit dieser wissenschaftlichen Sprache begrüßen würde. Endlich betrachtete die Weinbranche ihre schlechten Angewohnheiten mit kritischem Blick und bemühte sich, auf den Boden der Tatsachen zurückzukehren. Als ich auf dem Weg heimwärts allerdings über meinen Besuch bei Noble und Schmitt nachgrübelte, fragte ich mich, ob das tatsächlich solch eine Verbesserung darstellte. »Pyrazin« mag das akkurateste Wort für den typischen Geruch eines Sauvignon Blanc sein. Und doch fängt es die vollständige Erfahrung nicht ansatzweise ein. Unter dem neuen Verkostungsnotizen-Regime wurde aus einem Cabernet Sauvignon mit Aromen von Paprika, Schwarzer Johannisbeere, frisch gepflügter Erde und schwarzem Pfeffer ein Wein mit Pyrazin-, Thiolalkohol-, Geosmin- und Rotundon-Noten. Akkurat? Ja. Verführerisch? Nicht wirklich. Außerdem wissen wir nicht unbedingt, wie das Zusammenspiel dieser Aromen funktioniert, dass sie diesen Duft ergeben. Kombiniert man Pyrazin, Thiolalkohol, Geosmin und Rotundon in einem Glas, so kommt man nicht ansatzweise an einen Haut-Brion heran. Gerechterweise muss man zwar sagen, dass das Zusammenwürfeln von Paprikastücken, Schwarzen Johannisbeeren und einer Handvoll Erde dem Bukett ebenso wenig nahekommt. Doch wenigstens gibt Nobles System nicht ein solches Maß an Genauigkeit vor.

Bei den Blindverkostungen mit Morgan waren meine Lieblingsbeschreibungen stets die gewesen, bei denen ich in eine Geschichte eintauchen durfte. Das waren eher Szenen als Metaphern – unmögliche, frei erdachte Fantasien, die bei ihrer ganzen Abenteuerlichkeit (und Subjektivität) viel mehr heraufbeschwören als »Vanille« oder »Lakton«. Das waren Verkostungsnotizen, die man keinem Gast erzählen und in keiner Prüfung vortragen könnte, die aber spiegelten, wie die Sommeliers die Weine im Gedächtnis behielten. Morgan hatte sich die allerbesten ausgedacht:

»Das ist Der-unglaubliche-Hulk-kommt-gerade-aus-dem-Kernreaktor-heraus-Effekt«: australischer Shiraz.

»Männlicher Balletttänzer«: Nebbiolo.

»Südlicher Teil des Central Park«, die Chaussee, wo sich die ganzen Pferdekutschen aufreihen und die für ihren ausgeprägten Duft nach Pferdekacke bekannt ist: Bordeaux.

»Städtische Müllabfuhr«: schlechter Chardonnay in heißem Klima. (Bis ich dahinterkam, musste ich Morgans vierhundert Wörter lange E-Mail dekomprimieren. Ich erspare Ihnen die Details, aber darin stand etwas von »physiologisch überreifem Obst«.)

»Meiner Zunge wird die Seele mit Stöckelschuhen aus dem Leib geprügelt, und der Zucker legte sich wie eine Kaschmirdecke darüber«: halbtrockener deutscher Riesling.

»Eine verdammte Rasierklinge«: österreichischer Riesling.

Und am denkwürdigsten und offensivsten war die Erklärung eines Sommeliers, als er bei einer Blindverkostung einen Pinotage dingfest machte: »Der inoffizielle, nicht für die Öffentlichkeit bestimmte Hinweis ist der, dass er wie ein Reifen ist, den man in Benzin getaucht und jemandem über den Kopf gestülpt hat, um diesen dann anzuzünden.«

Für mich war es beruhigend, dass die Forderungen laut geworden waren, die Verkostungsnotizen einem Faktencheck zu unterziehen, damit sie nicht noch abstruser wurden. Dennoch hat die Entdeckung einer objektiveren Methode für das Hinabtauchen in die Weinaromen seltsamerweise dazu geführt, dass ich meinen Frieden mit hanebüchenem Weinsprech geschlossen hatte. Die beste Herangehensweise bestand aus … einer Mischung. Für mich mussten es alle Spielarten sein. Ich sehnte mich nach einer analytischen, objektiven Sprache, die ich mit der faktischen Chemie im Glas in Verbindung bringen konnte. Sie ließ mich bei der Wahrheit bleiben. Und sie würde die Kritiker davon abbringen können, den blumigen Marketingjargon als objektive Bewertung auszugeben. Sie knüpfte an die Vorgänge und Entscheidungen an, die den Wein geformt hatten. Sie verlieh den Erinnerungen eine konkrete Gestalt. Eines Abends trat ich mit Morgan kurz nachdem es gewittert hatte auf die Straße. »Riecht nach Frühling«, sagte ich. Er schnupperte und blieb einen Moment lang still. »Riecht wie Petrichor«, entgegnete er schließlich. So wird der Duft genannt, den die Erde nach einem Regenschauer verströmt. Petrichor stammt von den griechischen Begriffen *Petros,* also Stein, sowie *Ichor,* die ätherische Flüssigkeit, die den Göttern statt des Bluts durch die Adern fließen soll. Dank dieser Spezifizität prägte ich mir den Moment – und den Geruch – für immer ein.

Die Erlaubnis für kreativere Schlagwörter wollte ich allerdings auch. In der wissenschaftlichen Sprache und sogar mit Nobles Terminologie würden nahezu alle Weine gleich klingen. Rotes Obst, blaues Obst, schwarzes Obst und Obstkompott. Morgans wilde Formulierungen weckten meinen Appetit auf Wein. Und während die plastischen Verkostungsnotizen weniger präzise waren, so könnten sie doch etwas naturgetreuer sein. Geschmack und Geruch erfahren wir ganz individuell, und die Welt der Metaphern und der Poesie wurde meinem persönlichen Erleben der Weine eher gerecht. Chenin Blanc riecht genau genommen oft wie Bratapfel, Honigmelone, Ingwer und feuchtes Stroh. Ich persönlich aber erkenne ihn daran, dass er mich einmal irgendwie an ein nasses Schaf, das eine Ananas im Arm hält, erinnert hat. Der Geruch eines verschwitzten Franzosen am Flughafen bedeutete höchstwahrscheinlich, dass meine Nase in einem Glas Bordeaux steckte. Das Bukett des säuerlichen, leicht minzigen Aftershaves meines Großvaters war mein persönlicher Hinweis auf Cabernet Franc. Die Schulhofpause meiner Kindheit – Herbst, nasses Laub, Erde – wurde von Pinot Noir verkörpert.

Worte spielten eine gewisse Rolle – aber ich musste auch daran denken, was Noble und Hoby mir gesagt hatten. Am wichtigsten sei es, achtsam zu sein. Ich kurbelte die Fenster hinunter und ließ mir die kühle Luft ins Gesicht wehen. Meine Haare peitschten mich aus allen Richtungen aus.

Auf meinem Weg hinaus aus dem Weinland Richtung San Francisco fuhr ich an holzigem Zederndult vorbei, der mich an die Lagerfeuer erinnerte, die meine Klassenkameraden und ich bei unseren (verhassten, feuchten) Campingausflügen in die Berge von Oregon entzünden mussten. Dann am Duft von Heu. Im Andrew Valley roch es rauchig. Als ich das Ackerland hinter mir ließ, kamen Kochgerüche auf. In San Raphael roch es wie Huhn süßsauer; in Larkspur wie Rosmarinkartoffeln. In den mächtigen Schatten des Muir-Woods-Nationalparks wehte mir eine letzte Naturbö entgegen – harziges Kiefernholz und Schwertfarn, Moos und ein Hauch von Schuhpolitur. Ich nahm den Salzlaugenduft der Meeresluft, gemischt mit dem dicken, seifigen Geruch von Spülmittel und Knoblauch wahr, lange bevor ich die Hinweise auf San Francisco sah. Da wurde mir bewusst, dass ich den ganzen Weg über kein Radio gehört hatte. Ich hatte anderen Dingen gelauscht.

# 9 DER AUFTRITT

Da ich nun endlich über die richtigen Worte verfügte, um über Wein zu reden, wollte ich mich unbedingt auch im Aussprechen von Weinempfehlungen üben. Doch wenn Sie meinen, es sei schwer genug, in einem der Toprestaurants eine Reservierung zu ergattern, versuchen Sie einmal, dort einen Job zu kriegen. Bei den besten New Yorker Läden – die größtenteils diejenigen sind, die auch Sommeliers beschäftigen – wird man nur dann angestellt, wenn man bereits bei einem New Yorker Laden angestellt war. Eine teuflische Zwickmühle. Die übliche Folgefrage an jemanden, der mit seinen Restaurantkenntnissen angibt, lautet: »Aber haben Sie auch schon *hier in der Stadt* gearbeitet?« Die meisten angehenden Bedienungsprofis kommen mit Lügen aus dieser Sackgasse heraus. Auch Morgan hat das bei seinem ersten Somm-Job getan. »Das ist wie fressen oder gefressen werden«, meinte er zu mir. Beim Aufbauschen meines Lebenslaufs hatte ich keine moralischen Bedenken. Nur, dass es nichts aufzubauschen gab.

Die besten Chancen auf eine Anstellung als Sommelière – na gut, meine einzige Chance – würde ich nach dem Bestehen der Certified-Prüfung zum Sommelier haben. Anfangs hatte ich die Prüfungsvorbereitungen als Weg gesehen, mir die Übungsprogramme der Sommeliers anzueignen und das Vertrauen in meine Kenntnisse zu stärken, während ich ihren inneren Kreis infiltrierte. Und dass ich fortan abschätzen könnte, ob mein

Programm mich meiner ursprünglichen Banausenhaftigkeit enthoben hatte. Dann setzte ich darauf, dass dieses Diplom mir als wichtiges Sprungbrett für eine höhere Verständnisebene dienen würde – als ein Mittel zum Zweck, nicht als Ziel an sich. Nicht zu ihrer persönlichen Erbauung steigerten sich Morgan und seine Kollegen in den Gesundheitszustand ihrer Zungenpapillen hinein und lernten die Subzonen des Similkameen-Flusstals auswendig. Nein, mithilfe dieser entbehrungsreichen Paukerei konnten sie sich um den Gaumen ihrer Gäste auf einer ganz anderen Ebene kümmern. Mittlerweile stellten für mich die Anwendung des erworbenen Wissens und das Hinführen der Menschen zu den Weinerlebnissen, die ich selbst für mich entdeckt hatte, den ultimativen Test dar. Und außerdem brannte es mir, nachdem ich monatelang ihren Anstrengungen, Belastungen und Freuden beigewohnt hatte, auf den Nägeln, es auch einmal zu probieren.

In ein paar Wochen würde ich das Introductory Exam des Courts machen, ein schriftlicher Test, der die Voraussetzung für die Prüfung zum Certified Sommelier ist. Sollte er mir gelingen, würde ich nur ein paar Wochen später schon den Certified-Test machen können. (Da die Plätze schnell belegt sind, habe ich mich optimistischerweise gleich für beide Prüfungen zusammen angemeldet.)

Was die Certified-Prüfung anbelangte, so machte ich mir Sorgen um den Serviceteil. Zwischen meiner Tätigkeit für TopSomm, meiner Zeit im *Marea* und den vielen Stunden, die ich mit Videotutorials auf der Website der Guild of Sommeliers zum Thema Einschenken zubrachte, hatte ich mir das Prozedere so oft angeschaut, dass ich glaubte, es draufzuhaben. Nichtsdestotrotz sollte ich die Champagnerkorken nicht unbedingt im Rahmen der Prüfung zum ersten Mal vor Livepublikum knallen lassen. Da nur wenige Restaurants bereit waren, ihre PX einer Autorin anzuvertrauen, musste ich mir wohl oder übel ein anderes Übungsfeld für den Serviceteil suchen. Ich beschloss, mich so vorzubereiten, wie es die Sommeliers tun: mit einer Teilnahme an einem Wettbewerb.

Da es bis zu Morgans Prüfung zum Meistersommelier noch zwei Monate hin war, schob er noch eine Extratrainingseinheit in Form der Young Sommeliers Competition ein, dem ältesten Sommelier-Wettbewerb der USA. Er wird alljährlich von der Chaîne de Rôtisseurs organisiert, einer internationalen gastronomischen Gesellschaft, deren Wurzeln bis ins Frankreich des 13. Jahrhunderts sowie der alten königlichen »Gilde von Gänseröstern« zurückgeht. Das erklärt womöglich, wieso die Mitglieder mit Mitgliedsketten – in der Farbe ihres Rangs – und Medaillen behangen auf den Veranstaltungen erscheinen und französische Anreden wie *Confrère* und *Bailli* benutzen. (Eher unwahrscheinlich, dass die Somms ihnen bei ihrem Faible für Glanz und Gloria den Spitznamen verraten, den sie sich für die Châine ausgedacht haben: »die Bruderschaft des alten, reichen, weißen Mannes«.) Für die »Röster«, die sehr begierig auf gutes Essen und guten Service sind, stellt das Young Sommelier Competition eine Möglichkeit dar, das Maß an Qualität in ihren liebsten Gourmettempeln ganz oben zu halten. Für Morgan war es eine weitere Gelegenheit, seine Servierkompetenz im adrenalingeschwängerten Format einer zeitlich festgelegten Prüfung durchzuspielen, und zwar einer, die ihn an den überförmlichen Standards des Courts messen würde. Das klang genau nach dem, was auch ich als Nächstes würde tun müssen.

Morgan hatte sich mittels eines Onlinetests für das Halbfinale qualifiziert, genau wie bei TopSomm auch. Die Fragen – die von meiner Warte aus unmöglich zu beantworten waren – gingen von »Was ist ein *Muselet?* (Hat das mit »museal« zu tun?) bis »Wer ist Champagne Charlie?« (Eine Stimmungskanone?). Die offizielle Anmeldefrist war bereits abgelaufen, doch der Grand Echanson, der Leiter der Weinaktivitäten, ließ sich von mir bezirzen, und ich durfte am Halbfinale teilnehmen. Dazu gehörten Blindverkostung, Theorie und Service.

Veranstaltungsort war der University Club, ein hundertfünfzig Jahre alter Club in Midtown Manhattan, der in einem wahnsinnig eleganten, palazzoartigen Gebäude untergebracht ist. Jenseits der Lobby sind Mobiltelefone verboten. Im einzigen Schwimmbad des Clubs sind die erst seit 1987 zugelassenen Frauen verboten. (Die Männer baden gerne nackt.) Zum Wettkampf erschien ich mit demselben Blazer und denselben Perlen, die von Victoria für meinen Trail im *Marea* für gut befunden worden waren. Ich wollte kein Risiko eingehen: Der Grand Echanson hatte mich gewarnt, dass die Wertung mit einer Inspektion meiner Kleidung und Fingernägel beginnen würde. »Es ist ein bisschen so, als ob man eine Auster vor dem Walross und dem Tischler sei«, schrieb er mir in einer E-Mail. Das beunruhigte mich nicht wenig, denn in dem Gedicht von Lewis Caroll verschlingen das Walross und der Tischler am Ende sämtliche Austern.

Die Richter erwarteten mich in einem Separee, das noch vom Geruch ihrer Verdauungszigarren geschwängert war. Alle vier trugen maßgeschneiderte Anzüge und Krawatten. Falls sie sich Gedanken um mein Outfit machten, so zeigten sie es zumindest nicht. Die *Confrères,* die während meiner Service-Prüfung die Gäste mimen würden, nahmen an einem mit Wassergläsern und Auswertungsbögen gedeckten Tisch Platz. Der Grand Echanson verkündete, ich möge beginnen.

Auch wenn ich nicht gelernt hatte, wie man einen Champagnerkorken leise aus der Flasche löst, könnte man meinen, dass ich zumindest in der Lage sei, im Kreis zu gehen, ohne in unterschiedliche Richtungen zu zucken. Doch weit gefehlt. Als ich wenige Meter von den Richtern entfernt war, merkte ich, dass ich mich gegen den Uhrzeigersinn um den Tisch herum bewegte, torkelte nach rechts, um die Richtung zu ändern, und schwankte zurück nach links, weil mir dämmerte, dass die anfängliche Richtung gestimmt hatte. Kurz machte ich neben einem der Richter halt – Stopp! Falsch! Das ist nicht der Gastgeber! – und hopste anschließend ein paar Seitwärtsschritte in Richtung des Echanson – Shit, schon wieder entgegen dem Uhrzeigersinn –, während alle ihre Köpfe schwenkten in dem Versuch, mich im Auge zu behalten *und* mich um eine Empfehlung für die Kombination mit der Vorspeise, bestehend aus Kalifornischem Taschenkrebs mit jungen Shiitake-Pilzen, Fenchel, rotem Blattsenf und Hummerschaum, zu bitten.

»Selbstverständlich«, entgegnete ich begeistert. Ich bemühte mich, von einem spanischen Cava zu schwärmen, dem Perlwein eines Winzers namens … namens … wie *hieß* er doch gleich? »Ich müsste bitte einen kurzen Blick in die Weinkarte werfen«, sagte ich entschuldigend. Von Morgan wusste ich, dass es der Chaîne gefällt, wenn die Sommeliers sich auf das Verkaufsobjekt werfen. Ich hätte ihnen also etwas von der delikaten Pétillance, dem Familienbetrieb in dritter Generation und ähnliches Blabla erzählen sollen. Stattdessen sagte ich: »Er zeigt eine gewisse Knackigkeit, aber eben auch die autolytischen Aromen, die wir von Brioche kennen und die sehr schön mit dem Hummer harmonieren.«

»Autolytisch – hat das was mit Autowerkstatt zu tun?«, fragte einer der Richter.

*Ganz recht, Sir, ich klinge wie ein Vollidiot,* wollte ich sagen. Das war das beste Beispiel für die Art von Fachsprache, die man einem Gast *nicht* auftischen sollte.

»Diese Aromen stammen von der toten Hefe, die Sie bei der Sektherstellung benötigen«, erklärte ich.

Die Leute am Tisch zogen ein Gesicht. Ich zog ein Gesicht. Tote Hefe? Dein Ernst, Bianca?

»Bäääh«, sagte einer der Männer.

*Bäääh,* dachte ich im Innern.

Die Fragen nahmen kein Ende. »Denk dir bloß nicht irgendwas aus«, hatte Morgan mich gewarnt. Meine Antworten rotierten zwischen einer Auswahl markanter Sprüche, die »Ich hab keine verdammte Ahnung« in elegantem Somm-Jargon bedeuteten. »Ich möchte es nicht beschwören, aber meines Wissens handelt es sich bei dem Monte Bello um einen Bordeaux-Verschnitt.« Und: »Das werde ich gerne mit unserer Getränkemanagerin besprechen.« Oder: »Wissen Sie, was, das ist tatsächlich eine interessante Frage. Wenn ich einen kurzen Blick in unsere Referenztexte werfen dürfte, werde ich Sie Ihnen nur zu gerne beantworten.« Da mir das Wissen über die georderten Weine fehlte, schob ich andauernd »Umami«, eines von Morgans Lieblingsworten, ein, wenn ich nicht mehr weiterwusste. »Dieser Pinot Noir aus dem Burgund wird mit seiner Umami-Tiefe eine schöne Ergänzung zum Fleischigen sein, aber durch das Risotto mit Pinienkernen werden Sie ebenfalls Umami-Eigenschaften zur Abrundung haben, also Chardonnay?« Ich klang, als ob mir unwohl sei. Ich vergaß, die Gläser zu polieren und den Korken zu zeigen. Ich verschüttete den Champagner. Ich platzte in ihren Trinkspruch hinein. Die einfachsten Fragen erwiderte ich mit einem ratlosen Gesicht. Zum Beispiel: »War 1982 ein gutes Jahr für Bordeaux?«, dem Wein-Äquivalent der Frage: »Passierte 1989 irgendetwas Besonderes in Deutschland?«

»Die fragt sich wohl: ›*Hei-lige* Scheiße, wo zur Hölle bin ich hier gelandet?‹«, hörte ich einen der Richter sagen, als ich ihnen den Rücken kehrte. Sie fanden meine Darbietung offensichtlich genauso gut wie ich.

Meine letzte Aufgabe im Serviceteil bestand darin, für die Gäste eine alte Flasche Rotwein zu dekantieren. Auf Morgans Anraten hin hatte ich eine Fantasieweinkarte auswendig gelernt, um den Männern etwas empfehlen zu können und sie mit funkelnden Nebensächlichkeiten zu den Winzern zu unterhalten. Ich hatte nicht viel Zeit gehabt, auf meiner erfundenen Liste stand nur ein französischer Rotweinproduzent: Château Gruaud-Larose, eines der einundsechzig klassifizierten Weingüter.

Und was wünschten die Herrschaften als letzten Wein? Der Grand Echanson bat um einen 1986er Château Gruaud-Larose.

Ich konnte mein Glück kaum fassen. Endlich ging es wieder aufwärts.

Ich stellte die benötigten Gerätschaften auf dem Guéridon-Wägelchen zusammen und rollte es exakt bis zur rechten Ellenbogenseite des Grand Echanson. Ich hatte eine Kerze, die ich anzündete, das Dekantiergefäß, zwei Stoffservietten, drei Untersetzer und natürlich den Wein, der in einem silbernen Korb lag, den ich zuvor sorgfältig mit einem weißen Tuch ausgepolstert hatte. Ha!

»Woher stammt der Gruard-Larose?«, fragte einer der Richter und mimte den wissbegierigen Gast.

»Saint-Julien«, gab ich zur Antwort. Keine Schweißperlen. Er machte ein überraschtes Gesicht.

Ich begann, ein paar Nebensächlichkeiten zu einer Geschichte über den Wein zusammenzusetzen, während ich mich an die Arbeit machte. Ich erzählte ihnen, das Weingut sei Deuxième Cru und damit eines der besten in Bordeaux. Wunderschön sei es dort, und dem Besitzer gehöre auch noch das Château Haut-Bages-Libéral. Eines der wenigen Weingüter mit Hagelkanone! Alle schienen sich zu entspannen.

Ich holte meinen Korkenzieher hervor und thronte über der auf dem Rücken liegenden Flasche. Ich ließ die Messerklinge einmal, zweimal schnell und gekonnt um die Kante herumschnellen. Hervorragend. Joe Campanale wäre stolz auf mich. Ich schraubte den Korkenzieher in den Korken. Genau in der Mitte. Großartig. Ich fühlte mich stark. In Plauderlaune. Es machte zum ersten Mal den Anschein, als ob die Gäste sich wohlfühlten. Ausgezeichnet.

Ich stützte den metallenen Korkenzieherhebel am Flaschenrand ab, um den Korken hoch- und hinauszubefördern, und plapperte fröhlich über die griffige Tanninstruktur der Cabernet-Sauvignon-Verschnitte. Um die nassen Sauggeräusche scherte ich mich nicht weiter. Dann gab es einen feuchten Knall.

Mein erster Gedanke war: Jemand hat auf mich geschossen. Mein zweiter Gedanke war: Ich wünschte, jemand hätte auf mich geschossen.

Der Wein war explodiert, und es regnete Cabernet auf die Richter herab. Vom Tisch tropfte Wein herab, von meinem Gesicht und an den Gläsern entlang ebenso. Die weißen Tischtücher waren besudelt. Der Teppich unter meinen Füßen rot. Ich hatte als menschliches Schutzschild für den Grand Echanson fungiert, und meine weiße Bluse war voller roter Spritzer. Ich war klitschnass. Es sah aus, als ströme mir Blut aus der Brust.

Es hatte keinen Sinn, irgendetwas beschönigen zu wollen, und die Richter machten auch keine weiteren Anstalten. Einer von ihnen, ein Meistersommelier, meinte, das Bewertungssystem der Weinkritiker böte sich hier als Maßstab für meine Leistung an.

»In der Welt der Weinwettbewerbe wird Qualität auf die unterschiedlichste Weise definiert«, sagte er. »Wir verleihen Goldmedaillen, Silbermedaillen und Bronzemedaillen. Und etwas unterhalb von gar keinem Preis befindet sich eine Kategorie, mit der sämtliche Weinrichter vertraut sind. Sie nennt sich DNPIM. Wissen Sie, wofür das steht?« Ich schüttelte den Kopf. »Es steht für: ›Do not put in mouth.‹«

Das bin ich, wurde mir klar. Ich bin das menschliche Pendant zu »nicht in den Mund nehmen«.

Auch wenn einem bei meinen Tischmanieren vielleicht der Appetit verging, beim blinden Verkosten spielte ich in einer anderen Liga. Die Richter der Chaîne hatten meine Leistungen auf diesem Gebiet für trügerisch fortgeschritten befunden. »Ich war überrascht, dass Sie sich nicht so gut und versiert gezeigt haben, wo ich Sie bei der Blindverkostung doch ziemlich beeindruckend fand«, meinte einer der Richter zu mir, als der ganze Spuk vorbei war.

Mich hingegen überraschten die Bewertungen weniger. Was mich am Sommelier-Handwerk in erster Linie fasziniert hatte, waren die sensorischen Aspekte, so viel zeigten meine Kellnerkompetenzen. Ich konnte mich nur schwer motivieren, eine aufwendige Reihe von Ritualen beherrschen zu lernen, wenn diese scheinbar nur dem einen Zweck dienten, die Sommeliers eine aufwendige Reihe von Ritualen beherrschen lernen zu lassen.

Dennoch wollte ich diese eine Prüfung bestehen, also folgte ich pflichtbewusst den Ratschlägen der Sommeliers und unternahm die doppelte Anstrengung beim Üben daheim. Wie die demente Gastgeberin einer Senioren-Teegesellschaft wackelte ich mit einem Schneidebrett in der Hand (kam einem Tablett am nächsten) um den Küchentisch herum, schenkte billigen Prosecco aus und tat so, als ob ich die Fragen der leeren Stühle über die Cocktailzutaten und die Champagnerjahrgänge beantwortete. So drehte ich Runde um Runde, polierte, präsentierte, befüllte, verschüttete, besudelte und vermasselte alles. »Das tut mir schrecklich leid«, entschuldigte ich mich beim Stuhl. »Die chemische Reinigung geht selbstverständlich auf meine Kosten.« Wenn Matt nach Hause kam, übernahm er die Rolle des Gasts. Ich merkte schnell, dass mir die Stühle lieber waren, die machten keine Sperenzchen und stellten mir nur Fragen, die ich auch beantworten konnte. »Dieser Wein zeigt sehr schöne Teearomen«, sagte ich zu Matt beim Präsentieren einer Flasche. Er rollte mit den Augen. »Und wer *hat* hier ganz schön einen im Tee?«

Doch irgendwie war da eine Lücke. Ich baute mir gerade ein motorisches Gedächtnis für den Weinausschank auf, verfügte aber in keinster Weise über die dazugehörige emotionale Intelligenz. Was das »Wie« anbelangte, so hatten meine Tätigkeiten bei TopSomm, wo ich erstklassigen Service in Aktion erlebt hatte, und *Marea*, wo mir die Augen bezüglich Belastungen des echten Gastrolebens geöffnet worden waren, mir schon eine Menge offenbart. Das »Wieso« war bislang schwerer fassbar. Scherten sich die Leute überhaupt darum, ob ich zu ihrer Rechten anstatt zu ihrer Linken eingoss, solange der Wein in ihrem Glas landete? Wieso spielten die Servicesakramente gehobener Restaurants eine so wichtige Rolle? Eine Schauspielerin würde fragen: Was sind meine Beweggründe?

Als Morgan von dem Wettbewerbsdesaster hörte, legte er alles daran, mir eine *Stage* mit ihm bei *Aureole* zu verschaffen. Er büffelte gerade für seinen eigenen Servicetest – einer der beiden Teile der Prüfung zum Meistersommelier, die er noch bestehen musste –, und ich denke, er erhoffte sich durch das Coaching eine Extraportion Feedback zu seinen eigenen Fähigkeiten. Egal, ich war auf alle Fälle dankbar. Eine Woche lang durfte ich mich während seines Mittags- und Abenddienstes an seine Fersen heften. Es hieß, ich würde tatsächlich Flaschen öffnen und einschenken dürfen, also versprach diese Erfahrung im *Aureole* viel praxisnäher zu werden als die im *Marea*. Außerdem konnte Victoria sehr geschäftstüchtig sein, während Morgan eine philosophische Ader hatte. Wenn mir also jemand diese aufwendigen Traditionen würde erklären können, dann er. Schließlich hatte er bei unserer ersten E-Mail-Korrespondenz geschrieben, er habe »selbst auch schon viel darüber geschrieben und nachgedacht, inwiefern das, was ich tue, von kultureller und gesellschaftlicher Bedeutung ist«.

»Ich muss die Wasserlage klären«, verkündete Morgan, als ich an meinem ersten Tag erschien. »Der aktuelle Notfall besteht darin, dass kein Wasser da ist.«

Jemand hatte vergessen, die Pellegrino-Bestellung durchzugeben, und Morgan war in heller Aufregung darüber, ob das

Sprudelwasser bis zum Abendessen die richtige Temperatur haben würde. Ich folgte ihm eine steile Treppe zum dreiräumigen Weinkeller hinauf, der auf frostige dreizehn Grad temperiert war und gleichzeitig als Büro des Weinteams fungierte. Neben einem der Schreibtische hing das pixelige Foto eines Mannes. Eine Sekunde lang dachte ich, es handele sich um ein Suchplakat. Und das war es auch. »Pete Wells, Restaurantkritiker der *New York Times«*, lautete die Bildunterschrift. Das Personal befindet sich in höchster Alarmbereitschaft gegenüber Testern. Zwei Stockwerke weiter unten hängen am Eingang zur Küche ein Dutzend weitere Kopfaufnahmen samt ellenlanger Liste der jeweiligen kulinarischen Antipathien. Jeffrey Steingarten von der *Vogue:* »Liebt: Pommes. Hasst: Anchovis, die Desserts in indischen Restaurants, blaues Essen (außer Blaubeeren), Kimchi.« Ich konnte mir zwar kaum vorstellen, dass ein Restaurant wie das *Aureole,* dessen »progressive amerikanische« Küche Fasan, Steak und Maine-Hummer im Angebot hat, einen Mr Steingarten jemals mit einem indischen Dessert verärgern könnte. Doch Vorsicht ist offenbar besser als Nachsicht.

Das *Aureole* gibt es seit einunddreißig Jahren, und genau wie Menschen diesen Alters sorgt man sich hier weniger um Coolness und Trends als um Stabilität und ein solides Einkommen. Als Stammlokal des Theaterdistrikts zieht es die Anwälte mit Firmenkreditkarte aus den Kanzleien weiter oben im Bürohochhaus an sowie Paare aus den Vorstädten, die es an ihrem großen Abend in der Stadt so richtig krachen lassen wollen. Speisekarten und Stühle sind lederbezogen, die Verkostungsmenüs fangen bei hundertzehn Euro pro Person an, und die sanften Jazzklänge ertönen in geschmackvoller Lautstärke. Ein guter Teil der Weine kommt aus Kalifornien, dem Burgund und dem Bordeaux, und Foie gras kann man das ganze Jahr über bestellen. Die *Times* erklärte das *Aureole* in seiner letzten, vor sieben Jahren veröffentlichten Kritik zu einem »per Flugzeug aus Las Vegas evakuierten Eventrestaurant«.

Morgan und ich kraxelten nach oben, um mit Flaschen aus dem Keller die Bar aufzufüllen. Ich packte eine davon am Hals. Morgan machte ein schmerzverzerrtes Gesicht. »Behandle die Ware bitte mit Respekt«, flehte er mich an. Er legte mir die Flasche in die Armbeuge, sodass ich sie wie ein Baby wiegte.

Der Mittagsbetrieb begann mit einem Businesslunch im Separee. Morgan rückte an, um sich die Gesellschaft näher anzuschauen, deren Essen gerade in die Wege geleitet wurde. Ich zählte nach, wer alles keinen Wein hatte.

»Nicht mit dem Finger zeigen«, zischte Morgan.

Ich verschränkte die Arme vor der Brust.

»Nicht die Arme verschränken!«

Ich legte die Handflächen auf die Anrichte hinter mir und lehnte mich zurück.

»Nicht anlehnen!«

Morgan setzte zu Ausführungen zu den Sommelier-Benimmregeln an, während er mich die gerade geholten Flaschen tragen, öffnen und servieren ließ. Einige Bräuche erschienen mir noch immer willkürlich. Ich darf den Gästen beim Einschenken niemals den Handrücken zeigen, sondern immer nur die offene Handfläche. Wieso? »Das ist etwas Biblisches«, beharrte Morgan. »Es hat mit Vertrauen zu tun. Man zeigt die Handfläche, weil man nichts in seiner Hand versteckt hält.«

Andere Maßnahmen ergaben eher Sinn. Als wir eine Flasche Champagner öffneten, schnitt Morgan wie bei jedem Wein sauber in die Metallfolie und entfernte sie und legte anschließend eine gefaltete Serviette über den Verschluss. Ich sollte mit der linken Hand sowohl Serviette als auch Flaschenhals umgreifen und mit dem Daumen auf den Korken drücken. Dann musste ich mit der rechten Hand am Gehäuse aus Metalldraht, das den Korken umgibt – Stichwort *Muselet!* –, genau sechs Mal drehen, damit es abging. Von diesem Moment an darf ich meinen linken Daumen unter gar keinen Umständen vom Muselet entfernen, warnte mich Morgan. In der Prüfung des Courts wäre ich sonst automatisch durchgefallen. Im echten Leben stellt das nämlich eine Gefahr für Leib und Leben dar. Champagnerkorken sind in der Tat eine gesellschaftliche Bedrohung. Sie brechen mit vierzig Kilometern die Stunde aus den Flaschen heraus und sorgen bei den Beobachtern für Prellungen, Verletzungen und sogar den Verlust des Sehvermögens. (In einem Forschungsbericht über Augenverletzungen durch knallende Sektkorken wird scheinbar ohne jede Ironie festgestellt, sie würden »zum Jahreswechsel offenbar häufiger auftreten«.) Diese offizielle, vom Court genehmigte Vorgehensweise dient dazu, dass keiner bei seinem Carpaccio vom Wagyū-Rind gemeuchelt wird. Macht, wie bereits erwähnt, Sinn. Um den Korken sicher zu entfernen, hielt ich den Flaschenboden so in der rechten Hand, dass die Flasche leicht geneigt war, und wand den Boden vor und zurück, damit der Korken in der rechten Hand gelockert wurde.

Allmählich leuchtete mir das alles etwas mehr ein. Das Gehen im Uhrzeigersinn verhindert, dass das Personal aufeinanderprallt. Die Untersetzer auf dem Tisch signalisieren den Kellnern, dass etwas zu trinken bestellt wurde. Das Platzieren der Flaschen auf den Untersetzern verhindert, dass etwas auf die Tischtücher tropft. Das Platzieren der Korken auf den Untersetzern verhindert, dass der Tisch von nassen Korken verschmiert wird, denn manche Gäste inspizieren sie gerne, um zu sehen, wie der Wein gereift ist. (Ein brüchiger Korken oder einer, der bis ganz oben hin durchfeuchtet ist, deutet möglicherweise darauf hin, dass Sauerstoff eingedrungen und der Wein verdorben ist.) Die Gläser gehören an die rechte Seite des Tellers, da die meisten Menschen Rechtshänder sind. Außer dem Stiel darf nichts berührt werden, da sonst Fingerabdrücke hinterlassen würden und der Kelch, der später den Wein fassen wird, sonst erwärmt würde. Die Sommeliers wischen den Flaschenrand vor *und* nach dem Ziehen des Korkens ab, damit der Wein ganz sicher nicht von Schimmel oder irgendwelchen

Überbleibseln am Flaschenäußeren verunreinigt wird. Die Unterseite einer Flasche, die auf Eis gelegen hatte, wischen sie ab, damit kein Wasser auf die Gäste tropft. In den Dekantierkorb legen sie den Wein, damit er seine horizontale Lagerungsposition beibehalten kann und keine Ablagerungen aufgeschüttelt werden, die bei einem Gast im Glas landen könnten. Nach dem Dekantieren ersticken sie die Flamme – statt sie auszupusten –, damit der Rauch nicht den Duft des Weins verpestet.

Wobei diese praktischen Erwägungen nur einen Bruchteil von all dem Aufwand, den Morgan betrieb, erklärten. Zudem bemerkte ich neue Gebräuche, auf deren Sinn und Zweck ich mir bislang keinen Reim machen konnte. Morgan nahm es mit der Etikette ganz genau, und unser Abenddienst entwickelte sich zu einem einzigen Vortrag über von ihm bemerkte Dinge, die »nicht den Servicestandards« entsprachen. Das Kredenzen des Heineken für den Herrn an Tisch 30, bevor seine Begleitung ihren Wein gebracht bekommen hatte. Keine einheitlichen Gläser für den Syrah. Bedienungen, die »Fertig?« fragten anstatt »Dürfen wir die Teller mitnehmen?« oder »Tagesgerichte« anstelle von »Erweiterungen der Speisekarte« präsentierten. Ihn ärgerte die Gepflogenheit, nicht die Weingläser abzuräumen, nachdem die Gäste einen Cocktail bestellt hatten – durch diese taktische Maßnahme sollten die Leute daran erinnert werden, noch eine Flasche zu bestellen. Beim semisynchronen Anflug der Entrees zuckte er zusammen. Bei der Anzahl Tische, die ins Restaurant gezwängt worden sind. Bei der gesamten Ausrichtung des Speisesaals, die ihn dazu zwang, den Gästen den Rücken zuzukehren. Nicht zum ersten Mal gab er ein Murmeln in Richtung »So etwas würde im *Jean-Georges* niemals passieren« von sich.

Für Morgan waren das Qualitätseinbußen, die zur ewigen Verdammnis führten. »Das ist ein faustischer Handel«, protestierte er, nachdem er zwei der sechs Gäste in einer Sitzecke beim Abräumen mit dem Handrücken konfrontieren musste.

»Ich will ihm die offene Hand zeigen, muss aber hineingreifen. Ich kann nicht noch einen Teller zur linken Hand herüberreichen, sondern muss erst den gesamten Tisch leer räumen.«

Ich schaute an ihm vorbei und sah, wie seine Chefin Carrie mit ein paar Stammgästen plauderte. Ein Knie hatte sie auf der Sitzbank abgestützt, einen Arm auf den oberen Rand der Bank drapiert und sich an die lederne Rückwand gelehnt. Ich hielt es für besser, Morgan davon nicht in Kenntnis zu setzen.

An jedem Tisch setzte Morgan seinen Oberkörper und seine Gliedmaßen mit großem Bedacht ein. Es gab keinerlei verirrte Bewegungen. Jedes Mal, wenn er mit dem Arm nach unten ging, um jemanden zu bedienen, geschah das in einem eleganten, souveränen Bogen. Beim Gehen streckte er das Kinn in die Höhe und die Schultern nach hinten, das war ein Überbleibsel von Jean-Georges persönlich. Vor dem abendlichen Dienstbeginn korrigierte Morgan die Körperhaltung des Personals. Nach hinten gekippte Schultern und eine stolze Brust sollten für ein selbstbewusstes Auftreten sorgen, das die Gäste unterbewusst zum Geldausgeben animierte, so die Logik. Mir wurde plötzlich klar, wie sehr ich mit den Füßen herumzappelte, mit den Händen flatterte, mit den Haaren spielte und vor und zurück schaukelte. Dann fiel mir ein, dass Morgan mir Yogastunden nahegelegt hatte, damit ich mehr »Körperspannung und -bewusstsein« bekäme. Er versprach, das würde mir »beim achtsamen Umgang mit Menschen und meinen Gliedmaßen« helfen.

Einige der Servicepatzer, die Morgan so verärgerten, liefen *Aureoles* Regeln zuwider. Die meisten verstießen gegen Morgans persönlichen Verhaltenskodex, der zwar auf den Richtlinien des Courts fußte, aber weit darüber hinausschoss und noch anspruchsvollere Ziele hatte. So machte er beispielsweise ein großes Theater darum, die Höflichkeitsfrage der Gäste »Wie geht es Ihnen?« stets mit einem ganzen Satz zu beantworten:

»Mir geht es heute Abend ausgezeichnet, danke sehr.« Das bisschen Extramühe, sich eine nicht vorgefertigt klingende Antwort zu überlegen, machte uns seiner Meinung nach alle menschlicher und auch präsenter. »Dann bin ich ein echter Mensch und nicht nur ein Roboter«, sagte er. »Wann ist es das letzte Mal vorgekommen, dass jemand ihnen klargemacht hat: ›Komm, lass uns nicht nur verfahrensbedingt aneinander vorbeistolpern?‹«

Morgan machte sich hochtrabende Gedanken darüber, wie er sich mithilfe des Weins mit seinen Mitmenschen verbinden konnte. Bei der Einstimmung vor Dienstbeginn am darauffolgenden Abend wurde klar, dass der Rest des *Aureole*-Personals dies nicht unbedingt zur obersten Priorität machte.

*Aureoles* Weinchefin Carrie begann ihre abendliche Ansprache mit der Erinnerung an ein paar grundlegende Serviceregeln. Dabei handelte es sich um Dinge, die Morgan nicht im Traum vergessen würde. Sie beschwor das Personal, dicht am Gast zu bleiben und ihnen niemals den Handrücken zu zeigen. »Wir agieren als Arm der Gäste, damit sie ihn nicht bewegen müssen.«

Nach ein paar mahnenden Worten darüber, die Teller doch *bitte* an die richtigen Plätze zu bringen, ging es die letzte halbe Stunde ums Verkaufen. Carrie hörte die Kellner zu den Weinen im offenen Ausschank ab und ließ sie Verkostungsnotizen rezitieren, als ob sie mit einem Gast sprächen. Dabei begnügte sie sich mit ein, zwei simplen Schlagwörtern wie »getrocknete Blumen« oder »mittlere Säure«. Morgan warf nach jedem Wein noch ein paar Ausführungen zu den Zwischentönen ein. Beim Massolino war »das irgendwie herzhafte, florale Bukett sehr dominant«. Der Ja. M. Boillot hatte »eher etwas Toastiges, so in Richtung Lagerfeuer, geröstete Haselnuss, geröstete Kastanie«. Oder: »Der wird von den Besitzern der Vineyard Brands importiert, das ist auch ganz interessant.« Keiner der Zuhörer schien mit seiner Definition von »interessant« übereinzustimmen.

»Hat jemand eine Ahnung, wieso es genau um diese drei Weine ging?«, wollte Carrie wissen und das Personal zurück zu ihrem Vortrag führen. »Weil wir sie nicht *verkauft kriegen«*, schimpfte sie.

Da schaltete sich Morgan ein. Auch er hatte bestimmte Vorstellungen zu diesem Thema. »Leute, dreißig oder fünfzig Euro pro Glas auszugeben ist für jeden eine Menge Geld, also müssen wir uns die Frage stellen, wieso das irgendjemand tun sollte«, sagte er. »Das ist ein elf Jahre alter Wein. Diese drei Weine haben eine Üppigkeit, eine Fülle, eine Intensität, die kein anderer Wein auf unserer Karte besitzt. Und genau so eine Üppigkeit, Fülle und Intensität wünscht sich doch jeder, oder? Ich zumindest schon. Ich kann sie mir nicht immer leisten … Aber wenn ich mir etwas Gutes tun möchte, dann weiß ich, wofür ich mein Geld ausgebe.«

Carrie machte da weiter, wo sie aufgehört hatte, als hätte sie ihn gar nicht gehört. »Und was die Dessertweine anbelangt: Selbst wenn die Gäste kein Dessert bestellen, fragt ihr sie: ›Kann ich Ihnen vielleicht ein Glas Wein als Nachtisch bringen?‹«

Sie kündigte einen personalübergreifenden Wettbewerb an, bei dem es darum ging, wer die meisten perfekten Rechnungen kassieren konnte. Auf einer perfekten Rechnung stünden Cocktail (»Aperitif«, kommentierte Morgan), eine Flasche Wein sowie ein Glas Dessertwein. Als Gewinn winkte eine Magnumflasche Champagner. »Es ist euer Umsatz, es ist euer Geld. Ihr treibt den Umsatz hoch, ihr kriegt das Geld«, sagte Carrie. Ich dachte schon, gleich würde sie zur Rede aus *Glengarry Glen Ross* ansetzen: »Der Zweite bekommt ein Set Steakmesser, der Rest fliegt!«

Lange schon werden die Restaurantbediensteten solcher Machenschaften verdächtigt. Spätestens seit der Erfindung des elektrischen Lichts gibt es die Paranoia – und das Klischee –, dass insbesondere die Sommeliers darauf aus sind, ihren Opfern das Geld aus der Tasche zu ziehen, weshalb die Leute gegen

Menschen wie Morgan Misstrauen hegen. In einer Restaurantkritik der *New York Times* von 1887 ärgerte sich der Autor über ein Pariser Lokal, »an dem es zwar viel zu kritisieren gäbe«, aber noch wichtiger sei es, »den Sommelier in seinem Privileg zu beschneiden, bestimmte Weine empfehlen zu dürfen, denn man muss davon ausgehen, dass er hierfür eine Provision erhält«. 1921 erregte sich ein Journalist derart über die mögliche Verbreitung der Sommeliers bis in die USA – und das sogar während der Prohibition –, dass er sich der *Times* bediente, um seine Landsleute gegen diese gefährliche Spezies zu mobilisieren:

> Dieser Artikel … wurde in der wohlüberlegten und schonungslosen Hoffnung verfasst, sich einer gesamten Angestelltengruppe zu entledigen. Er wurde in dem festen Glauben verfasst, dass sich ihr verderbliches Beispiel von Europa nach Amerika verbreiten und der großen Mehrheit der Amerikaner neue und schreckliche Steine bei ihrem Versuch, über die Runden zu kommen, in den Weg legen wird. Bei besagten Angestellten handelt es sich um jene seltsamen Arbeitnehmer, welche die gehobenen Restaurants von Paris heimsuchen und die weithin als »Sommeliers« bekannt sind.

Dem Autor ist es nicht gelungen, die Heimsuchung zu verhindern. Er hatte allerdings insofern nicht ganz unrecht, als Morgan an zwei Chefs berichten muss, wenn er Tag für Tag den Speisesaal betritt: an *Aureole* und an *Aureoles* Kunden. Beide hoffen, dass die Gäste zufrieden nach Hause gehen. Doch genau wie das *Marea* hatte auch das *Aureole* nichts dagegen, seinen Kunden dabei so viel Geld wie möglich aus der Tasche zu ziehen, was nicht unbedingt dem Hauptziel eines auswärts speisenden Menschen entspricht. Trotz des ganzen Geredes von der Suche nach Weinen, die es vermögen, neue Kontexte zu schaffen, musste Morgan noch immer seine Pflicht gegenüber dem Restaurant, das mit Getränken höhere Gewinne als mit Essen verzeichnet, und gegenüber dem Personal erfüllen, dessen Trinkgeld vom Gesamtumsatz abhängig ist. (Die Chefs de Rang im *Aureole* konnten mit etwa 53 000 bis 58 000 Euro Jahresgehalt rechnen, die Demichefs de Rang mit etwa 38 000 bis 42 000 Euro, und die Speisenträger mit 48 000 bis 53 000 Euro – eine Kombination aus fixem Stundenlohn und Trinkgeld, womit aufgrund von *Aureoles* Preisen das Gehalt höher als in den meisten anderen Restaurants war. Morgan, dem ein größerer Teil der Trinkgeldkasse zufloss, verdiente um die 62 000 Euro jährlich, also bedeutend weniger als die niedrige sechsstellige Summe, die er bei *Jean-Georges* bekam.)

Morgan baute auf den Service, um die Lücke zwischen diesen beiden Gebietern zu schließen. Das Budget eines Gastes würde er niemals übermäßig strapazieren. *Aureole* konnte er allerdings ebenso wenig übers Ohr hauen. Um die Speisenden in Stimmung für einen besonderen Tropfen zu versetzen – und ihnen das Gefühl zu geben, dass er wirklich etwas Besonderes war –, scheute er keine Mühen, jedem Tisch einen außergewöhnlichen Service zukommen zu lassen. Wenn er den Abend mit seinem makellosen Auftreten zu etwas Besonderem machte, würden ihn die Zivilisten womöglich ebenfalls zu etwas Besonderem machen wollen. Dann bestellen sie vielleicht statt nur eines Glases eine ganze Flasche. Oder sie entscheiden sich für den Chianti Classico Gran Selezione statt des normalen Chianti. Dank unserer multisensorischen Wahrnehmung kann Morgans ungeheure Sorgfalt sogar den Geschmack des Weins verfeinern. Dass dem so ist, sagt uns bereits unser Bauchgefühl, doch auch die Forschungslabors konnten diesen Effekt bestätigen. Im Rahmen einer Studie der Oxford University, für die Charles Spence mitverantwortlich war, bekam die eine Teilnehmergruppe einen sauber in der Tellermitte platzierten gemischten Salat vorgesetzt, die andere eine kunstvoll arrangierte Version desselben Salats im Stil eines Kandinsky-Gemäldes. Dabei waren etwa die Pilze im rechten Winkel zu den geraspelten Karotten angeordnet und die Tupfer von Orangendressing ungleichförmig auf dem Teller verteilt worden. Diese Version wurde für weit köstlicher als erstere befunden, und die Teilnehmer hätten dafür auch mehr Geld auf den Tisch gelegt. Morgan hatte es also in der Hand, wie der Wein den Gästen schmeckt. Er hatte viel mehr von einem Winzer, als ihm klar war.

Am Abend zuvor war mir gar nicht aufgefallen, wie sehr Morgan nicht nur sein eigenes Verhalten und das des Personals unter die Lupe nahm, sondern auch das der Gäste. An sie hatte er die gleichen hohen Ansprüche. Es bereitete ihm sichtbar Schmerzen, wenn jemand die Etikette der gehobenen Küche nicht in dem von ihm gewünschten Maß befolgte. »Der Typ da hat einen dicken Batzen Kaugummi im Mund. Tolle Idee, sein Essen so anzufangen«, sagte er sarkastisch. »Da drüben an Tisch 114«, flüsterte er. »Klassisches Beispiel, wie der Platzteller mit einem Brotteller verwechselt wird.« Er stöhnte darüber, wie ein anderer Gast ihren Platzteller als Untersetzer nutzte, und rätselte, wie manche die ganze Mahlzeit über Cocktails schlürfen können – »falsches Pairing!«. Er regte sich über Leute auf, die ihre Hand in die Luft reckten, um ihre Kellnerin herbeizuwinken, und über Leute, die ihre Jacke mit in den Speisesaal nahmen. Er paraphrasierte Daniel Bouluds Worte zur Bedeutung der Garderobe: »Wir hängen die Jacken nicht deshalb in die Garderobe, weil wir Ihre Jacken stehlen wollen, sondern weil sie vielleicht nicht unbedingt etwas im Speisesaal verloren haben.« Männer, die ihr Jackett auszogen, brachten ihn zur Verzweiflung. »Im *Jean-Georges* würden sie einen darum *bitten,* das Jackett wieder anzulegen.« Mit Entsetzen in den Augen sah er, wie an einem Sechsertisch ein schwerer Syrah – ein »abgefahrener, schwarzer, eichiger Ihr-könnt-mich-alle-mal-Wein« – zu rohem Fisch getrunken wurde.

»Das ist meine ganz persönliche Hölle«, sagte er. »Da

schmeckt etwas wie ein schwarzer Milchshake mit Beef Jerky drin, und dann trinken die Leute das mit *Thunfisch.* O mein Gott. Das ist der siebte Höllenkreis für Morgan Harris, in dem die Menschen das für alle Ewigkeit tun. PlumpJack Syrah und roher Thunfisch.«

In Morgans Vorstellung gibt es einen Servicekodex für die Sommeliers und einen Verhaltenskodex für die Gäste. Prinzipien wiegen mehr als persönliche Launen. Und Anpassung an Kundenwünsche und Behaglichkeit dürfen nicht auf Kosten der Korrektheit gehen. Insbesondere die Tischmanieren sollten dem Ethos des jeweiligen Restaurants entsprechend eingehalten werden. Ein Speiselokal ist eine ganz eigene kulturelle Institution und nicht einfach ein Trog, an dem die Leute zur Fütterung erscheinen. Also verhalten Sie sich gefälligst dementsprechend.

»Ich habe da gewisse romantische Vorstellungen bezüglich Restaurants«, räumte Morgan ein. »Mir gefällt das ganze Ereignis – das Altmodische, wo die Dinge so gemacht werden, weil sie eben so gemacht werden. Das ist ein Luxus, der uns nicht behagt.« Er beklagt das Aufkommen einer betonten Lässigkeit, bei der Lederschuhe gerne mal durch Turnschuhe ersetzt werden. (»Bitte lass mich stets so viel Respekt vor mir selbst haben, dass ich keine Laufschuhe trage, wenn ich mir die Mühe mache, einen schicken Anzug anzulegen«, sah ich ihn später twittern.) Zu unseren Blindverkostungen mag er Kapuzenpullis tragen, doch im Restaurant legt er immer Wert auf eine makellose Erscheinung. An jenem Abend trug er polierte braune Lederschuhe und einen figurbetonten grauen Anzug plus ein gepunktetes Einstecktuch, das zu Krawatte und Socken, die ebenfalls gepunktet waren, passte.

Morgan hatte vor Augen, wie die ultimative Restauranterfahrung aussah oder aussehen sollte, und hatte das Gefühl, er ließe seine Gäste im Stich, wenn er dieser nicht nahekommen würde. Manchmal kamen sie ihm in die Quere. So schüttelte er den

Kopf darüber, wenn jemand den eigenen Teller abräumen oder den Kellnern den Platzteller reichen wollte. Die Gäste sollten sich von ihm bedienen lassen. »Die *Bedienung* ist dazu da, sie zu *bedienen.*«

Manchmal kamen sich die Gäste aber auch selbst in die Quere. »Ich fühle mich wie ein Warenautomat«, grollte er, wenn die Leute ihre Weinbestellung wie aus der Pistole geschossen herausließen und einfach auf irgendeinen Wein auf der Karte zeigten, ohne ihn zu konsultieren. Manche taten das, weil sie ganz genau wussten, was sie wollten. Andere hingegen hatten ein schlechtes Gewissen oder fühlten sich peinlich berührt, wenn jemand sie bediente. Und ironischerweise waren es genau diejenigen, die sich nicht auf Morgan verließen und ihm keine Fragen stellten, die ihn am meisten verärgerten. »Ich bin im Preis ihrer Mahlzeit inbegriffen!«, protestierte er gerade so außer Hörweite des jungen Pärchens, das ohne ihn zu konsultieren einen seiner Meinung nach entsetzlichen Sauvignon Blanc bestellt hatte. Er hätte ihnen einen viel köstlicheren und auch noch weit günstigeren Wein anbieten können.

Vom Auswärtsessengehen mit ihnen weiß ich, dass sich die Sommeliers normalerweise dem Restaurant-Sommelier ganz und gar anvertrauen, egal, wie enzyklopädisch ihr Wissen ist. Sofern sie auf der Karte keinen Wein sehen, den sie schon immer mal probieren wollten, werden sie ihr oder ihm nur zwei Anhaltspunkte geben: 1. wie viel sie ausgeben wollen und 2. welcher Stil es sein soll. (Das kann so weitgefasst sein wie »Alte Welt, nicht im Barrique-Fass ausgebaut, würzig« oder so spitzfindig wie »Letzte Woche hatte ich einen Grünen Veltliner von Schloss Gobelsburg und fand ihn absolut fantastisch – was hätten Sie in der Art da?«.) Von da an überlassen sie alles dem Sommelier, sie oder er kennt die Karte schließlich weit besser als sie selbst.

Morgan und ich standen im Speisesaal eines Sternerestaurants, in dem ein Abendessen für zwei Personen locker zweihundert Euro kostet, und darin sind Wein, Steuern und Trinkgeld noch nicht enthalten. Die Occupy-Bewegung würde nur einen kurzen Blick auf die Gäste werfen und sofort denken: »Knöpft den Arschlöchern besser mal ordentlich Steuern ab.« Doch in Morgans Augen war das Restaurant die demokratischste Institution der Welt. Der gehobene Service, die Aufmerksamkeit und Sorgfalt waren für jedermann und jederfrau zugänglich, solange sie die Rechnung beglichen, und wenn der Service nicht den höchsten Ansprüchen genügte, hätte Morgan das Gefühl, die Gäste übers Ohr zu hauen. Dann wurden sie um die ihnen rechtmäßig zustehende erstklassige Behandlung betrogen, womöglich auch um eine veränderte Sichtweise auf den Wein.

»Restaurants haben etwas Egalitäres. Sofern man die Rechnung bezahlen kann. Dann kommen alle in den Genuss des gleichen Service. Alle sind willkommen ... Es werden nicht nur die Reichen bedient. Und man muss auch kein Trinkgeld bezahlen«, meinte Morgan. »Für mich hat es etwas Heiliges und Kraftvolles, den Leuten dieses Erlebnis in die Hände zu legen. Es wird sie zweihundert Euro kosten, hier zu dinieren, und sie werden genauso behandelt wie diejenigen, die dafür viertausend Euro ausgeben.«

Das klang ein wenig idealistisch. Und bei dem, was ich im *Marea* gesehen hatte, war es auch wenig glaubhaft. Alle Gäste sind gleich – doch in einem System mit Wein-PX und -PPX sind manche Gäste gleicher. Als im *Aureole* ein möglicher Anleger zum Abendessen auftauchte, wurde jeder einzelne Gang von Küchenchef Charlie Palmer persönlich an den Tisch gebracht.

Als ich mich jedoch in die Geschichte des Restaurants einarbeitete, stellte ich überraschenderweise fest, dass Morgan in gewisser Weise recht mit dem Egalitarismus eines Sternelokals hatte, so kostspielig und unerschwinglich es sein mag.

Das Restaurant, wie wir es kennen, ist ein vergleichsweise neues Phänomen. In Erscheinung getreten ist es erstmals in

Frankreich in den zwei Jahrzehnten, bevor die Adelsleute zur Guillotine geführt wurden. Davor gab es in einem *Restaurant* (was selbstverständlich ein französisches Wort ist, nämlich eine Substantivierung von *restaurer* = wiederherstellen, stärken) eine Art Kraftbrühe aus Ochsenmark, ein paar Zwiebeln und vielleicht noch ein paar Schinkenrinden oder Pastinake. Dem *Dictionnaire Universel* von 1708 zufolge handelte es sich um »eine Speise oder Arznei, welche über die Eigenschaft verfügt, einer kränklichen oder erschöpften Person zu neuer Kraft zu verhelfen«. Damals konnten die Pariser dort die namensgebende Spezialität und wenig anderes als Brühe ordern. Die französischen Speiseverkäufer gehörten jeweils einer der fünfundzwanzig Zünfte an, die ihre Mitglieder auf eine kulinarische Spezialität beschränkte. Mehrere Hundert Jahre lang mussten die hungrigen Gourmets für Suppe ins *Restaurant* gehen, für gebratenes Wildfleisch zum *Rôtisseur,* für Erzeugnisse aus Schweinefleisch zum *Charcutier,* für Huhn zum *Poullaier* und für ein deftiges Arbeiteressen aus den Zutaten, die der Koch an jenem Tag zusammengewürfelt hatte, zum *Traiteur.* (Um zu sehen, wie es war, wenn all diese Köstlichkeiten – und noch viele mehr – auf einmal aufgetischt werden, konnte das Volk Karten für das *Grand Couvert* im Schloss Versailles erstehen, in dem es der königlichen Familie gemäß einer jahrhundertealten Tradition bei ihren Mahlzeiten zuschauen durfte.) Die strikte Trennung zwischen Lieferanten von Suppen, Hühnerbestandteilen und ganzen Mahlzeiten wurde schon vor dem Sturm auf die Bastille zumindest ansatzweise gelockert. Endgültig niedergerissen wurden die Zünfte dann zusammen mit dem Ancien Régime, und die Köche der adeligen Privathäuser bedienten den freien Markt. Seit den Anfängen des 19. Jahrhunderts standen die einst der Oberschicht vorbehaltenen kulinarischen Erlebnisse dann allen Franzosen offen, die ein paar Francs lockermachen konnten. »Restaurants stellten eine Art kultureller Demokratisierung dar«, berichtet Paul Lukacs in *Inventing Wine* (Die Erfindung des Weins). Ihmzufolge galt das insbesondere für den Wein, da die früher der Aristokratie vorbehaltenen Flaschen nun in die Restaurantkeller geschleust wurden. Dort konnten alle daran partizipieren. Jean-Anthelme Brillat-Savarin, einer der engagiertesten Genießer Frankreichs, schwärmte in seiner *Physiologie des Geschmacks,* dass der Erfinder des Restaurants seiner bescheidenen Meinung nach nicht weniger als ein »Genie« war. »Wer auch immer sich an den Tisch eines erstklassigen Restaurateurs setzen mag, mögen ihm fünfzehn oder zwanzig Pistolen (spanische Goldmünzen) zur Verfügung stehen – er wird genauso gut oder gar besser speisen als am Tisch eines Prinzen«, staunte er. »Genau das meine ich, Leute«, kann ich Morgan sagen hören. Brillat-Savarin hätte Morgans egalitärem Geist zweifelsohne applaudiert. Heute steht Morgan jedem mit dem gleichen Maß an Sorgfalt zur Verfügung, egal, welche Steuerklasse die Person hat, und vorausgesetzt, sie ergattert eine Reservierung und kann fürs Essen zahlen. Mittels seines pedantisch genauen Service gibt sich Morgan größte Mühe, dass die Frau an Tisch 114 genauso gut, wenn nicht noch besser isst, als säße sie am Tisch eines Prinzen. Egal, wer sie ist.

Morgans Akribie bezüglich Sprache und Benehmen könnte uns aus der Zeit gefallen vorkommen, als wäre er zusammen mit Butler Carlson aus *Downtown Abbey* ausgebildet worden. Die meisten Neunundzwanzigjährigen laufen nicht durch die Gegend und beklagen »die erstaunliche Anzahl an Aussprachefehlern bei Foie gras in unserem Land« oder die fehlerhafte Verwendung von Platztellern. Doch mit seiner Fixiertheit auf Benimmregeln lag er nicht völlig daneben: Servicerituale machten sehr wohl einen Unterschied, und zwar nicht nur beim Tropfen auf die Tischtücher. Historiker und Anthropologen, die sich mit der Evolution der Tischetikette beschäftigt haben, konnten kulturelle Auswirkungen der Servicegewohnheiten nachweisen, die weit über die Mahlzeiten an sich hinausgingen.

Am drastischsten waren sie beim Übergang vom *Service à la française* zum *Service à la russe* in der Mitte des 19. Jahrhunderts. Auch hier nahmen die Franzosen wieder eine Vorreiterrolle ein. Für formale Dinners und Banketts war in Frankreich, Großbritannien und den USA traditionellerweise im »französischen« Stil serviert worden. Dabei nahmen die Gäste Platz an einem Tisch, der vollgeladen war mit einer Pracht an Gerichten und der – mit so wenigen Pausen wie möglich – Gang für Gang neu befüllt wurde; die Speisenden reichten sich die Gerichte selbst hin und her. (Heute werden in manchen Restaurants oder Lokalen kleine Tellergerichte in der Größe von spanischen Tapas zum untereinander Teilen angeboten, das ist eine ganz ähnliche Geschichte.) Das ergab ein atemberaubendes lebendiges Bild aus Servierplatten, Suppenterrinen, Soufflés, übereinandergestapelten Gelees, geschnitztem Obst, Kelchen, Kronleuchtern und Vasen. Doch bis die Leute zu essen anfangen konnten, waren die Speisen für gewöhnlich kalt. Wie ein französischer Koch 1856 murrte, ging den Gerichten »ein wesentlicher Teil ihrer Güte« verloren. Wer weiß, was dazu führte, dass die Franzosen die lauwarme Temperatur ihres Lammbratens satthatten, jedenfalls war der *Service à la française* dann in den 1880ern out und der *Service à la russe* in. Der Geschmack hatte von da an Vorrang gegenüber dem glanzvollen Flair. Die Bediensteten brachten nun jeden Gang in vorportionierten, vorher auf Tellern angerichteten Rationen, und zwar nacheinander in einer vom Küchenchef angeordneten Reihenfolge. Andere Länder folgten diesem Beispiel. *Service à la russe* war auch das Grundprinzip von allem, was im *Aureole* aus der Küche geflogen kam.

Bei diesem Servierstil hatten die Küchenchefs mehr Kontrolle über die Menüs, den Kellnern kam eine größere Bedeutsamkeit zu, und die Speisenden konnten nicht mehr so leicht miteinander in »Würden Sie mir bitte den Salat herüberreichen?«-Kontakt treten. Diese scheinbar geringe Veränderung der Speisenfolge hat Struktur und soziale Funktion der Mahlzeiten neu geformt: Die Historiker behaupten, es hätte die Wende von der Mahlgemeinschaft zum kulinarischen Vorzeigeprojekt herbeigeführt. Mit der neuen Verfügungsgewalt über Reihenfolge, Terminierung und Komposition der Gerichte war der Küchenchef, nicht seine Gäste, zum Star der Mahlzeit geworden.

Als ich zum letzten Mal im *Aureole* Dienst schob, hatte ich das Gefühl, ich erlebte noch eine andere Art von Service. *Service à la russe,* ja. Aber auch etwas in Richtung *Service à l'esprit.* Sowohl Morgan als auch Victoria ging es sehr um die physische wie psychische Zufriedenstellung ihrer Gäste. Dieser Gedanke war mir während meines Gesprächs mit Paul Grieco gekommen, als wir über die wüste Art der Bewirtung im *Terroir* sprachen. Laut Paul macht der Service nur einen Teil der Rechnung aus: Im Laufe seines Pachtverhältnisses mit Danny Meyer, dem in New York ansässigen Restaurantflüsterer, hatte Paul erkannt, dass es des Service *und* der Gastfreundschaft bedurfte. Das waren zwei Paar Schuhe. Und beide waren im Restaurant absolut unerlässlich. »Beim Service geht es um die händische Überbringung eines Produkts. Bei der Gastfreundschaft geht es darum, welche Gefühle diese Überbringung des Produkts im Empfänger auslöst«, schrieb Meyer in seinem Memorandum *Setting the Table* (Wie man den Tisch deckt). »Gastfreundschaft ist dann präsent, wenn etwas *für* uns geschieht. Sie fehlt, wenn *uns* etwas geschieht.«

Gastfreundschaft war der richtige Ausdruck für die Bedachtsamkeit, von denen Morgans Handlungen durchtränkt waren. Während die Oberkellner, Bedienungshilfen, Speisenträger und Chefs de Rang sich eher auf die Überbringung der Speisen zu konzentrieren schienen, spürte ich bei Morgan, dass er einen seelischen Zustand, eine Atmosphäre kreieren wollte. Womöglich rührte das von seinem früheren Leben als Schauspieler her oder vom Andrang der Theatergäste auf das *Aureole,* jedenfalls setzte er sich für seine Gäste in Szene. Bei einem guten Service – wie auch bei der Gastfreundschaft – handelte es sich um eine Darbietung, um eine Art Theater, das für das Erleben des Gastes den Ton angab. Da die Köche in der Küche versteckt waren und die Kellner unter Zeitdruck standen, konnten sich nur die Sommeliers den Luxus leisten, der Mahlzeit die menschliche Note zu verleihen, die sie in andere Sphären hob.

Es mit dem Wegwischen und Einschenken sehr genau zu nehmen war Morgans Art, seinen Gästen Respekt zu zollen. In gewisser Hinsicht ähnelte das den durchchoreografierten Abläufen der japanischen Teezeremonie, einer Kunst, an der die Meister ihr Leben lang feilen. Genau wie beim Weinservice auch kommt jeder Handlung eine spezielle Bedeutung zu: Nach der Zubereitung des Tees dreht der Gastgeber die Teeschale in zwei sorgsamen Bewegungen im Uhrzeigersinn, damit die Vorderseite der Schale – ihre schönste Seite – zum Trinkenden zeigt. Selbst wenn die Gäste die Bedeutung dieses Umdrehens oder die vermeintlich biblischen Wurzeln von Morgans offenen Handflächen nicht kennen, werden sie die sorgsamen Mühen, die eine Person in jeden wohlüberlegten Atemzug und jede Bewegung des Handgelenks steckt, doch auf alle Fälle wertschätzen. Wie ein hervorragendes Musikstück vermag Morgans Service das bloße Wissen um die Etikette übersteigen und jemandem wahre Freude bereiten. Anhand seiner Wortwahl, seiner Körpersprache und seiner Präzision beim Platzieren eines Glases zum Beispiel konnten die Gäste sehen, wie viel Mühe er sich machte, sie zu beglücken.

Morgan fand, dass die Gefühle, die er in seinem Publikum im *Aureole* auslösen konnte, sich nicht von denen unterschieden, die er in ihm auf der Bühne auslösen konnte.

»Das Restaurant kann wie das Theater einen Ort darstellen, an dem die Menschen heilen und sich wieder ganz fühlen können, an dem ihnen ihr Platz auf der Welt bewusst wird und ihr Menschsein. Und in ihrem Menschsein sind sie etwas Besonderes und Einzigartiges und existieren auf eine Art und Weise, wie es sonst kein Mensch tut«, meinte er.

»Wir gehen ins Restaurant, weil wir uns umsorgt fühlen möchten«, fuhr er fort. »Alle Menschen muss man umsorgen. Wir sind so viel fragiler und empfindlicher, als wir glauben.« Die ersten Restaurants in Paris machten bei den Passanten Werbung mit dem Leitspruch: »Wir bringen Sie wieder zu Kräften.« Morgans Versprechen an die Gäste war nicht sehr viel anders.

Er hatte ein Faible für das Poetische – immerhin nannte er seine Mutter »apollinisch« und seinen Vater »dionysisch« –, und ich bezweifle, dass alle Sommeliers ihrer Rolle die gleiche Bedeutung beimessen wie er. Doch wenn man tagein, tagaus vierzehn Stunden lang ohne Pause im Restaurant steht, sollte man zumindest eine Ahnung davon haben, wieso das eine Rolle spielt und wichtig ist. Den Gästen an Tisch 112 ist vielleicht nicht in den Sinn gekommen, heute Abend bei Schwarzem Zackenbarsch »wieder eins zu werden«. Wenn Morgan allerdings nicht daran glaubte, würde es garantiert niemals passieren.

Nun war ich an der Reihe, mich als Hüterin von Lebensgeistern und geistigen Getränken unter Beweis zu stellen. Oder besser: es dem Court in einer Prüfung zu beweisen.

# 10 DIE PRÜFUNG

Wenn meine Freunde mich fragten, wie es mit diesem Sommeliertest-Kram lief, winkte ich ab und tat so, als ob es gar keine Rolle spiele, ob ich ihn bestehe. »Wisst ihr, die Reise ist das Ziel«, sagte ich und klang viel ruhiger, als ich es innerlich war.

In Wahrheit hatte ich felsenfest vor, die Prüfung zu bestehen. Beinahe ein Jahr lang hatte ich mich jetzt schon in sämtliche Facetten des Sommelier-Berufs und -Lifestyles vertieft, aber den Job selbst hatte ich noch nicht ausprobiert. Ich konnte jetzt nicht einfach aufhören. Außerdem hatte sich der Fanatismus der Somms als ziemlich ansteckend erwiesen. Meine Besessenheit davon, aus ihrer Besessenheit schlau zu werden, hatte sich zu einer Besessenheit von den Dingen, in die sie sich hineinsteigerten, gewandelt. Säurebetonter Riesling, Nasenduschen, Kerbel, elegant platzierte Untersetzer, gut gekühlter biodynamischer Beaujolais. Ich hatte sie nacheinander übernommen. Besonders nachdem ich Morgan in Aktion erlebt hatte und hinter die Philosophie des Service gekommen war, musste ich es nun selbst einmal probieren.

Kurz nach meiner *Stage* im *Aureole* machte ich die Anfangsprüfung, einen schriftlichen Test mit siebzig Fragen. Ich bestand ihn, und das bedeutete, dass ich mit der nächsten Stufe weitermachen und mich ans Certified Exam würde wagen können. Das hätte mich ermutigen können. Tat es aber nicht.

Ich hatte immer gewusst, dass eine auf Profis – die mindestens drei Jahre Berufserfahrung in der Wein- oder Gastrobranche hatten – ausgerichtete Prüfung ein harter Kampf für mich werden würde, besonders weil ich nur ein Jahr Zeit für die Vorbereitungen *und* auch noch als ahnungslose Zivilistin angefangen hatte. Je näher die Prüfung rückte, desto unwahrscheinlicher erschien mir der Erfolg. Nicht nur waren meine Leistungen bei den Young Sommelier Competition ein ziemliches Desaster gewesen, nein, auch das, was ich in den Wochen vor der Prüfung erfuhr, war desolat. Es sah so aus, als ob jeder mindestens zwei Anläufe brauchte, um den Test zu bestehen. Einige meiner Somm-Bekannten waren gerade erst beim Certified durchgefallen. Und einer von ihnen hatte eine solide Anstellung in einem von Danny Meyers Restaurants vorzuweisen, wo den Mitarbeitern Probierschlückchen kredenzt werden – das verschaffte ihnen einen ganz schönen Vorsprung, wenn man bedenkt, dass es für die Certified-Prüfung keine Vorbereitungskurse gibt. Er ließ durchblicken, dass ich keine Chance hatte. »Dein großer Nachteil ist, dass du keine Restauranterfahrung hast«, teilte er mir mit, als ich in seinem Restaurant vorbeikam, um zu sehen, wie seine Prüfung gelaufen war. »Das wird schwer für dich werden.« Völlig panisch ging ich zu Morgan. Er versicherte mir, das es bestimmt einigermaßen gut laufen würde, wenn ich achtzig Prozent der Arbeitshilfen der Guild of Sommeliers auswendig lernte. Alles schön und gut. Nur hat die Guild allein für Frankreich sechs verschiedene Arbeitshilfen, wovon die meisten länger waren als die amerikanische Verfassung. Hier eine der »offensichtlicheren« Fakten daraus: RM heißt *Récoltant manipulant,* und das bedeutet, dass der Erzeuger die Weintrauben auch selbst angebaut hat, wovon mindestens fünfundneunzig Prozent von seinem Weinberg stammen müssen. (Ach ja, und SR steht für *Société de récoltants,* CM für *Cooperative manipulant,* ND für *Négociant distributeur,* MA für *Marque d'acheteur* und NM für *Négociant manipulant.* All das würde ich wissen müssen.)

Beim theoretischen Teil der Prüfung geht es schlicht um Weinfakten. Inzwischen war ich schon bei eintausend Lernkarten angelangt, die ich auf mein Smartphone geladen hatte, damit ich mir auf Schritt und Tritt das unerlässliche und trotzdem wahllose Trivialwissen aneignen konnte. Ein paar Beispiele gefällig? Abfüllungen der Klassifikation *Normale* von Brunello di Montalcino dürfen erst ab dem 1. Januar des fünften Jahres nach der Ernte in Umlauf gebracht werden, die *Riserva*-Brunellos erst nach dem sechsten Jahr. Weil, na klar. Ich sagte alles so oft wie möglich auf. »Genau genommen ist dieser Riesling trocken«, korrigierte ich meine Schwägerin beim Abendessen, »denn obwohl er eine Spätlese ist, hat er weniger als neun Gramm Restzucker pro Liter, das ist die Obergrenze, ab der die menschliche Zunge Süße wahrnimmt.« Matt starrte mich entsetzt an. Allmählich kam ich Morgan gefährlich nahe.

Im Serviceteil würde ich eine Weinflasche öffnen und kredenzen und gleichzeitig noch eine Menge Fragen beantworten müssen, zu Cocktails (Woraus besteht ein Sidecar?), Aperitifs (Woraus wird Lillet gemacht?) sowie Digestifs (Wir können uns nicht zwischen einem Scotch und einem Irish Whiskey entscheiden – was genau ist der Unterschied?). Und natürlich würde ich auch gefragt werden, welche Weine sich mit den speziell für die Prüfung erwählten Gerichten meiner Scheingäste kombinieren ließen. Ich müsste also eine breite Palette spezifischer Weine griffbereit haben, mit Namen, Preis, Produzent, Rebsorte, Jahrgang und Stil. Im Grunde würde ich also eine ganze Karte mit fünfzig bis siebzig Weinen auswendig lernen müssen. Das Ereignis ähnelte einer Kreuzung aus Trivial Pursuit, Gesellschaftstanzwettbewerb und Blind Date. Selbst meine Persönlichkeit würde auf dem Prüfstand stehen. Da die Somms im Gegensatz zu den Köchen mit den Speisenden persönlich interagieren, würde ich nicht nur zeigen müssen, dass ich wusste, was ich tat, sondern auch, dass ich ein sympathischer Mensch war, dem die Gäste vertrauten. Ein Merkblatt des

Courts über das korrekte »Benehmen des professionellen Sommeliers« begann mit der Anweisung, ein »stilles Selbstbewusstsein, aber keine Arroganz« an den Tag zu legen. *Zeige ich nun ein stilles Selbstbewusstsein oder eher eine gewisse Arroganz?*, fragte ich mich voller Grauen. Ich hatte eine Menge Fragen. Ich hatte eine Menge Zweifel. Ich glaubte, Schauspielunterricht nehmen zu müssen.

Selbst die Blindverkostung, in der ich mich für fit gehalten hatte, war mittlerweile ungewiss. Ein paar Wochen vor meiner Prüfung gab der Court ein brandneues Format für das Blindverkostungsraster bekannt, für das Arbeitsblatt, auf dem wir unsere Eindrücke festhalten müssten und anhand dessen wir benotet würden. (Die Anwärter auf den Meistertitel müssen sechs Weine laut blindverkosten, die Certified-Kandidaten zwei Weine schriftlich analysieren.) Im Raster gab es verschiedene Spalten für jeden Aspekt der Weine, die wir analysieren sollten – für seine floralen oder fruchtigen Aromen in der Nase, für seine Struktur, die Weintraube und so weiter und so fort. Diesen Bogen sollten wir während der Blindverkostung ausfüllen und ihn anschließend an die Richter, die allesamt Meistersommeliers waren, weiterreichen, damit sie uns bewerteten. So weit, so gut, nur dass der Court in das neue Design zusätzliche Spalten eingefügt, die Beurteilungsskala umgestaltet, neue Rebsorten hineingeworfen und sich alle möglichen neuen zu bewertenden Eigenschaften ausgedacht hatte. In den sozialen Medien herrschte großer Aufruhr unter den Somms. »Ich nehme an, ihr habt Verständnis für meine Panik in Anbetracht des völlig neuen Bewertungsbogens«, schrieb ein Mann aus Baltimore, der seit sechzehn Jahren in der Gastro tätig war. »Mein sicheres Gefühl für das Prüfungsverfahren ist komplett dahin.« Hätte ich auch gesagt, wenn ich jemals ein sicheres Gefühl gehabt hätte.

Mein Geschmackstraining mit Morgan und den anderen Somms hatte auf das weit anspruchsvollere Format der Meistersommelier-Prüfung abgezielt, das heißt, ich hatte eine viel breitere Palette an Weinen kennengelernt – und eine viel ausführlichere Analyse bei der Blindverkostung vorgenommen, als es für das Certified nötig gewesen wäre. Allerdings waren mir Horrorgeschichten zu Ohren gekommen, wie die Nervosität am Prüfungstag den zarten Gaumen der Kandidaten völlig durcheinandergewirbelt hatte, ich konnte mir also absolut nicht sicher sein. Mein morgendliches Training bestand inzwischen nicht nur im Erschnuppern der etwa fünfzig Essenzen meines Aromakits von Le Nez du Vin, sondern auch in einer Solo-Blindverkostung in der Küche vor dem Frühstück. Weil ich mich für die winzigen Unterschiede in Alkohol-, Säure- und Zuckergehalt sensibilisieren wollte – dem Geheimnis der Struktur eines Weins –, stürzte ich mich in ein geschmacksverfeinerndes Übungsprogramm, das von Wissenschaftlern der University of California, Davis, für die Ausbildung professioneller Weinrichter entwickelt worden war. Ihren Anweisungen zufolge bestellte ich genügend Messbecher, Waagen und Pülverchen, um vom FBI beschattet zu werden. Als Nächstes half Matt mir bei den Blindversuchen mit den genauen Verdünnungen von Zitronensäure, Essigsäure, Saccharose und Whiskey, während ich die Anteile in den Lösungen bestimmen musste – etwa vier verschiedene Konzentrationsstufen pro chemische Substanz, die ich zufallsmäßig in Dreißigerhäppchen probierte. Dieses Gaumenquiz führte ich ein paar Dutzend Male durch (sorry, Matt), bis ich mittlere von mittel-bis-kräftiger Säure und zwölf Prozent Alkohol von dreizehn oder vierzehn Prozent Alkohol sicher unterscheiden konnte. In einem Akt der Verzweiflung überredete ich Matt, mir bei einer Übung im assoziativen Lernen zu helfen, damit mir der Geschmack von Chablis endlich in Fleisch und Blut überging und ich ihn nicht länger falsch interpretierte. Sie stammte von Johan Lundström, dem Neurowissenschaftler, den ich in Dresden getroffen hatte. »Für eine der besten Verbindungen«, hatte Lundström mir geraten, »sollten Sie etwas tun, während Sie Sex haben.« Wenn ich Ihnen einen guten Rat geben darf: Nichts killt die Lust mehr, als Chablis durch die Nase zu prusten.

Wenigstens die Sommeliers in meiner *EMP*-Verkostungsgruppe teilten meine Verzweiflung. Sie waren alle völlig durch den Wind, weil ihre Meisterprüfung kurz bevorstand. Es kam zu heftigen Streitereien. Yannick Benjamin, der Somm, der den Test zum neunten und letzten Mal machte, ging auf seinen Partner los, als er in einer der letzten Verkostungen vor dem großen Tag einen Flight vermasselte. »*Scheiße*, Mann! Du machst mich echt wütend! Ich brauche Feedback! Ich hab nur noch eine Woche!«, schrie er. Am selben Tag ging dem normalerweise unerschütterlichen Morgan bei einem Flight die Zeit aus. Ein Anfängerfehler, der ihm, soweit ich mich erinnern kann, damals zum ersten Mal passiert ist. Auch Morgans philosophische Ader brachte die Nervosität zum Vorschein. Sein Twitter-Feed war zu einer Abfolge motivierender Aphorismen geworden, wie etwa: »Den Verlierern die Ergebnisse. Den Königen und Göttern die Fortschritte.«

Bei Morgan und den anderen Somms ging es bei dem Erreichen der nächsten Sommelier-Stufe im Zweifel auch um eine dicke Gehaltserhöhung. Laut einer Umfrage der Guild of Sommeliers verdienen Meistersommeliers um die 132 000 Euro jährlich, das ist mehr als das Doppelte von dem, was die Certified Sommeliers im Jahr verdienen (53 000 Euro), und fast das Dreifache des Jahresgehalts der Intro-Kandidaten (48 000 Euro). Erfahrene Sommeliers konnten in New York City von 53 000 bis hin zu 124 000 Euro verdienen. Einen Großteil davon machten die Trinkgelder aus, folglich hing ihr Gehalt von der Großzügigkeit der Kunden und der Beliebtheit des Restaurants ab. Die 132 000 Euro überschritt das Jahresgehalt eines Meistersommeliers nicht, es sei denn, er oder sie kehrte dem Kellnerdasein den Rücken und gab Weinseminare für große Restaurantgruppen oder arbeitete als Händler oder Berater. Die meisten von ihnen tun das irgendwann, weil sie von der nächtlichen Plackerei und dem Mangel an Flexibilität, Sicherheit und Zusatzleistungen zermürbt sind. Manche Restaurants beteiligten sich an der Altersvorsorge oder (in den USA) an der Gesundheitsversorgung, doch der Großteil war knauserig. Sie wurden von den geringen Margen zu Niedriglohnjobs angespornt und machten ihr Personal lieber vom Trinkgeld abhängig, als ihnen ein festes Gehalt zu zahlen. (In den USA hat es deswegen schon einige Gerichtsverfahren gegeben – wie ein Somm es formulierte: »Ein Restaurant lässt sich nicht auf gute Art führen, wenn es sich nicht am Rande der Legalität bewegt.«) Die Sommelier-Generation in Morgans Alter war früher zu ihrem Beruf gekommen – teils weil sie mit Wein und inmitten der Wiedergeburt der Esskultur aufgewachsen waren, teils weil die Wirtschaft Ende der 2000er am Boden war, als sie von der Uni gingen, und teils weil die Branche derart geizig ist.

»Heute ist das Durchschnittsalter eines Sommeliers eher siebenundzwanzig als siebenundvierzig«, sagte der ehemalige Sommelier Levi Dalton, der den Podcast *I'll drink to that* (Darauf trink ich einen) ins Leben gerufen hat. »In der Branche heißt es: ›Ach, wir möchten gerne die Jugend ermutigen, bei uns zu arbeiten.‹ In Wahrheit bedeutet das aber nichts anderes als: ›Wir möchten gerne mehr billige Arbeitskräfte zu uns einladen … Eine Mittelschicht möchten wir lieber nicht. Wir möchten, dass junge Leute eine Chance bekommen, die achtzig bis neunzig Stunden die Woche arbeiten und sich nicht über ihr niedriges Gehalt beschweren, weil sie so viel über Wein lernen, und wenn ihnen das nicht mehr reicht, dann finden wir jemand Neuen, der ihre Arbeit übernimmt.‹ So ungefähr läuft das. Dadurch sind eine Menge Sommeliers aus der Bahn geworfen worden.«

Dennoch beharren die Meistersommeliers darauf, dass sie ihr Diplom nicht wegen des Geldes machen wollten. »Wenn man sich das Maß an Erfahrung und Wissen anschaut, das wir auf dieser Stufe haben, und an irgendeine andere Branche denkt –

an Banken, Finanzen, Mediziner oder Juristen –, verdienen wir nur einen Bruchteil dessen, was deren bestbezahlte Angestellten jeden Monat in der Tasche haben«, sagte mir die Meistersommelière Laura Wilson. »Uns geht es um die persönliche Weiterentwicklung und den Weg. Einen, der von Inspiration geleitet wird.« Dabei ist Geld gar nicht der Beweggrund, dem man mit einem Stirnrunzeln begegnet. Das ist nämlich das Ego. Mir sind Beschwerden einer älteren Generation von Sommeliers zu Ohren gekommen, die Neulingen wie Morgan unterstellen, nur auf Ruhm und Ehre aus zu sein. *Das* ist für Serviceprofis die Todsünde, denn sämtliche Aufmerksamkeit muss von ihrer Person abgelenkt werden.

Ob es nun um Ruhm, Reichtum oder schlicht dem Streben nach Wissen und Erfahrung ging, der Court wurde von Anmeldungen zu den Prüfungen überflutet. In New York waren die Plätze sofort weg, weshalb ich mich in der Stadt einschrieb, die meinen zeitlichen und räumlichen Vorstellungen am ehesten entsprach: Virginia Beach, ein Stück künstlicher Strand, das etwa drei Stunden von Washington, D. C., entfernt liegt. Von einer Gruppe Meeresforscher wurde er einmal zum Strand des Monats gewählt, weil es »ihm an nahezu allen natürlichen Strandvorgängen mangelte«.

Anfangs hatte mich das sehr geärgert. Die trockene Flugzeugluft würde meine Nase umbringen und mein Immunsystem angreifen – das Letzte, was ich brauchen konnte, war eine Erkältung. Allmählich hatte ich mich dann aber mit dem Gedanken angefreundet und freute mich mittlerweile sogar darauf, mit einer Gruppe Sommeliers Bekanntschaft zu machen, die außerhalb der Önophilen-Mekkas wie San Francisco und New York tätig waren. In der Hoffnung, mich mit einigen Einheimischen verabreden zu können, hatte ich eine Nachricht auf der Website der Guild of Sommeliers gepostet. Annie Truhlar, die seit zwanzig Jahren in den Restaurants von Virginia Beach arbeitete, schrieb mir, ich könne mich am Samstag vor der Prüfung bei ihr melden. Sie legte gleich, nachdem sie ans Telefon gegangen war, wieder auf. Ich solle in zehn Minuten wieder anrufen. Keine Unterbrechungen.

Als wir schließlich miteinander redeten, bot Annie an, mich vom Flughafen abzuholen. Und weil es eine hervorragende Idee ist, ins Auto einer Fremden zu steigen, die man im Internet kennengelernt hat, sagte ich: »Bis nächsten Montag in der Ankunftshalle.«

Annie winkte mir vom Fahrersitz eines anthrazitfarbenen Yukon SUVs mit einem Sprung in der Frontschutzscheibe aus zu.

»Seit ich zwölf war, habe ich in keinem Flugzeug mehr gesessen«, verkündete sie, als ich mich ins Auto hochhievte. Annie war fünfunddreißig, hatte ein rundes, leicht sonnenverbrannt aussehendes Gesicht und die Spur eines Südstaatenakzents. (Obwohl ihre Servicekompetenzen »auf den Punkt« waren, solle sich der Court sein »gottverdammtes Dekantieren in den Arsch schieben«.) Sie wuchs am Rand von Winston-Salem auf, wo ihre Großeltern zwei Farmen, ein paar Mietshäuser und einen Trailerpark besaßen. Weiter nördlich als Maryland war sie nie gekommen, und diese Reise lag erst wenige Monate zurück, als sie sich zum zweiten Mal bei der Certified-Prüfung versuchte.

»Fürs letzte Mal in Baltimore habe ich zwei Wochen lang nur gebüffelt und Adderall gefuttert, als ob es Bonbons wären. Ich war so krass enttäuscht, als es nicht geklappt hat«, sagte sie. Sie wollte es noch einmal versuchen. »Ich hatte noch ein bisschen Geld auf dem Sparkonto und dachte ›Scheiß drauf, ich mach die Prüfung einfach noch mal …‹ Zum dritten verdammten Mal … Neunhundert Kröten hab ich ausgegeben! Für Level zwei! Herrgott.«

Die knapp dreihundert Euro Anmeldegebühr waren eine große Investition für jemanden, der mit Annies Worten ein

»Scheiß-Gehalt« kriegt – vier Euro die Stunde plus Trinkgeld, um genau zu sein. Annies Ehemann Chuck, ein Klempner, war nicht gerade begeistert davon, dass sie an ihr Erspartes ging, wo sie doch vier Kinder hatten. Doch Annie hatte ihm erklärt, dass ihr dieses Diplom eine riesige Gehaltserhöhung verschaffen würde. Eine viel größere als nach ihrem Abschluss beim Tidewater Community College. Außerdem stellten immer mehr Restaurants nur Leute ein, die diese Prüfung bestanden hatten.

»Wir leben von der Hand in den Mund«, sagte Annie, als wir auf die Autobahn rollten. »Bei diesem Sommelierdiplom geht es für mich um ein deutlich höheres Einkommen in der Gastrobranche. Ein deutlich höheres. Ich rede hier von einer vom Trinkgeld abhängigen Angestellten zu einem Fixgehalt von 53 000 Euro.«

Das Dröhnen der Düsenflieger überdeckte teilweise ihre Satzenden. »LUFTSTÜTZPUNKT OCEANA!«, schrie Annie mir erklärend ins Ohr. Die Heimat der Düsenjägerflotte der Navy war fünfzehn Fahrminuten vom *Zoës* entfernt, dem Surf-'n'-Turf-Restaurant, in dem die Prüfung stattfand. Schwarze Flugzeuge flogen kreuz und quer am Himmel. »Die Leute nennen das ›den Sound of Freedom‹«, brüllte Annie. »Achte mal auf die Aufkleber auf den Autos: ›Wenn dir der Sound nicht gefällt, geh doch zurück, wo du herkommst.‹«

Wo wir gerade beim Militär waren: Annies siebzehnjähriger Sohn legte in Richmond gerade den Eid für die Navy ab. Während wir in Richtung Virginia Beach fuhren, leierte sie ihre Familiengeschichte herunter. Ihr Stiefvater war in der U.S. Army Band gewesen, und Annie hatte eigentlich auch beitreten wollen. Während ihrer gesamten Highschoolzeit hatte sie in der Blaskapelle mitgespielt und gedacht, dass aus ihr auch einmal eine Army-Musikerin werden würde. In ihrem letzten Schuljahr, mit siebzehn Jahren, wurde sie schwanger. Sie und Chuck zogen in einen Trailer, und Annie fing an zu kellnern, genau wie ihre Mutter, die in North Carolina im *Olive Garden* als Bedienung arbeitete. Eine Woche nach ihrem achtzehnten Geburtstag kam ihr Kind auf die Welt. Seitdem hat Annie wohl so ziemlich jeden Serviceposten und auch einige Küchenposten ausprobiert. Während wir die Atlantic Avenue entlangfuhren, die Hauptstraße der Stadt, zeigte sie mir das *Best Western*, in dem sie an der Rezeption gestanden hatte. Es teilte sich einen Straßenabschnitt mit Nightmare Mansion, Top Gun Minigolf, Oh Fudge, Forbes Salt Water Taffy und Sunsations, das seine großen Schaufenster mit Bodyboards, Sonnenschutz, einem Schild mit Einsiedlerkrebsen und neonfarbigen Trägerhemden mit der Aufschrift JUST TWERK IT vollgestopft hatte. Nebenan warb ein Tätowierstudio mit »komplett sterilem« Körperpiercing.

Annie ist dem Wein aus einem ganz einfachen Grund verfallen: »Ich hab erlebt, wie viel Kohle ich damit machen kann.« Als sie noch als Kellnerin im *Cavalier Golf & Yacht Club* gearbeitet hat, einem von altehrwürdigen Familien aus Virginia für andere altehrwürdige Familien aus Virginia gegründeten Ort, wo ausschließlich Mitglieder Zutritt hatten, war sie für einen Tisch zuständig gewesen, der einen vierhundertachtzig Euro teuren Montrachet orderte. »Ich hatte keinen Schimmer, was an dieser Flasche Wein fünfhundert Euro wert gewesen sein soll. Ich wusste nur, dass ich sie verkauft hatte und sie zu meinem persönlichen Umsatz gezählt wurde. Allein ihr ganzes Essen hatte schon dreihundert Euro gekostet – ich hatte also eine Rechnung von knapp tausend Euro. Ich hab einen Umsatz von tausend Euro! Das macht zweihundert Tacken! Und anderthalb Stunden meines Lebens? Ich hab bestimmt nix gegen einen Stundenlohn von hundert Euro. Das passiert nicht alle Tage, aber ich dachte so: ›Was ist an dieser Flasche so besonders, dass sie fünfhundert Euro wert ist?‹ Und ich fing an, Fragen zu stellen, und fand es immer faszinierender.«

Für Morgan und die anderen Sommeliers, die ich kennengelernt hatte, war der Wein eine Berufung. Sie ließen ihren Abschluss in Neurobiologie oder ihren Bachelor in Englischer

Literatur zugunsten eines Lebens im Weinkeller links liegen, denn das war ihre Leidenschaft. Sie verbrachten ganze Wochenenden mit dem nerdigen Fachsimpeln über große Jahrgänge österreichischer Rieslinge, weil sie das »erfüllend« fanden, diesen so heiß begehrten – und luxuriösen – Daseinszustand der Oberschicht und der oberen Mittelschicht. Für Annie bedeutete die Karriere in der Weinbranche, dass es Chuck und ihre Kids ein wenig leichter hätten. Dabei ging es nicht um die Bürojobalternative, die einen zufriedener machte; es ging ziemlich genau um Annies einzige Chance. Ich war auf den Antimorgan getroffen. Wo seine Önobesessenheit an Unvernunft grenzte, war die von Annie praktischer, sogar pragmatischer Natur.

Im *Cavalier* wurde Annie kurz vor ihrem ersten Versuch mit dem Certified gefeuert. Ihre Chefin behauptete, sie hätte von einer Kreditkarte zu viel Trinkgeld abgezogen. »Stimmt nicht«, sagte Annie. Nach zwei Monaten landete sie schließlich als Bedienung im *Cypress Point Country Club*, der – wie sie zu spät erkannte – das Bag-in-Box-Äquivalent zum Montrachet im *Cavalier* war. Im *Cypress Point* wurde selten etwas anderes als Wein von Canyon Road verkauft, der gerade mal fünf Euro im nächsten Spirituosenladen kostet und dessen Rote höchstwahrscheinlich eine ordentliche Portion Mega Purple enthalten. »Das machte mich fertig«, meinte Annie. »In zwei Jahren hab ich achtunddreißig Kilo zugenommen.« *Cypress Point* verfügte über keine nennenswerte Weinkundschaft, was zwar deprimierend für Annie, aber sicher nicht so ungewöhnlich für einen Ort wie Virginia Beach war. Quantität galt hier mehr als Qualität. Wir fuhren an Meeresfrüchtelokalen mit All-you-can-eat-Büfetts vorbei, einem Restaurantkomplex im Stil von Little Italy, der sich »Big Italy« nannte, und an Hotelhochhäusern, die derart wuchtig waren, dass wir von der Straße am Strand aus kaum das Meer sehen konnten.

Annie hat irgendwann beschlossen, ihren Gästen den Wein näherzubringen. Nachdem ihr erster Boss gegangen und bevor der neue da war, hat sie keinen Canyon Road mehr bestellt und stattdessen Craft Beer, neue Weine und ein paar Sektsorten eingekauft. Sie hat sich eine Punschkarte ausgedacht, den »Wine Down Wednesdays« (Weinseliger Mittwoch) ins Leben gerufen, bei dem es einige Flaschen zum Sonderpreis von dreizehn Euro gab, und hat eine Auswahl verschiedener Sangrias sowie ein Schaumweinpaket für die Bräute im *Cypress Point* ausgeheckt. Letzten Endes schaffte sie es, einen Sommelier-Titel zu ergattern. »Mein Boss wusste noch nicht mal, was das überhaupt ist«, sagte sie. »Er musste erst im Internet nachschauen, und dann meinte er: ›Im Grunde bist du hier also so was wie – ja, du bist die Sommelière hier.«

Das war vor einem Jahr. Jetzt hatte sie das Gefühl, dass sie auf der Stelle trat. Dreißig Euro die Flasche war schon Luxus für das Klientel des Country Clubs. »Irgendwann hab ich endlich auch Champagner eingekauft, zwei Flaschen, aber keiner will die fünfzig Euro dafür ausgeben«, meckerte sie. »Mein ganzes Wissen wird vergeudet.« Mit dem Rest des Personals war sie nicht auf einer Wellenlänge. »Die haben dieses ganze: ›Oh, Annie, die ist eine Sommelière, glaubt, sie sei was Besseres.‹« Das zumindest hatten Virginia und New York gemeinsam.

Annie bog in die Auffahrt eines der drei *Hilton Hotels* von Virginia Beach ein, damit sie mir das *Salacia* zeigen konnte, das Steakhouse unter dem Hotelparkplatz, das zu den besten Restaurants der Stadt gehörte. Einer der wenigen Orte, die mit den Serviceansprüchen des Courts konform gingen, erzählte sie mir. Sie starrte es an und ließ den SUV im Leerlauf. »Dort gehöre ich hin. Ich hab es im Urin, so ein Restaurant könnte ich wunderbar führen.«

Ich hatte damit gerechnet, beim Abendessen allein vor dem Computer die chilenischen Weingesetze noch einmal durchzugehen, doch Annie fragte, ob ich noch ein paar Blindverkostungen mit ihr machen würde, also landeten wir in der Hotelbar eines weiteren *Hiltons*.

Wir befragten uns gegenseitig und veranstalteten einen Hokuspokus wegen unseres Gaumens. Sie regte sich darüber auf, dass sie verschnupft war, und bestellte feurige Buffalo Chicken Wings in der Hoffnung, die würden ihre Nase wieder freipusten. Auf meinem Burger lagen rohe Zwiebeln. *Rohe* Zwiebeln! War denen das Ausmaß der Geschmacksknospenverderbnis nicht bewusst, die rohe Zwiebeln zur Folge haben konnten? Ich kratzte sie mit einem Messer herunter, weil ich nicht einmal riskieren wollte, sie anzufassen – schließlich würden meine Finger vielleicht noch am nächsten Morgen danach stinken.

Mit jeder Stunde verließ uns das Selbstvertrauen ein Stück mehr. Mittlerweile hatte Annie es so gut wie akzeptiert, dass sie in ein paar Monaten nach Raleigh fahren und den Test noch einmal würde machen müssen. Ich ging davon aus, dass mir das gleiche Schicksal bevorstand.

»Drei Jahre lang hab ich Bücher gewälzt«, wehklagte sie. »Drei Jahre lang hab ich gebüffelt, und es gibt immer noch Zeug, das ich mir einfach nicht merken kann. Ich schau mir die Frage an und stehe völlig auf dem Schlauch. Ich meine, ich weiß dann nicht einmal mehr, wie ich heiße.«

Ich hatte wenigstens Morgan, der für mich die gute Weinfee spielte. Annie hingegen war fast komplett auf sich allein gestellt. Es gab eine Verkostungsgruppe hier im Ort, doch die traf sich donnerstagnachmittags, wenn Annie arbeiten musste. Zu den Studienhilfen des Courts hatte sie auch kaum Zugang, weil sie nur online existierten und Annie keinen Computer besaß. Und selbst wenn sie an einen Computer herankam, wusste Annie nicht wirklich damit umzugehen. Ihre ehemalige Chefin im *Cavalier* hatte das Certified Sommelierdiplom, doch im *Cypress Point* gab es niemanden, der ihr hätte helfen können. Die richtige Art des Einschenkens, Gehens, Sprechens, sich Kleidens und Faltens hatte Annie im Grunde erst während der Prüfung selbst gelernt. Die Förmlichkeit, auf die der Court Wert legte, hatte nichts mit der Relaxtheit des *Cypress Point* gemeinsam. Als sie die Prüfung zum ersten Mal antrat, trug Annie ein weißes Hemd, eine schwarze Krawatte und eine schwarze Schürze – ihre normale Arbeitskleidung –, weil ihr schlicht nicht bewusst war, dass beim Court ein Kostüm Pflicht war.

Vor diesem Hintergrund wurde klar, wie sehr ich bei meinem Training aus dem Vollen hatte schöpfen können. Ich war in der Lage gewesen, auf Sensorikforscher, Meistersommeliers, angehende Meistersommeliers und sogar Meisterparfümeure zurückzugreifen, die mir ausgeklügelte Verkostungstechniken beigebracht und mich im Riechen gecoacht hatten. Sammler hatten ihren Keller für mich geöffnet und mich Weine probieren lassen, die ich mir sonst nie im Leben hätte leisten können. Und dann waren da noch die uferlosen Mengen Gratiswein, die ich von den Hunderten Händlern zu trinken bekam, die es in Scharen nach New York zieht, dem facettenreichsten Weinmarkt der Welt. Annie hatte das alles ganz allein gemacht, und es gab keinen Plan B.

Als ich an diesem Abend versuchte einzuschlafen, sah ich jedes Mal Karteikarten, wenn ich die Augen zumachte. Morgan hatte mir eine E-Mail geschickt: »Sieh zu, dass du genügend geschlafen und genügend getrunken hast! Sich nicht vorzubereiten heißt, sich aufs Scheitern vorzubereiten!« Leichter gesagt, als getan, wenn das Dröhnen der Kampfjets so klang, als ob gleich einer direkt neben mir landen würde. Das ist nur eine dämliche Prüfung, sagte ich mir immer wieder, um mich zu beruhigen, während ich das Badezimmer nach irgendetwas durchwühlte, das ich mir in die Ohren stopfen konnte. Ich musste allerdings erkennen, dass ich nicht nur wegen mir selbst nervös war. Ich machte mir Sorgen um Annie. Wenn ich durchfiel, würde das Leben weitergehen. Ich würde den Test noch einmal machen. Ich hatte keine Verantwortung für jemanden. Doch bei Annie würde das Bestehen den Familienalltag wahrscheinlich grundlegend verändern. Die Prüfung war überhaupt nicht dämlich.

Wir waren beide nicht gut drauf, als Annie mich am nächsten Morgen abholte. Sie fühlte sich unsicher in ihrem neuen Kostüm. Sie hatte sich nicht entscheiden können, ob sie die Zähne putzen sollte, und jetzt bereute sie den Zahnpastageschmack im Mund. Kaffee war eine Zerreißprobe. Heißen, geeisten oder besser gar keinen? Sie hatte sich für geeist entschieden, aber war das wirklich so schlau?

Dank des Sounds of Freedom hatte ich nicht viel geschlafen. Ich stand im Morgengrauen auf, um meinen Blazer zu bügeln, ein paar Sachen durchzugehen und das Zähneputzen so zu timen, dass meine Zunge genügend Zeit haben würde, sich davon zu erholen. Der erste Tagesabschnitt würde aus Blindverkostungen bestehen, dafür wollte ich Appetit und einen neutralen Gaumen haben. Alles lief nach Plan, bis zu dem Moment, in dem ich mir die Zungenspitze verbrühte. Gottverdammter Tee. Ich wollte mir etwas Wein zum Gurgeln beschaffen, damit ich wieder die Orientierung bekam in diesem schrecklichen Neuzustand, doch die Minibar war für die Katz, und als ich den Zimmerservice anrief, um ein Glas Chardonnay zu ordern, legte die Frau am anderen Ende der Leitung eine lange Pause ein, bevor sie sagte, dass es wohl ein wenig früh für Wein sei und sie deswegen erst mit ihrer Vorgesetzten sprechen müsste. Außerdem war mein Korkenzieher am Flughafen konfisziert worden, und der neue lag nicht so gut in der Hand, was mich ziemlich aus dem Konzept brachte. Ich hatte das Gefühl, mir selbst fremd zu sein: Wer war diese Person, die wegen eines Korkenziehers die Fassung verlor? Auf dem Weg zur Prüfung zeigte Annie auf einen Wohnkomplex aus Backstein hinter dem Birdneck Food Mart, in den einer der Oceana-Kampfjets hineingestürzt war. Was für ein schlechtes Omen.

Als wir in *Zoës* Einfahrt einbogen, ein hinter einem Büropark gelegenes Gebäude mit Schindeln, sah es aus, als wären wir bei einem Kongress für Leichenbestatter gelandet. Ernste Frauen und Männer im Anzug schritten auf dem Parkplatz umher. Die meisten schienen in den Zwanzigern zu sein. Als ich die Eingangsprüfung des Courts machte, hatte ich neben einer Pilateslehrerin und einem Ingenieur für Medizintechnik gesessen. Hier jedoch waren fast alle Prüflinge in Restaurants beschäftigt. Der vierundzwanzigjährige blonde Alex verkaufte Wein in einem Restaurant im Umland von New Jersey. Devin war Kellner im *TAO,* einem Modelmekka in New York. Der superhippe Barkeeper Sean trug seine Gucci-Slipper barfuß und war mit seiner Verlobten aus Richmond gekommen, die wie Miley Cyrus aussah und drei verschiedene Restaurants leitete. Sich selbst und Sean bezeichnete sie als »Gastro-Powerpaar«. Ein paar Frauen arbeiteten im *Zoës.* »Ich hab heute Morgen Nasenspray genommen«, prahlte eine von ihnen. Die einzige Zivilistin war eine Frau namens JJ, eine Amateurkonditorin in den Vierzigern, die Forschungssatelliten für die NASA entwarf.

Um acht Uhr nahmen Anni und ich in einander gegenüberliegenden kastanienbraunen Kabinen Platz. Sofort machte ich mir wegen der Beleuchtung (dunkel) und der Farbe der Sitzbezüge (rot) Gedanken. Keine perfekten Bedingungen für eine Verkostung.

Stopp!, sagte ich mir. Die Nervosität ruiniert dein Selbstvertrauen, und du brauchst absolutes Selbstvertrauen, um dich auf diese Geschmäcker und Gerüche einzulassen. Ich schloss die Augen und wartete, bis die übrigen Teilnehmer nacheinander Platz genommen hatte. Aaaaaaatmen. Mach dich innerlich ganz leeeeer.

Morgan hatte Weisheiten der Kampfkunstlegende Bruce Lee heraufbeschwört, um mir beizubringen, wie ich die Blindverkostung am besten angehe. »Leere deinen Geist«, lauteten die ersten Worte seiner E-Mail, in der er Lee zitierte. »Werde formlos, gestaltlos – wie Wasser. Wenn man Wasser in eine Tasse gießt, wird es zur Tasse … Sei Wasser, mein Freund.« Fortgeschrittenen Meistern der Kampfkunst sagt man nach, dass sie sich in einen Zustand der völligen geistigen Klarheit begeben oder auch »unbewusste Bewusstheit ohne Bewusstsein«, genannt *Mushin,* was so viel wie »Nicht-Geist« heißt. Sie entledigen sich sämtlicher Gedanken, Emotionen, Ängste und ihres Egos, damit sie sich der Erfahrung auf völlig reine Art öffnen können, ohne jegliche Ablenkungen. In diesem Zustand der »perfekten Ungeschütztheit« sind sie ganz präsent, sie betrachten und sie reagieren. Mushin wird häufig mit dem Zustand *Mizu no kokoro* verglichen, »Geist wie Wasser«, in dem der Geist ganz still wird, wie die Oberfläche eines Wasserteichs. Nur dann kann sie genau das widerspiegeln, was ihr dargeboten wird. Nervosität und Gefühle schlagen Wellen. »Letzten Endes«, so interpretierte es Morgan, »geht es beim Verkosten gar nicht wirklich um den Wein. Es geht um dich und wie sehr du dein Gespür für seine Wahrheit geschärft hast.«

Auch wenn ich Morgans Kampfkunstanalogie anfangs ratlos (und ja, gut, auch skeptisch) gegenüberstand, so musste ich inzwischen eingestehen, dass es tatsächlich gewisse Parallelen zur Blindverkostung gab. So verrückt es klingen mag, darüber auf Zen-Art nachzudenken hat mir ziemlich geholfen. Bei der Blindverkostung müssen wir »unseren Geist leeren«, damit wir präsent und aufnahmebereit sind. Wir müssen unsere Zweifel, Ängste und Gefühle ziehen lassen, um die winzigsten Details des Gegenwärtigen in uns aufsaugen zu können. Wir müssen den Teil unseres Gehirns ausschalten, der sich gerne auf Abkürzungen verlässt wie etwa Namen oder das, was wir neulich verpatzt haben, oder ob es sehr wahrscheinlich ist, dass uns zwei Viogniers hintereinander vorgesetzt werden. Vieles, womit wir im Alltag konfrontiert werden, soll unserer kognitiven Voreingenommenheit in die Hände spielen. Beim Verkosten können wir nur dann Erfolg haben, wenn wir sie ablegen. Wir müssen an die echte Wahrnehmung gelangen, die nicht von Vorurteilen oder dem Filter unseres eigenen Egos beeinflusst wird. Ich fand die Herausforderung sehr erfrischend, die Welt um mich herum so zu betrachten, wie sie wirklich ist, nicht so, wie ich sie mir vorgestellt habe.

Einer der vier Meistersommeliers stand auf, um ein paar wenige einführende Worte zu sprechen. Für die ersten beiden Prüfungsteile hätten wir eine Dreiviertelstunde Zeit: Zwei Weine würden wir blind verkosten müssen und danach vierzig Fragen schriftlich beantworten. »Wer lange nachdenkt, hat schon verloren«, sagte er noch. Und – los geht's.

Ich hob mein Glas Weißwein hoch und sog tief die Luft ein, kein Schwenken, damit ich die Aromen erfasste, die sich über dem Wein gebildet hatten, während er im Glas ruhte. Ein zarter Duft. Zitrusartig, eher würzig als süß. Salzig. Wie Meerwasser mit einem Klecks Schmand. Ich begann, die Kästchen in dem ausgedruckten Bewertungsraster anzukreuzen. Strohgelb. Grapefruit, Zitrone, Birne, Estragon. Bei der Rubrik »floral/blumig« kam ich ins Zögern. Ich umkringelte »leicht bis gar nicht«, strich es anschließend durch und schrieb »dominant« hin. Dann roch ich erneut an dem Glas. Ich strich »dominant« durch und schrieb wieder »leicht bis gar nicht« hin. Wer lange nachdenkt, hat schon verloren. Nein. Zweifle nicht an dir selbst. Nimm wahr und schreib auf. Nicht-Geist. Olfaktorische Ermüdung machte sich breit. Ich schnupperte am Rotwein, um meine Nase wieder auf Spur zu bringen, und wendete mich wieder dem Weißwein zu.

Ich strich »dominant« durch und umkringelte »leicht bis gar nicht« erneut. Der Wein hatte – allein der Gedanke ließ mich innerlich zusammenzucken – eine gewisse Mineralität. Das war doch nicht etwa … oder etwa doch? Ich nippte daran. Auf alle Fälle trocken. Keine neuen Eichenfässer. Mittlere bis mittelkräftige Säure, mäßiger Alkoholgehalt, wenig bittere Phenole. Im Abgang eher sauer als reife Frucht; leichte Tendenz zu Alter statt Neuer Welt. Ich schlür-schlür-schlüüüürfte den Wein gemeinsam mit den anderen Mündern um mich herum. Das klang wie hundert Saugglocken, die versuchten, einen Abfluss frei zu kriegen.

Erstes Fazit: kühles oder gemäßigtes Klima (aufgrund des niedrigen Alkohols und der höheren Säure), Chardonnay (wegen der Birnen- und Zitrusnoten und dem wenig intensiven Aroma), Alte Welt (wegen der betonten Mineralität, dem sauren Abgang und den Noten von Kräutern und Stein). Ich sssscchhhlüüürfte noch einmal. Endgültiges Fazit: Ich konnte kaum glauben, was ich da hinschreiben wollte. Doch so war es. Burgund, schrieb ich. Chablis, ein bis drei Jahre alt. Insgeheim dankte ich Johan Lundström und fuhr fort.

Ich sog den Duft des Rotweins ein und atmete mit einem tiefen Erleichterungsseufzer wieder aus. Das wusste ich. Das musste es sein. Rubinrot. Reife Himbeeren, Erdbeeren, Brombeeren, Pflaume, Blaubeeren, Cassis, nach Konfitüre schmeckend. Ein Hauch von, ja, Pyrazin. Vanille, Zimt, Backgewürze und zwischen Lippen und Gaumen trocknende Tannine – ganz klar neue Eichenfässer. Ich übersprang die Rubrik »Wild, Blut, Rauchfleisch, Leder«, die einfach nur eklig klang und nicht zutraf. Trocken, mit süßen Tanninen, mittlerem bis kräftigem Alkoholgehalt, gemäßigter Säure. Endgültiges Fazit: Cabernet, Kalifornien, ein bis drei Jahre alt.

Ich tauschte mein Verkostungsraster gegen den Theorieteil ein und sah, wie die blasse und hoch konzentrierte Annie sich an ihrem Antwortbogen zu schaffen machte. Der Test bestand teilweise aus Selektivfragen, hauptsächlich aus Fragen, die kurze Antworten erforderten; und er war alles andere als einfach. In einer Frage wurden Erzeuger genannt – Château Rayas, Giacomo Conterno, Dr. Loosen –, bei denen wir jeweils notieren sollten, welche Rebsorte sie als Primärtraube einsetzen. Nennen Sie zwei Unterzonen des Chianti. Bringen Sie diese American Viticultural Areas in Kalifornien in die geografisch korrekte Reihenfolge von Nord nach Süd. Was ist die Hauptrebsorte der Schweiz? »Chasselas«, schrieb ich und war Annie dafür dankbar, dass sie das mit mir am Abend vorher noch einmal geübt hatte. Wie viele Weingüter produzieren einen Premier Cru Chablis? Wenn Sie einen Wein zu zwanzig Euro einkaufen und von jeder Flasche fünf Gläser verkaufen können, wie viel kostet dann ein Glas, wenn Sie fünfundzwanzig Prozent Umsatzkosten draufschlagen? Welcher Fluss läuft entlang des Hermitage? Wie soll ich jemals bestehen?

Annie und ich waren die letzten beiden, die ihren Test einreichten. Wir marschierten im Gänsemarsch zurück zum Parkplatz, wo die Leute zu rekonstruieren versuchten, womit die Gläser befüllt waren.

Jeder vermutete etwas anderes. Beim Rotwein hieß es australischer Shiraz, französischer Syrah, Nebbiolo, Tempranillo, Malbec, Cabernet. »Viele haben Cabernet geschrieben«, sagte Devin, der früher mit der Verkostung fertig war und mehr Leute hatte fragen können. Beim Weißwein waren ihm Pinot Grigio, Chenin Blanc, Pinot Gris, Sauvignon Blanc und Chardonnay zu Ohren gekommen. Ich fand drei weitere Mitstreiter, die Chardonnay aus Chablis geschrieben hatten, darunter auch Alex, der Typ aus New Jersey. Annie war er in den Sinn gekommen, letztlich hatte sie sich dann aber doch für Chenin entschieden.

Jeder von uns sollte zu einer bestimmten Zeit zurück im *Zoës* sein, um den Serviceteil zu absolvieren, doch wir wollten uns nicht so recht trennen und bewegten uns nicht vom Eingangsbereich weg. Teils, weil wir uns gegenseitig moralischen Beistand leisten wollten. Hauptsächlich aber, weil wir hofften, dass die Leute, die ihn hinter sich gebracht hatten, mit Details herausrücken würden.

Es schien fies zu sein. Die Prüflinge gingen immer zu viert hinein. Und zu viert kamen sie auch wieder herausgestolpert, als ob sie ganz schön was hätten einstecken müssen.

»I-Ich dachte, ich fang gleich an zu heulen«, sagte Aaron, der in einem Hotelrestaurant in Washington, D. C., arbeitete. Er war kreidebleich.

Später hörte ich von Annie, dass sie JJ, die Satellitenentwicklerin für die NASA, hat tränenschniefend hinausstürmen sehen. »Allergie«, beharrte JJ.

Gebühren, Bücher, Reisekosten und Übungsweine zusammen genommen, hatten die Prüfungskandidaten in der Regel um die 2700 Euro für die Vorbereitungen ausgegeben. Sie waren stocksauer, dass dieses ganze Geld nun den Bach hinuntergehen könnte, und sie waren frustriert, weil die Gehaltserhöhung, Beförderung oder neue Arbeitsstelle in weite Ferne rückte. »Ich brauche diesen Abschluss unbedingt«, sagte Annie. Sie und die anderen verbrachten beinahe jeden Tag ihres Lebens im Speisesaal. Und doch war diese Serviceprüfung anspruchsvoller als alles, was sie bisher kennengelernt hatten.

»Keiner stellt einem solche Fragen! Keiner stellt einem *jemals* solche Fragen. Ich hab ein paar echt beschissen schräge Fragen gestellt bekommen«, tobte einer der Jungs. »Was für ein scheiß *abgekartetes* Spiel.«

Die Miley-Cyrus-Doppelgängerin konnte das gut nachempfinden. Beim Champagner, den ihr Richter bestellt hatte, war sie ins Straucheln geraten.

Annie schien alarmiert. »Bei den Champagner-Erzeugern bin ich nicht sehr versiert, weil ich einfach nicht die ganze Zeit damit herumhantiere«, flüsterte sie mir zu.

Ihre Sorge war bestimmt nicht unberechtigt. Auf unserem Level würden wir sehr wahrscheinlich zu den wichtigsten Champagnerhäusern Frankreichs befragt werden, die Schwergewichte, die einen Großteil der begehrtesten Perlweine der Welt hervorbrachten. Genauer gesagt, würden wir die Namen der *Tête de cuvée* (grob übersetzt das Oberhaupt des Jahrgangs) eines jeden Erzeugers wissen müssen. Das sind die höherpreisigen Spitzenabfüllungen des Weinguts, die für gewöhnlich nur in solchen Jahren in Umlauf gebracht werden, in denen die Weinernte von außergewöhnlich guter Qualität war. Eine Flasche Moët et Chandon kauft man für jemanden, den man gerne mag. Einen von Moëts Tête de cuvée, Dom Pérignon, kauft man nur für jemanden, den man wirklich liebt. Ein 1996er Dom Pérignon kostete im *Marea* 575 Euro, das war mehr als zehn Mal so viel wie der teuerste Schampus im *Cypress Point*.

Annie hatte diese Weine weder probiert noch serviert, noch war sie jemals in deren Nähe gewesen. Nicht, dass sie nicht wusste, was Champagner war. Nur teilten *Cypress Point* und Dom eben nicht dieselbe demografische Gruppe. Nur wenige Minuten vorher hatte Annie von einem neuen Perlwein geschwärmt, dem Blanc de Bleu, der bei den Bräuten von *Cypress Point* ein Riesenerfolg gewesen ist, seit sie ihn auf die Karte gesetzt hatte. Wenn La Grande Dame von Veuve Clicquot die Königin Elisabeth der Champagner ist, dann ist Blanc de Bleu eine Disneyprinzessin. Der Wein hat eine türkise Farbe, wird mit Blaubeerextrakt aromatisiert und sieht derart comicmäßig aus, dass der Erzeuger klarstellen muss, dass tatsächlich echte Früchte – eine »Premiumtraube« – in den Herstellungsprozess involviert waren. Angesichts ihres Berufs gab es keinen praktischen Grund, wieso Annie diese Cuvées kennen sollte. Sie hatte kein Sinnesgedächtnis, das sie mit ihrem Geschmack in Verbindung bringen konnte, keine Ahnung, was die französischen Namen bedeuteten, und kein Vertrauen in die Aussprache. Sie waren in jeglicher Hinsicht einfach nur Klänge, die sie auswendig lernen und wiederholen musste.

Ich hörte sofort auf, mir die Cocktails noch einmal anzuschauen, und fing an, Annie zu befragen.

»Was ist Laurent Perriers Cuvée?«

Stille. »Ich weiß nicht. Wie war das noch mal? Grande – wie spricht man das aus? Siekel?«

Grand Siècle. Wir probierten ein paar mehr. Taittinger macht den Comtes de Champagne. Moët et Chandon macht den Dom Pérignon. Laurent-Perrier …

»Holy Shit. Laurent-Perrier. Äh. Siekle –«

»Grand Siécle«, ergänzte ich. »Das heißt ›großes Jahrhundert‹.« Ich fragte sie, ob sie eine Lore kannte. Vielleicht könnte sie sich irgendeine Geschichte ausdenken, um sich das einzuprägen?

»Ich kenne tatsächlich eine Lore.« Annie dachte einen Moment nach. »Laurent-Perrier … Laurent-Perrier … Laurent-Perrier … Meine Freundin Lore hat einen verdammt großen Hintern.« Da hörte ich sie das erste Mal an diesem Tag lachen. »Okay. Der große Hintern des Jahrhunderts also! Laurent-Perrier. Grand Siècle.«

Wir hörten auf, als ich mit dem Serviceteil an der Reihe war. Annie umarmte mich.

»Sei eins mit dem Tablett«, sagte sie ernst.

Die Prüfungsaufsicht fing mich am Eingang ab. Ich würde Master Keith bedienen und solle ihn bitte auch mit Master Keith ansprechen, ließ mich die Prüfungsaufsicht wissen. Master Keith hätte gerne einen 2002er Sir Winston Churchill Cuvée.

Ich fühlte, wie sich mein Magen vor lauter Nervosität zusammenzog. Bis jetzt hatte alles darauf hingedeutet, dass ich eine Flasche Perlwein würde öffnen und einschenken müssen. Und doch hatte bis jetzt zumindest die Chance bestanden – eine minikleine, kaum wahrnehmbare Chance, eine Chance, die eher ein Fünkchen Hoffnung war –, dass der Court etwas anderes von mir verlangen würde als das Öffnen einer Flasche Perlwein.

Das Servieren eines Perlweins war die Regel im Certified Test, das mag schon sein. Doch bei den ganzen Änderungen beim Verkostungsraster und den strengeren Maßstäben und so weiter und so fort hatte ich gehofft, dass der Court vielleicht ein paar Dinge durcheinanderbringen würde. Meine Rotweinexplosion beim Young-Sommelier-Wettbewerb war schon schlimm gewesen. Doch meine Bilanz beim Öffnen von Perlwein war noch viel schlimmer.

Das Einzige, was sich beim wochenlangen Üben gezeigt hatte, war, wie viele verschiedene Patzer mir zwischen dem Lösen des Drahtkörbchens und dem Einschenken des Sekts unterlaufen konnten. Da war der Korken, der an meiner Schläfe vorbei an die Decke flog. Die Flasche, die in Prosecco ertrank, sobald ich sie geöffnet hatte. Die Flasche, die den Korken an meiner Schläfe vorbei an die Decke schoss *und* in Prosecco ertrank, sobald ich sie geöffnet hatte. Die zwei Flaschen, die überhaupt nicht aufgingen. »Du bist nicht als Bedienung zugelassen, weil du die Leute umbringst«, hatte Mia schließlich befunden, eine mit Morgan befreundete Sommelière.

Während ich ein Stoßgebet gen Himmel schickte, dass Master Keith doch bitte gut unfallversichert sein möge, trat ich in den Speiseraum.

Master Keith saß alleine an einem für vier Personen gedeckten Tisch. Auf zweien der Teller lagen weiße Zettel mit der Aufschrift DAME. Master Keith sagte, er und sein Bruder seien mit ihrer Frau gekommen.

»Wie geht es Ihnen?«, fragte Master Keith. Er war schmal und hatte schwarzes, zurückgegeltes Haar, das an den Schläfen ergraute.

»Mir geht es sehr gut. Wie geht es Ihnen?«, fragte ich in einer derart piepsigen Stimme, dass ich sie kaum hörte, aber immerhin folgte ich Morgans Rat: Die Frage immer in vollen Sätzen beantworten. Ich hoffte, Master Keith spürte unser beider Menschsein erstrahlen.

Master Keith wiederholte die Bestellung der 2002er Winston Churchill Cuvée. »Wer stellt den noch mal her?«, gab Master Keith vor, wissen zu wollen.

»Pol Roger, Sir.« Die erste Hürde war genommen. Ich ging

im Uhrzeigersinn um den Tisch herum, faltete zwei Stoffservietten an meiner Anrichte zusammen, stellte die Gläser bereit, trug den Eiskübel an den Tisch und präsentierte den Schampus mitsamt Jahrgang, Cuvée und Erzeuger. Die Flasche in meiner Hand war eine Attrappe, irgendein preiswerter Cava, da der Court nur ungern ein paar Dutzend Tête de Cuvées springen lassen wollte. Ich bemühte mich, einen ruhigen Eindruck zu machen, während ich mir die geladene Waffe an die Brust legte. Mit einer Hand umschloss ich das Kanonenrohr, mit der anderen den Flaschenkörper.

Master Keith sah zu. Ich drehte und betete. Mit einem wunderschönen leisen Furz gab die Flasche den Korken frei.

Während ich den Schampus eingoss – zuerst den Frauen, dann dem Bruder von Master Keith und zu guter Letzt Master Keith selbst –, legte er mit der Fragerei los. Was gab es sonst noch an guten Champagnerjahrgängen? Könne ich ein paar Irische Whiskeys empfehlen? Er würde den auf Zedernholz gegrillten Lachs nehmen. Was sich damit wohl gut kombinieren ließe? Was hätte ich aus diesem kalifornischen Anbaugebiet wohl noch da? Hmm. Wie sähe es mit einem australischen Wein der gleichen Rebsorte aus?

Etwas Seltsames und Unerwartetes war hier im Gange: Es lief gut.

Meine Antworten kamen wie aus der Pistole geschossen. Ich hatte mich noch nie so sicher mit dem Lernstoff gefühlt. Ich bewegte mich selbstbewusst und ohne herumzuzappeln. Ich war tatsächlich charmant. Ich empfahl ihm Weißweine aus Santa Barbara, Sonoma und Yarra Valley, als er die Tiefgründigkeit meines Fachwissens auf die Probe stellte. Während ich die Flasche sorgsam auf dem Eis anrichtete, begann er einen Small Talk darüber, wo er wohl bei seiner nächsten Reise nach New York essen gehen könnte. Da Master Keith offensichtlich erstklassige Champagner wie diesen wunderbaren Sir Winston Churchill zu schätzen wusste, würde ihm vielleicht das *Marta* gut gefallen, sagte ich, ein Stammlokal der Sommeliers, das wegen seiner äußerst angemessenen Champagnerpreise sehr beliebt war. Er lächelte. Ich lächelte.

Obwohl sich meine Serviceerfahrung auf die kurze Zeit im *Aureole* und im *Marea* beschränkte – plus meinen Küchentisch und den Wettbewerb der Chaîne, falls man das zählen kann –, fing so etwas wie mein motorisches Gedächtnis an zu arbeiten. Es war wie das Erlernen eines Tanzes. Die ersten zweiunddreißig Male muss man beim Üben darüber nachdenken, wo die Füße hingehören. Und beim dreiunddreißigsten Mal macht es dann Klick. Der Körper bewegt sich von allein. Das war mir bis eben noch nie passiert. Und genau zur rechten Zeit begannen meine Bewegungen zu fließen.

Ich beantwortete ein paar weitere Fragen zu Cocktailrezepten und Aperitif-Optionen. Dann bedankte sich Master Keith wie ein echter Gast im Restaurant bei mir und sagte, er denke darüber nach.

Während ich darauf wartete, dass Annie ihre Servicerunde absolvierte, setzte ich mich draußen neben einen Mann in den Vierzigern, einen Weinhändler, der derart nervös wegen des bevorstehenden Prüfungsteils war, dass seine Hände zitterten.

Der Tag hatte einen üblen Nachgeschmack hinterlassen, und der rührte nicht von den morgendlichen Weinen her. Zwar hatte ich jetzt mehr Vertrauen in meine Leistungen, in den Court allerdings weniger.

Der Court of Master Sommeliers rühmt sich seiner hohen Ansprüche. An den förmlichen Serviceregeln hält er absichtlich fest, weil er davon ausgeht, dass die Prüflinge sie, nachdem sie diese gemeistert haben, ja immer noch herunterschrauben können. Wunderbar. Daran hatte ich nichts auszusetzen. Ich finde Normen genauso wichtig, wenn nicht noch wichtiger, als alle anderen.

Was mich allerdings umtrieb, war die riesige Lücke, die zwischen der Vision des Courts und der realen Welt klaffte. Es war, als seien wir Mitglieder eines bacchantischen Stammes, der sich auf eine Weinutopie vorbereitet, in der lediglich solche Menschen essen gingen, die nicht wussten, wohin mit ihrem Geld, in dem Vorträge über quarzithaltige Böden als anregend empfunden werden und jeder seinen eigenen Eiskübel auf den Tisch gestellt bekam. Wie viele Restaurants in New York – außer vielleicht das *EMP* und andere Lokale diesen Kalibers – versorgen ihre Gäste seit den Tagen von Nelson Rockefeller noch mit einem eigenen Eiskübel? Wer würde nicht lieber ein paar Extratische aufstellen statt Podeste mit gefrorenem Wasser? Und wer besteht darauf, dass das Personal die ganze Zeit um einen herumtippelt? Annie, Devin, Alex, ich und sogar Morgan, wir bereiteten uns auf eine Reihe von Regeln vor, die in den heutigen Restaurants größtenteils unrealistisch waren. Und wie Annie im Lauf von drei Jahren und mittels einer Menge Geld feststellen musste, ließ sich diese Etikette nicht auf natürliche, organische Weise erlernen. Was im Serviceteil passierte, kam den meisten Begebenheiten nicht ansatzweise nahe. Natürlich sollten die Restaurants sich vielleicht in Richtung der Court-Standards bewegen. Aber sollten sich die Court-Standards nicht auch in Richtung der Restaurants bewegen?

Trotz des ganzen Geredes davon, die Servicequalität in Sachen Wein verbessern zu wollen, kam ich nicht umhin, mich Folgendes zu fragen: Belohnte der Court de facto nicht genau das, was wir eigentlich bekämpfen sollen, nämlich einen faulen Gaumen? Um die Prüfung zu bestehen, hatten Annie und ich und alle anderen hier in Virginia Beach die Tête-de-Cuvée-Champagner auswendig lernen müssen, weil sie angeblich zu den besten Perlweinen der Welt gehören. Wir mussten gar nicht unbedingt wissen, *wieso* sie zu den besten gehörten. Probiert hatten wir sie nie, also konnten wir unmöglich selbst beurteilen, ob sie wirklich etwas taugten. Sie waren aus dem einfachen

Grund die besten, weil uns gesagt wurde, dass sie die besten waren. Das Gleiche galt für die legendären Weine von Dr. Loosen und Château Rayas und Giacomo Conterno, die zu den Klassikern des Weinkanons gehören. Wenn wir behaupteten, dies seien große Weine, verließen wir uns auf die Einschätzung einer anderen Person.

In anderen Fachdisziplinen, seien es Kunstgeschichte oder zeitgenössische Lyrik, müssen sich die Studenten ebenfalls die Klassiker aneignen. Doch sie dürfen diese auch selbst erfahren. Sie analysieren Picassos Pinselstriche im Vergleich mit denen von Botticelli oder Eliots Rhythmik mit der von Yeats und entwickeln daraus folgend ihre ganz eigene Theorie darüber, ob ein Kunstwerk großartig ist und wieso.

Wir Weinköpfe folgten einfach der Parteilinie. Wir überhöhten diesen Kanon weiterhin, ohne diese fabelhaften Flaschen aus erster Hand zu kennen. Manche probieren diese Weine tatsächlich irgendwann einmal und können sich dann eine eigene Meinung bilden. Doch bei den Preisen tun das die wenigsten von uns. Wir empfehlen diese Weine weiter, weil wir sie von einer anderen Person empfohlen bekommen haben. Das war sicher nicht der richtige Weg, um aus Sommeliers echte Weinkenner zu machen. Das war der Weg, um Weinklischees zu bedienen und die immer gleichen tradierten Vorstellungen am Leben zu halten.

Ich musste daran denken, was Paul Grieco bei unserem ersten Treffen gesagt hatte. Er hatte gewettert, dass die derzeitige Herangehensweise an den Weinservice ein riesiger Irrtum sei. Mehr Sommeliers, mehr Bücher, mehr schicke Namen. Doch mehr Wein ist nicht serviert worden. Ich fragte mich, ob es nicht Zeit für eine neue Herangehensweise war.

Annie war völlig durch den Wind, als sie den Prüfungsraum verließ.

»Ich war nicht gut genug. Ich glaub, ich war nicht gut genug«, sagte sie. Sie musste hier weg, also stiegen wir ins Auto und fuhren los. Sie lenkte den Wagen an eine Stelle am Strand, wo sie und Chuck geheiratet hatten. Ihre zwei Jüngsten sind Ringträger und Blumenmädchen gewesen. Sie rief Chuck an. »Scheiße, Mann. Bei den Weinempfehlungen muss ich einfach noch schneller werden«, sagte sie ins Telefon. Er erwiderte irgendetwas, und sie sah noch unglücklicher aus, nachdem sie aufgelegt hatte. »Louis *Scheiß* Jadot«, sagte sie und haute aufs Lenkrad. Als sie ein Pairing vorschlagen sollte, hatte sie einen Blackout gehabt. »Kampf oder Flucht. Und ich bin geflüchtet. Mein *gaaaaaaanzes* Hirn war einfach nur leer.« Wir fuhren am Rohbau des *Cavalier Hotels* vorbei, einer Luxusimmobilie, die gerade saniert wurde. »Ich wollte einen echten Killer in der Hand haben, wenn die im April neu eröffnen«, meinte Annie und rechnete schon mit dem Schlimmsten. »Louis *SCHEISS* Jadot.« In einer verrauchten Bar in der Nähe des Strands aßen wir Tacos und fuhren anschließend zurück ins *Zoës*. »Lieber Herr im Himmel, bitte mach, dass ich bestanden hab«, sagte Annie, als sie den Wagen auf den Parkplatz steuerte. »Wieso ist mir kein Wein eingefallen? Ich hatte doch verdammt noch mal alles aufgeschrieben. Côte de Beaune. Côte de Beaune! Louis. Scheiß. Jadot. Ich hätte einfach nur Louis Scheiß Jadot sagen müssen.«

Wir versammelten uns im hinteren Bereich von *Zoës* Speiseraum und harrten der Ergebnisse. Ein Restaurantangestellter verteilte Schaumwein. Wir waren alle zu nervös, um ihn zu trinken.

Master Keith ergriff das Wort. Er kam gleich zur Sache. »Die Ergebnisse entsprechen der Statistik.« Also waren viele durchgefallen.

Verkostung und Theorie sind ziemlich gut gelaufen. Am Service würden wir arbeiten müssen. Kurz gesagt, waren wir zu freundlich, zu billig, zu leger. Stellen Sie sich nicht mit Namen vor, wenn Sie nicht ausdrücklich darum gebeten werden, erinnerte er uns. Missachten Sie nicht den Geschmack Ihrer Gäste – wenn sie noble Weine mögen und bereit sind, tief in die Tasche zu greifen, laden Sie nicht irgendeinen langweiligen Fusel bei ihnen ab. »Wenn vor Ihnen ein Gast sitzt, der gerade einen Tête-de-Cuvée-Champagner trinkt, der zweihundert, dreihundert Euro bei Ihnen kosten wird, warum verkaufen Sie ihm dann eine Flasche Wein für zwanzig, dreißig, vierzig Euro? … Da sollten Sie doch denken: ›Wow! Die haben Geld! Das dürfen sie ruhig ausgeben, mit denen kann ich Spaß haben!‹« Seien Sie nicht so vulgär, dass Sie den Preis erwähnen, wenn das nicht ausdrücklich gewünscht wird. »Vor der Queen würden Sie niemals über Preise reden. Die würde sagen: ›Was? Wissen Sie, wie viel Geld ich besitze? Ab mit Ihrem Kopf!‹«

Sie fingen an, die Namen derjenigen, die den Test bestanden hatten, vorzulesen. Alex aus New Jersey hatte bestanden. Die Kellnerin mit dem Nasenspray. Annie Truhlar.

»Ich?« Annie konnte es nicht fassen.

»Sie sind Frau Truhlar?«, fragte Master Jared und hakte ihren Namen auf einem Blatt Papier ab.

»Du meine Güte.« Sie nahm das Diplom entgegen. »O mein Gott.« Sie schüttelte Master Keiths Hand, dann Master Cathys und dann Master Jareds. »Das ist mein dritter Versuch. Tausend Dank. O mein Gott.« Sie umarmte mich. Ihr stiegen Tränen in die Augen. »O mein Gott. Ich kann's gar nicht glauben.«

»Angelo Perez.«

»Verdammt noch eins«, sagte Annie und starrte noch immer auf das Stück Papier.

»Sean Raposa.«

»Oh. Mein. Gott«, sagte Annie, während sie die Finger über ihren Namen gleiten ließ.

»Bianca Bosker.«

»WOAH!« Annie blickte auf und warf mir die Arme um den Hals. »Ja! JA!«

Unsere Meister händigten uns violette Anstecknadeln mit dem goldenen Symbol des Courts aus, die unseren Rang als Certified Sommeliers kenntlich machten. Wir hefteten sie uns ans Revers. Und Morgan simste ich ein Foto meines neuen Accessoires.

»Willkommen im Klub!«, schrieb er sofort zurück. »Bindestrich. Willkommen im großartigsten Beruf der Welt.«

Nachdem Annie Chuck angerufen und vor Freude ins Telefon geschrien hatte, schob sie Alex, Devin, JJ und mich in ihren SUV; sie wollte an der Strandpromenade etwas trinken gehen.

Weder Devin noch JJ hatten bestanden. Master Jared hatte den Plopp von JJs Schampus für zu laut befunden. »Das war kein Furz der Königin Elizabeth. Das war der Furz einer Bäuerin«, grummelte JJ, die davon ausging, dass er sie deshalb hat durchfallen lassen, weil sie für die NASA arbeitete, nicht für ein Restaurant. Auf Alex' Bewertungsbogen war ganz oben zu lesen: »ganz knapp bestanden«, doch er war trotzdem aus dem Häuschen. Seinen Rotwein hatte er mit »Nebbiolo« komplett versenkt und nur deshalb bestanden, weil er den Weißwein richtig erkannt hatte. Chardonnay aus dem Chablis, hatte er geschrieben. Die Prüfungsweine werden nie offiziell bekannt gegeben, doch inzwischen war ich mir auch ohne die Etiketten gesehen zu haben so sicher wie nur irgendwas, dass meine Vermutungen den Nagel auf den Kopf getroffen hatten.

Die violette Anstecknadel verlieh uns eine gewisse Autorität, und Annie, Alex und ich trugen unseren neuen Status mit Stolz und vielleicht auch ein klein wenig Vornehmtuerei zur Schau.

»Ich würde nur ungefähr jeden zweiten die Toilette herunterspülen«, meinte Alex, als es um südafrikanische Weine ging.

Er bestellte den Wein eines Erzeugers aus Charlottesville und ssschlürfte ihn. »Kann man trinken«, ließ er verlauten.

Annie korrigierte Alex, als er »Meritage« und »Hermitage«

verwechselte. »Hermitage liegt an der Rhône«, erinnerte sie ihn. Dann bat sie den Kellner, doch bitte nachzuschauen, wann der Barkeeper den Merlot geöffnet hatte, den Devin in seinem Glas vor sich stehen hatte. Er schmecke so, als habe er oxidiert, als sei er schon eine Zeit lang offen. Er sei vor drei Tagen geöffnet worden, bestätigte uns der Kellner. Sie überhäuften ihn mit Fragen zu den verschiedenen Irish Whiskeys auf der Karte – beinahe wortwörtlich dieselben Fragen, die Master Keith mir während der Prüfung gestellt hatte.

Annie war schon kribbelig vor Freude bei dem Gedanken daran, ihr Diplom als Druckmittel für eine Gehaltserhöhung einzusetzen.

»Das werden sie mir bezahlen müssen, sonst geh ich. Das werden sie mir *bezahlen*«, verkündete sie und prostete uns mit ihrem Mojito zu. Sie würde sich von ihrem neuen Rang allerdings nicht negativ beeinflussen lassen.

»Ich werde auch weiterhin ein guter Mensch sein«, beschloss sie. »Ich werde nicht zu einem totalen Arsch werden.«

Alex schüttelte den Kopf. »Oh«, sagte er. »Ich werde ein *totales* Arschloch werden. Du machst dir keine Vorstellung.«

# 11 DAS KELLNERN

Paul Grieco forderte mich eher dazu heraus, bei ihm zu arbeiten, statt mich darum zu bitten.

Mit dem verrückten Schöpfergenie des *Terroir* traf ich mich seit über sechs Monaten alle paar Wochen. Dabei saßen wir in seinem Bürounterschlupf unterhalb des *Terroir Tribeca* und debattierten über Weinkarten bis hin zu Orgien namens La Paulée. Mir gefiel seine unzensierte Interpretation von Wein. An manchen Nachmittagen schimpfte er über den »esoterischen Saft«, ein anderes Mal über Jesus' erstes Wunder, bei dem er Wasser in Wein verwandelte, was Paul für ein äußerst unseliges Wunder hielt, sofern man das von Wundern behaupten darf. »Er hat das Ganze verdammt einfach aussehen lassen.«

Nun, da ich die Prüfung bestanden hatte, wollte ich ihn bald einmal auf eine Beschäftigung im *Terroir* ansprechen. Er kam mir zuvor. Paul schrieb mir eine E-Mail und meinte, dass es ja ganz toll sei, die Prüfung bestanden zu haben und über Wein zu schreiben – aber wolle ich nicht »auf ganz reale und grundlegende Weise vor Ort Veränderungen herbeiführen«? »Wolltest du nicht auch mal die Welt verändern, als du jung warst?«, fragte er.

So war das mit El Grieco: Erst kam die Charmeoffensive, mit der sich sein Gegenüber in falscher Selbstzufriedenheit wog, und dann brachte er dich per Schockzustand zur Zusammenarbeit.

Ich konnte das im *Terroir* beobachten. An einem Mittwochabend nach einem unserer Treffen trat er in den Speiseraum, um beim Bedienen zu helfen. An einem Tisch mit Leuten um die zwanzig wurde genickt, als Paul sie grüßte, es wurde zurückgelächelt, als Paul sie anlächelte, und dann gab es nur noch offene Münder, als Paul zu schreien begann. »*Das* ist ein scheiß abgefahrener Trip!«, bellte er, während er mit seinem Finger auf einen Wein auf der Karte einstach. »Ein scheiß. Abgefahrener. Trip. Aber!« – an dieser Stelle senkte er die Stimme und beugte sich nach vorn, als wolle er ihnen einen besonderen Deal anbieten, den keiner hören sollte – »*ich* werde *euch* auf diesen scheiß abgefahrenen Trip schicken. Wollt ihr einen Trip, einen scheiß abgefahrenen Trip?«

Natürlich wollten sie. Und auch die Leute am Tisch nebenan, die alles mit angehört hatten. Eine kecke Blonde tippte mir auf die Schulter. »Wir wollten nur kurz fragen – welcher Wein ist das genau?«

Auch ich wollte auf einen scheiß abgefahrenen Trip geschickt werden. Also wollte ich natürlich auch für Paul arbeiten.

Seit ich mich der Welt des Weins zugewandt hatte, hatte ich mich in Verkostungsgruppen, Wettbewerbe, von Händlern ausgerichtete Dinners, Meistersommelier-Trainingslager, Weingesellschaften, Weinklubs, Weinauktionen sowie Studiengruppen für Wein gestürzt. Ich hatte die Köpfe von Leichen seziert und Kisten die Treppen hinuntergehievt und an Hundefell geschnüffelt und meinem Zahnschmelz höchstwahrscheinlich irreparablen Schaden zugefügt. Ich bin angetrieben worden von dem Wunsch zu erfahren, wie die Sommeliers ticken, was mit einer größeren Sinnesbewusstheit einherging, ich wollte wissen, was den Wein zu solch einem unendlich großen Faszinosum machte und welche Aspekte dieser für Dummgelaber anfälligen Branche tatsächlich von Bedeutung waren. Da all diese Fragen nun beantwortet waren, bestand meine letzte Herausforderung darin, das Erlernte tatsächlich beim Kellnern umzusetzen.

Als ich diese Reise begann, hatte ich die Ambition, einmal in einem der Hohetempel des Weins zu arbeiten – Restaurants wie dem *Eleven Madison Park,* wo die Sommeliers den Verhaltenskodex des Courts in kristall- und leinengeschmückten Speisesälen hochhielten. Ich hatte Morgan und Victoria bedrängt, mich ihnen im *Aureole* und im *Marea* an die Fersen heften zu dürfen, zum Teil damit ich die Prüfung zum Certified Sommelier bestehen würde, zum Teil weil ich hoffte, dass sie mir eine Stelle in einem der sternegekrönten Heiligtümer der Stadt würden verschaffen können. Dieser Weg schien mir nun offenzustehen, dank meiner Arbeit und meiner neuen Beziehungen.

Doch als ich nach meiner Rückkehr aus Virginia Beach über meine Möglichkeiten nachdachte, wurde mir klar, dass diese Restaurants mich nicht mehr reizten. Aufgrund meiner Erfahrungen mit dem Court und mit Annie und Paul hatte ich meine Einstellung geändert. Die streng reglementierten Antworten und Richtlinien des Courts fand ich frustrierend. Sie schienen an der komplexen Realität des Weins und seinen Trinkern vorbeizugehen. Annie hatte so viele Möglichkeiten entdeckt, die Menschen auf andere Art und Weise mit Wein zu beglücken, die nicht dem Regelwerk des Courts entsprachen. Außerdem wusste ich, dass die Bacchanale der Paulée-Gänger und Wein-PX sehr gut ohne mich weiter ihre Wogen schlagen konnten. Und in den exklusiven Speisesälen würde ich nur offene Türen vorfinden. Ich hingegen wollte zu den Zweiflern, den Önophoben gehen, die mit den Augen rollten, wenn sie »Waldboden« als Lob für einen Pinot Noir hörten, so, wie ich es einst getan hatte.

Alles, was ich im vergangenen Jahr gesehen hatte, angefangen bei unserer multisensorischen Wahrnehmung bis hin zum schwer greifbaren Wesen der Qualität, deutete darauf hin, dass die Interpretation des Courts bezüglich des optimalen Service einfach zu eng gefasst war. Korrekt war nicht unbedingt immer *richtig.* Wein an sich hatte bereits eine ziemlich einschüchternde

Wirkung. Wenn man ihn dann noch in den Himmel hob, machte das alles nur noch schlimmer. Im *Terroir* war so ziemlich alles erlaubt. An diesem Ort würde ich all meine Entdeckungen zum Thema Menschen und Wein anwenden können, um auch anderen eine solch lebensverändernde Erfahrung zu ermöglichen.

Mit seiner komplett gesetzlosen und beinahe verrückten Herangehensweise hoffte Paul, dass er alle Ankömmlinge zu seinem geliebten »Traubensaft mit Alkohol« würde locken können. Wenn das *Marea* die Pilgerstätte des Weins in der heiligen Stadt war, in die sich die Sommeliers wie Mönche zurückzogen, um über die Mysterien erlesenen Burgunders zu sinnieren, so war Paul der hitzige evangelikale Priester, der in fremden Zungen redete und die Leute im Freien taufte. Wie sich herausstellte, konnte man das sogar ganz wörtlich nehmen. Auf einem Roadtrip quer durchs Land legte Paul ein Priestergewand an, stellte vor einer Kirche in North Carolina ein Taufbecken auf und hieß sie in der Kirche des Riesling willkommen (nachdem er sie von den Sünden des Chardonnay befreit hatte). Paul war teils Wahnsinniger, teils Prophet und ging mit seinen *Terroir*-Weinbars um, als seien sie »seine Gummizelle und sein Labor«, wie es im *New York Magazine* einmal so treffend hieß.

Missionare sind keine Seltenheit in der Welt des Weins. Joe Campanale vertrat auf seiner Karte im *L'Apicio* auch eine bestimmte Philosophie: Er wollte die New Yorker mit biologischen und von Hand gefertigten Weinen bekannt machen. Wobei Joe sein Lokal, wie die meisten anderen auch, sehr vernunftbetont geführt hatte. Paul hingegen war bereit, seinen Geschäftspartner zu verärgern, seine Gäste zu vergraulen und mit der Meuterei des Personals klarzukommen, nur um die Welt den Weinen, an die er glaubte, ein kleines Stückchen näherzubringen. Er würde ein Restaurant eher dichtmachen, als Kompromisse einzugehen. Weine, die ihn nicht berührten, wollte er nicht führen, selbst wenn sich der »Pumasaft« verkaufte. Rosé hatte er so lange verbannt, bis einer seiner Somms ihn anflehte, das zu überdenken, weil die Mamis in Tribeca sonst mit der Heugabel auf ihn losgingen, wenn er bis Mai nicht auf der Karte stand. Als ich ihn kennengelernt hatte, waren er und sein Partner gerade getrennte Wege gegangen, und die Anzahl seiner *Terroir*-Weinbars war von fünf auf zwei gesunken.

Halb so wild. Denn Paul war stets dabei, neue Pläne auszuhecken, um die Schäflein zu vermehren. Er könnte sich mit Amazon zusammentun und dort *Terroir*-kuratierte Weine zum Verkauf anbieten, oder warum nicht mit Starbucks. Er könnte ein Buch schreiben – nein, besser gleich sechzehn, mit jeweils sechzehn Kapiteln, und sechzehn Jahre lang würde jeweils eins pro Jahr erscheinen, damit sich am Ende »alles zu einem großen Kunstwerk zusammenfügt«. Er könnte Sixpacks mit in Dosen abgefülltem Wein der Marke Terroir verkaufen. T-Shirts mit dem Porträt von Winzern. Scheiß auf Madeira-Night, lass uns einen Madeira-*Monat* machen. Die deutsche Weinkönigin soll in New York Gastsommelière spielen!

El Grieco kann man unmöglich nicht beachten. Er gibt alles, damit die Leute ihm Beachtung schenken. Er schreit einen an, sobald man den Fuß ins *Terroir* gesetzt hat – WIE GEHT'S DIR, HERZLICH WILLKOMMEN! –, und bevor man wieder geht – WUNDERSCHÖNEN ABEND WÜNSCH ICH, DANKE, CIAO! Vor Jahren ist er im Speisesaal von Danny Meyers *Gramercy Tavern* in einem karierten Anzug herumstolziert, der einfach nur »scheißhässlich« war, wie mir die Leute versicherten. Selbst gesehen habe ich ihn nie. (Pauls Modephilosophie: »Wenn man beim ersten Betrachten sagt, das beißt sich aber, dann hab ich meine Mission erfüllt.«) Im Mitarbeiterleitfaden des *Terroir* wird den Angestellten eine schnodderige Ausdrucksweise untersagt. Paul selbst interessiert das einen feuchten Kehricht. Statt Danke sagt er »Rock 'n' Roll«. »Ja« heißt bei ihm »Rock 'n' fucking Roll«. Einmal hat ein Beratungsunternehmen das Hinterzimmer angemietet, um das Ersetzen des »I« in ihrem Namen mit einem Ausrufezeichen zu feiern, und der Veranstalter machte den Fehler, Paul darum zu bitten, die Obszönitäten im Zaum zu halten. »Na, das ist ein scheiß Kinderspiel für mich«, blaffte Paul, als der Kerl außer Reichweite war. Er hat eine sehr charismatische Ausstrahlung, legt eine unermüdliche Geselligkeit an den Tag und schafft es verblüffenderweise, trotz des schrägen Barts noch gut auszusehen.

Von den Traditionalisten, die ihr Leben dem Aufrechterhalten der strengen Weinetikette gewidmet haben, werden Pauls Motive natürlich angefochten. Für sie ist er süchtig nach Aufmerksamkeit. In der schwatzhaften Weinbranche heißt es hinter vorgehaltener Hand, dass er Wein gar nicht *wirklich* liebe. »Für ihn ist das einfach nur ein Vorwand, um mit den Leuten kommunizieren zu können«, lautete die boshafte Vermutung eines Sommeliers.

Und wenn schon. Paul ist gut im Kommunizieren. Er will, dass die Menschen den Wein trinken, statt ihn zum Fetisch zu machen. Und Pauls Weinkarte, »Das Buch«, lässt die Leser nach seinen Tropfen dürsten. Ein junger Somm hat mir erzählt, dass ihn »Das Buch« dazu gebracht hat, in der Weinbranche arbeiten zu wollen. Und nebenbei bemerkt, handelt es sich dabei um die einzige Weinkarte, die mich jemals zum Lachen gebracht hat. Die einzige Weinkarte, bei der ich mehr als das absolut Notwendigste gelesen und *freiwillig* weitergelesen habe. Darin gibt es Oben-ohne-Fotos von Putin, Glaubensbekenntnisse zu Straßenfesten, Insiderwitze, Hommagen an Winzer, Ehrensalven für Lou Reed, Gastbeiträge, Schimpftiraden gegen Trump, Nietzsche-Zitate, Fakten zum Thema Sherry sowie Sätze wie: »Pinot Noir ist die Lindsay Lohan unter den Weintrauben«, und das alles so zusammengestückelt, dass es wie eine Ausgabe des Magazins *i-D* von 1984 aussieht. Hier ein kleiner Auszug:

Wenn Jesus und Satan einen Sohn hätten (da würde wohl die erste Frage lauten: In welchem Bundesstaat sollen Jesus und Satan bloß heiraten?), so hieße er Serge Hochar … Er ist mein Erlöser und mein Peiniger … Er bringt himmlischen Rebsaft hervor, der für den menschlichen Verzehr bisweilen nicht geeignet ist. Eine Stunde in der Gesellschaft von Serge fühlt sich wie ein Spaziergang im Nirwana oder wie gemeinschaftliches Duschen im Gefängnis an. Es möge der Hinweis genügen, dass ich in Serge Hochar verliebt bin.

Dass Riesling ein großartiger Wein ist, liegt ungefähr so auf der Hand wie die Tatsache, dass Vladimir Putin der Michael Corleone von Russland ist … Ausgewogenheit … selbst Philippe Petit steht staunend davor … Langer Abgang … Selbst Moses würde man neben diesen Weinen für einen Jungspund halten. Sinnlichkeit … nun, sagen wir schlicht, dass Eva den Apfel hätte links liegen lassen, wenn in der Nähe ein Riesling gestanden hätte.

Pauillac … hat große Ähnlichkeit mit »The Rock«
Margaux … hat große Ähnlichkeit mit Lionel Messi
Pessac-Léognan … hat Ähnlichkeit mit einem Song von Lil Wayne … nein, Spaß.

Barack Obama hat ein Glas Riesling nötig. Wieso? … Weil Riesling einen klar sehen lässt, und das ist von größter Wichtigkeit … denn Emotionalität wollen wir gerade nicht. Wir wollen jemanden mit Führungsqualitäten. Und Führungsqualitäten erfordern Risiken. Und Risiken erfordern Rückgrat. Und Sie scheinen gerade den Rücken eines Chardonnay aus Kalifornien zu haben – hohl, leblos, charakterlos.

Die ganze verdammte griechische Nation braucht ein Glas Riesling. Wieso? … Weil ein kompletter Umschwung vonnöten ist, um euer Land in die Neuzeit vernünftiger Wirtschaftspolitik zu führen, und nur ein Glas Riesling euch aus eurem von zu viel Sonnenmilch und zu viel Schwelgerei in vergangenen glorreichen Zeiten verursachten, mediterranen Schlummer reißen wird ... Weil die EU euch den Hintern dafür versohlt, dass ihr 2009 ein Defizit von 10,7 Prozent im Staatshaushalt erreicht habt ... und nichts auf bessere Art den Schmerz zu lindern vermag als ein Glas kühlen Rieslingnektars ... Weil ihr einige Drachmen werdet sparen müssen, wenn ihr der EU und dem IWF hundert Milliarden Euro zurückzahlen wollt, und ihr beim Riesling einfach mehr für euer Geld bekommt.

Das Buch reicht von Bordeaux-Klassikern bis hin zu einem schrägen libanesischen Rosé. Pauls Weinphilosophie lässt sich nicht einfach als Engagement für den Naturwein oder kleine Weingüter oder hippe alternative Erzeuger zusammenfassen. Pauls Heilsbotschaft lautet: Gesegnet seien die Flaschen, die da bescheiden sind. (»Der Zufall wollte es, dass ich in einer Welt aufgewachsen bin, die mich die Geächteten lieben ließ. Die Verstoßenen. Die Dinge, die außerhalb der Norm lagen«, erzählte er mir.) Gesegnet seien die Aufrichtigen, denn ihnen wird eingeschenkt werden. (»Jedes Mal, wenn ich einen Wein vor mir stehen habe, der dieser Definition von lecker entspricht – dem Ort, der Weintraube, der Menschheit treu –, gelange ich zurück an einen sehr, sehr seelenvollen Ort.«) Gesegnet seien diejenigen, die überwinden und erleuchten, denn aus ihnen wird ein Terroirist, wie Pauls Ministranten heißen. (»Wir möchten unseren Gästen ein Objekt entgegenhalten, nach dem sie greifen können, damit sie, wenn sie wieder gehen ... etwas gelernt haben.«) Gesegnet seien die Demütigen und Unentdeckten – die Außenseiter-Rebsorte aus Kroatien, das unkonventionelle Zeug aus Griechenland, das einer Erklärung bedarf. (»Ich will Geschichtenerzähler, keine Korkenzieher.«)

Das *Terroir,* »Das Buch«, Pauls Geschmack, seine Gesinnung – das alles ist ein echter Hit gewesen. Paul hat nicht nur den James Beard Award for Outstanding Wine Service verliehen bekommen. Von der Weinversion des *New York Review of Books,* der *World of Fine Wine,* wurde das *Terroir* zur besten Weinbar der Welt gekürt. Die Sommeliers, Händler, Kritiker und Weinautoren kommen und gehen durch die Metalltüren des *Terroir* für eine Prise Paul und was auch immer er gerade ausschenkt. Es ist das Übungsgelände für ehrgeizige Somms, die an eine Art des Kellnerns glauben: eine menschlichere, weniger roboterhafte. Ich habe einen Sommelier kennengelernt, der meinte, er sei nicht mehr der Alte gewesen, seit er Paul mit seinem großen RIESLING-Tattoo auf dem Arm (wiederablösbar) gesehen hätte. »Ich dachte, der Typ ist echt der Hammer«, erzählte er mir. »Und da hab ich zum ersten Mal erkannt: ›Wow, Punk *und* Wein, das geht!‹« Pauls Personal hat den berühmtesten Restaurants der Stadt den Rücken gekehrt – *Per Se, Gramercy Tavern, Union Square Café* –, um in El Griecos »Elitärer Weinbar für alle« Erleuchtung zu finden. Und ich war nun eine von ihnen.

Pauls Punkrockästhetik ließe das niemals vermuten, doch er ist im ältesten der altehrwürdigen Restaurants aufgewachsen, wo die Kellner am Tisch flambierten und Anzüge ein absolutes Muss waren. Seine frühesten Kindheitserinnerungen bestehen aus dem Polieren von Gläsern und Gabeln im *La Scala,* dem ersten gehobenen Italiener Torontos und die Erfindung des ranghöchsten Grieco-Patriarchen: Pauls Großvater. (Womöglich hat Paul seinen gesetzlosen Geist von ihm: Gerüchten zufolge hat Pauls Großvater während der Prohibition Alkohol über die US-Grenze geschmuggelt.)

Paul hatte null Interesse daran, im Familienunternehmen zu arbeiten. Er wollte lieber Profifußballer werden, am liebsten zentraler Mittelfeldspieler in einer italienischen Mannschaft – »Ich muss die Kontrolle haben« –, und schaffte es sogar bis ins Testspiel für die amerikanische Olympianationalmannschaft. Dann hieß es, er könne natürlich nicht mitspielen, schließlich sei er ja Kanadier, und das waren nun mal, na ja, die Olympischen Spiele. Er ging auf das katholische St. Michael College der University of Toronto und konzentrierte sich dort auf die Bewirtung – die Praxis, nicht die Theorie. Er war der eine Part des Schottenrock tragenden Duos The Torments und verbrachte seine Zeit von montags bis donnerstags mit den Vorbereitungen für ein gewaltiges New Wave Tanzfestival. Freitags spielten sie, samstags brachten sie die Requisiten zurück, und sonntags ruhten sie sich aus. Es mag einen wenig überraschen, dass Paul irgendwann hinausgeschmissen wurde. Er hatte es geschafft, innerhalb von vier Jahren derart wenige Leistungspunkte zu ergattern, dass er zwei ganze Jahre für einen Abschluss bräuchte, wenn er jetzt noch einmal aufs College ginge. »Yeah, ich hab's total verkackt«, sagte er. »Aber ich hatte einen Mordsspaß.«

Nachdem er die Uni hatte verlassen müssen, hatte Paul keine andere Wahl, als im Familienunternehmen zu arbeiten, ob er sich dafür interessierte oder nicht. Einen Sommer lang verbrachte er im *La Scala,* dann schickte ihn sein Vater nach Italien, um über Wein zu lernen, und quartierte ihn bei den führenden Weindynastien Italiens ein. Paul verließ die Heimat als Ignorant, dem der Wein mehr oder weniger egal war. Zurück kam er als »ziemliches Genie«. Er hatte herausgefunden, dass Wein genau sein Ding ist: Durch ihn konnte er seine Leidenschaft für Kunst, Geschichte, Religion und Tischkultur miteinander verbinden. »Ich dachte so: ›Das ist es. Wenn ich alles über Wein lerne, mache ich automatisch auch die Sachen, die ich liebe.‹« Nach einer kurzen Arbeitsperiode im *La Scala* zog er nach New York. Und dort ist er noch immer. Die Rituale des Weins hat er bei den kulinarischen Wahrzeichen der Stadt erlernt – bei *Remi, Gotham, Gramercy Tavern* und für kurze Zeit auch bei *Bouley*. In Küchenchef David Bouleys vergoldeter Außenstelle Frankreichs hat er genau achtundzwanzig Tage und eine Panikattacke überlebt. Letztere dank einer »absoluten Knalltüte« von

Geschäftsführer, der sich anheischig machte, einen rotzfrechen Paul zu erniedrigen. Bis heute war das Paul zufolge »die beschissenste Erfahrung meines Lebens«.

Seit 2004 schmeißt er wieder seine eigenen Läden. Zuerst eröffnete er zusammen mit Küchenchef Marco Canora das *Hearth*, ein gemütliches toskanisches Restaurant, Paul als Oberhaupt des Weins, Marco als Oberhaupt der Küche. Es folgten *Terroir E. ViL* (alias East Village) und vier weitere Weinbars. Nach zwölf gemeinsamen Jahren gingen die beiden auseinander. Heute findet man den einundfünfzigjährigen Paul an jedem Tag der Woche zwischen neun Uhr morgens und ungefähr Mitternacht in einer als Büro getarnten Abstellkammer im Keller des *Terroir Tribeca* neben einem Sockenaffen, mehreren verkorkten Flaschen, die auf ihre Rückkehr zum Händler warten, sowie einem Regal, das mit hellblauen Pflastern bestückt ist, damit man sie sehen kann, wenn sie ins Essen fallen. Eine Mission hat er noch immer. Eine Obsession. Um es mit den Worten von El Grieco zu sagen: »Das ist kein verschissenes Hobby.«

Mir wurde ein *Terroir*-T-Shirt in die Hand gedrückt, das ich während meines Dienstes tragen sollte. Die Bleistiftröcke und Blazer, die im *Aureole* und *Marea* Pflicht waren, gehörten der Geschichte an. Als Erstes musste ich mir die Weine im offenen Ausschank merken. Eines Abends setzte Paul mich einfach an den Tresen und ließ mich sämtliche der siebenundsiebzig Tropfen in einem Rutsch probieren. Und dann ließ er mich von der Leine.

An den meisten Abenden waren wir zu dritt plus eine Hilfskraft, die Wasser verteilte, die Tische deckte und Essen servierte. Im *Terroir Tribeca* gibt es Platz für fünfundsiebzig Gäste, und da wir personell dünn besetzt waren, hatten wir alle mehrere Aufgaben. In jedem anderen Restaurant wären wir Sommeliers. Hier waren wir Somms, Servierer, Geschirrabräumer,

Gastgeber und Restaurantleiter in einem, auch wenn unsere Hauptbeschäftigung das Ausschenken von Wein war. Die Liste mit den offenen Weinen war länger als die gesamte Weinkarte vieler Restaurants, deshalb war es bei dem Wunsch nach einem Glas Wein so, als würden wir den Gästen bei der Wahl einer ganzen Flasche behilflich sein.

Wir alle hatten uns von Pauls Inbrunst und seiner Geringschätzung für Konventionen angezogen gefühlt. Justine, die sich mit Morgan einen seiner ersten Somm-Jobs in New York geteilt hat, fand es toll, dass sie mit Gleichgesinnten reden konnte – junge, hippe Foodies –, und zwar auf ihrem Level, mit echten Worten und ohne prätentiöses Gehabe. Jason, zunächst Raumfahrtingenieur, dann Architekt, dann Fotograf, dann angehender Programmierer, schwärmte, dass Paul »das einzig Wahre« sei. Die anderen Weinprofis »labern nur Scheiße«. Sabrina, die an den meisten Tagen als Hilfskraft arbeitete, hatte Paul anfangs beim Marketing für das *Terroir* unterstützt. Nachdem sie Paul ein paar Jahre lang gekannt hatte, verspürte sie den Drang, sich selbst mit dem Wein zu versuchen.

Das *Terroir* mag unorthodox gewesen sein, doch solange Paul lebte, würde es nie unorganisiert sein. Pauls Ton mir gegenüber veränderte sich drastisch, sobald ich anfing, für ihn zu arbeiten. An chaotischen Abenden kam er aus dem Keller emporgestiegen, um mitanzupacken und uns wegen was auch immer gerade schieflief anzubrüllen. Wie die Hierarchie im *Terroir* aussah, machte er uns mehr als deutlich: Wir waren die Seebären, er war der Piratenkapitän. Entweder wir parierten, oder wir gingen über Bord. Ich musste mir einen zwanzigminütigen Vortrag über das Anordnen der Servietten und das Abräumen der Teller anhören. »ICH BITTE UM RESPEKT VOR DEM KÄSE!«, kläffte er uns eines Abends vor Dienstbeginn an und zeigte auf eine übel zugerichtete Portion Quark. Als Jason sich zwei Gabeln griff und sie neben den Teller eines Gasts legen wollte, packte Paul Jason ihn an beiden Handgelenken im Zangengriff.

»Wir laufen *nicht* freihändig mit dem Besteck durch die Gegend«, zischte er. Jason hatte den gravierenden Fehler begangen, die Gabeln in der Hand statt auf einem Tablett zu transportieren. Paul stampfte gern im Speiseraum herum und stellte uns Fragen, auf welche die einzige zufriedenstellende Antwort lautete: »Weil ich ein scheiß unfähiger Idiot bin, Sir.« »Wieso braucht der Wein für Tisch 20 so lange?« »Wie kann es sein, dass du die Servietten auf dem Boden bei deiner Anrichte nicht bemerkt hast?« Es gab eine vierwöchige Phase, in der er ausschließlich schreiend mit mir kommunizierte.

Der ruhige, brodelnde Paul war noch schlimmer. Mein Magen zieht sich immer noch zusammen, wenn ich an den Abend denke, an dem ich sagte, die Zungenkarte, die er da gerade für zwei Frauen an der Bar zeichnete, sei veraltet. Am Dienstende stellte er mich in seinem Büro zur Rede. Dort erfuhr ich, dass »vor Wut beben« eine ganz wörtliche Beschreibung ist, keine Metapher. Paul sprach langsam, damit ich seinen Befehl auf gar keinen Fall miss-ver-stehe. »Widersprich … mir … *NIEMALS* vor einem Gast«, sagte er mit etwas, das beinahe als Unterton bösartiger Vorfreude darüber zu bezeichnen wäre, wie er mich zermalmen würde, wenn ich mich seinen Befehlen widersetzte. »Wenn du das noch mal machst, werden wir beide kein. Einziges. Wort. Mehr. Miteinander. Wechseln.«

Es war stressig da draußen im Speiseraum. Jetzt lag es alles bei mir. Es waren kein Morgan und keine Victoria mehr da, die mir einen zerbröselnden Korken aus der Flasche ziehen konnten, wenn die Stimmung am Tisch gereizt wurde, oder die mir das passende Glas für Weißburgunder empfehlen konnten. Ich jonglierte viele Tische, Sprachen und Egos auf einmal und versuchte dabei, Service, Gastfreundschaft und Verstand im Gleichgewicht zu halten.

Das ist mir nicht immer geglückt. An einem meiner ersten Abende wurde ich von Justine zusammengestaucht, weil ich die zwei Typen an Tisch 70, die keine Ahnung von Wein hatten, aber so gerne mehr wüssten, unverzeihliche sieben Minuten lang verhätschelt hatte. Ich wollte sie an die Klassiker heranführen und sie mit einer Geschichte nach Hause schicken, deshalb ließ ich einen ganzen Sermon über Bordeaux auf sie nieder. Die Klassifikation von 1855, linkes Flussufer versus rechtes Flussufer, der pferdeähnliche Geschmack, der Verschnitt unterschiedlicher Rebsorten. Als ich sie verließ, leckten sich die beiden die Finger nach der Flasche, die ich ihnen verkauft hatte. Dann kam mir Justine in die Quere, als ich dabei war, sie zu holen. Justine stellte sich mir mit den Händen an den Hüften in den Weg. »Was glaubst du eigentlich, was du da tust?«, fuhr sie mich an. »Du kannst auf gar keinen Fall so lange bei einem Tisch stehen! Du darfst denen nicht so viele Auskünfte geben! So viele Auskünfte können die gar nicht *verarbeiten!* Da stehst du und verwendest Worte, die sie nicht verstehen, und die werden nicht einmal zugeben, dass sie die nicht verstehen. Und währenddessen ist an deinen anderen Tischen die Hölle los. Die HÖLLE LOS. Das muss alles zack, zack gehen.«

Um meine Arbeit gut zu machen, so viel wusste ich, indem ich Morgan beobachtet hatte, musste ich nur zwei Fakten aus den Gästen herauskriegen: Wie hoch war ihr Budget, und worauf standen sie. Darauf basierend konnte ich dann Kupplerin spielen, wie es Amazon und Netflix mit ihren Buch- oder Filmvorschlägen tun. Wenn Ihnen Sauvignon Blanc von der Loire schmeckt, wird Ihnen der Frascati von Pallavicini aus Lazio *sehr* gut gefallen. »Wonach ist Ihnen heute Abend?«, fragte ich den Gast. Für Leute, die keinen Weinjargon beherrschen, kann das eine einschüchternde Frage sein. Dann stelle ich sie vor die Wahl: »Neue Welt oder Alte Welt? Fruchtig oder erdig? Brombeere oder Kuhstall?« Und wenn ihnen die Antwort noch immer schwerfällt, versuche ich es damit: »Was ist Ihre Lieblingsband?«

Das habe ich von Paul. Er glaubte, dass sich ein Wein zu allem kombinieren ließe, denn er wusste, dass wir die Leute dazu bringen konnten, beinahe jeden Wein zu mögen. »Hört zu, wir haben es hier mit der wankelmütigsten Angelegenheit von allen zu tun: Geschmack«, belehrte uns Paul während einer unserer Treffen. »Wenn Sie Depeche Mode mögen, werden Sie unseren Depeche-Mode-Wein *lieben.*« Er tat, als würde er mit einem Gast sprechen: »Oh, ich hab den perfekten Depeche-Mode-Wein für Sie.« Und du sitzt da und denkst: Was redet der für einen Scheiß? »Dann bring ich dir einen verdammten Wein – was für einen, kommt ganz auf meine Laune an –, und er passt verdammt genau zu Depeche Mode«, sagte er. »Ich krieg es hin, dass jeder Scheiß-Wein auf unserer Karte zu Depeche Mode passt.«

Einen Crashkurs in Sachen Bedeutsamkeit der Geschmacksknospenformung erhielt ich eines Abends während einer besonders desaströsen Bewirtung. Eine Gruppe von sechs Typen in Schlips und Kragen nahm an Tisch 25 Platz. Der Gastgeber war ein Typ in den Vierzigern und wollte einen Cabernet aus Kalifornien für unter hundert Mäuse. So etwas wie Jordan Cabernet. Mit anderen Worten: Pumasaft.

»Kräftig soll er sein. Groß und kräftig«, sagte der kleine, glatzköpfige Mann.

Sein schockiertes bis empörtes Gesicht beim Anblick der zweihundertsechzig Euro teuren Flaschen auf der Karte verriet mir, dass er wahrscheinlich nicht allzu viel von Wein verstand. Er wusste gerade so viel, dass Cabernet für Üppigkeit stand und üppig schmeckte.

Einen kalifornischen Cabernet in seinem Preissegment hatten wir nicht. Etwas, das wie klassischer kalifornischer Cabernet schmeckte, hatten wir auch nicht wirklich. Paul tendierte beim Einkauf zu Rotweinen, die genauso schlank waren wie er selbst. Es gab nur einen Wein, der in etwa so geschmeidig war, wie der Typ es sich vorstellte: den Tzora aus (zusammenzuck) Israel. Das klang doch nur ganz leicht anders als »Napa Valley«.

Den brachte ich an den Tisch, zusammen mit zwei Weinen,

die er ganz sicher nicht mögen würde – ein Trick, den Justine mir beigebracht hatte, damit »die Leute sich den Wein aussuchen, den sie sich aussuchen sollen«. Ich schenkte ihm den Merino ein, einen Syrah aus Argentinien.

Er verzog das Gesicht. »Nicht kräftig genug.«

Ich schenkte ihm den Tzara ein, den Cabernet-Sauvignon-Verschnitt aus Israel.

»Der ist ganz o-*keee.*«

Dann den Fronsac, einen Merlot-betonten Wein aus dem Bordelais.

Er machte ein ganz furchtbares Gesicht. »Puh, der schmeckt ja schrecklich. Den auf keinen Fall.«

Er wollte keinen der drei Weine nehmen. Ich hatte nichts anderes da. Wir führten noch ein paar unangenehme Gespräche und warteten ewig darauf, ob Paul nicht noch irgendwelche Vorschläge machen wollte, dann hatte es der zu Recht verärgerte Mann satt und sagte: »Scheiß drauf.« Er bestellte den Wein aus Israel. Mittlerweile hatte er fünfzehn Minuten auf einen Drink gewartet.

Paul war noch mehr angefressen als die Gäste. Nach Arbeitsende nahm er mich in Beschlag.

»*Du* sitzt am Steuer, nicht der Gast. Der Gast *denkt,* er sitzt am Steuer. Aber *du* sitzt am Steuer«, tobte er. »Wenn ich mit ein paar Leuten unterwegs bin und sage, mir schmecken Kalifornische Cabs, dann ist das ein echtes Statement. Dann gebe ich vor meinen Gästen mächtig an. Und dann kommst du mit einem Israeli an? Die denken: Was soll der Scheiß? Was soll das sein? Das will ich nicht! *Natürlich* sagen die dann Nein ... Der Tzora war eine super Wahl ... Ich hätte den Tzora an den Tisch gebracht und gesagt: ›Sir, wir sind hier nicht in Kalifornien. Wir – sind in Israel. Jordan ist mittelkräftig, sehr geschmeidig, aromatisch. Üppige Frucht, weiche Tanninstruktur. Dann ist der hier *genau* der Richtige für Sie.‹ Und dann überredest du ihn.«

»Ein bisschen Gelaber gehört dazu«, dozierte Paul. »Ich hätte den Gentleman so manipuliert, dass er denkt: Okay, zwar kein kalifornischer Cabernet, aber kommt verdammt nah ran. Die Leute sollen bei ihrer Entscheidung ein gutes Gefühl haben.«

Ich dachte zurück an *La Paulée* und die Macht des Primings. Na klar. Wir glauben das, was man uns weismacht, *besonders* in puncto Geschmack. Besonders in puncto Wein. Mach ihn zu etwas Feinem, und er wird fein schmecken.

Es ging nicht darum, die Leute hereinzulegen. Wir wollten sie nur sanft dazu bringen, die Vorurteile abzulegen, die sie daran hinderten, sich an neuen Geschmäckern zu erfreuen. Ich gebe gerne zu, ein israelischer Wein hat nicht die gleiche glamouröse Anziehungskraft wie ein Cabernet aus Kalifornien. Wenn Sie Mr Groß und Kräftig wären, fühlte es sich womöglich an, als hätten Sie ein gut abgehangenes Steak aus der Hochrippe bestellt und bekämen stattdessen einen Döner vorgesetzt. Mann, aber der Tzora war köstlich, wenn man ihm eine Chance gab, und die Napa-Fans, die ihn probierten, ließen sich für gewöhnlich bekehren und tranken – »L'chaim – Auf das Leben!« – auf die Reben des Heiligen Landes. Damit diese Offenbarungen passierten, waren eine gewisse Offenheit der Gäste und ein wenig List von unserer Seite aus vonnöten. So gingen die amerikanischen Zivilisten davon aus, alle Rieslingweine seien lieblich und liebliche Weine seien schäbig, deshalb legte ich beim Einschenken manchmal die Hand übers Etikett oder vergaß »rein zufällig« die Rebsorte zu erwähnen, damit die Gäste auch wirklich einen Schluck probierten.

Ich konnte verstehen, weshalb sich selbst die weinkundigen Sommeliers in die Hände der anderen Somms begaben, wenn sie auswärts etwas trinken gingen. Wir Terroiristen kannten die Weine auf unserer Karte so gut, als wären sie Menschen – wer die Mehr-will-Tropfen waren, die Blindgänger, die harten Nüsse, die Zungenbrecher, die Erleuchtungen. Es war spannend, die Leute mit einem Wein zusammenzubringen, bei dem ihnen beinahe die Augen aus dem Kopf fielen. Und auch wenn wir die Gäste von Zeit zu Zeit in Richtung eines teureren Tropfens stupsten, ging es dabei nicht einfach nur darum, sich drei Mäuse mehr zu erschleichen, sondern um ihnen einen weit besseren Wein zu servieren. Ich hatte gedacht, Morgan und Victoria würden mich vielleicht veräppeln, als sie meinten, dass ihnen die Freude manchmal mehr wert sei als der Profit. Jetzt nicht mehr.

Der Wein hatte sämtliche Facetten meines Alltags derart durchtränkt, dass ich erst dann merkte, wie sehr ich mich verändert hatte, als ich im *Terroir* zu arbeiten begann, ein Jahr nach meinem anfänglichen Treffen mit Morgan. Das erste Mal, dass wir miteinander redeten, war im *Terroir* gewesen. Jetzt kredenzte ich Menschen Wein, die praktisch auf denselben Plätzen saßen.

Während ich Fragen zur Karte beantwortete und die Leute durch »Das Buch« führte, würde mir klar, wie sehr sich mein gesamtes Verständnis von Wein – und Essen – gewandelt hatte. Mir war es nicht mehr egal, was ich trank, und mir war auch nicht mehr egal, was die *anderen* tranken.

Ein Glas Flüssigkeit hatte jetzt für mich das Potenzial, uns die Tür zu einer Erfahrung zu öffnen, die uns an einen anderen Ort führt und etwas offenbart, ohne dass wir dafür jemals unseren Platz verlassen müssten. Einen Wein schlicht zu mögen war eine notwendige, aber nicht mehr ausreichende Voraussetzung dafür, sich mit ihm zufriedenzugeben. Ein Bombenwein war einer, der ordentlich Mühe machte. Den man nicht auf Anhieb verstand. Der ein Fragezeichen im Kopf hinterließ oder einen woandershin entführte. Woher kommt der? Schmeckt der etwa nach … Kiefernnadeln? Wie ist der gemacht worden? Wieso fühle ich mich plötzlich so nostalgisch wegen meiner Unifreundin und unserer Wanderungen durch die Pine Barrens? Ein Glas entfaltete dann sein volles Potenzial, wenn er eine Geschichte in uns hinterließ. Vielleicht eine Geschichte über den Wein selbst und den deutschen Hippie, der ihn mit den Methoden seines Ururgroßvaters hergestellt hat. Oder eine Geschichte über den Abend, an dem wir diesen Wein tranken, wie der süße Duft des Rieslings unsere Stimmung derart schnell gehoben hat, dass wir länger auf den Beinen blieben als geplant und so sehr lachten, dass der Besitzer des Lokals – der Typ mit dem schrägen Bart – zu uns an den Tisch kam, um zu sehen, was los war. Oder vielleicht eine Geschichte über uns selbst und darüber, wie schockiert wir in Anbetracht der intellektuellen Dimensionen waren, die wir mithilfe jener Sinne erreichten, die wir sonst nur fürs nackte Überleben nutzen. Auch Essen vermochte solche Gefühle in uns auszulösen. Leichter, erschwinglicher und zuverlässiger ließ sich solch ein Staunen über die Welt und den eigenen Platz darin aber mithilfe eines Weins anstatt mithilfe eines Gerichts herbeiführen.

Wir Terroiristen waren am Boden zerstört, wenn die Gäste wie aus der Pistole geschossen den erstbesten Wein bestellten, der ihnen bekannt vorkam. »Was für eine Schande, es gibt so viele bessere Weine auf der Karte«, flüsterte mir einer meiner Kollegen zu, als er mich einen Chardonnay für den Zweiertisch ganz vorn greifen sah. Es ist noch gar nicht lange her, da hätte ich gedacht, so eine Aussage sei nur vornehmes Getue. Doch es stimmt, wir sind wirklich enttäuscht, wenn wir die Gäste nicht wenigstens ein klein wenig ins Staunen versetzen können. Ihnen neue Perspektiven eröffnen oder sie wenigstens infrage stellen lassen, was sie bisher über Geschmack zu wissen dachten. Paul ließ die Zivilisten in seinen Weinseminaren schwören, einen Wein nie ein zweites Mal zu trinken. Diese Tatsache ließ ich hin und wieder bei meinen Gästen fallen, um zu sehen, ob ich sie nicht auf unbekanntes Terrain würde locken können.

Verstehen Sie mich nicht falsch – natürlich bringe ich Ihnen den Chardonnay oder den Doc's Cider und freue mich, wenn Sie sich freuen. Im Hinterkopf aber würde ich denken: Wenn ich überlege, was ich Ihnen alles bringen *könnte,* erscheint der Doc's langweilig. Wässrig! Der Cornouaille hingegen ist ein bewusstseinsveränderndes Chaos aus Blauschimmelkäse, Apfelessig und Shetlandpony, das stinkt und *phänomenal* und total verblüffend schmeckt. Der Riesling von Château-Belá schmeckt, als hätten sich Schubert und Grace Kelley fortgepflanzt, und zwar genauso irre, wie es diese Beschreibung nahelegt. Warten Sie, bis Sie den Tempranillo in die Hände bekommen, der schmeckt, als würde man an einem alten Sattel lutschen, und zwar auf absolut wundervolle Art und Weise. Anstatt eine weitere Spritztour durch das kalifornische Weinland zu unternehmen, könnten Sie die Düfte vom Libanon, von Österreich, Griechenland, Israel und Slowenien inhalieren. Wir reden hier nur von einem winzigen Schlückchen. Sie müssen es nicht behalten und nicht einmal bezahlen. Sie sollen es lediglich probieren.

Trotzdem gab es so viele Leute, die nicht einmal das tun wollten. Zeitweise waren sie einfach nicht in Stimmung. Sie hatten einen miesen Tag auf der Arbeit gehabt, und alles, was sie brauchten, war – wie Paul es formulieren würde – ein verdammtes Glas Rebsaft. In diesen Fällen hielt ich mich gerne zurück und brachte ihnen einfach den Alkohol.

Doch viel, *viel* mehr Leute ließen sich von uns nicht eine Stufe höher bringen, weil sie Angst hatten – vor dem Wein oder davor, dumm dazustehen, falschzuliegen, den Unterschied nicht zu kennen, blöde Fragen zu stellen, langatmige Antworten zu bekommen mit Fachjargon wie »aldehydisch«, und davor, eine unbekannte Substanz in den Mund zu nehmen. Ich habe erwachsene Menschen gesehen, die mit verzogenen Gesichtern vor einem Glas Wein zurückwichen wie Kleinkinder, die den Brokkoli nicht essen möchten. Dass Geschmacks- und Geruchssinn unsere beiden invasivsten und intimsten Sinne sind, stimmt natürlich. Wir verleiben uns dabei schließlich etwas ein. Dennoch taten diese Leute so, als ob ich sie vergiften wollte, als ob es körperlich schmerzhaft oder gefährlich wäre, diese Weine zu trinken. »Was ist *das* denn?«, kreischte eine Frau mittleren Alters. Manche schienen das Ganze sehr persönlich zu nehmen. »Ihr habt echt schräges Zeug hier«, meinte ein weiterer Gast vorwurfsvoll. »Der Wein schmeckt komisch. Wieso schmeckt der so komisch?« Was Gerüche und Geschmäcker anbelangt, so gilt auch hier das Motto: Was der Bauer nicht kennt, das lehnt er ab. Unser Instinkt sagt uns: Nein danke, auf gar keinen Fall werde ich mir das einverleiben.

Ich selbst hatte mich in ein sensorisches Abenteuer gestürzt. Und jeden Abend im *Terroir* hatte ich die Chance, die Menschen auf ihre ganz eigene Reise zu schicken. Das Kunststück bestand darin, sie vom Aufbruch zu überzeugen.

Nehmen wir an, Sie statten dem *Terroir* einen Besuch ab. Sie öffnen die Tür und denken, das sieht alles ziemlich locker und entspannt aus hier. Das Personal trägt Jeans und T-Shirt. Drinnen gibt es Holztische, Metallstühle, eine Bar mit einer mitgenommenen Arbeitsplatte und eine winzige offene Küche. Vor dem Eingang hängt eine Kreidetafel mit den Worten: Get weird with us! (Spinnt mit uns herum.) Es gibt keine in Leder gebundene Weinkarten, keine Tischtücher, keine Kellner, die sich Ihnen in den Weg stellen und nach Ihrer Reservierung fragen, keine Anzüge, keine aufwendigen Blumenbouquets. Hinten werden auf einer Leinwand alte Filme gezeigt: *Pumping Iron, Top Gun, Meine Lieder – meine Träume.* Smooth Jazz können Sie vergessen. Gespielt werden Bowie oder Chuck Berry, ein wenig zu laut vielleicht.

Einer von uns schreit Hallo, wenn Sie hineinspaziert kommen – wahrscheinlich Paul, der die Gäste irgendwie immer als Erstes sieht, auch wenn ich gerade vorne arbeite –, WILLKOMMEN IM *TERROIR*, ALLES IN ORDNUNG. Die Weinkarte, die wir vorbeibringen, besteht aus einem schwarzen Dreiringordner voller Sticker und Kritzeleien. (»Wenn du Manzanilla so sehr liebst, warum heiratest du ihn dann nicht einfach??«) Darin steht, dass wir nicht von der restlichen Welt abgekapselt sind. Wir leben in der gleichen Welt wie Sie. Es geht um Wein, aber den müssen Sie nicht so ernst nehmen. Rock 'n' Roll.

Und dann sehen Sie die Weine. Sie haben *keine* Ahnung, was hier los ist. Was ist Epanomi? Malagou-was? Was sollen die ganzen »TA, RS«-Nummern neben den Rieslingen? Wieso ist der Teil mit den offenen Weinen *sechs* Seiten lang?! Wo ist der Malbec? Kein Sancerre? Echt jetzt?

Rock 'n' fucking *Roll*.

Diese Art von Krisen möchte Paul gerne in den Gästen auslösen, denn sie zwingen einen zum Gespräch. Er möchte, dass Sie aufgeben und »Das Buch« zusammenklappen. Sein Traum wäre genau genommen sogar, überhaupt kein Buch herumliegen zu haben. »Aber hier in New York, in dieser Stadt voller verdammter Kontrollfreaks, will eben nicht jeder die Kontrolle abgeben.« Am wenigsten Paul. Und wenn Sie dann nicht wissen, wohin die Reise gehen soll, erlauben Sie uns hoffentlich, Sie an die Hand zu nehmen.

Wenn Sie gerade beginnen, den Raum mit nackter Panik ins Visier zu nehmen, oder ich sehe, wie Sie die Seiten zum dritten Mal durchblättern und den Boden unter den Füßen verlieren, komme ich angeschlichen. Je nachdem, wo Sie sitzen, quetsche ich mich neben die Sitzbank an Tisch 26, damit ich weiter den Speiseraum im Auge behalten kann – brauchen 21 oder 23 Wasser? Wie weit ist die 25 mit ihrer Flasche? Wenn Sie an Tisch 27 sitzen, drücke ich mich in die Ecke, damit ich die Tür – »WILLKOMMEN IM *TERROIR*, NEHMT PLATZ« – noch immer im Blick habe.

Ich habe Sie allerdings schon vorher beäugt und versucht abzuschätzen, wer Sie sind und was Sie wollen. Victorias Lektionen im cleveren Typisieren haben sich bezahlt gemacht. Wir befinden uns in der Nähe der Wall Street, also sind Sie vielleicht ein Finanzbursche. Die Kerle mit Hemdkragen und Anzugschuhen wollen meistens eher Quantität statt Qualität, bis die Happy Hour um achtzehn Uhr endet. Die Damen der Finanzwelt – Powerfrauen mit ausgestellten Röcken und schönen Handtaschen – lassen es sich gut gehen. Für Sie hätte ich einen köstlichen Pinot aus Oregon, sechzehn Euro das Glas. Sie könnten eine der wenigen hier verbliebenen Künstlerinnen aus Tribeca sein, und wenn dem so ist, sind Sie wahrscheinlich schon einmal hier gewesen. Ihnen sage ich, was wir alles Neues haben. Sie könnten eine Weingenossin sein, und in diesem Fall mache ich Sie auf irgendetwas ganz Besonderes aufmerksam. Wenn Sie gerade Ihr erstes Date haben – was sehr wahrscheinlich ist, denn von denen gibt es hier viele –, sind Sie knauserig, und ich soll für die Abendunterhaltung sorgen. (Morgan hatte große Pläne. Möge die Show beginnen!) Sie sind ein wenig verlegen und wollen einen Wein mit Geschichte, der ein Gespräch in Gang setzt. Dann biete ich Ihnen den Château Musar aus den Händen des Virtuosen Serge Husar, der seinen Weinkeller während des fünfzehnjährigen Bürgerkriegs im Libanon zu einem Luftschutzraum umfunktionierte – und hey, wann haben Sie das letzte Mal einen libanesischen Wein probiert? Bei Ihrem dritten Date – wenn Sie sich wohl, aber noch nicht zu wohl fühlen – werden Sie es krachen lassen, weil Sie auf Sex aus sind. Wenn Sie der Stammgast sind, der jede Woche ein neues Mädel mitbringt – und jedes Mal so tun, als seien Sie das erste Mal hier, jedes Mal mit der Firmenkarte zahlen, Ihrer Begleitung jedes Mal auf nüchternen Magen Alkohol einflößen, damit Sie gegen den Tresen gelehnt rumknutschen können –, dann werde ich Sie mit der Käseplatte bedrängen, und zwar ordentlich, damit das Mädel etwas im Magen hat, das den Syrah aufsaugt. Seien Sie gewarnt: Sie sind nicht anonym, und wir können Sie sehr gut lesen.

Ich komme an Ihren Tisch und füttere Sie mit einem Anmachspruch, um Sie zum Reden zu bringen. Keine Ja/Nein-Fragen, die in eine Sackgasse führen. »Na, was gibt's?«, frage ich, oder:

»Was haben Sie auf dem Herzen?« Die beiden Türöffner habe ich bei Facebook und Twitter geklaut, denn wenn jemand weiß, wie man die Leute dazu bringt, ihr Herz auszuschütten, dann die beiden. Je mehr ich über Sie in Erfahrung bringe, desto besser kann ich Sie überzeugen und Sie in eine Weinrichtung lenken.

Ich wäge ab, welches meiner Ichs Sie gerne hätten. Möchten Sie ganz viel Geschwafel? Möchten Sie einfach ein Glas Wein? Möchten Sie, dass ich Sie bewundere? Ihnen etwas beibringe? Ich muss wissen, wer ich sein soll, wenn ich zu Ihnen komme. An jedem Tisch bin ich eine andere.

Wer Sie auch sind, was immer Sie antworten, ich werde mir Mühe geben, dass Sie mich mögen, damit Sie mir vertrauen, wenn ich Ihnen etwas Neues bringen möchte. Mann oder Frau, Stammgast oder Neuling, die Verführung muss schnell gehen. Dreißig Sekunden maximal. Sie sind hier, weil Sie Zeit mit Ihren Freundinnen oder Ihrem Partner oder Ihren Kolleginnen verbringen wollen. Und ich muss noch zwei Tische eindecken, jemandem ein zweites Glas anbieten, eine Rechnung abliefern, Gläser polieren, Tisch 21 neu einschenken, in den Keller rennen und Paul ausweichen, der in der Ecke vor sich hin brodelt.

Sobald ich ein Gefühl dafür habe, was Sie wollen, muss ich Ihnen den Wein schmackhaft machen, von dem ich weiß, dass er Sie an einen Ort des Vergnügens führen wird. Und genau hier fängt es an, interessant zu werden.

Mein Verkaufsgespräch verläuft jedes Mal anders. Ich improvisiere an jedem Tisch. Stelle mich auf die Verhältnisse ein. Morgan und Victoria durften kaum vom Sommelier-Skript abweichen – hervorragender Jahrgang … trinkt sich gerade äußerst gut … Im *Terroir* haben wir totale künstlerische Freiheit.

Ich mache von all meinem erlernten Wissen Gebrauch, damit Sie heute Abend mit mir auf die Reise gehen. Von der Kunst der Verkostungsnotizen, dem Einfluss der Erwartungen, der Blindverkostung, der Wissenschaft vom Riechen. Selbst von den toskanischen Weingesetzen und den Fakten der Champagner-Methode.

Wenn Sie Weinfanatikerin sind, kriegen Sie von mir den klassischen Weinjargon zu hören. Ich will Ihnen zeigen, dass ich Ihre Sprache spreche, damit Sie mir vertrauen. Der Jurtschitsch ist ein klassischer Grüner Veltliner aus Österreich, zitrussig und säurebetont, mit Noten von Radieschen und weißem Pfeffer. Wenn Sie eine neugierige Amateurin sind, hefte ich noch eine Geschichte dran, um Ihre Vorstellungskraft anzuregen. Der Quenard stammt aus einem französischen Anbaugebiet direkt hinter der Schweizer Grenze, und er vereint die Romantik der Franzosen mit der Präzision eines Schweizer Uhrwerks. Wenn Sie mit mir flirten möchten, lehre ich Sie, einen hohen Säure- und einen hohen Alkoholanteil auf Ihrer Zunge zu erspüren. Ich lasse den Weinsprech komplett sein und versuche, Sie mit Poesie und assoziativem Popkulturgeplauder in den Bann zu ziehen – dem Zeug, das Morgan von sich gab, wenn wir uns bei Händlerverkostungen an die Tische heranpirschten. Der Viognier hier ist voll Gwyneth Paltrow – blumig, frisch, ziemlich geschmeidig. Dieser süße Pfirsich-Riesling schmeckt wie die Beatles um die *Love-Me-Do*-Zeit; der andere da wie *Sgt. Pepper's Lonely Hearts Club Band* – flippig, trippig, und die Säure schießt bis in den Himmel. Ich verkaufe Ihnen große, fette Kim-Kardashian-Nummern oder schlanke à la Hemingway oder liebliche Playboys im samtenen Morgenmantel. Manchmal schieße ich auch übers Ziel hinaus: »Der Wein ist wie das total artige Mädel auf der Highschool, das immer Einsen schrieb, obwohl jeder wusste, dass sie auf der Toilette heimlich kiffte«, sagte ich einmal zu einem Gast. »Ich hab keine Ahnung, wovon Sie da reden«, erwiderte er. Normalerweise stehen die Gäste aber drauf. »Ich nehme das, was Sie da als T.-S.-Eliot-Wein beschrieben haben«, würden Sie zum Beispiel sagen.

Die Benimmregeln des Courts habe ich nicht komplett an den Nagel gehängt. Ich mache mich über die Weingepflogenheiten lustig und stelle gleichzeitig klar, dass ich sie kenne. Ich präsentiere Ihnen die Flasche, rezitiere das vollständige Etikett, während ich sie Ihnen entgegenhalte, genau wie ich es bei Master Keith getan hatte. Dann witzele ich: »Sieht aus wie Wein, oder?«, und breche damit die Konventionen auf, die ich mit größter Gewissenhaftigkeit befolge. Ich habe eine Stoffserviette bei mir, schenke Ihnen mit zu Ihnen zeigender Handfläche von rechts ein und wische sorgfältig den Flaschenmund ab, weil ich weiß, dass ich Ihnen damit Respekt erweise, auch wenn Ihnen das gar nicht bewusst ist. Morgan wäre stolz auf mich.

Die besten Momente des Abends passieren, wenn es bei den Leuten klick macht: Sie kosten von einem Wein, und ihnen wird schlagartig klar: Genau danach hatte ich gesucht! Der Geschmack macht sie neugierig. Sie wollen mehr. Mit »ganz okay« sind sie auf einmal unzufrieden.

Wir versuchen, Ihnen die Werkzeuge an die Hand zu geben, die so etwas herbeiführen können. Gib jemandem eine Verkostungsnotiz, und er wird eine Stunde lang zufrieden sein; lehre jemanden das Schmecken, und, na ja, das Leben wird nie mehr so sein wie vorher. Wenn Sie zu mir sagen: »Bringen Sie mir einfach irgendeinen Wein, ich schmecke sowieso keinen Unterschied«, kehre ich mit zwei völlig entgegengesetzten Weinen an Ihren Tisch zurück – mit einem aus dem Burgund, der wie eine Matschpfütze mit Cranberrysaft schmeckt, und mit einem aus Argentinien, der wie Schokokuchenteig mit Piña Colada schmeckt. »Schmecken Sie den Unterschied?«, frage ich Sie und erkläre die Unterschiede zwischen Alter und Neuer Welt, kühlem und warmem Klima. Sie schmecken ihn. Ihnen wird klar, dass dies die erste Geschichte ist, die Ihnen Essen und Getränke erzählen, und dass noch viele weitere folgen werden.

Wenn die Sache ins Stocken gerät, verweile ich ein wenig länger an Ihrem Tisch, hole ein paar ungleiche Weine her und frage Sie, wie viel Speichel sich in Ihrem Mund befindet, nachdem Sie einen Schluck probiert haben. Eine ganze Menge? Das kommt von der Säure. Atmen Sie so aus, als ob Sie Ihren Atem überprüfen wollten. Wie weit nach hinten brennt es? So können Sie den Alkoholgehalt abschätzen. Ich schaue zu, wie Paul Zungendiagramme aufmalt, während er den Leuten beibringt, wie sie die Weinstruktur beurteilen. »Okay, also, kribbelt es bei Ihnen auf der Zungenspitze?«, fragt er. »Da wird man wieder munter, was? Rock 'n' fucking Roll.«

Im *Terroir* habe ich mich immer bemüht, die Gäste durch den Wein auf eine Reise zu schicken, mit unterschiedlichem Erfolg.

Manchmal geben sie mir dezente Hinweise darauf, dass sie einen gewissen Extrapep gespürt haben. Dann rufen sie mich an den Tisch und sagen, es tue ihnen furchtbar leid, mich zu stören, aber wie hieß dieser Wein noch mal? Und ob sie wohl das Etikett fotografieren dürften?

Manchmal kippen sie das erste Glas hinunter und fragen mich, ob ich ihnen noch einen Wein empfehlen könne, diesmal einen anderen. Sie begeben sich ein zweites Mal in meine Hände und lassen mich den Globus noch einmal anstupsen. Einmal habe ich zwei Kerle mit auf eine Tour genommen, die mit einem relativ unbedenklichen, vollmundigen Syrah begann, danach zu einem Pinot Noir aus Oregon und anschließend nach Frankreich führte, um dann den langen Weg zu einem feinherben Riesling zurück zu nehmen.

Manchmal erzählten mir die Gäste auch geradeheraus von ihrer Liebe zum Wein. Jedes Mal, wenn ich an ihren Tisch kam, teilten sie mir eine neue Beobachtung mit. Ich konnte sie für mein Spiel mit den wildesten Verkostungsnotizen begeistern, und von da an wusste ich, dass sie sich um einen Wein wirklich Gedanken gemacht haben. Einmal bestellten sie an einem Tisch eine Verkostungsrunde mit drei Cabernet-Francs. Den einen erklärten sie zur Taylor Swift, den anderen zur Alanis Morissette und den letzten zu Sean Connery.

Oft konnte ich allerdings nur schwer beurteilen, ob ich mein Ziel erreicht hatte. Wenn ich sah, wie die Gäste einen Schluck nahmen und sich dann in sich selbst zurückzogen, vermutete ich, dass es mir gelungen war. Dann brachen sie den Augenkontakt ab. Ihre Gesichter wurden leer. Sie hörten auf, sich mit den Leuten um sie herum zu unterhalten, weil sie dank der Wolke aus Aromamolekülen, die sie gerade inhaliert hatten, einen Dialog mit ihrem Inneren führten. Abgelenkt sahen sie aus, als wären sie in einen anderen Ort hineingestolpert. Oder sie neigten den Kopf, hielten einen Moment inne, als ob eine Frage sie beschäftigte oder ihnen irgendetwas nicht einfiele.

Es störte mich nicht, dass ich oft nicht beurteilen konnte, ob ich die Gäste mit einem Türöffnerwein verkuppelt hatte. Was zwischen ihnen und dem Glas Wein passiert, gehört nur ihnen. Es ist ihr ganz persönliches Abenteuer.

Ein Schluck Wein ist nicht wie ein Lied oder ein Gemälde, die viele Menschen gleichzeitig ansprechen mit einer Botschaft, die für alle Zeiten in einer Formulierung oder einem Pinselstrich verankert ist. Der Wein verändert sich in der Flasche, er entfaltet sich langsam weiter bis zu seinem unausweichlichen Ende, und er verändert sich noch drastischer von dem Moment an, wenn der Korken gezogen wird. Die Flüssigkeit, aus der unser erster Schluck besteht, ist nicht dieselbe Flüssigkeit, die wir der Flasche für unseren letzten Schluck entnehmen. Und der Wein, den Sie trinken, ist nicht derselbe wie der, den ich trinke. Er ändert sich vor dem Hintergrund unserer ganz persönlichen Körperchemie, unserer DNA und unserer Erinnerungen. Der Wein ist nur für Sie oder für mich da, und er existiert nur im jeweiligen Augenblick. Er ist unsere ganz eigene Erleuchtung, in der Gesellschaft netter Menschen. Lassen Sie den Kelch also nicht an sich vorüberziehen. Nehmen Sie ihn und kosten Sie davon.

Epilog

# DIE BLINDESTE VERKOSTUNG VON ALLEN

Es gab noch eine letzte Blindverkostung, die ich unbedingt machen musste. Das war die blindeste Verkostung, die ich jemals in Angriff genommen oder von der ich überhaupt gehört hatte. Ich musste Augen und Ohren verschließen und meinen Kopf in einen Kunststoffrahmen stecken, damit ich mich auch nicht den kleinsten Zentimeter bewegen konnte. Anschließend musste ich mich in einen engen, dunklen Raum zwängen, der ungefähr die Größe eines Sarges hatte. Die Betonung lag also auf dem »blind« – und auch auf dem Verkosten: Ich konnte den Wein nicht riechen. Ich konnte nur auf ein dünnes Plastikröhrchen beißen und darauf warten, dass mir jemand Rotwein, Weißwein oder Wasser in den Mund spritzte.

Etwa zwanzig Minuten lang lag ich auf dem Rücken, während ein Mann in der Nähe meiner Füße stand, mir Wein (oder Wasser) einflößte und Befehle zurief.

»Kauen!«, hörte ich ihn mit dumpfer Stimme brüllen, während mir etwas Nasses auf die Zunge rann.

Dann: »Schlucken!«

»Kauen!«

»Schlucken!«

Dieser Aufbau mag Ihnen seltsam, aber auch bekannt vorkommen: Er wurde von zwei bahnbrechenden Versuchen übernommen (beschrieben in Kapitel vier), die mittels fMRT den Merkmalen der Weinkompetenz auf den Zahn fühlten. Der erste wurde von einem italienischen Team durchgeführt und 2005 veröffentlicht, der nach dem Vorbild des Originals entwickelte zweite Versuch wurde 2014 von französischen Wissenschaftlern durchgeführt. Im Rahmen beider Studien hatte man Sommeliers und Amateurtrinker in fMRTs gesteckt und sie Wein nippen, spülen und schlucken lassen, um zu sehen, welche Hirnregionen von den Aromen aktiviert werden. Die Teilnehmer mussten nicht sagen, ob es sich um einen, sagen wir, Malbec aus Argentinien oder um einen Merlot aus Kalifornien handelte. Doch um sicherzugehen, dass die Probanden sich kritisch mit dem Geschmack beschäftigten, stellte man ihnen drei Fragen: 1.) Wie gut schmeckt Ihnen der Wein? 2.) War es Rot- oder Weißwein? 3.) Glauben Sie, dass ein Wein mehr als ein Mal vorkam? Die beiden Forscherteams haben jedes für sich herausgefunden, dass die Areale der Experten nach einem ganz eigenen Muster aufleuchten, das nichts mit dem der Novizen gemein hatte.

Ich war am Ende meiner gut einjährigen, intensiven Weinausbildung und Geschmackserkundung angelangt. Ich hatte bewiesen, dass ich wie eine Sommelière auftreten konnte – im Restaurant, in den Prüfungen des Courts und wenn ich mit einer Verkostungsrunde konfrontiert wurde. Bei den Blindverkostungen schnitt ich gut ab, hervorragend sogar, wie mir der Vorsitzende der American Sommelier Association, Andrew Bell, attestierte. Als ehemaliger Blindverkostungslehrmeister war er überrascht davon, wie schnell ich mich verbessert hatte. Wenn man mich ein Glas einer klassischen Rebsorte probieren ließ, konnte ich übereinstimmend sagen, was ich da gerade trank.

Ich hatte allerdings auch herausgefunden, dass es mit der Weinkompetenz so eine Sache ist. Ich hatte erlebt, wie die Erwartungen der Wahrnehmung ein Schnippchen schlagen, und wieder und wieder gesehen, dass unser Geist die absolute Hoheit über unsere Sinne hat. Auch wenn ich den Supernasen und Überzungen anfangs skeptisch gegenübergestanden hatte, stand für mich mittlerweile fest: Fortgeschrittene, gaumenfixierte Sommeliers verfügten nicht über bessere körperliche Voraussetzungen wie etwa Tausende Extrageschmacksknospen oder zehnmal mehr olfaktorische Rezeptorgene. Vielmehr ist ihre Art zu denken einzigartig. Die Geschmacksreize werden von ihnen auf höher entwickelte Art wahrgenommen und interpretiert, und dieser Filter ändert alles.

Das Gehirn stellte die letzte Eroberungsgrenze bei meinem Streben nach Expertentum dar. Die Wissenschaft hatte die Unterscheidungsmerkmale eines Weinfanatikergehirns festgelegt. Jetzt musste ich nur noch wissen, wie mein eigenes im Vergleich dazu abschnitt.

Das eigene Gehirn abbilden zu lassen ist gar nicht so einfach, und ich war überrascht, als ich erfuhr, dass ich dafür sogar eine Erlaubnis einholen musste. Nachdem ich Wissenschaftler von Stockholm bis Chicago deswegen ersucht hatte, schaffte ich es schließlich im Rahmen einer wissenschaftlichen Studie, die bereits in Gange war, in eine fMRT-Maschine. Sie fand unter der Federführung von Professor Yong-An Chung im Incheon St. Mary's Hospital statt, und zwar ausgerechnet in Südkorea. Seung-Schik Yoo, ein Juniorprofessor für Radiologie an der Harvard Medical School, der häufig mit dem Team von St. Mary's zusammenarbeitet, hatte die Protokolle der vorherigen Sommelier-Versuche sorgfältig studiert und schließlich zusammen mit Yong-An eingewilligt, ihren Aufbau so ähnlich wie möglich zu wiederholen, um mir bei dieser letzten aller Blindverkostungen zu helfen. Ich flog also nach Südkorea und traf dort den fröhlichen und unermüdlichen, wissbegierigen Seung-Schik, dessen Forschungen vom 3-D-Drucken von Haut bis hin zum

Verbinden des menschlichen Gehirns mit dem von Ratten reichten, um sie mit unseren Gedanken zu steuern. Seung-Schik erzählte mir, seine Leidenschaft für die Biomedizin wurde vom Foto eines künstlichen Herzens auf dem Cover der *Time* geweckt, als er noch ein Kind war. »Irgendetwas daran hat mein limbisches System total in Erregung versetzt«, sagte er mit einem Grinsen. (Ein Teil des Gehirns, der für Emotionen und inneren Antrieb zuständig ist, wie ich mir später erklären ließ.) »Füttern wir unser Gehirn mal mit ein wenig Glucose«, war seine Art, mich zum Mittagessen zu bitten. Er war also genau der Richtige, um mir zu helfen.

Seung-Schik führte mich über den Parkplatz des St. Mary Hospitals, auf dem Patienten im Schlafanzug mit ihrem Tropf um die Autos herumschlurften. Ich folgte ihm in einen Raum im Untergeschoss und legte mich auf eine schmale Kunststoffbahre, damit er mich in den fMRT schieben konnte. Ich muss einen nervösen Eindruck gemacht haben, denn Seung-Schik sagte mir, ich solle mich nicht vom leisen Rattern der Magnete abschrecken lassen. Er kenne ein paar Studenten, die das Geräusch neu abgemischt und in Songs gepackt haben.

Ich *war* nervös, aber das hatte nichts mit der knochenrasselnden Plackerei des fMRT zu tun. Erst einmal machte ich mir Sorgen darüber, dass ich mir Sorgen machte. Eine Gruppe Männer in weißen Kitteln war kurz davor, mir in den Kopf zu schauen, und ich befürchtete, sie bekämen gleich meine Angst in Vollansicht, die an guten Tagen jenseits von Gut und Böse ist. Doch mehr noch graute es mir davor, dass mich mein Gehirn nach all der Mühe, Energie, Schulung und Hingabe als Versagerin, Einfaltspinsel und Banausin präsentieren würde.

Ich schloss die Augen und versuchte, mit einem Röhrchen zwischen den Schneidezähnen den Kopf frei zu bekommen. Seung-Schik und seine Kollegen scannten mich, während ich eine Reihe Weine spülte und schluckte, dann scannten sie eine passende Kontrollperson – eine Amateurweintrinkerin des gleichen Alters –, während auch sie spülte und schluckte. Wie die vorherigen Probanden auch mussten wir ein paar Fragen zu den von uns verkosteten Weinen beantworten. Und genau wie die vorherigen Wissenschaftler es getan hatten, versprachen die Forscher von St. Mary's, unsere Daten zu verarbeiten und dann meine Hirnaktivitäten mit denen der Kontrollperson zu vergleichen.

Ein paar Wochen später teilte mir Seung-Schik in einer E-Mail mit, dass die Ergebnisse da seien, und ich machte mich auf den Weg zu seinem Bostoner Büro, um dort an seiner Seite die Scans durchzugehen. Kaum war ich aufgetaucht, bat er mich zu sich und tippte eifrig ein paar Tasten seines Laptops, um meinen Ordner zu öffnen. Ich kam in den Genuss einer entsetzlichen Ansicht meines eigenen glatzköpfigen, entkörperten Kopfes, der sich vor einem grauen Hintergrund drehte – ein kostenloser kleiner Albtraum, mit Dank an das fMRT-Gerät. *Egal, was dabei rauskommt, es könnte alles noch viel schlimmer sein: Wenigstens sitzt dein Kopf noch auf den Schultern,* sagte ich mir.

Seung-Schik holte ein Rastergitter schwarz-weißer Hirnscans heraus, das über neunzig verschiedene Ansichten meines Hirns enthielt. Viele der einzelnen Scans waren an manchen Stellen orange, gelb und rot gesprenkelt, und Seung-Schick erklärte in Kürze, was es damit auf sich hatte. Genau wie die anderen Wissenschaftler auch hatten er und seine Kollegen die Aktivitäten im Amateurgehirn von den Aktivitäten meines Gehirns abgezogen, und die Farbkleckse wiesen auf Areale hin, in denen mein Gehirn mehr Regung gezeigt hatte. Er hob einen kleinen roten Fleck hervor: Sah so aus, als ob ich mit meiner Zunge deutlich mehr herumgefuhrwerkt hätte als die Kontrollperson. So viel hätten Außenstehende nicht unbedingt über mich wissen müssen, und auf einmal fühlte ich mich ganz schön exponiert.

Die ursprüngliche fMRT-Studie von 2005 hatte ergeben, dass bei den Sommeliers drei entscheidende Hirnregionen mehr Aktivität während des Weintrinkens aufweisen als bei den Amateuren. Zwei dieser Regionen – der linke Orbitofrontalcortex und der linke Inselcortex – spielen wohl eine Rolle beim Verarbeiten von Gerüchen, Geschmäckern und anderen sensorischen Informationen und wandeln sie dann in einen Geschmackseindruck um. Beide Regionen lösen außerdem komplexe Aufgaben wie den Akt des Entscheidens, des Schlussfolgerns sowie das Bemessen und Bewerten von Geschmäckern. Bei Letzterem ist der Inselcortex besonders bemerkenswert. Die Wissenschaft geht davon aus, dass dieses lange vernachlässigte Hirnareal bei der Unterscheidung zwischen Mensch und Tier eine Rolle spielt. Es misst Sinneserfahrungen emotionale und kulturelle Bedeutung bei – ein schlechter Geruch wird zur Abscheu, eine Zärtlichkeit entfacht ein Gefühl des Verlangens nach dem Geliebten, der Klang des hohen C lässt einen über die Arie einer Sopranistin staunen, und der Anblick einer Person, die sich in den Finger schneidet, löst Mitgefühl aus. Wird der Inselcortex beschädigt, werden wir möglicherweise nicht mehr von dem durch ein Jazzriff oder dem Heulton einer Violine transportierten Gefühl ergriffen. Es ist der Ort, an dem Körper und Geist zusammenlaufen, an dem wir gefühltes Erleben in bewusste Gedanken umwandeln. Kurz gesagt: Der Inselcortex trägt entscheidend dazu bei, wie die Welt um uns herum Bedeutung erlangt.

Wie hat mein Hirn im Vergleich zu den Experten abgeschnitten? Seung-Schik drückte ein paar mehr Tasten. Beide Regionen hatten orange aufgeleuchtet. Seung-Schick lächelte mich an. Ich blickte ausdruckslos zurück. Das sind gute Nachrichten, erklärte er mir. Mein Gehirn wies deutlich mehr Regungen in diesen beiden Arealen auf als das der Kontrollperson, genau wie bei den sieben Sommeliers in der ursprünglichen Studie.

Bei der dritten Hirnregion, die der Studie von 2005 zufolge mehr Aktivität aufweist, handelt es sich um den dorsolateralen präfrontalen Cortex oder DLPFC. Dieser faszinierende Teil unserer Anatomie entwickelt sich bis ins Erwachsenenalter weiter und hilft uns unter anderem beim abstrakten Denken, beim Erinnern, beim Planen und beim Eingliedern von mehreren unterschiedlichen Sinnesreizen. Als die Wissenschaftler dort eine höhere Aktivität bei den Experten, aber nicht bei den Amateuren bemerkten, kamen sie zu einem faszinierenden Ergebnis: »Die analytische Herangehensweise der Sommeliers an die Weinverkostung scheint die emotionalere, umfassende Erfahrung der unbefangenen Probanden zu ersetzen.« Das Trainieren macht die Sommeliers gegenüber Gerüchen und Geschmäckern nicht nur empfindlicher, sondern sorgt auch noch dafür, dass sie diese Stimuli analysieren, anstatt einfach nur emotional zu reagieren. Wir schauten uns die Bilder auf Seung-Schiks Bildschirm an. Die Gehirnscans zeigten, dass auch diese Region hellorange war.

Die endgültige Diagnose? Ich sprach wie eine Weinfanatikerin, ging wie eine Weinfanatikerin, und die fMRT-Scans hatten bestätigt, dass ich auch die Welt wie eine Weinfanatikerin verarbeitete. Das ganze Üben und Lernen hatte tatsächlich mein Gehirn verändert.

Normalerweise sind die Wissenschaftler ziemlich gut darin, im Angesicht ihrer Resultate ein Pokerface zu wahren. Doch Seung-Schik war beinahe euphorisch.

»Das ist doch toll!«, sagte er und fing an zu grinsen. »Sie sind also vielleicht die wahre Auserwählte«, witzelte er. »Vielleicht hab ich zu viele *Matrix*-Filme gesehen. Sie sind die Auserwählte!«

Doch Seung-Schik war noch nicht fertig. Er lenkte mich zurück an den Computerbildschirm und klickte eine Reihe oranger und gelber Punkte in der Mitte meines Gehirns an – das waren Thalamus und Striatum. In der früheren Studie sind diese Hirnregionen kein Thema gewesen, doch bei mir haben sie mehr Aktivität als bei der Kontrollperson aufgewiesen, und Seung-Schik fand das zu wichtig, um es einfach zu ignorieren. Er war ganz begeistert, dass meine »tieferen Hirnregionen«

während meiner Verkostung angeregt wurden. Zusammen mit den übrigen drei Arealen ließ diese Reihe von Punkten auf eine Tätigkeit des cortico-striato-thalamo-corticalen Regelkreises schließen, der für die exekutiven Hirnfunktionen eine zentrale Rolle spielt. Was bedeutet das genau? Seung-Schik machte sich daran, Dinge abzuhaken. Das Lösen komplexer Probleme. »Den Pinot Noir zu erkennen versuchen und was in dem Wein drin ist, das ist komplexes Problemlösen. Finden Sie nicht auch?«, sagte Seung-Schik. Reaktionswahl – »Aah, das gefällt mir.« Fehlererkennung – »O *jaa.«* Neuheitsdetektion. Die Erinnerung an längst Vergangenes. Da diese Region derart viele fortgeschrittene Hirnfunktionen steuert und sie bei mir während des Weintrinkens aufleuchtete, »rundet das Ihre Geschichte perfekt ab«, meinte Seung-Schik.

Ach, und eine letzte Sache noch. Ich hatte zwar nicht herleiten müssen, welche Weine mir während des Hirnscans eingeflößt worden waren, doch meine innere Blindverkostungsmaschinerie hat sich automatisch in Gang gesetzt. Nachdem ich aus dem fMRT gezogen worden war, teilte ich Seung-Schik mit, dass ich meiner Meinung nach einen Chardonnay aus dem Burgund – vermutlich von 2013 – und einen Pinot Noir aus Kalifornien desselben Jahrgangs getrunken hätte. Seung-Schik zeigte mir die Flaschen. Ich hatte sie genau richtig erkannt.

Ausgangspunkt meiner Reise war die Frage gewesen, ob wir all unsere Sinne so verfeinern können, dass wir das Leben auf eindringlichere und sachkundigere Weise erfahren. Die Scans aus Seoul und den früheren Studien legten nahe, dass solch ein Trainingsprogramm uns tatsächlich verändert, und zwar schneller und tief greifender, als uns klar sein mag. Dennoch zeigen diese Resultate nicht nur, dass wir zu einer Entwicklung fähig sind, sondern auch, weshalb diese Entwicklung von Bedeutung ist.

Das Gehirn der Neulinge bleibt bei den exakt gleichen Gerüchen und Geschmäckern relativ dunkel, wohingegen wir geübten Verkoster die kritischeren, analytischeren Hirnareale höherer Ordnung bemühen – was von den Wissenschaftlern als »effizientere kognitive Verarbeitungsprozesse aufgrund von Expertise« bezeichnet wird. Kurz gesagt: Unser Umgang mit Geschmack ist gedankenvoller und fortgeschrittener. Der Versuchsaufbau – der auf reinen Geschmacksreizen, frei von Markennamen, Etiketten oder Preisen basierte – stellte sicher, dass kein von einem unverschämt teuren Château Cheval Blanc oder einem seltenen Glas Château Musar verursachter Placeboeffekt eintrat. Vielmehr deuten die Resultate darauf hin, dass ein Schärfen der Sinne Voraussetzung für eine reichere, tiefere Erfahrungswelt ist. Sinneseindrücke wabern nicht länger unbemerkt an uns vorbei, sondern werden erfasst, erforscht und analysiert. Sie lösen Neugier, Kritik, Assoziationen, Wertschätzung und Widerwillen oder Begeisterung oder Traurigkeit oder Staunen in uns aus. Sie erleuchten und inspirieren uns. Sie werden Teil unseres Gedächtnisses und fügen sich in unsere Erfahrungsbibliothek ein, die unser Begreifen der Welt ausmacht. Geruch und Geschmack sind weit mehr als animalische Urinstinkte. Wenn wir sie kultivieren, nehmen wir in buchstäblichem Sinn den Teil von uns in Anspruch, der unsere Reaktionen auf eine höhere Ebene bringt, unserem Leben Sinn verleiht und uns zu Menschen macht.

Die Bilder von Seung-Schik ließen mich Veränderungen sehen, die ich bislang nur ganz abstrakt wahrgenommen hatte. Am offensichtlichsten war das bei Tisch. Wein hatte sich von einer Art Zutat – einem verzehrbaren Beiwerk, das ein Gericht aufwerten konnte – zur Hauptattraktion gewandelt. Ich roch nicht einfach nur »Wein«. Ein Riesling konnte eine Assoziationskette in Gang setzen, die von Menschen und Orten zu Philosophien und historischen Momenten reichte. Ein Wein konnte ein, um es mit Pauls Worten zu sagen, »scheiß abgefahrener

Trip« sein. Er konnte genauso gut ein Fast-Food-Trip zu den »Tank Planks« und Flüssigtanninen, die ich in Sacramento gesehen hatte, sein. Oder ein scheiß schicker Trip zu den imposanten Schlössern des Bordelais oder zurück in meine Kindheit, als ich durch die Felsschlucht des Columbia wanderte. Eine Reise war es immer. Bevor ich wusste, was da passiert, hörte ich mich von Weinen reden, als seien sie unbedingt sehenswerte Gemälde oder unverzichtbare Bücher, weil sie es – ganz in Morgans Sinne – vermochten, das Leben der Menschen zu rekontextualisieren. Ich wagte mich nie so weit vor, dass ich den Gästen erzählte, diese Flasche würde »ihr Menschsein verändern«, wie es Morgan vielleicht getan hätte. Doch der Gedanke war mir in den Sinn gekommen.

Ich aß und genoss auf andere Art und Weise. Hin und wieder war das für alle am Tisch ersichtlich. Ich weiß nicht, was der Knigge davon hält, wenn die Leute jede Gabel Essen beschnuppern, bevor sie sich diese in den Mund stecken, doch genau das tat ich. Für mich fügte es der Mahlzeit eine weitere lustvolle Dimension hinzu. Es half mir beim Erkennen der Zutaten, sodass ich ein Gericht zu Hause nachkochen konnte. Ich wurde eine von denen, die am Wein nippten und ihn dann nicht wie jeder anständige Mensch einfach schluckten, sondern darauf herumkauten, ihn einsogen und anschließend sogar in aller Öffentlichkeit ein nasses, dumpfes Gurgelgeräusch von sich gaben, als ob ich auf dem Festland ersöffe. Andere Male war mein Wissen weniger Bürde und mehr Stärke. Eines Abends starrte mich ein Freund im Restaurant an, als besäße ich paranormale Fähigkeiten, als ich darüber sinnierte, dass die Crianza-Variante zweier identischer Weine vermutlich rauer und etwas weniger samtig als der Reserva schmecken würde. »Wie kannst du das wissen?«, fragte er mich. Weil, so erklärte ich ihm, ich ungefähr *fünfhundert Stunden* meines Lebens Karteikarten auswendig gelernt habe.

Häufiger war es allerdings so, dass nur ich die Veränderungen bemerkte. Ich probierte irgendetwas und hatte das Gefühl, den einen Witz, der mir seit Jahren erzählt wird, endlich verstanden zu haben: *Das Salzige spielt mit dem Süßen, und das Fette spielt mit der Säure des Sangiovese – mein Gott, wie genial!* Ich war mir der Macht von Namen, Farben und Preisen und wie sie unsere Nahrung würzen, bewusster geworden. Deshalb begann ich, manche meiner Schwächen zu hinterfragen (Manufakturschokolade) und alte Lieben zu kulinarisch Geächtetem wie etwa Schmelzkäse neu zu entfachen. Ich weiß, ich weiß: Der wird mit chemischen Zusatzstoffen hergestellt, und »Käse« ist die reinste Beschönigung. Doch das Gefühl im Mund ist einfach fantastisch, er stellt die perfekte Minimenge Salzigkeit zu Eiern dar, und den Bageln verleiht er genau die richtige Portion Saftigkeit.

Nur weil ich manche Dinge des Alltags neu zu schätzen gelernt habe, heißt das nicht, dass ich gegen die Freuden eines kostspieligen Gerichts oder Getränks immun bin. (Nur zur Info: Falls Sie vorhaben, ein paar edle Tropfen zu kredenzen, erreichen Sie mich unter bianca.bosker@me.com.) Wir können das ganz eigene Vergnügen eines kostbaren Weins zu schätzen wissen und trotzdem kritische und bedachtsame Genießer sein. Andere versetzte das Öffnen einer Flasche 1893er Château Montrose, die dem Flugzeug, dem Frauenwahlrecht, zwei Weltkriegen und dem Internet vorausging, vielleicht nicht in einen Rausch. Mich aber schon. Die Vorstellung, dass mich jeder Schluck aufs Engste mit der Vergangenheit verband, dass ich Geschichte physisch konsumierte, wie ich es noch nie zuvor getan hatte, und dass ich die Einladung angenommen hatte, auf beinahe unerlaubte Weise ein Familienerbstück zu vernichten, diese Vorstellung bereitete mir die reinste Wollust. Keine Flasche eines 2015er-Jahrgangs kommt an diese Erfahrung heran. Ich verstand, dass der Charme eines seltenen Weins nicht nur von seinem Geschmack herrührt, sondern auch von seinem Ruf, seiner Geschichte, seines Alters, seiner Seltenheit und seinem Preis. Das hieß allerdings nicht notgedrungen, dass die Flaschen mit dem großen Namen besser waren, denn genau dieser Name (und Preis) war auch eine gewisse Bürde, mussten sie ihm doch erst einmal gerecht werden. Die besten Weine, egal welcher Herkunft, hatten eine Geschichte, und auch wenn es mir schwerer fiel, mich mit ungeliebten Weinen zufriedenzugeben, offenbarten sich mir diese Geschichten nun bereitwilliger, und ich fand viel leichter Flaschen, die ich heiß und innig liebte.

Auch wenn ich persönlich sagen würde, dass aus mir eine bedachtsamere Trinkerin geworden ist, würden meine Freunde das leicht anders formulieren. Sie würden sich vermutlich auf »totale Nervensäge« einigen. Wenn wir essen gingen, verstrickte ich mich in lange Gespräche mit den Sommeliers. Ich gab mehr Geld für Wein aus als zuvor – ich hatte eine kontoleerende Vorliebe für alten Champagner entdeckt –, und ich schleppte meine Freunde zu abgelegenen Läden, die eine ungewöhnliche Auswahl an Weinen hatten. Wenn die Leute zum Abendessen vorbeikamen, verfielen sie in Panik, weil sie nicht wussten, welchen Wein sie mitbringen sollten. Manche standen aus Protest mit einem Sixpack Budweiser vor der Tür. »Ach, ist mir ganz egal, ich trinke alles«, versicherte ich ihnen, weil ich mich daran erinnerte, wie sehr mich allein die Käseauswahl für Morgan und Dana gestresst hatte. Ich trank tatsächlich alles – wenigstens ein Schlückchen. Unter Umständen aber nicht mehr als das. Pauls Gütetest – »Ein Schluck führt zum nächsten« – leistete mir gute Dienste.

Während meiner Vorbereitungen auf die Prüfung zum Certified Sommelier und selbst nachdem ich angefangen hatte, im *Terroir* zu arbeiten, rissen Freunde und Familie jede Menge Witze darüber, wie hart es doch sein muss, den ganzen Tag Wein zu trinken, und wie sie wünschten, *sie* wären auf die Idee gekommen, ihren Job zu kündigen, um die Sauferei zu »erforschen«. Viele dieser Leute haben mich später bedrängt, beugten sich zu mir vor und beichteten mit Flüsterstimme, dass sie nichts von Wein verstanden. Also dann, sagten sie, wo fange ich an, wenn mein Gehirn so erleuchtet werden soll wie das eines Sommeliers?

Ich erteilte ihnen dann denselben Ratschlag, der auch mir geholfen hatte: Stockt erst einmal euer sensorisches Gedächtnis auf. Riecht an allem und verbindet Worte damit. Plündert euren Kühlschrank, eure Vorratskammer, euren Arzneischrank und euer Gewürzregal und versucht dann, Pfeffer, Kardamom, Honig, Ketchup, Gewürzgurken und Lavendelhandcreme zu erraten. Das wiederholt ihr. Und noch einmal. Nur nicht unterkriegen lassen. Schnuppert an Blumen und leckt an Steinen. Macht es wie Ann und stellt die Düfte vor, wenn ihr sie wahrnehmt, als ob es sich dabei um Menschen handelte, die gerade ins Zimmer kommen. Und macht es wie Morgan und sucht während des Verkostens nach Mustern, damit ihr »aus kleinen Unterscheidungsmerkmalen Systeme bilden« könnt. Meistert die Grundlagen der Struktur – beurteilt die Säure nach eurem Sabbern, den Alkohol nach dem Brennen, den Gerbstoff nach der Trockenheit, den Abgang nach seiner Länge, die Süße nach der Geschmeidigkeit, den Körper nach der Schwere –, und übertragt das auf die Weine, die ihr probiert. Nein, übertragt es auf *alles,* was ihr probiert. Geht dabei systematisch vor: Bestellt eine Woche lang ausschließlich Chardonnay und bekommt ein Gefühl für seinen Charakter, und macht anschließend das Gleiche mit Pinot Noir und Sauvignon Blanc und Cabernet Franc. Nehmt euch beim Trinken kurz Zeit, darüber nachzudenken, ob der Wein euch gefällt und warum dem so ist. Macht es wie Paul Grieco, schmeckt den Wein so, wie er ist, nicht so, wie ihr ihn euch vorstellt. Macht es wie die Paulée-Gänger, verprasst hin und wieder euer Geld. Wechselt alltagstaugliche Flaschen mit angeblich höherwertigeren Flaschen ab und seht, ob ihr der gleichen Meinung seid. Macht es wie Annie, brecht die Regeln, tut das, was sich richtig anfühlt, und scheut euch nicht vor Experimenten. Diese aufmunternden Worte schließe ich für gewöhnlich mit einem Ratschlag des großen Önologen und Geschmacksphilosophen Émile Peynaud ab: »Der Degustator benötigt für die Degustation auch einen bestimmten Grund, wenn er effektiv arbeiten soll.« Trinkt aus Durst, aber verkostet mit Zielgerichtetheit.

Ich bin voreingenommen, aber alles in allem betrachte ich meine Snobtendenzen als unwesentliche und erträgliche Begleiterscheinung einer weit wichtigeren und positiveren Evolution.

Das blinde Verkosten rangiert mit Aerial Yoga und der reinen Mathematik zusammen auf den ersten Plätzen, wenn es darum geht, sich komplett idiotisch vorzukommen. Mit sechs Weinen abwärts konfrontiert zu sein ist ein einsames Unterfangen, bei dem wir ganz auf uns allein gestellt sind. Wir müssen auf Sinne vertrauen, auf die wir nicht gewohnt sind zu vertrauen, müssen Dinge benennen, die wir nicht gewohnt sind zu benennen. Und nach all dem müssen wir uns auch noch weit hervorwagen und darauf gefasst sein, dass eine Gruppe von um die zehn Leuten uns sagt, wie dämlich wir sind, weil wir neue Eichenfässer in einem Wein geschmeckt haben, der ganz sonnenklar in Edelstahltanks ausgebaut wurde. Wir können es auf spektakuläre Art vergeigen, stets vor den Augen eines Publikums.

Und doch musste ich vielleicht entgegen meiner eigenen Intuition feststellen, dass mich mein Trainingsprogramm mit einer neuen Selbstsicherheit zurückgelassen hat, die sich auch auf andere Bereiche meines Lebens ausgewirkt hat. Das Einstellen auf meinen Geschmackssinn – insbesondere in solchen Momenten der Ungewissheit – hat mir zu größerem Selbstvertrauen bei allen Fragen des Geschmacks verholfen. Ich habe aus erster Hand erfahren, was die Autorin M. F. K. Fisher intuitiv erkannt hat: »Wenn wir in der Lage sind, ganz bewusst auszuwählen, welche Nahrung wir zu uns nehmen müssen, werden wir auch in der Lage sein, weniger vergängliche Dinge mit Beherztheit und Klugheit auszuwählen.«

Mit diesem Selbstvertrauen stellte sich auch eine neue Art Bewusstsein ein. Ich habe die Zen-Philosophie von *Mushin* oder »Nicht-Geist« übernommen – nicht weil ich glaubte, meine Gaumenpraxis hätte eine Art buddhistischer Kampfkunst-/Korkenzieher-Meisterin aus mir gemacht, sondern weil diese Philosophie dem am nächsten kam, was ich erlebt habe.

Meine Zeit mit Morgan und den anderen Sommeliers hatte mich erkennen lassen, wie wertvoll dieses Streben nach einem Zustand des »Nicht-Geists« ist, dieses Leeren des Geists von sämtlichen Gedanken und Ablenkungen, damit wir den gegenwärtigen Augenblick in Gänze und in voller Klarheit in uns aufnehmen können. An diese Art von geistiger Verfassung versuchte ich, während des blinden Verkostens heranzukommen. Dass ich versuchte, mich in den Minuten, die ich auf einen Flight hinunterschaute, meiner Vorurteile und Gefühle zu entledigen, ließ mich auch in anderen Situationen bewusster mit diesem Filter umgehen.

Die Praxis dieser neuen Perspektive hat vieles verändert. Das Schöne offenbarte sich an den ungewöhnlichsten Orten. Sogar die monotone Pendelei um New York herum entfaltete einen ungeahnten Reichtum. Ich roch nicht mehr länger »Straße« oder »Stadt«. Ich suchte den Central Park auf, wenn der stinkig süße Wunderbaum in Blüte stand und die Luft mit seinem fauligen, honigsüßen Parfüm erfüllte und mich sein frischer Duft kurz nach Sonnenaufgang wie eine kalte Dusche überkam. Da war der wohlige Geruch nach Wäsche, süßlich und dicht, der mich auf den sonntäglichen Spaziergängen durch die Upper West Side umhüllte. Die Ecke in Midtown, wo es unerklärlicherweise immer nach Vanille roch, und der Straßenabschnitt des West Side Highway, wo es nach dem penetranten Geruch von kaltem Metall und Salzwasser glitzerte. Ich freute mich auf die stillen Juliwochenenden, wo New York sich einiger der Menschen und Autoabgase entledigte und sich der Duft des täglichen Stadtlebens Geltung verschaffte: Der Zement, der bei Sonnenaufgang von den Portiers abgespritzt wird, entfesselte sein Petrichor; der schwere Geruch nach Fett und einem Pikser Gewürz bewölkte die Luft um die Straßenverkäufer herum; aus den Nagelsalons wehte das Haarspray-Parfüm; und während die Sonne den Nachmittag hindurch vom Himmel knallte, setzte der sengend heiße Müll seine Essenz aus Kaugummi und Cadaverin frei – einigen mögen sie widerlich erscheinen. Doch ich musste diese Gerüche einfach gern mögen, legten sie doch den Herzschlag der Stadt, in der ich lebte, frei.

Während ich im fMRT lag, die Augen geschlossen hatte und mein Kopf in einem Plastikkorsett steckte, kam mir ein Gedanke: Unverfälschter konnte eine Verkostung nicht sein. Nicht einmal die Verfahren von Robert Parker, von Weinkritikern oder von Meistersommeliers konnten die Blindheit dieser Blindverkostung schlagen. Dies war die neutralste Verkostungsumgebung, die es überhaupt gab.

Und es war gleichzeitig die schlimmste Art, Wein zu trinken. Nicht nur, dass alles steril war, es beraubte den Wein so vieler Informationen, die ich zu würdigen gelernt hatte. Der strahlend goldene Glanz eines reifen Weins. Der Pferdedeckenmoschus eines Bordeaux. Eine Flüssigkeit, die aus einer Spritze in ein Plastikröhrchen und anschließend in meinen Mund rinnt, besitzt keine Seele.

Die Seele kommt von den Menschen. Just in diesem Augenblick sah der riesige Scanner dabei zu, wie mein Gehirn die Mischung aus Aminosäuren und Carotinoiden zu einer Geschichte wandelte, zu einer, die vielleicht das Potenzial hat, sich alles gut zu überlegen und sich vielleicht sogar klein zu fühlen, so klein wie ein Sack voller Wasser und Organe.

Jeder Mensch besitzt die Fähigkeit, die Seele des Weins zu

entdecken und zu genießen. Sie brauchen keinen Treuhandfonds und keinen Zugang zu Gratisweinen. Sie brauchen keine Supersinne. Sie müssen nicht einmal das Kaffeetrinken aufgeben oder unvernünftig große Mengen Alkohol dienstagsmorgens um zehn trinken. Geben Sie einfach nur acht, das ist der erste Schritt, um etwas für den Wein zu empfinden und Ihre Sinne zu erwecken. Und widmen Sie sich dem Ganzen mit Gusto.

# DANKSAGUNG

Ich danke den vielen Meistersommeliers, Sommelier-Assistenten, Parfümeuren, Händlern, Sammlern, Ökonomen, Radiologen, Sensorikwissenschaftlern, Synästhetikern, Forschern, Auktionären und Hedonisten, die ihre Leidenschaft und Kompetenz mit mir geteilt haben. Auch wenn nicht alle ihre Namen hier Erwähnung finden, hat doch jeder von ihnen geholfen, dass dieses Buch Gestalt annimmt, und ich erinnere mich mit Zuneigung und Dankbarkeit an jedes einzelne Gespräch. In einigen Fällen wurde die zeitliche Abfolge der Gespräche und gewisser Ereignisse aus Gründen der besseren Übersichtlichkeit geändert, wodurch die Richtigkeit des Texts und der Darstellung meiner Erlebnisse in der Welt des Weins im Lauf von anderthalb Jahren jedoch in keinster Weise untergraben wird.

Mein aufrichtiger Dank gilt Joe Campanale und Lara Lowenhar, weil sie mir ihre Flaschen anvertraut und meine endlosen Fragen (oft mehr als einmal) beantwortet haben; Geoff Kruth, weil er die Dinge nie zu stark vereinfacht hat und mich an Abenteuern mit der Guild of Sommeliers hat teilnehmen lassen; Annie Truhlar für ihre Kameradschaft und ihre Aufrichtigkeit; Victoria James für ihre große Weisheit und Gewitztheit (sowie ihren hervorragenden Amaro) und Paul Grieco für den ewigen Rock 'n' fucking Roll und die Erlaubnis, daran teilhaben zu dürfen. David d'Alessandro hat enorme Großzügigkeit bewiesen, als er einer bloßen »Verkosterin« Zutritt zu seinem »Superverkoster«-Klan gewährte. Thomas Hummel und Kollegen haben freundlicherweise ihr Labor für mich geöffnet – und mir damit einen Einblick in die Wunder von Nase, Mund und Gehirn des Menschen verschafft. Auch Seung-Schik Yoo, Yong-An Chung und ihren Teams am Incheon St. Mary's Hospital und der Harvard Medical School bin ich zutiefst dankbar für ihre Neugier, ihre Unterstützung und ihr Vertrauen, aus mir eine Minineurowissenschaftlerin zu machen. Morgan Harris – ich könnte ein ganzes Kapitel mit der Danksagung an Morgan füllen, der liebenswürdigerweise seine Welt, sein Wissen, seine phänomenalen Verkostungsnotizen, seinen Chablis und seine Begeisterung für Wein mit mir geteilt hat. Er war der Weinflüsterer, von dem ich nicht gewusst hatte, dass ich ihn brauche, der mich an seiner unbezahlbaren Geschmacksbegabung hat teilhaben lassen.

Keine dieser Erfahrungen wäre ohne die Unterstützung von Lindsay Schwoeri möglich gewesen, meiner unglaublichen Lektorin und Verfechterin, die zusammen mit Emily Hartley und dem gesamten Team von Penguin dieses Buch mit der größten Geduld, Sorgfalt und Begeisterung begleitet hat. Ich wünschte, wir alle hätten einen Richard Pine in unserem Leben, und ich werde ihm ewig dankbar dafür sein, dass er mein Fürsprecher ist, dass er Geheimnisse für sich behalten kann und dass er die Unterstützung der Inkwell-Führungsriege (insbesondere die von Eliza Rothstein) so zu nutzen wusste, dass dieses Buch in die Realität umgesetzt werden konnte. Karen Brooks, Roger Cohen, Peter Goodman, Arianna Huffington, Susan Orlean, John McPhee und Clive Thompson – danke, dass ihr mich inspiriert und angeleitet habt.

Dieses Buch hat nicht außerhalb von mir stattgefunden, womit ich sagen will: Es hat mein Leben völlig in Beschlag genommen. Und deshalb weiß ich sehr zu schätzen, dass so viele Freunde und Kolleginnen zu mir gestanden haben, als ich mich durch die Kater gejault, sie für Geschmacksexperimente rekrutiert und ihre scharfen Augen ersucht habe, das zu begutachten, was ich ihnen gerade vor die Nase hielt – insbesondere Kathryn Andersen, Christopher Berger, Dado Derviskadic, Anna Harman, Christine Miranda, Daphne Oz und Alexandra Sutherland-Brown. Zung Nguyen und Cathy Germain bin ich für ihre moralische Unterstützung und Snacks zu Dank verpflichtet, Tanya Supina dafür, dass sie ihre Liebe zum Wein freudig mit mir geteilt und meine eigene entfacht hat. Ein Nebukadnezar-großes Danke an meine Eltern, Lena Lenček und Gideon Bosker, für ihr Vertrauen, für ihr Vorbild und für ihre Ratschläge. Ich habe jede E-Mail gelesen. Fast jede E-Mail.

Und Matt: Danke, dass du mich in die Bars geschleppt hast. Das Beste in mir – und in diesem Buch – habe ich dir zu verdanken.

# BIBLIOGRAFIE (AUSWAHL)

Ackerman, Diane: *A Natural History of the Senses,* Random House, New York, 1990.

Amerine, Maynard A. und Edward B. Roessler. *Wines: Their Sensory Evaluation,* W. H. Freeman, San Francisco, 1976.

Arakawa, Takahiro; Kenta Iitani, Xin Wang, Takumi Kajiro, Koji Toma, Kazuyoshi Yano und Kohji Mitsubayashi: A Sniffer-Camera for Imaging of Ethanol Vaporization from Wine: The Effect of Wine Glass Shape, in: *The Analyst* 140, Nr. 8 (2015): 2881–886. doi:10.1039/c4an02390k.

Bartoshuk, Linda M.; Valerie B. Duffy und Inglis J. Miller: »PTC/PROP Tasting: Anatomy, Psychophysics, and Sex Effects«, in: *Physiology & Behavior* 56, Nr. 6 (Dezember 1994): 1165–171.

Bourdieu, Pierre: *Die feinen Unterschiede. Kritik der gesellschaftlichen Urteilskraft.* Übersetzt von Bernd Schwibs und Achim Russer. Suhrkamp, Frankfurt am Main, 1982.

Brillat-Savarin, Jean-Anthelme: *Die Physiologie des Geschmacks.* Übersetzt von Emil Ludwig. Insel Verlag, Frankfurt a. M., 1972.

Bushdid, C.; M. O. Magnasco, L. B. Vosshall und A. Keller: »Humans Can Discriminate More than 1 Trillion Olfactory Stimuli«, in: *Science* 343, Nr. 6177 (21. März, 2014): 1370–372.

Castriota-Scanderbeg, Alessandro; Gisela E. Hagberg, Antonio Cerasa, Giorgia Committeri, Gaspare Galati, Fabiana Patria, Sabrina Pitzalis, Carlo Caltagirone und Richard Frackowiak: »The Appreciation of Wine by Sommeliers: A Functional Magnetic Resonance Study of Sensory Integration«, in: *NeuroImage* 25, Nr. 2 (April 2005): 570–78.

Clarke, Oz und Margaret Rand: *Grapes & Wines: A Comprehensive Guide to Varieties and Flavours,* Sterling Epicure, New York, 2010.

Collings, Virginia B.: »Human Taste Response as a Function of Locus of Stimulation on the Tongue and Soft Palate«, in: *Perception & Psychophysics* 16, Nr. 1 (1974): 169–74.

Croy, Ilona; Selda Olgun, Laura Mueller, Anna Schmidt, Marcus Muench,

Cornelia Hummel, Guenter Gisselmann, Hanns Hatt und Thomas Hummel: »Peripheral Adaptive Filtering in Human Olfaction? Three Studies on Prevalence and Effects of Olfactory Training in Specific Anosmia in More Than 1600 Participants«, in: *Cortex* 73 (2015): 180–87.

Delwiche, J. F. und M. L. Pelchat: »Influence of Glass Shape on Wine Aroma«, in: *Journal of Sensory Studies* 17 (2002): 19–28.

Gigante, Denise (Hg.): Gusto: *Essential Writings in Nineteenth-Century Gastronomy,* Routledge, New York, 2005.

Goode, Jamie: *The Science of Wine: From Vine to Glass,* University of California Press, Berkeley, 2006.

Harrington, Anne und Vernon Rosario: »Olfaction and the Primitive: Nineteenth-Century Medical Thinking on Olfaction«, in: *Science of Olfaction,* 1992, 3–27.

Hayes, John E. und Gary J. Pickering: »Wine Expertise Predicts Taste Phenotype«, in: *American Journal of Enology and Viticulture* 63, Nr. 1 (März 2012): 80–84.

Hodgson, Robert T.: »An Examination of Judge Reliability at a Major U. S. Wine Competition«, in: *Journal of Wine Economics* 3, Nr. 2 (2008): 105–13.

Hopfer, Helene; Jenny Nelson, Susan E. Ebeler und Hildegarde Heymann: »Correlating Wine Quality Indicators to Chemical and Sensory Measurements«, in: *Molecules* 20, Nr. 5 (12. Mai, 2015): 8453–483.

Hummel, Thomas; Karo Rissom, Jens Reden, Aantje Hähner, Mark Weidenbecher und Karl-Bernd Hüttenbrink: »Effects of Olfactory Training in Patients with Olfactory Loss«, in: *Laryngoscope* 119, Nr. 3 (März 2009): 496–99.

Jurafsky, Dan: *The Language of Food: A Linguist Reads the Menu,* W. W. Norton, New York, 2014.

Kaufman, Cathy K.: »Structuring the Meal: The Revolution of Service À La Russe«, in: *In The Meal: Proceedings of the Oxford Symposium on Food and Cookery,* 2001, hrsg. von Harlan Walker, 123–33, Prospect Books, Devon, England, 2002.

Korsmeyer, Carolyn: *Making Sense of Taste: Food and Philosophy,* Cornell University Press, Ithaca, 1999.

Kramer, Matt: *True Taste: The Seven Essential Wine Words,* Cider Mill Press, Kennebunkport, 2015.

Laska, Matthias: »The Human Sense of Smell: Our Noses Are Much Better Than We Think«, in: *In Senses and the City: An Interdisciplinary Approach to Urban Sensescapes,* hrsg. von Madalina Diaconu, Eva Heuberger, Ruth Mateus-Berr und Lukas Marcel Vosicky, 145–54, LIT Verlag, Berlin, 2011.

Lehrer, Adrienne: *Wine & Conversation,* Oxford University Press, New York, 2009.

Lukacs, Paul: *Inventing Wine: A New History of One of the World's Most Ancient Pleasures,* W. W. Norton, New York, 2012.

Lundström, Johan N. und Marilyn Jones-Gotman: »Romantic Love Modulates Women's Identification of Men's Body Odors«, in: *Hormones and Behavior* 55 (2009): 280–84.

Majid, A. und N. Burenhult: »Odors Are Expressible in Language, as Long as You Speak the Right Language«, in: *Cognition* 130, Nr. 2 (2014): 266–70.

McQuaid, John: *Tasty: The Art and Science of What We Eat.* Scribner, New York, 2015.

Mitro, Susanna; Amy R. Gordon, Mats J. Olsson und Johan N. Lundström: »The Smell of Age: Perception and Discrimination of Body Odors of Different Ages«, in: *PLoS ONE* 7, Nr. 5 (Mai 2012).

Morrot, Gil; Frédéric Brochet und Denis Dubourdieu: »The Color of Odors«, in: *Brain and Language* 79, Nr. 2 (November 2001): 309–20.

Noble, A. C.; R. A. Arnold, J. Buechsenstein, E. J. Leach, J. O. Schmidt und P. M. Stern: »Modification of a Standardized System of Wine Aroma Terminology«, in: *American Journal of Enology and Viticulture* 38 (Januar 1987): 143–46.

Olsson, Mats J.; Johan N. Lundström, Bruce A. Kimball, Amy R. Gordon, Bianka Karshikoff, Nishteman Hosseini, Kimmo Sorjonen, Caroline Olgart Hoglund, Carmen Solares, Anne Soop, John Axelsson und Mats Lekander: »The Scent of Disease: Human Body Odor Contains an Early Chemosensory Cue of Sickness«, in: *Psychological Science* 25, Nr. 3 (2014): 817–23.

Parr, Rajat und Jordan Mackay: *Secrets of the Sommeliers: How to Think and Drink Like the World's Top Wine Professionals,* Ten Speed Press, Berkeley, 2010.

Pazart, Lionel; Alexandre Comte, Eloi Magnin, Jean-Louis Millot und Thierry Moulin: »An fMRI Study on the Influence of Sommeliers' Expertise on the Integration of Flavor«, in: *Frontiers in Behavioral Neuroscience* 8 (16. Oktober, 2014): 358.

Peynaud, Émile: *The Taste of Wine: The Art and Science of Wine Appreciation.* Übersetzt von Michael Schuster. Wine Appreciation Guild, San Francisco, 1987.

Plassmann, Hilke; John O'Doherty, Baba Shiv und Antonio Rangel: »Marketing Actions Can Modulate Neural Representations of Experienced Pleasantness«, in: *Proceedings of the National Academy of Sciences* 105, Nr. 3 (22. Januar 2008): 1050–1054.

Porter, Jess; Brent Craven, Rehan M. Khan, Shao-Ju Chang, Irene Kang,

Benjamin Judkewitz, Jason Volpe, Gary Settles und Noam Sobel: »Mechanisms of Scent-Tracking in Humans«, in: *Nature Neuroscience* 10, Nr. 1 (1. Januar, 2007): 27–29.

Pozzi, Samuel: *Paul Broca: Biographie-Bibliographie,* G. Masson, Paris, 1880.

»On Wine Bullshit: Some New Software?«, in: *Journal of Wine Economics* 2, Nr. 2 (Herbst 2007): 129–35.

Ranhofer, Charles: *The Epicurean: A Complete Treatise of Analytical and Practical Studies on the Culinary Art,* R. Ranhofer, New York, 1916.

Robinson, Jancis: *How to Taste: A Guide to Enjoying Wine,* Simon & Schuster, New York, 2008.

Ebd. (Hg): *The Oxford Companion to Wine,* dritte Auflage, Oxford University Press, New York, 2006.

Rosenblum, Lawrence D.: *See What I'm Saying: The Extraordinary Powers of Our Five Senses,* W. W. Norton, New York, 2010.

Royet, Jean-Pierre; Jane Plailly, Anne-Lise Saive, Alexandra Veyrac und Chantal Delon-Martin: »The Impact of Expertise in Olfaction«, in: *Frontiers in Psychology* 4, Nr. 928 (13. Dezember 2013): 1–11.

Shepherd, Gordon M.: *Neurogastronomy: How the Brain Creates Flavor and Why It Matters,* Columbia University Press, New York, 2012.

Ebd.: »The Human Sense of Smell: Are We Better Than We Think?«, in: *PLoS Biology* 2, Nr. 5 (Mai 2004): 572–575.

Shesgreen, Sean: »Wet Dogs and Gushing Oranges: Winespeak for a New Millennium«, in: *The Chronicle of Higher Education,* 7. März 2003. http://chronicle.com/article/Wet-DogsGushing-Oranges-/20985.

Smith, Barry C. (Hg.): *Questions of Taste: The Philosophy of Wine,* Oxford University Press, Oxford, 2007.

Spang, Rebecca L.: *The Invention of the Restaurant: Paris and Modern Gastronomic Culture,* Harvard University Press, Cambridge, 2000.

Spence, Charles und Betina Piqueras-Fiszman: *The Perfect Meal: The Multisensory Science of Food and Dining,* Wiley-Blackwell, Oxford, 2014.

Stuckey, Barb: *Taste What You're Missing: The Passionate Eater's Guide to Why Good Food Tastes Good,* Free Press, New York, 2012.

Suzuki, Daisetz T.: *Zen and Japanese Culture*, Princeton University Press, Princeton, 2010.

Weil, Roman L.: »Debunking Critics' Wine Words: Can Amateurs Distinguish the Smell of Asphalt from the Taste of Cherries?«, in: *Journal of Wine Economics* 2, Nr. 2 (2007): 136–44.

# REGISTER

## E



## F



## G

## T



## U